Otras iluminaciones

Otras iluminaciones
Narrativa, cultura y psicodélicos

Alberto Ribas-Casasayas
Ana Luengo (eds).

Almenara

Consejo Editorial

María Isabel Alfonso   Waldo Pérez Cino
Luisa Campuzano   Juan Carlos Quintero Herencia
Stephanie Decante   José Ramón Ruisánchez
Gabriel Giorgi   Julio Ramos
Gustavo Guerrero   Enrico Mario Santí
Francisco Morán

© los autores, 2025
© Almenara, 2025

www.almenarapress.com
info@almenarapress.com

Gainesville, FL

ISBN 978-1-966932-02-4

Imagen de cubierta: Chonon Bensho. Cortesía de la artista.

Este volumen ha sido financiado con becas para investigación y publicaciones del University Research Office de Santa Clara University.

All rights reserved. Without limiting the rights under copyright reserved above, no part of this book may be reproduced, stored in or introduced into a retrieval system, or transmitted, in any form or by any means (electronic, mechanical, photocopying, recording or otherwise) without the written permission of both the copyright owner and the author of the book.

Alberto Ribas-Casasayas & Ana Luengo
Introducción. Una corriente lúcida. Apuntes hacia
una crítica psicoactiva de la literatura y la cultura 9

Políticas psicoactivas

Raimundo Viejo Viñas
Una Revolución luminosa. Hacia un materialismo
psicodélico. 59

Alberto Ribas-Casasayas
Los estudios latinoamericanos ante el renacimiento
psicodélico. 87

Prácticas tradicionales, espiritualidad, medicina
y sus transformaciones contemporáneas

Pedro Favaron Peyón
«Lo que suena en la selva». La ecopoética de *Las tres
mitades de Ino Moxo* 113

Sergi Rivero-Navarro
Palabras etéreas y sustancias psicoactivas
en Néstor Perlongher. 137

Lauren Mehfoud
Las promesas y los peligros de la ayahuasca en el
ecocine sobre la Amazonia 165

Alfonso Romaniello
De «raíz diabólica» a planta sagrada. El peyote en
las prácticas ceremoniales contemporáneas. 189

Ana Luengo
Mescalina mi amor. La representación del peyote y
la construcción de lo indígena en «Lejos de la ciudad»
de Muerdo 221

Estéticas psicoactivas en la narrativa contemporánea

Iván Eusebio Aguirre Darancou
Circa 94 de Fran Ilich. El acto contracultural en la
época del éxtasis y el uso del MDMA como herramienta
terapéutica para el trauma neoliberal 247

Bárbara Xavier França
Una utopía pampeana-psicodélica. *Las aventuras de la
China Iron*, de Gabriela Cabezón Cámara 273

Iván Díez de la Pava
Las sustancias ecodélicas como dispositivos biotecnológicos
en «La sincronía del tacto» de Gabriela Damián Miravete . . . 297

José Emiliano Garibaldi Toledo
Estesis vegetal e imaginación utópica. *La mirada de
las plantas* de Edmundo Paz Soldán 315

Daniella Prieto
La estética psicodélica de *Opio en las nubes*, de
Rafael Chaparro Madiedo 335

Andrés Cota Hiriart
Informe territorial. La nación de los venenos 351

Epílogo

Juan B. Carlos Usó
¿Hacia la despolitización de la psicodelia? Una
visión crítica del renacimiento psicodélico desde España . . . 363

De los autores. 379

Agradecimientos 383

Este volumen va dedicado a los pueblos que han preservado y transmitido el conocimiento sobre plantas medicinales, haciendo frente a siglos de violencia y opresión colonial. Su perseverancia, resiliencia y devoción por la naturaleza son un modelo a seguir, hoy y para las generaciones futuras. También, a divulgadores, facilitadores y guías que han continuado diseminando conocimiento y precauciones acerca de los psicoactivos, frente a la violencia y el oscurantismo promovidos por la «guerra contra las drogas».

Introducción
Una corriente lúcida
Apuntes hacia una crítica psicoactiva de la literatura y la cultura

Alberto Ribas-Casasayas & Ana Luengo

¿Cómo sería una crítica de la literatura contemplada desde la experiencia psicodélica? Esa es la pregunta de fondo que anima este volumen. Si atendemos al lugar común de la lectura como viaje inmóvil a través de la página escrita, de la narrativa literaria o visual como una forma de vivir experiencias alternativas en mundos imaginarios, o de la poesía como una forma de comunicación de emociones y estados alterados a través de la palabra y su musicalidad, se colige que la recepción de obras literarias, escénicas o cinematográficas es también, en cierto sentido, una experiencia psicoactiva. Tal vez lo sea de una forma cualitativa o cuantitativamente diferente, pero quien se haya emocionado con una película u obra de teatro, frustrado o identificado con las acciones o sentimientos de un personaje, quien haya discutido acaloradamente sobre cómo interpretar el sentido de una secuencia de palabras o acciones en un discurso ficcional o poético, comprenderá que todas estas reacciones se producen ante un discurso que no hace referencia a hechos verificables en el mundo empírico. La mayoría de las personas sensatas estarían de acuerdo en que las narraciones de *Cien años de soledad* o *La casa de los espíritus* no son verificables en la realidad que conocemos y compartimos, pero no por ello dejan de tener una validez epistémica reconocida por sus comunidades lectoras.

Por mucho que la pacatería de ciertas restricciones sociales o religiosas o la desinformación activamente promovida por la política antidroga pretendan representar otra cosa, el estado alterado o la experiencia psicoactiva es, en sus múltiples dimensiones (gozo estético, erótico, cante y baile, embriaguez, oración y meditación), parte fundamental de la experiencia de vida de los animales humanos. Por eso creemos que en la crítica literaria y los estudios culturales faltan aproximaciones serias e informadas a la representación de la experiencia alterada o a la presencia de estéticas que se deriven de esta.

El canon transhispano. Una reevaluación psicoactiva

En cuanto a las letras transhispanas[1], urge una reevaluación de ciertos textos considerados canónicos en los que el uso de psicoactivos ha sido considerado anecdótico o marginal, cuando en realidad es un elemento central en la construcción de un personaje o de la diégesis, y que además puede arrojar luz sobre la cosmovisión y las dinámicas sociales del momento histórico en el cual fueron escritos. Por ejemplo, la Celestina, en su papel de yerbera y experta en pócimas y su conexión con otros oficios: «labrandera [costurera], perfumera, maestra de hazer afeytes y de hazer [recomponer] virgos, alcahueta y un poco hechicera» (Rojas 1987: 110). Tanto la herejía medieval como la brujería en la modernidad temprana fueron coartadas para el ejercicio de una violencia sádica contra las clases populares y muy en particular contra las mujeres, por parte primero de la nobleza y el clero y de las élites del incipiente capitalismo después (Federici 2010). Desde esta perspectiva, una lectura psicoactiva de *La Celestina* arroja nuevas luces sobre su personaje como mediadora, consejera y

---

[1] En este volumen utilizaremos la acepción «transhispana» o «transhispánica» para referirnos a las diversas culturas de territorios de habla hispana, incluyendo lenguas indígenas, minorizadas y/o diaspóricas que, por avatares históricos, se encuentren en contacto o contigüidad con aquella.

sanadora entre las líneas impuestas por una hegemonía heteropatriarcal extremadamente violenta. Pues, ¿qué hace la mujer ocupada en «recomponer virgos» si no es salvar la honra y acaso la integridad física de la joven que ha tenido el atrevimiento de transgredir las normas de ese marco heteropatriarcal o que, más probablemente, ha sido víctima de los abusos que en él se toleran? El calificativo de «puta vieja», reiterado con delectación por amigos y enemigos de Celestina, apenas esconde la turbación que produce a su autor implícito el libre movimiento de la mujer que camina de casa en casa aliviando los pesares de las mujeres y ganándose entre ellas una confianza vedada a los hombres[2]. Desde la Antigüedad clásica al presente, los hombres que escriben han tendido a llamar «puta» a la mujer que se ocupa de algo que no les gusta. Pero esa «puta vieja», contemplada desde una luz psicoactiva, es también una sabia yerbera, una anciana sanadora[3]. En este sentido, el presunto autor Fernando de Rojas pareciera el equivalente prerrenacentista de los *incels* de hoy en las redes sociales, y nos preguntamos si habría sabido distinguir a la legendaria curandera María Sabina camuflada entre todas las ancianas anónimas que

---

[2] Con el personaje de la Trotaconventos de *El libro de buen amor* (1330) y su uso de hierbas medicinales –«Toma vieja que tenga oficio de herbolera, / que va de casa en casa sirviendo de partera» (1981: 440)– puede verse bien cómo algunas mujeres ocupaban el espacio de sanadoras en contextos femeninos, al punto de volverse incluso consejeras, amigas, parientas incondicionales que servían para salvar vidas de mujeres en situaciones vulnerables: «Tan pronto fue a mi casa esta vieja sabida, / díjele —"Buena madre, seáis muy bienvenida, / en vuestras manos pongo mi salud y mi vida, / si no me socorréis, mi vida está perdida» (1981: 701). Esta figura femenina de la alcahueta en el libro medieval no representa tanto el encubrimiento, sino la mediación necesaria para permitir el goce del amor; incluso, acaba convirtiéndose en la alegoría para el buen amor según el narrador: «Buen Amor llamé al libro y a la vieja en unión / Y desde entonces, ella me trajo mucho don…» (1981: 932). De modo que el personaje de Trotaconventos se configuraría como la mujer que tiene acceso privilegiado a la medicina y que, gracias a ello, sirve de mediación entre estratos, géneros y profesiones diferentes.

[3] Sobre Celestina como médica o sanadora, véase Dangler 2001, en especial el capítulo tercero.

inspiraron su creación, pues seguramente esas mujeres de la Castilla de los siglos XIV y XV se parecían más a la sabia mazateca que a la cruel caricatura pergeñada por el jurista toledano.

¿Qué pasaría si leyéramos la transformación del Lázaro todavía anónimo de la segunda parte (1555) no solo como deudor de las transformaciones de Ovidio, Apuleyo y Luciano (Meyer-Minneman & Schlickers 2008: 53), sino también como el resultado de la ingesta de un agua psicoactiva que lo convierte en atún y lo introduce en un mundo alucinado donde rigen y viven otros atunes?

> Y como sea común cosa a los afligidos y cansados respirar, estando sentado sobre la peña di un gran sospiro, y caro me costó, porque me descuidé y *abrí la boca*, que hasta entonces cerrada llevaba, y como había ya *el vino* hecho alguna evacuación por haber más de tres horas que se había embasado lo que dél faltaba, *tragué de aquella salada y desaborida agua*, la cual me dio infinita pena rifando dentro de mí con su contrario. (1555: en línea; énfasis nuestro)

Lázaro se había bebido casi todo el vino de la nave donde iba rumbo a Argel, pero no será hasta que trague esa agua de mar que su percepción se altere. ¿Será acaso que esta construcción fantasiosa, que se contrapone a la representación mimética imperante en la época y que ha servido para denostarlo (Núñez Rivera 2021: 237), es un elemento que permite acceder a una mayor sabiduría para criticar el orden social y represivo del momento? Piñero Ramírez destaca que «El relato de Lázaro-atún en el fondo del Mediterráneo es un cuadro narrativo apropiado, al tiempo que una táctica habilidosa para centrarse en la crítica social de varios estamentos y personajes destacados mediante el artificio fantástico de la metamorfosis» (2014: 277). Pero también podríamos leerlo como un viaje psicodélico que pondría en duda las verdades del discurso hegemónico auspiciado por el orden inquisitorial. Como se verá más adelante, el acceso a otros modos de percepción no significa una transformación de la realidad fáctica en sí, sino que más bien puede servir como dispositivo de subversión o sanación para colectivos que han sido históricamente vilipendiados y traumatizados. El caso de los pícaros durante el barroco sería buen ejemplo de ello y esta novela, leída desde una perspectiva psicoactiva, dejaría ver una escritura rebelde contra el estado de cosas imperante. Así, la epifanía que se representa mediante la anagnórisis de las visiones de la Verdad, en supuestos sueños que confrontan a Lázaro con su situación, cobrarían un nuevo interés. Además, enlazando con la importancia del saber femenino, reprimido durante el emergente capitalismo y que obras como *La Celestina* denigran, no deja de llamar la atención que la historia a la que el narrador tiene acceso le haya llegado por los cuentos de su bisabuela, su abuela y otras mujeres, entre ellas su propia nodriza.

Otro ejemplo: el famoso episodio de la Cueva de Montesinos en la segunda parte del Don Quijote de Miguel de Cervantes, de 1615. Ya ha sido estudiado como desdoblamiento entre leyenda y realidad (Schwab 1993), el final de la locura (Bobes Naves 2017), como un elemento esotérico y oscurantista (Andrés Martín 2016), un *remake* de la *Odisea* (Piñero Ramírez 2014) o como relato fantástico, siguiendo la teoría de Todorov (1970). Ahora bien, en vez de decantarnos por lo extraño o lo maravilloso, también podríamos interpretarlo simplemente como una experiencia psicodélica:

> de repente y sin procurarlo, me salteó un sueño profundísimo, y cuando menos lo pensaba, sin saber cómo ni cómo no, desperté dél y me hallé en la mitad del más bello, ameno y deleitoso prado que puede criar la naturaleza, ni imaginar la más discreta imaginación humana. Despabilé los ojos, limpiémelos, y vi que no dormía, sino que realmente estaba despierto. (Cervantes 1998: 702)

De forma metafórica, la media hora que Don Quijote ha pasado en la cueva a él se le antojan tres días, con la dilatación temporal característica en estados de conciencia alterados por sustancias psicodélicas, y lo que allí percibe también recuerda a las visiones de espacios con colores, brillos y presencias míticas:

> Ofrecióseme luego a la vista un real y suntuoso palacio o alcázar, cuyos muros y paredes parecían de transparente y claro cristal fabricados; del cual abriéndose dos grandes puertas, vi que por ellas salía y hacia mí se venía un venerable anciano, vestido con un capuz de bayeta morada que por el suelo le arrastraba. (Cervantes 1998: 703)

Aunque Cervantes presenta esta aventura como apócrifa en el título del capítulo XXIII, no hay forma de saber a qué le había llevado la imaginación o la experiencia para crear escenas similares a las provocadas por la ingesta de sustancias psicodélicas. De lo que sí podemos estar seguros es de que Cervantes era consciente de la singularidad de este episodio; es por eso que en uno de los peritextos ficcionales añadió las siguientes palabras de Cide Hamete Benengeli en el capítulo XXIV:

> Por otra parte, considero que él la contó y la dijo con todas las circunstancias dichas, y que no pudo fabricar en tan breve espacio tan gran máquina de disparates; y si esta aventura parece apócrifa, yo no tengo la culpa, y, así, sin afirmarla por falsa o verdadera, la escribo. Tú, letor, pues eres prudente, juzga lo que te pareciere, que yo no debo ni puedo más. (Cervantes 1998: 713)

Con esta reflexión metaficcional nos deja Cervantes la tarea de creerlo o no. Tanto el fragmento de la Segunda parte del Lazarillo como el de la Segunda Parte de Don Quijote son bien conocidos y han sido ampliamente estudiados atendiendo a su verosimilitud y sus elementos fantásticos. Pero si ponemos el capítulo XXIII de Don Quijote en conversación con otro diálogo posterior, una interpretación psicoactiva se hace mucho más probable. En el capítulo XXIV, después de discutir sobre la veracidad de la aventura de la Cueva de Montesinos, el primo aconseja ir a casa de unos ermitaños, a lo que el caballero andante contesta:

> Pocos ermitaños están sin ellas —respondió don Quijote—, porque no son los que agora se usan como aquellos de los desiertos de Egipto,

que se vestían de hojas de palma y comían raíces de la tierra. [...] a lo menos, yo por buenos los juzgo; y, cuando todo corra turbio, menos mal hace el hipócrita que se finge bueno que el público pecador. (Cervantes 1998: 715)

La alusión a las raíces podría leerse como guiño a un prudente y enterado lector que conociera de las propiedades psicoactivas de algunas raíces. Hoy sabemos que algunas contienen DMT (N,N-dimetiltriptamina), un compuesto químico de la familia de las triptaminas que se biosintetiza naturalmente por plantas y animales, y que se puede encontrar en hojas, lianas y raíces de varias plantas. Precisamente en numerosos testimonios de usuarios de esta sustancia se habla de construcciones y palacios como los mentados en el descenso a la cueva, donde el espacio se conecta con las raíces. El episodio podría evocar metafóricamente esas prácticas ancestrales en la Europa del momento, que pocos años después comenzarían a ser perseguidas en las colonias (Glockner 1996)[4].

Siglos después, en el apogeo del capitalismo industrial, el comercio transcontinental y la incipiente industria química inducirán el surgimiento de prácticas psicoactivas más desarraigadas del entorno natural inmediato. La experiencia psicoactiva comienza a expresarse en términos individualizados y de consumo en el marco de las sociedades urbanas. Numerosos autores modernistas latinoamericanos como José Martí, Rubén Darío, Julián del Casal o José Asunción Silva, entre otros, o del lado español, figuras como Ramón María del Valle-Inclán, cantaron fascinados las propiedades visionarias de los nuevos psicoactivos que se ponían entonces de moda en las grandes urbes[5]: morfina, hachís, ajenjo... En sus textos estas sustancias constituyen un vehículo para huir de la opresión política, las experiencias del dolor y la enfermedad o la trivialidad de la vida

---

[4] El primer registro escrito sobre la ayahuasca fue de un cura jesuita que ni siquiera había venido a América, José Chantre y Herrera, en 1675.

[5] Para una historia concisa, véase Herrero Gil 2007: 11-69.

burguesa. Al mismo tiempo, se expresa una decepción por la finitud de la experiencia, una desconfianza respecto a su supuesta irrealidad o artificialidad, o acechan los fantasmas de la adicción, la locura y la autodestrucción. Igual que a sus predecesores y modelos, como Baudelaire o los parnasianistas franceses, a los modernistas transhispanos parece faltarles una mentalidad ecuánime y un contexto de facilitación (lo que el apóstol de la psicodelia Tim Leary llamaría «set and setting») que den lugar a una comprensión más positiva o integrada de la experiencia. En cambio, planea en la conclusión de sus textos un sentimiento de negatividad, tristeza o remordimiento por la transgresión cometida; como el inventor de la escritura en la alegoría platónica, parece que no llegan a desatar el nudo de la dualidad medicina-veneno[6]. Tampoco aprecian el potencial sub-

---

[6] «Y ahora tú, precisamente, padre que eres de las letras, por apego a ellas, les atribuyes poderes contrarios a los que tienen. Porque es olvido lo que producirán en las almas de quienes las aprendan, al descuidar la memoria, ya que, fiándose de lo escrito, llegarán al recuerdo desde fuera, a través de caracteres ajenos, no desde dentro, desde ellos mismos y por sí mismos. No es, pues, un *fármaco* de la memoria lo que has hallado, sino un simple recordatorio. Apariencia de sabiduría es lo que proporcionas a tus alumnos, que no verdad» (*Fedro* 275a). La indecibilidad de φάρμακον (*phármakon*) entronca con dos lugares comunes importantes en el discurso psicoactivo: la idea de que la diferencia entre medicina y veneno se encuentra en la dosis administrada (atribuída a Paracelso, pero probablemente de circulación común entre cualquier persona dedicada a las yerbas), así como las advertencias contra la «sabiduría no ganada» en las inspiraciones o revelaciones mediadas por psicoactivos. El concepto de «sabiduría no ganada» generalmente se atribuye a Jung, pero es habitual entre comunidades psicodélicas o espirituales de diverso cuño. En la carta que da origen a la frase, Jung reflexiona acerca de las complicaciones vitales que podría representar un encuentro repentino con el inconsciente colectivo, y añade: «En realidad, es el error de nuestra época. Creemos que basta con descubrir cosas nuevas, pero no nos damos cuenta de que saber más implica un desarrollo correspondiente en la moralidad, [Huxley] no sabe que interpreta al "Zauberlehrling" [aprendiz de brujo], que ha aprendido de su maestro cómo llamar a los fantasmas, pero no sabe cómo librarse de ellos» (2007: 242).

versivo de la visión alterada, una exploración que sí asumirá Walter Benjamin[7], sobre quien volveremos más adelante.

Volviendo a la literatura en español, un texto tardío y poco conocido de Rubén Darío, «Huitzilopoxtli», de 1914, contrapone a la consabida dicotomía civilización-barbarie, que el positivismo e ideologías afines extendieron de diferentes formas por toda Latinoamérica, la presencia de psicoactivos que atestiguan la pervivencia de una cultura ancestral que ha sobrevivido a la evangelización y que resurge, hostil, en espacios alejados de las grandes urbes. El whisky que consume un estadounidense llamado, improbable aunque reveladoramente, «Míster Perhaps», contrasta con el comiteco que bebe el fraile aculturado y convertido en revolucionario, el coronel Reguero. Este Reguero invita al narrador, un periodista, a un cigarrillo de tabaco mezclado con marihuana, lo cual precede a la visión final: el sacrificio del estadounidense en un altar en movimiento, compuesto de serpientes vivas. El discurso es ambiguo acerca de la verdad de esa visión: o bien no es confiable, por ser una visión alucinada o deformada por el cannabis, o bien este *facilita* la comprensión de la realidad y el contacto con ese culto ancestral que destruye al intruso que se adentra en terreno vedado. En su representación despersonalizada, misteriosa y violentamente revanchista de los indígenas, vehiculada por la experiencia con marihuana, Darío evoca un terror al Otro que se ha reproducido de múltiples formas en numerosos subgéneros, pero que, contemplado desde la perspectiva de las intrusiones neocoloniales, también tiene algo de justicia poética. Significativamente, el uso que hace Darío de la planta en la narración es el reverso de la idealización superficial, colorista y desproblematizada de las culturas indígenas que abunda hoy en algunas prácticas de sanación *new age* y retiros que atienden a turistas enteogénicos[8].

---

[7] Sobre Benjamin y el potencial políticamente transformador de la experiencia psicoactiva, véase en este volumen el artículo de Raimundo Viejo Viñas.

[8] El neologismo «enteógeno» fue acuñado por Carl A.P. Ruck, Jeremy Bigwood, Danny Staples, Richard Evans Schultes, Jonathan Ott y R. Gordon Wasson (1979) para referirse a sustancias psicoactivas, general pero no exclusiva-

Uno de los cuentos más conocidos de Jorge Luis Borges es «El Aleph», publicado en 1945 en la revista *Sur*. Lo que narra es harto conocido. Tras la muerte de Beatriz Viterbo, el narrador visita cada año su casa como conmemoración y se encuentra con el primo hermano de Beatriz, Carlos Argentino Daneri. Este es el engolado autor de *La Tierra*, un poema larguísimo que se pretende una descripción del planeta, y también es el guardián de un secreto inverosímil: en el sótano de la casa familiar se concentra en un punto todo el universo. Cuando están a punto de derribar la casa, Daneri invita al narrador a que acuda y presencie ese insólito espectáculo. En un largo párrafo, se describe todo lo que el narrador presencia atónito: «El diámetro del Aleph sería de dos o tres centímetros, pero el espacio cósmico estaba ahí, sin disminución de tamaño. Cada cosa (la luna del espejo, digamos) era infinitas cosas, porque yo claramente la veía desde todos los puntos del universo» (1983a: 184). A la salida, siente que ya lo ha visto todo desde todas las perspectivas, y necesita algunas noches de insomnio para ir aliviando su memoria abrumada.

El cuento ha sido objeto de múltiples interpretaciones. Stavans sugiere que se trata, como otros textos de Borges, de una *image machine*, pero que en este caso resulta irrepresentable: «no representation of the Aleph is possible because any illustration must follow a syntax, which de facto pigeonholes the universe into a fixed language» (2017: 4). Desde las matemáticas, Cabrera Torrecilla (2021) lo interpreta como una apelación al multiverso *avant la lettre*. Sabeç (2015) lo lee como una reflexión de las limitaciones del conocimiento humano frente al divino, perfecto e infinito.

---

mente de la clase psicodélica, que se emplean con propósitos religiosos, rituales o espirituales. Proviene del griego ἔνθεος (*éntheos*), «lleno del dios», «inspirado», «poseído» (y raíz griega de nuestro «entusiasmo»), y γενέσθαι (*genésthai*), «llegar a ser», «generar». El término surge como respuesta a la imprecisión de «alucinógeno», así como a la mala publicidad que el término «psicodélico» ya había adquirido por aquel tiempo. Por sus connotaciones claramente religiosas o espirituales, hemos preferido usarlo solo para estos contextos.

Ahora bien, en la mayoría de estas interpretaciones se pasa por alto un elemento clave que podría darle la vuelta a la lectura del cuento. Antes de bajar al sótano, Daneri le dice al narrador: «–Una copita del seudo coñac [...] y te zampuzarás en el sótano» (1983a: 183). Una vez ya en el sótano, en la oscuridad, el narrador reflexiona:

> Súbitamente comprendí mi peligro: me había dejado soterrar por un loco, luego de tomar un veneno. Las bravatas de Carlos transparentaban el íntimo terror de que yo no viera el prodigio; Carlos, para defender su delirio, para no saber que estaba loco, tenía que matarme. Sentí un confuso malestar, que traté de atribuir a la rigidez, y no *a la operación de un narcótico*. (1983a: 183-184; énfasis nuestro)

Se menciona explícitamente la ingesta de un bebedizo, al que se llama «veneno» y «narcótico», y que es el causante del malestar que luego va a dar paso a la experiencia psicodélica que tiene el narrador mientras observa, en ese único punto, todo el universo:

> vi la reliquia atroz de lo que deliciosamente había sido Beatriz Viterbo, vi la circulación de mi oscura sangre, vi el engranaje del amor y la modificación de la muerte, vi el Aleph, desde todos los puntos, vi en el Aleph la tierra, y en la tierra otra vez el Aleph y en el Aleph la tierra, vi mi cara y mis vísceras, vi tu cara, y sentí vértigo y lloré, porque mis ojos habían visto ese objeto secreto y conjetural, cuyo nombre usurpan los hombres, pero que ningún hombre ha mirado: el inconcebible universo.
> Sentí infinita veneración, infinita lástima. (1983a: 185-186)

Al leerlo, casi sentimos el ascenso, el vuelo, el descenso, la nostalgia o tristeza que a veces llega con el aterrizaje.

«El Aleph» es de 1945. Dos años antes Albert Hofmann había sintetizado por vez primera LSD a partir del ácido lisérgico derivado de diferentes sustancias, entre ellas el cornezuelo, un hongo que infecta el pan. En 1943, Hofmann descubrió casi accidentalmente los efectos que el LSD causa en humanos; poco después, creció el interés de la psiquiatría ante el potencial de esta droga. Conociendo la curiosidad de Borges, no sería extraño que estuviera al tanto de las investigaciones que comenzaban a despuntar. Ni siquiera es imposible descartar que él mismo tuviera alguna experiencia enteogénica o fantaseara con ella. María Kodama alguna vez dijo que al autor le gustaba comer «pajaritos del monte», que es como se llama a una de las variantes mexicanas de hongos psilocibios. Si leemos en clave psicodélica este cuento de Borges, y otros como «El jardín de senderos que se bifurcan» (1941), «La biblioteca de Babel» (1941), «Borges y yo» (1960) o «Tigres azules» (1983b[9]), la historia adquiere nuevos significados que ya no pueden soslayarse. Borges juega con la incertidumbre y con nuestra propia duda como lectores cuando cierra «El Aleph» con estas preguntas: «¿Existe ese Aleph en lo íntimo de una piedra? ¿Lo he visto cuando vi todas las cosas y lo he olvidado? Nuestra mente es porosa para el olvido» (1983a: 188).

En «Tigres azules» un profesor de lógica escocés se obsesiona con un tigre azul que ha visto en sueños, lo que lo lleva a viajar a una aldea india, de cuyo nombre no quiere acordarse, a principios del siglo XX. Los habitantes están horrorizados por el supuesto tigre azul, que tiene más de legendario que de material:

> El tigre podía ser avistado a cualquier hora, hacia los arrozales del Sur o hacia la maraña del Norte, pero no tardé en advertir que los observadores se turnaban con una regularidad sospechosa. Mi llegada coincidía invariablemente con el momento exacto en que el tigre acababa de huir. Siempre me señalaban la huella y algún destrozo, pero el puño de un hombre puede falsificar los rastros de un tigre. (1983b: 29-30)

Para el narrador, que sigue el modelo de las aventuras de Kipling y el talante del aventurero europeo y colonizador, el intento de cazar el tigre lo lleva hasta una cueva:

---

[9] Aparecido originalmente el 19 de febrero de 1978 en *La nación* bajo el título «El milagro perdido».

> El suelo era agrietado y arenoso. En una de las grietas, que por cierto no eran profundas y que se ramificaban en otras, reconocí un color. Era, increíblemente, el azul del tigre de mi sueño. Ojalá no lo hubiera visto nunca. Me fijé bien. La grieta estaba llena de piedritas, todas iguales, circulares, muy lisas y de pocos centímetros de diámetro. Su regularidad les prestaba algo artificial, como si fueran fichas. (1983b: 32-33)

Esas piedras varían de número sin una lógica precisa, lo que va a cambiarle el sentido a su vida y a su entendimiento de la materia, obsesionándolo hasta cambiarlo del todo:

> En aquel tiempo contraje el hábito de soñar con las piedras. La circunstancia de que el sueño no volviera todas las noches me concedía un resquicio de esperanza, que no tardaba en convertirse en terror. El sueño era más o menos el mismo. El principio anunciaba el temido fin. (1983b: 40)

Al final consigue deshacerse de las piedritas, pero eso no es lo más importante para la interpretación que aquí esbozamos. ¿Qué pasaría si los sueños del tigre y de las piedritas fueran más bien experiencias enteogénicas, que transforman al profesor escocés incluso después de su vuelta a Europa y que le impiden mantener la cosmovisión materialista y positivista que antes tenía, permeando su propia existencia de una calidad que escapa de cualquier raciocinio? Tal como ocurre en «El Aleph», nuestra lógica se hace porosa cuando entra en contacto con ciertas sustancias.

Además de Borges, otro autor argentino también llama la atención al respecto; aunque sobre Cortázar y su relación con las drogas se ha escrito bastante (Sánchez Pedrero 2021), esos apuntes atañen más a lo biográfico que a un análisis textual de su obra. Ahora bien, como sabemos, la técnica del desplazamiento podría ser el común denominador de gran parte de su narrativa. Si en vez de entender la decisión de construir una narración paradójica, introduciendo metalepsis o analepsis como una forma de transgresión ontológica (Meyer-

Minnemann 2010), la leyéramos tomando como referente posibles experiencias psicodélicas de viaje, disociación e integración, quizás la comprensión de su narrativa se vería enriquecida —entre otras cosas, con cuestiones sobre diferentes formas de percepción de la realidad y de crítica al proyecto de modernidad contra el que su obra se rebela. Igualmente, si en vez de intentar acordonar los cuentos de Cortázar dentro de la definición de lo fantástico de Todorov, quien destaca la vacilación como condición necesaria (1970), los leyéramos como posibles manifestaciones o recreaciones de experiencias psicodélicas, podríamos acceder a una interpretación más profunda.

Cortázar mismo alimentó la recepción de su obra divagando y escribiendo sobre lo fantástico, lo onírico y lo *unheimlich* en repetidas ocasiones. Desde sus traducciones de Edgar Allan Poe hasta sus entrevistas, pasando por su conocida conferencia en la UCAB, «El sentimiento de lo fantástico» (1982), parece que Cortázar se pasó la vida intentando vivir su propia poética en los intersticios donde las leyes de la lógica y la causalidad se diluyen para crear circunstancias inverosímiles, pero que, desde una experiencia psicodélica, sabemos totalmente posibles. Cortázar hacía referencia a lo fantástico como parte de su vida consciente; no como una búsqueda, sino como una esencia de su propia percepción del entorno. En palabras de Alazraki: «Julio cruzaba puentes y tendía puentes, era esponja y sustancia absorbente» (1996: 227). Frente a las creaciones de tinte filosófico de Borges, Cortázar se decanta por sumergirnos en la conciencia de seres disociados, visionarios, duales y desintegrados.

Quizás fuera una forma de explorar su propia psique o quizás un guiño a quienes entendieran de qué estaba hablando, quién sabe. Pero si atendemos a algunos de sus cuentos puede verse cómo Cortázar sigue la fórmula de alterar el orden propuesto para ofrecer una interpretación imprecisa y distorsionada de lo que aparentemente podría ser la realidad dentro del cuento, pero que como lectores sabemos que es otra cosa. Así, en «La noche boca arriba» (de *Final del juego*, 1956), un motorista accidentado es también un prisionero al que los aztecas llevan al sacrificio durante las guerras floridas. Durante todo el relato, el protagonista alterna la náusea con episodios de mayor o menor conciencia. Rosa Serra Salvat interpreta el cuento desde el surrealismo, e indica algo que casi podría ser la clave de una lectura psicodélica: «La caída del personaje no es solo física sino también espiritual y su pérdida de la conciencia le permite entrar en otra dimensión» (2011: 302), al tiempo que se concentra en el olfato como componente sinestésico. Sin embargo, desde una lectura psicodélica, no deja de llamar la atención este fragmento:

> Como sueño era curioso porque estaba lleno de olores y él nunca soñaba olores. Primero un olor a pantano, ya que a la izquierda de la calzada empezaban las marismas, los tembladerales de donde no volvía nadie. Pero el olor cesó, y en cambio vino una fragancia compuesta y oscura como la noche en que se movía huyendo de los aztecas. (Cortázar 2001: 228).

La experiencia sensorial olfativa, no presente en lo onírico, se vuelve disparador de una transformación del protagonista que dobla el tiempo que consideramos lineal y consecutivo para ofrecer, en cambio, una trenza de eventos en dos espacios y tiempos distintos. En esta línea, el cuento ha sido leído como la expresión de la dicotomía del individuo latinoamericano (Kohan 1995), algo que podríamos encontrar también en «Axolotl», del mismo libro. Ahora bien, en otra lectura podría entenderse la paradoja que presenta no como metáfora de lo irreconciliable del ser latinoamericano, sino como la imbricación siempre repetida entre ambas experiencias −en este caso, por la cercanía de la muerte y la disolución del ego, por la violencia y lo espiritual. En esa lectura, la experiencia dual del motorista y del joven moteca será absoluta después de tomar un «maravilloso caldo de oro» en el hospital. Entonces ya no será posible distinguir entre ambos destinos, que se tornan uno solo y que parece conducirlo al sacrificio final:

> Primero fue una confusión, un atraer hacia sí todas las sensaciones por un instante embotadas o confundidas. Comprendía que estaba corriendo en plena oscuridad, aunque arriba el cielo cruzado de copas de árboles era menos negro que el resto [...]. La mano que sin saberlo él aferraba el mango del puñal, subió como el escorpión de los pantanos hasta su cuello, donde colgaba el amuleto protector. Moviendo apenas los labios musitó la plegaria del maíz que trae las lunas felices, y la súplica a la Muy Alta, a la dispensadora de los bienes motecas. Pero sentía al mismo tiempo que los tobillos se le estaban hundiendo despacio en el barro, la espera en la oscuridad del chaparral desconocido se le hacía insoportable. (2001: 230).

Según Alazraki, en su muy personal artículo sobre el cuento, «La noche boca arriba» propone un camino: «el pasado ensancha el ámbito del presente, lo enriquece y puebla de aventura. No es un tiempo "lejano y muerto", es una suerte de alimento del presente, su combustible» (1996: 231). Según el narrador del cuento: «Entre el choque y el momento en que lo habían levantado del suelo, un desmayo o lo que fuera no le dejaba ver nada. Y al mismo tiempo tenía la sensación de que ese hueco, esa nada, había durado una eternidad» (2001: 231). El viaje psicodélico puede prolongarse y situarnos, aun desde un presente muy vívido, igualmente en el pasado, en el nuestro y en el de nuestros ancestros, regalándonos perspectivas que creeríamos imposibles pero que pueden parecer tan palpables como la realidad que percibimos con nuestros sentidos y nos explican el presente en tantas de sus dimensiones, así como la vista convierte semáforos verdes en antorchas aztecas mientras vamos al sacrificio en que acaba cualquier vida.

En otro cuento posterior, las diapositivas tomadas durante un viaje solidario a Nicaragua en «Apocalipsis de Solentiname» (originalmente en *Alguien que anda por ahí*, 1977) se convierten, ante los ojos visionarios del protagonista, de vuelta en París tras su periplo por Costa Rica, Nicaragua y Cuba, en una suerte de aleph de los horrores de la historia latinoamericana. En 1977 la mayor parte de los países del Cono Sur estaban sumidos en cruentas represiones militares y bajo dictaduras de derecha. En su interpretación, Sosnowski apunta que «solo el que logra ver las múltiples vertientes de cada instante puede obtener una imagen que desde la superficie plana apunta a la multiplicidad de sus niveles» (1980: 96). Observar la situación latinoamericana durante la Guerra Fría desde diferentes ángulos y diversas dimensiones ontológicas parece la mejor forma de acercarse a la compleja historia de la misma. En el cuento, cuando su pareja, Claudine, se acerca a ver las diapositivas como una turista, incapaz de ver la destrucción que esconde la belleza aparente, el narrador protagonista corre al baño:

> Sin mirarla, porque hubiera comprendido o simplemente tenido miedo de eso que debía ser mi cara, sin explicarle nada porque todo era un solo nudo desde la garganta hasta las uñas de los pies, me levanté y despacio la senté en mi sillón y algo debí decir de que iba a buscarle un trago y que mirara, que mirara ella mientras yo iba a buscarle un trago. En el baño creo que vomité, o solamente lloré y después vomité o no hice nada y solamente estuve sentado en el borde de la bañera dejando pasar el tiempo hasta que pude ir a la cocina y prepararle a Claudine su bebida preferida, llenársela de hielo y entonces sentir el silencio. (Cortázar 1998: 18)

Desde una crítica literaria que atienda al factor psicodélico, este episodio podría entenderse no solo como asco moral, sino también como una experiencia de la purga que sigue o antecede a ciertas visiones, tan disruptivas como esclarecedoras, y que aquí están ligadas a una lectura política de la realidad latinoamericana, con sus dictaduras militares y desapariciones forzadas. El tiempo no sería lineal, sino que aparecería en un bucle eterno que el narrador, desde la distancia en París, podría visualizar horrorizado e impotente.

Estos son por supuesto solo dos ejemplos entre las decenas de cuentos que escribió Cortázar a la vez que reflexionaba y experimentaba los límites de lo real, lo posible, lo sensorial, lo verosímil y lo onírico. En

«La autopista del sur» (de *Todos los fuegos el fuego*, 1966), el tiempo se ralentiza de forma imposible en un embotellamiento a la entrada de París; en «La escuela de noche» (de *Deshoras*, 1982), dos estudiantes entran en unas aulas que se multiplican y deforman creando espacios terroríficos que explican la realidad que sufren durante el día en los centros educativos de la Argentina de los años cuarenta, en una exploración del trauma adolescente. Casi cualquiera de los cuentos de Cortázar sería susceptible de nuevas interpretaciones si los leyéramos atendiendo al factor psicodélico, y acaso se entendería mejor lo que sostenía el autor en su conferencia de 1982 «El sentimiento de lo fantástico» en la Universidad Católica Andrés Bello:

> Creo que esa misma definición podría aplicarse a lo fantástico, de modo que, en vez de buscar una definición preceptiva de lo que es lo fantástico, en la literatura o fuera de ella, yo pienso que *es mejor que cada uno de ustedes, como lo hago yo mismo, consulte su propio mundo interior*, sus propias vivencias, y se plantee personalmente el problema de esas situaciones, de esas irrupciones, de esas llamadas coincidencias en que de golpe nuestra inteligencia y nuestra sensibilidad tienen la impresión de que las leyes, a que obedecemos habitualmente, no se cumplen del todo o se están cumpliendo de una manera parcial, o están dando su lugar a una excepción. (1982: en línea)

Cortázar dice esto en una época donde no se podía hablar abierta y públicamente de las experiencias psicoactivas. Pero si somos capaces de consultar nuestro propio mundo interior, cabe preguntarse si pensar su poética desde nuevos puntos de fuga discontinuos, fractales, brillantes y abigarrados no estará más cercano a eso sobre lo que él mismo estaba llamando la atención, aun sin nombrarlo claramente.

Hacia el renacimiento psicodélico

La época en la que escriben Borges y Cortázar coincide con cambios importantes en la historia política de los psicoactivos, y de los psicodélicos en particular, que inevitablemente influirán sobre el discurso y la estética en torno a ellos. En 1970, el Congreso de los Estados Unidos aprobó la Ley de Sustancias Controladas, una implementación de la Convención Única sobre Drogas Narcóticas de las Naciones Unidas (1961), singularmente agresiva en su clasificación de los psicoactivos y en la criminalización a sus usuarios. La nueva ley incorporaba además la nueva categoría de sustancias psicotrópicas en la Categoría I[10], lo cual se vería reflejado posteriormente en la Convención sobre Sustancias Psicotrópicas de la ONU.

La voluntad de usar esa ley para criminalizar y marginalizar a ciertas comunidades raciales y culturales ha sido reconocida abiertamente por miembros de la propia administración Nixon[11], sin que ello haya hecho todavía demasiada mella en la dureza de la ley y la arbitrariedad de sus clasificaciones. Muy al contrario, la legislación ha tenido consecuencias nefastas, especialmente sobre comunidades racializadas en el Norte global, sus estratos socioeconómicos más desfavorecidos, y en territorios latinoamericanos donde originariamente se cultivaban algunas plantas de consumo tradicional, ritual e incluso sanador. La acción y presión combinadas de las convenciones y organismos de las Naciones Unidas y de la legislación estadounidense sirvieron de modelo para las legislaciones de otros muchos países, prestando escasa o nula atención a los reclamos o necesidades de comunidades agrícolas o con prácticas tradicionales o rituales asociadas a estas sustancias. También han servido como herramienta para la coacción contra países pobres, para la implementación y refuerzo de leyes análogas a las aprobadas en el Norte global, o para evitar su flexibilización, por

---

[10] La Categoría I se reserva a sustancias con alto potencial de abuso, sin usos médicos aceptados y sin protocolos de seguridad bajo supervisión médica. Existe una amplia bibliografía cuestionando la arbitrariedad de esta clasificación, empezando por la falta de definición de qué constituye «abuso de drogas» más allá de un vaporoso concepto de desaprobación social, como reconocía la propia Convención Nacional sobre Marihuana y Drogas de 1973.

[11] John Ehrlichman, citado por Baum (2016).

vía de la amenaza de exclusión de ayudas económicas y tratados, o de la acción militar (por ejemplo, el Plan Colombia o la Iniciativa Mérida). De una manera más difusa, la criminalización del uso de psicoactivos dio lugar a una condena moral y a la estigmatización generalizada sobre amplias capas de la población, con un impacto considerable en la salud pública y también, por supuesto, sobre el discurso mismo alrededor de los psicoactivos, que venía a otorgarles un aura de peligrosidad social, asociándolos a la atracción por lo prohibido combinada con la repulsión por lo abyecto, y alimentando numerosas y rocambolescas tramas de acción policial o criminal en los medios de masas.

En lo que respecta a los psicodélicos en particular, estos cambios dieron lugar al fin de la investigación institucional sobre estas sustancias y sus efectos; su uso con fines filosóficos o espirituales se vio relegado a círculos contraculturales o terapias clandestinas, mientras que los usos recreativos tendieron a centrarse en otras sustancias tal vez más acordes con la polaridad hiperactividad/depresión de la normalidad neoliberal. La investigación clínica vería una reemergencia en el cambio de siglo, tímida en un principio, por vía de organizaciones como la Multidisciplinary Association for Psychedelic Studies, que ha centrado sus esfuerzos en la terapia con MDMA, o los centros de investigación dirigidos por Roland Griffiths en Johns Hopkins University y por Robin Carhart-Harris en el Imperial College de Londres[12]. La relativa visibilización pública de resultados prometedores causó, por un lado, un incremento notable de centros de investigación, financiados primero por organizaciones sin ánimo de lucro, como universidades u organizaciones filantrópicas, y más recientemente por firmas farmacéuticas y de capital de riesgo.

Por otro lado, en la actualidad ha aumentado el interés y la curiosidad del público general por estas sustancias, en parte gracias a trabajos

---

[12] Para una visión panorámica de la investigación clínica en los últimos treinta años, véase Hadar *et al.* 2023.

de divulgación como el *best seller* de Michael Pollan *How to change your mind* (2018)[13]. Cuando gente frustrada con los resultados de la psicoterapia o las aproximaciones farmacológicas a la depresión, la ansiedad, el estrés postraumático u otros desarreglos psicosociales no puede acceder a terapias experimentales por la vía restringida de los ensayos clínicos, suele buscar una solución a sus malestares por la ruta de terapeutas o centros de sanación clandestinos que operan con psicodélicos. Colateralmente, se ha producido un renovado interés por estas sustancias al calor del crecimiento de prácticas espirituales o el auge de neorreligiones. También ha aumentado el consumo recreativo de psicodélicos (Lake & Lucas 2024)[14], y en Estados Unidos han surgido iniciativas legislativas proclives a descriminalizar o incluso legalizar algunos usos, algunas, especialmente las enfocadas a nivel local, con éxito[15].

Todo este conjunto de procesos interrelacionados en ámbitos institucionales y otros más clandestinos o desregulados ha venido a conocerse como «renacimiento psicodélico»[16], un concepto que alberga ciertas contradicciones, empezando por el concepto mismo: ¿puede «renacer» algo que, en propiedad, nunca estuvo verdaderamente muerto? En la medida en que «psicodélico» no se refiere solo a cierta clase de sustancias, sino también a actitudes culturales, a una estética reconocible e incluso a posicionamientos éticos y reglas

---

[13] Luego convertido en documental para Netflix, en 2022. Han tenido también un impacto notable los trabajos de Sessa (2013), Lattin (2021) y Strassman (2023).

[14] Lamentablemente, la mayor parte de información sobre tendencias recientes se centra en los Estados Unidos o el ámbito anglófono. Sobre usos en Latinoamérica, es particularmente valioso el trabajo de Véliz-García & Domic-Siede (2024).

[15] Es el caso de las medidas legislativas en Colorado y Oregón (esta última revocada por el cuerpo legislativo en 2024), o las iniciativas municipales en Oakland, Santa Cruz, Berkeley y San Francisco (California), Ann Arbor (Michigan), Cambridge y Somerville (Massachusetts), Seattle (Washington) y Washington DC.

[16] La expresión se atribuye comúnmente al libro del mismo nombre del psiquiatra Ben Sessa (2013). Ahora bien, el término aparece por escrito por primera vez en un artículo del periodista Leo Kotler en *Playboy* (2010).

morales, las proposiciones clínicas sobre los psicodélicos como técnica terapéutica que propugnan algunos voceros de este «renacimiento» resultan tristemente limitadas y poco imaginativas. Por si fuera poco, este «renacimiento» implica una serie de posicionamientos epistémicos que tienden a superponerse y borrar la existencia tanto del vasto conjunto de saberes creado a lo largo de siglos de prácticas tradicionales de pueblos indígenas, como de las redes relacionales-discursivas creadas por la ciencia ciudadana y las comunidades contraculturales a lo largo de décadas. Esto tiene una relevancia especial en el mundo hispánico y particularmente en Latinoamérica, que nos ocupará en uno de los capítulos que siguen (Ribas-Casasayas, 87-109).

Por el momento, ya se trate de un renacimiento real o de una mera interpretación interesada, el fenómeno sí ha reavivado el interés, la discusión pública y la presencia del tema en la creación artística vehiculadas por la literatura, el cine, la música y otros artefactos culturales que reclaman una atención de la estudios críticos y humanísticos. De aquí el interés particular de este volumen por las elaboraciones culturales de las décadas más recientes.

Aproximaciones a una crítica psicoactiva

La cuestión, entonces, vendría a ser cómo podemos leer y releer con una mirada psicodélica: de qué modo insertar la crítica literaria en una discusión que está llegando a tantas disciplinas, en un cambio ya visible de la *episteme* contemporánea. En muchos de sus ensayos[17] Walter Benjamin reflexionaba sobre la representación artística del héroe frente a las multitudes, sobre el *flâneur* que transita ciudades y observa la realidad cambiante del final del siglo anterior y la nombra.

---

[17] La mayoría publicados en 1958 por Suhrkamp bajo el título de *Illuminationen. Ausgewählte Schriften*, en selección de Theodor Adorno. La versión en inglés de 1968, *Illuminations,* con selección de Hannah Arendt, recoge los más relevantes de entre los cuatro volúmenes de la primera edición alemana.

El mismo Benjamin se autorrepresenta deambulando por las ciudades europeas y observando el paisaje urbano con una mirada nueva, en ocasiones alterada en momentos de peligro. Cabría plantearse, en la estela del filósofo judeoalemán, cómo capturar un siglo después esa mirada de *flâneur* desde la experiencia psicodélica: la del psiconauta que narra y percibe desde una percepción que puede ser transensorial, poliédrica, multidimensional y transgresora, y que es resultado de genealogías propias que tanto arrancan de culturas ancestrales como de experimentación en laboratorios y de movimientos contraculturales. Reprimidas una y otra vez, no hay que olvidarlo, por poderes hegemónicos que han luchado contra el uso de plantas y sustancias psicotrópicas, prohibiéndolas y criminalizándolas, acaso porque podrían ser fuente y puente para formas de resistencia y de creación de espacios comunitarios que, en momentos críticos, podrían impulsar un cambio del sistema.

Benjamin mismo, en los textos recogidos luego en *Über Haschisch*[18], reflexionaba sobre los efectos del hachís, el opio o la mescalina, y reivindicaba su uso en un momento político muy delicado; recordemos que en el periodo que media entre la toma del poder por Hitler y la Segunda Guerra Mundial se llevó a cabo en Alemania una campaña de «lucha contra los estupefacientes» –*Rauschgiftbekämpfung*– como forma de control social (Thompson 2000). Benjamin, fascinado por lo místico profano, siguió con sus experimentos, pues consideraba la experiencia psicoactiva como una vía al conocimiento, esto es, un dispositivo que permite iluminar lo que está oculto. Podríamos aquí retomar la idea de las «tecnologías del yo», a partir del concepto de Foucault en sus conferencias en la Universidad de Vermont en 1982, donde recoge los procesos que definen y producen conocimiento en

---

[18] Las textos que conforman el libro, además del conocido «Haschish à Marseille», incluyen protocolos e informes de experimentos con drogas, hasta entonces inéditos, que Benjamin escribió de 1927 a 1934. El conjunto se publicó póstumamente en 1972 como *Über Haschisch. Novellistisches, Berichte, Materialien*.

la exploración de cada cual en un contexto social determinado. Las tecnologías del yo, según Foucault, son aquellas

> que permiten a los individuos efectuar, por cuenta propia o con la ayuda de otros, cierto número de operaciones sobre su cuerpo y su alma, pensamientos, conducta, o cualquier forma de ser, obteniendo así una transformación de sí mismos con el fin de alcanzar cierto estado de felicidad, pureza, sabiduría o inmortalidad. (1990: 48)

En este tipo de operaciones, algunos psicoactivos pueden impulsar una transformación espiritual y, en última instancia, social. Esto podríamos también relacionarlo con lo que Benjamin, en su ensayo «Die Erzähler» de 1936, sostenía a propósito del suspenso que permea una narrativa, que es, decía, como el manuscrito que estimula la llama de una chimenea y anima el juego del acto de lectura (Benjamin 1968: 100). O, retornando a sus ensayos sobre el hachís y la mescalina, podemos relacionarlo con el ritmo de la naturaleza mesiánica que sentimos mientras leemos, por un uso característico del lenguaje poético que se asemeja al estado alterado que se produce por el consumo de esas sustancias: sinestesia, sensualidad, producción imaginativa, neologismos, el encadenamiento de palabras o los movimientos hipnóticos del discurso (1972). De la misma forma, el consumo de sustancias psicoactivas permite una percepción que se asemeja al trabajo fotográfico que ya interesaba a Benjamin en esa época, al manifestarse habitualmente como experiencias visuales que, si bien se generan desde la realidad, se perciben en otro espacio alterado de la misma: «Benjamin's analysis of the mode of perception facilitated by both hashish intoxication and the camera is the extent to which it is associated with the opening up of an "image space" within which the "natural" order of things is momentarily suspended» (Forrest 2007: 15).

En *El reparto de lo sensible*, Jacques Rancière (2000) define un sistema que pone de relieve lo común y también las delimitaciones que definen las partes. Dependiendo del lugar que ocupemos en el espacio común, tendremos más o menos competencias sobre lo común como tal, porque nuestro acceso se ciñe a la parte que ocupamos. Desde un punto de vista político, esto se traduce en qué podemos decir o no, ver o no, cambiar o no. Desde un punto de vista estético, esa relación sistémica de lo común con sus partes va a determinar qué podemos o no experimentar, y cómo podemos expresarlo. Así se delimitan tiempos y espacios en que cada individuo se localiza, y nuestro propio sistema sensorial y expresivo está determinado también por ello, porque crea nuestro propio imaginario, del que es muy difícil desprendernos:

> El imaginario es el conjunto de imágenes que constituyen y modelan nuestra mentalidad. Es alimentado por las diferentes formas de representación que cada cultura pone en circulación en forma de narraciones u otras construcciones, para transmitir la propia concepción de la existencia humana y del intercambio social (Selva Masoliver & Solà Arguimbau 2004: 173).

Si pensamos en el imaginario heredado en el siglo XXI, no podemos obviar las narrativas testimoniales y fragmentarias de los años cincuenta y sesenta, ni la exploración psicodélica en la expresión artística de la contracultura, con imágenes y música moduladas y distorsionadas con las que aún convivimos –quién no ha tenido, o por lo menos visto, una pieza de ropa con mandalas–. Tampoco podemos pasar por alto toda la herencia cultural que arranca desde la era clásica y que comprende también, cómo no, las culturas prehispánicas. Aunque no sea de forma explícita, la presencia de los estados alterados de conciencia ha marcado la genealogía cultural en que estamos inmersos y, por lo tanto, nuestro propio imaginario. Mirándolo desde ese punto de vista, los psicodélicos han sido parte de ese reparto de lo sensible, aunque muchas veces de forma solapada, disimulada, secreta, travestida. En palabras de Fawaz:

> The significant impacts include how cultural texts enlarge our imaginations, activate new feeling states that can alter our attitudes and behaviors, elicit collective opinions about questions of common con-

cern, or simply forge meaningful community around characters, genres, artists, and mediums that may express shared values and experiences in aesthetic form. (2022: 128)

Este volumen busca, precisamente, iluminar esos procesos que hacen –o podrían hacer– posible otro reparto de lo sensible que sitúe lo psicodélico en lo común, no en una zona periférica y opaca:

> Esa distribución y esa redistribución de los espacios y los tiempos, de los lugares y las identidades, de la palabra y el ruido, de lo visible y lo invisible, conforman lo que llamo el reparto de lo sensible. La actividad política reconfigura el reparto de lo sensible. Pone en escena lo común de los objetos y de los sujetos nuevos. Hace visible lo que era invisible, hace audibles cual seres parlantes a aquellos que no eran oídos sino como animales ruidosos. (Rancière 2001: 115)

Entonces, ¿cómo hacer perceptible cada una de las partes para el común o lo común para cada una de las partes? ¿Cómo acercar el discurso cultural al motivo del aleph borgeano? Una vez visto algo, es imposible invisibilizarlo. Schep sostiene que «a subjective language that is more capable of representing narcotic experience without turning it into something else is possible, but [...] this potential has been covered up by the objective nature of our languages, which has but few words for subjective experience» (2011: 57). En ese sentido, queremos proponer una crítica capaz de llevar a cabo lecturas que trasciendan el mero testimonio de un viaje psicodélico. El análisis de la diégesis de la experiencia psicodélica puede ser buen punto de arranque para el análisis cultural, pero pensamos que hay más. Textos que testimonian experiencias de una conciencia alterada o que narran viajes psicodélicos hay muchos, como hemos visto en la primera parte de esta introducción. El problema es que las teorías al uso de la ficcionalización y de lo fantástico no alcanzan, o no resultan productivas, como herramienta para el análisis, por lo general porque parten de la premisa de que la única realidad es la percibida por los sentidos en un estado ordinario de conciencia. Según Schep, la noción de una realidad consensual es tautológica: en condiciones de aislamiento la realidad pierde esa condición, ya que no se puede transmitir (2011: 59). Justo en ello radica la mayor dificultad para crear un vocabulario compartido para esa experiencia subjetiva, dificultad que se agrava por encontrarse además mayormente oculta o cifrada en aquellas sociedades donde el uso de los psicodélicos ha sido, o está, perseguido y criminalizado.

Ahora bien, volvamos a las teorías sobre lo fantástico y la que pensamos su insuficiencia en este campo. La visión de Todorov sobre lo fantástico sigue sirviendo de piedra de toque para la crítica literaria: «En primer lugar, es necesario que el texto obligue al lector a considerar el mundo de los personajes como un mundo de personas reales, y a vacilar entre una explicación natural y una explicación sobrenatural de los acontecimientos evocados» (1970: 24). En el caso de la experiencia psicodélica, sin embargo, esa realidad alterada puede tener todo el valor de verdad para el psiconauta, pero es difícilmente comunicable en tanto tiene lugar desde los márgenes o el reverso de la realidad ordinaria que hemos aprendido a percibir y aceptar como absoluta. ¿Cuántos discursos sobre experiencias sensoriales de disociación, desintegración o iluminación se apoyan en símiles y metáforas para poder darles un sentido compartido? Es como si, pareciera que, sentí algo cual…

Para el recuento de la experiencia psicodélica necesitamos, entonces, técnicas que nos permitan recrear y comentar ese universo irradiador. En algunos casos, la fragmentación puede afectar a la estructura del texto o al lenguaje mismo, que se descompone simulando el estado alterado de conciencia con sus repeticiones, sus bucles o su dispersión (Schep 2011: 61). La cuestión sigue siendo entonces cómo nombrar, con un lenguaje convencional y dentro de unas reglas específicas, una experiencia profundamente interior y trascendente, y hacerlo de modo que el público pueda entenderla. En realidad, siguiendo la reflexión de Fawaz (2022: 132), la estructura psicodélica puede ofrecer un vocabulario más rico conceptualmente, pues capta la naturaleza coextensiva del fenómeno discursivo y fisiológico de una forma a la que en el estado ordinario de conciencia no tenemos acceso, y que ni siquiera se puede comparar con lo onírico. Como sostiene Rocha Vivas en *Reforestar la imaginación*:

> La diferencia entre una visión espiritual y un sueño, o incluso un relato cultural, está en que en la primera logramos ver, o al menos vislumbrar, orgánicamente hablando. Esto quiere decir que nos transformamos en la visión, como en los relatos de una luz que irradia y traspasa a quien ve (2024: 30-31).

El dispositivo que permite esta experiencia espiritual puede ser precisamente un psicodélico: psilocibina, mescalina, LSD, MDMA, ketamina, DMT, etcétera. Los efectos que la lectura de ciertos textos puede ofrecer se asemejan, de hecho, al potencial transformador de estos: patrones visuales, desplazamiento, disociación, integración, recuerdos reprimidos que aparecen con toda nitidez, y una percepción ultrasensible e intuitiva. Como sostiene Fawaz siguiendo a Pollan, una crítica y una pedagogía psicodélicas tienen como objetivo hacer florecer nuestros estados mentales «by revitalizing the literary text as a site for exploring, refining, and retuning the sensorium, thereby enriching one's perceptual and imaginative capacities» (2022: 127). Algo similar a lo que Walter Benjamin (1929) llamaba en su ensayo sobre el surrealismo «iluminación profana»[19] –una iluminación de inspiración materialista, antropológica, de la que los psicoactivos no serían más que la escuela primaria.

La experiencia psicodélica no es un invento de los últimos años, sino que se remonta a los orígenes de la civilización. En Latinoamérica, esa tradición se ha nutrido en gran parte de la sabiduría de

---

[19] Aquí nos enfocamos en el análisis del discurso literario y cultural. En muchas religiones de viejo y nuevo cuño el uso de psicoactivos resulta una técnica de contacto con lo sagrado, de la que da buena cuenta Ellens (ed.) 2014. Una discusión para no especialistas, centrada en los psicodélicos, se encuentra en Richards 2015.

pueblos indígenas que han guardado y protegido las plantas maestras de los abusos de la colonización, la cristianización y la explotación de recursos naturales. Si la representación de los estados alterados de conciencia en la literatura materialista se ha mantenido más bien en la periferia de lo hegemónico, para las culturas indígenas que tienen estrecha relación con plantas maestras ha sido central en su imaginario y en su forma de representar el mundo. Por ejemplo, como explica Chonon Bensho, artista del pueblo shipibo-konibo, a propósito de los tejidos kene[20]:

> El kene es símbolo de nuestra identidad cultural y de nuestra relación con los ríos y los bosques amazónicos. Es una suerte de escritura de nuestra memoria, la más honda manifestación de nuestra filosofía y nuestra espiritualidad, de nuestra creatividad, de nuestra refinada sensibilidad artística. (Bensho & Favaron 2023: 133)

Representar y explorar el mundo del que somos parte, desde lo más íntimo hasta lo más universal, o indagar en lo común a partir de las partes, se hace posible en estados alterados de conciencia que producen una forma de alumbramiento o transferencia ontológica. Los rasgos de oralidad, de ritualidad o de musicalidad resultan entonces centrales para entender el desarrollo de ciertas narrativas que pueden crear un sentimiento de hipnosis en sus lectores, de modo similar a lo que consiguen ciertos patrones geométricos propios del kene y de otros tejidos de pueblos indígenas.

Si algo tiene de especial este momento —eso que nombra con mayor o menor fortuna el sintagma «renacimiento psicodélico»— es

---

[20] La imagen que aparece en la cubierta de este libro es precisamente un tejido kene, obra de la artista shipibo Chonon Bensho, quien tuvo la gentileza de cederla para este proyecto. El kene tiene un significado simbólico y representa la cosmovisión de la comunidad shipibo en relación con la naturaleza y las plantas medicinales. Tradicionalmente confeccionado por mujeres shipibo, es una forma de expresión cultural y espiritual.

que se ha vuelto a visibilizar el carácter terapéutico de las sustancias psicodélicas, empatógenas y disociativas, algo que ya había ocurrido en los años cincuenta y sesenta, pero esta vez a una escala mucho mayor. Eso también supone que grupos más amplios y diversos de la población del Norte global estén consumiendo plantas maestras y prácticas indígenas, muchas veces viajando a espacios hasta ahora poco transitados por turistas, con claras consecuencias económicas y medioambientales. En un mundo sujeto a la violencia neoliberal, con una crisis ecológica que afecta a todo el planeta, algunos psicoactivos se presentan ahora como la panacea que ha de salvarnos de los problemas de salud mental que hemos creado a cambio de habitar un tiempo fungible y de un supuesto bienestar que no es tal (Odell 2023).

En cuanto al alcance de la nueva narrativa sobre el tema, incluso un texto ensayístico y testimonial como *How to change your mind* (2018), de Pollan, ha conseguido llevar a cientos de miles, acaso millones de personas a interesarse por las sustancias psicodélicas y empatógenas para sanar sus propios males[21]. Hace décadas, Peter A. Levine afirmaba que «trauma is a pervasive fact of modern life» (1997). En el contexto actual, algunos discursos de los últimos veinte años reflejan precisamente este potencial sanador del arte en su misma hechura. A la hora de analizar algunos textos o películas desde esa perspectiva, resulta interesante revisitar las teorías del psicoanalista estadounidense sobre la experiencia somática para tratar el trauma. Según Levine, en el trastorno por estrés postraumático los síntomas no están causados por el «evento desencadenante» en sí, sino por los residuos de la energía que no ha sido resuelta o descargada durante el evento estresante. Los restos de la energía del evento donde fuimos amenazados se quedan presos en el cuerpo, creando ansiedad, depresión y otros síntomas psicosomáticos o conductuales: «Some of

---

[21] Su Talks at Google de 2018 ha tenido, hasta el momento de redacción de estas líneas (diciembre de 2024), más de 840 000 vistas; Netflix, además, estrenó en 2022 una serie basada en el libro con enorme éxito.

the frightening and often bizarre symptoms suffered by traumatized people include: flashbacks, anxiety, panic attacks, insomnia, depression, psychosomatic complaints, lack of openness, violent unprovoked rage attacks, and repetitive destructive behaviors» (1997: 41).

Siguiendo esa lógica, un artefacto cultural podría ofrecer también un espacio de sanación para el individuo o la comunidad; es así como funcionan, por ejemplo, los cánticos de las sanadoras mazatecas, los ícaros de los shipibo-konibo y de otros pueblos de la Amazonia occidental o la música wixarika en los rituales que acompañan el consumo tradicional de plantas maestras. A través de experiencias bioquímicas se pueden liberar esos residuos de energía por la alteración de los sentidos. El llamado «setting», el entorno propicio para la experiencia, requiere a menudo de elementos materiales y sensoriales, y muchas veces también del apoyo comunitario para un desarrollo sanador. Lo comunitario resulta un factor interesante; frente al individualismo competitivo de la dinámica neoliberal que vivimos en el Norte global, podría constituirse en ámbito de sanación en tanto acoge lo común de una experiencia humana compartida, no solo la perspectiva o la experiencia de un individuo aislado de su conjunto, no solo una parte pequeña. «Trauma is not what happens to us. But what we hold inside in the absence of an empathetic witness», reza la web de Ergos Institute en su presentación de Levine[22], algo que bien resulta aplicable a aquellas experiencias psicodélicas que propician el contacto con ese yo vulnerable y solitario del pasado para ofrecerle la mirada empática que le permita sanar. No es casual que en algunas de las narrativas que podemos considerar psicodélicas encontremos en ocasiones técnicas para construir un puente empático que convierta el artefacto cultural en bálsamo.

Por supuesto, la legitimidad o el sentido de la experiencia psicodélica no tendría por qué residir únicamente en su interés medicinal

---

[22] Ergos Institute of Somatic Education: <https://www.somaticexperiencing.com/about-peter>.

o terapeútico –reducirla a eso podría acabar convirtiéndola en otro elemento utilitario, entre tantos del neoliberalismo, con solo el bienestar individual como meta. La parte iluminadora de la que hablaba Benjamin, en la que el psicoactivo funciona como llave a la exploración ontológica, metacognitiva o epistemológica, resulta ya de por sí plenamente legítima. Los estados alterados de conciencia pueden revelar que «el cosmos está hecho del engarzamiento de muchos mundos» o que «la existencia es múltiple y no homogénea» (Bensho & Favaron 2023: 151), como postula el pensamiento shipibo-konibo. Y por otra parte, tampoco hay que olvidar que la escritura psicodélica, nacida muchas veces de experiencias autoriales extraordinarias, también participa del diálogo social en la medida en que puede modelar el imaginario y hacernos cuestionar el paradigma materialista que arrastramos desde la cuna.

Es importante subrayar que ni la propia experiencia psicodélica ni su representación cultural son un fenómeno nuevo o inédito; si bien ha tenido mayor o menor visibilidad según el contexto histórico o epocal, ha existido siempre, y su existencia presente es también la continuación de una genealogía subterránea. Probablemente muchos de los que hoy se interesan por esa exploración en el Norte global hayan comenzado su propio proceso leyendo a Aldous Huxley o a William Burroughs, o viendo *The Doors* (1991) de Oliver Stone. Si atendemos a algunas líneas o técnicas propias de los discursos artísticos que representan o reproducen la experiencia psicodélica, podremos analizar de qué forma estos se modelan: cómo se ordenan la historia, los espacios y los tiempos para representar estructuras en formas complejas, multidimensionales y en apariencia paradójicas, o qué voces y perspectivas se privilegian, y cómo.

A grandes rasgos, y sin entrar en un análisis que excedería los propósitos de esta introducción, habría dos modalidades básicas en la representación de lo psicodélico: aquellos textos que meramente atestiguan o refieren la experiencia psicodélica, en modalidades que en términos diegéticos pueden asemejarse a una crónica o un testimonio; y aquellos otros donde —en otro nivel que excede lo referencial— el propio texto literario está atravesado, también formalmente, por una exploración ontológica y multisensorial que resulta correlativa con la experiencia a representar. En estos casos, la representación del tiempo suele adoptar formas que no pueden clasificarse con las velocidades a las que estamos habituados desde su percepción como tiempo fungible —es decir, lineal y con valor[23]—, y que requieren asumir otras temporalidades, precisamente aquellas que el texto propone o reproduce. Volviendo a Benjamin, nos referimos a la contraposición entre el tiempo cronológico que llevaría hacia el progreso y el *Jetztzeit*, el tiempo-ahora que rompe el *continuum* de la historia. La experiencia psicodélica queda al margen del tiempo fungible, y abre las puertas a la complejidad de estructuras temporales que no podemos aprehender, pero que nos configuran en momentos de plenitud. La representación de un tiempo no cronológico, sino kairológico —no único, sino múltiple; no lineal, sino fractal— puede ser uno de los procedimientos asociados a la representación de lo psicodélico en una narración.

En cuanto al sistema del narrador o de personajes, las perspectivas de personajes pueden solaparse más allá de una focalización múltiple o un discurso coral, dando paso a técnicas que ponen en crisis las convenciones de la mímesis o transgreden el umbral de la de la representación —la metalepsis[24], por ejemplo—, pero que quizás respondan a articulaciones de sentido que no alcanzamos a entender

---

[23] «The idea of fungible time as money is so familiar that it's easy to take for granted. But it combines two things that are not as natural as they've come to seem: (1) the measurement of abstract and equal amounts of time like hours and minutes, and (2) the idea of productivity that divides up work into equal intervals. Any system of time reckoning and any measurement of value reflects the needs of its society» (Odell 2023: 11-12).

[24] «In its narratological sense, metalepsis, first identified by Genette, is a deliberate transgression between the world of the telling and the world of the told» (Pier 2016: en línea).

hasta que las estamos viviendo. Si bien el desdoblamiento es común en cualquier texto autobiográfico –la voz de la enunciación y el sujeto enunciado–, en el caso de las narrativas que reproducen la experiencia psicodélica se crea una tercera dimensión de la realidad que no es ya meramente ficticia u onírica, sino extraordinaria en varios sentidos, y que suele ser visionaria y profundamente espiritual. En este proceso puede intervenir una amplia variedad de efectos, como el descentramiento[25], la conciencia del momento en formas que rebasan la narratividad habitual, el profundo sentido de conexión con el todo y un efecto metaléptico o de *mise en abyme* que nos permite entrar en la perspectiva de otro ser, incluso de forma múltiple. A través de la experiencia psicodélica accedemos a cuerpos y puntos de vista a los que, en un estado egoico ordinario, podríamos sentir que no tenemos acceso. A esto podríamos llamarlo «transferencia ontológica»; se trata de lo que produce, en palabras de Shanon: «otherworldliness. The feeling is that things are not as they used to be, and one has the sense of entering into another heretofore unknown reality» (2010: 59).

Por último, ¿cuál es el papel de la conciencia, del autor que genera el texto literario y de quien lo recibe? En su seminario en la Universidad de Vermont, Foucault recordaba cómo en la tradición occidental se ha olvidado el precepto «conócete a ti mismo»:

> El precepto «ocuparse de uno mismo» era, para los griegos, uno de los principales principios de las ciudades, una de las reglas más importantes para la conducta social y personal y para el arte de la vida. A nosotros, esta noción se nos ha vuelto ahora más bien oscura y desdibujada. Cuando se pregunta cuál es el principio moral más importante en la filosofía antigua, la respuesta inmediata no es «Cuidar de sí mismo», sino el principio délfico *gnothi sauton* («Conócete a ti mismo»). (1982: 50)

---

[25] «Decentering is a [...] psychological construct, which is the ability to take a detached view of one's own thoughts and emotions, considering them as temporary events of the mind» (Murphy-Beiner 2020: 1162)

Esa forma de autocuidado –que es también una finalidad de lo psicodélico– atañe al individuo, pero también lo sitúa dentro y en relación con una comunidad que lo contiene, que le da sentido, con la que incluso puede comunicarse, en el ámbito de la experiencia psicodélica, de una forma extraordinaria, extrasensorial y significativa. El discurso psicodélico, hasta cuando usa la primera persona, es y se expresa como parte dentro de lo común, de la conciencia de que somos parte de un todo y de que todo está intercomunicado. Y eso lo convierte, también, en punto de partida para la transformación en un momento de crisis política, social y medioambiental como el que estamos viviendo. Continuaba Foucault:

> ¿cómo debemos cuidar este principio de actividad, el alma? ¿En qué consiste este cuidado? Uno debe saber en qué consiste el alma. El alma no puede conocerse a sí misma más que contemplándose en un elemento similar, un espejo. Así, debe contemplar el elemento divino. En esta contemplación divina, el alma será capaz de descubrir las reglas que le sirvan de base para la conducta y la acción política. El esfuerzo del alma por conocerse a sí misma es el principio sobre el cual puede fundarse la acción política justa [...] (1982: 59)

Quizás sea esa la vereda que las narrativas psicodélicas podrían tomar para sanar, sanarnos y sanar el mundo, iluminando lo que está oculto. Uno de los peligros que corremos es que el interés superficial, que promueve el mero consumo dentro de una dinámica neoliberal del mercado, acabe secuestrándolas para convertirlo en otro motivo estético; un objeto más que consumir, que monetizar, que agotar de forma individualista para el provecho capitalista, marchitando así ese aura que, en palabras de Walter Benjamin, es «un entretejido muy especial de espacio y tiempo» (2003: 44). A la crítica literaria y cultural le corresponde participar críticamente en el fenómeno: detectar si, en vez de un renacimiento de la psicodelia, no estaremos presenciando más bien una banalización de la misma.

SOBRE EL PRESENTE VOLUMEN

En esta introducción hemos tratado de alumbrar las posibilidades interpretativas que ofrece una reevaluación del canon transhispánico desde una perspectiva que tome en cuenta el factor psicoactivo. Hemos entroncado estas lecturas con desarrollos históricos más recientes en lo tocante a la política global sobre drogas, particularmente en lo que concierne a las sustancias psicodélicas, y ofrecido algunos esbozos de lo que podría ser un análisis de la literatura y la cultura desde una perspectiva psicodélica. Existen ya valiosas aproximaciones a la estética psicoactiva en literaturas en francés, inglés o alemán (Boon 2002, Ronell 2004, Doyle 2011, Jay 2023), así como trabajos que, desde diferentes ángulos teóricos, ensayan cuál sería la forma de una «teoría psicodélica» en humanidades o en estudios literarios (Davis 2013, Devenot 2014, Langlitz 2019, Fawaz 2022, Davis 2023).

La contribuciones críticas del presente volumen[26] se ocupan del tema en la literatura y la producción cultural en territorios de habla hispana. Es preciso reconocer la existencia de otras contribuciones en el ámbito hispanoparlante, como el estudio de Marta Herrero Gil *El paraíso de los escritores ebrios* (2007), o las introducciones a las magníficas antologías *Droga, cultura y farmacolonialidad* (Herrera & Ramos 2018) y *Farmacopea literaria latinoamericana* (Contreras & Ramos 2022). Aquí nos enfocamos en representaciones de la experiencia psicodélica en producciones culturales de las últimas décadas, especialmente en el siglo XXI.

La mayoría de los enfoques críticos que tocan el tema de los psicoactivos en la producción cultural en español lo hacen con un interés mayormente puesto en aspectos contextuales o socioculturales, y parecen afectados por cierta fijación sobre la «narcocultura» y las

---

[26] Una discusión previa de ideas sobre el tema tuvo lugar en el seminario «Promises and perils of the psychedelic renaissance: a critical perspective from the Humanities» (2024), en el último congreso de la American Comparative Literature Association.

diferentes formas de violencia que surgen a su alrededor. Se trata de algo comprensible, en vista de la catástrofe humanitaria que la «guerra contra la droga», en conexión con otras formas de disciplina neoliberal, ha causado en las últimas décadas. Pero creemos que muchos de esos estudios están contaminados por el mismo enfoque de «ley y orden» promovido por el discurso hegemónico, y que merecería la pena examinar otras visiones de la experiencia y de las comunidades psicoactivas que se sustraen a ese régimen.

Muchos de los temas que tratamos aquí se solapan con el vasto cuerpo interpretativo generado por las «Environmental Humanities», así como con el «giro post-humanista» en las propias humanidades, que trata de desestabilizar el antropocentrismo dominante en estas disciplinas y atender a formas de ser y vivir más integradas al entorno natural. Por último, creemos que un enfoque crítico y transhispano es necesario en la medida que la producción discursiva predominantemente anglófona del «renacimiento psicodélico» imita gestos colonialistas que oscurecen, cooptan o simplifican prácticas indígenas ya existentes, o que, inspirados en visiones idealizadas o reduccionistas de la «cultura indígena», buscan ocupar, mercantilizar y apropiar espacios físicos y culturales, poniendo así en riesgo los entornos bioculturales y generando otras tensiones a nivel local[27].

Este volumen está dividido en tres partes. La primera se ocupa de los aspectos sociopolíticos de la crítica psicodélica. Raimundo Viejo Viñas, en «Una revolución luminosa», parte del solapamiento conceptual entre el mentado «renacimiento psicodélico» y la prototeoría sobre el «comunismo ácido», formulada por el crítico Mark Fisher poco antes de su muerte. Su texto ofrece una genealogía sucinta de aquellos aspectos de la filosofía materialista que entroncan con la

---

[27] También creemos necesario un enfoque que, desde los estudios literarios y culturales, cuestione el desdén con el que este «renacimiento» trata discursos y prácticas contraculturales que se han aproximado a la experiencia psicodélica en sus dimensiones más exploratorias y recreativas, pero esta cuestión no resulta exclusiva del ámbito transhispánico.

experiencia psicoactiva, y termina proponiendo algunos rumbos para la formulación de ese «materialismo psicodélico» que propone en sus páginas. En «Los estudios latinoamericanos ante el renacimiento psicodélico», Ribas-Casasayas ofrece una perspectiva de conjunto sobre las ocultaciones y apropiaciones que produce el discurso del mentado «renacimiento psicodélico» sobre tradiciones indígenas y contraculturales de largo recorrido, al tiempo que sugiere algunos cauces para que unas humanidades críticas, desde un enfoque latinoamericanista, puedan contribuir a discursos y comprensiones más inclusivas sobre la experiencia psicodélica.

La segunda parte del volumen se ocupa de prácticas y artefactos culturales centrados en usos tradicionales y espirituales de las plantas medicinales y sus derivaciones contemporáneas. Parte con dos capítulos sobre dos obras clásicas del canon contemporáneo sobre plantas medicinales. «"Lo que suena en la selva". La ecopoética de *Las tres mitades de Ino Moxo*», de Pedro Favaron Peyón, combina la interpretación literaria con una sólida base antropológica desde las cosmogonías amazónicas, lo que permite dar cuenta cabal de una concepción visionaria de la selva y del cosmos en la emblemática novela visionaria de César Calvo. Si bien empieza señalando que la novela está innegablemente emparentada con la aproximación neochamánica a las prácticas visionarias de la Amazonia, destaca cómo esto no impide a Calvo dar cuenta de intuiciones que se entrecruzan con las ontologías amerindias. La ecopoética de la novela reside en una sensibilidad acrecentada y una capacidad de percibir la subjetividad y la agencia del resto de los seres vivos, y en una concepción del lenguaje acorde con los hilos que vinculan entre sí todo lo existente. A partir de esta constatación, la escritura propone una terapéutica que pretende ayudar a religar al ser humano con el tejido cósmico y sagrado. «Néstor Perlongher: Palabras etéreas y sustancias psicoactivas», de Sergi Rivero-Navarro, ofrece una aguda y muy necesaria relectura de *Aguas aéreas* en el contexto de la poética de Perlongher y en conexión su posición marginal como militante homosexual, sus exploraciones místicas y su complicada relación con la iglesia del Santo Daime, presentando al poeta argentino como un representante *avant la lettre* de la renovada percepción de las sustancias psicoactivas que viene teniendo lugar al calor del «renacimiento psicodélico».

En «Las promesas y los peligros de la ayahuasca en el ecocine sobre la Amazonia», Lauren Mehfoud ofrece una perspectiva crítica, centrada en el largometraje de Ciro Guerra *El abrazo de la serpiente*, que parte de la convergencia entre el cine independiente como forma de exploración dominante sobre los asuntos medioambientales de América Latina y la popularización de la ayahuasca en los medios de masas. El análisis de Mehfoud expone el potencial y las limitaciones de *El abrazo* a la hora de denunciar el extractivismo en la Amazonia, para terminar presentando la perspectiva «sumergida» del documental *Río verde* de los hermanos Álvaro y Diego Sarmiento como alternativa a la estética «vertical» o al «vuelo» con que termina la película de Guerra.

En «De raíz diabólica a planta sagrada. El peyote en las prácticas ceremoniales contemporáneas», Alfonso Romaniello compara dos prácticas diferentes de consumo del peyote, la tradicional de los indígenas wixaritari y la comercial, propia del heterogéneo mercado espiritual contemporáneo. Para la cultura wixarika el consumo de peyote, así como los mitos y las prácticas rituales asociadas a él, se inscriben en un complejo ciclo agrícola-ceremonial que tiene como objetivo principal procurar la lluvia. Por otro lado, el uso del peyote en prácticas ceremoniales encabezadas por mara'akate (maestros wixaritari) y dirigidas a un público mestizo articula símbolos, elementos y discursos que son resignificados por los consumidores a partir de sus códigos de referencia, que se fundamentan en los tópicos de la sanación, del chamanismo y de la espiritualidad. La combinación entre la performatividad ritual y esos códigos de referencia promete beneficios físicos, emocionales y espirituales. Romaniello establece un marcado contraste entre un propósito comunitario (wixarika) y otro individualista (no indígena), y a través de él muestra las diferencias ontológicas entre las prácticas rituales wixaritari y las «ceremonias inventadas», además de analizar los procesos de resignificación que intervienen en una apropiación que responde a intereses distintos.

Cierra esta parte «Mescalina mi amor. La representación del peyote y la construcción de lo indígena en "Lejos de la ciudad" de Muerdo», donde Ana Luengo comenta los contrastes entre la letra y el videoclip de la canción «Lejos de la ciudad» (2015), del artista murciano Pascual Cantero (Muerdo). Mientras que la letra sugiere un homenaje a los orígenes rurales y trabajadores de su familia en el contexto de la efervescencia política del 11M y las preocupaciones alrededor de la «España vaciada», el videoclip opera una resignificación visual apuntalada en tópicos sobre comunidades indígenas de las Américas y espiritualidad enteogénica que sugieren mecanismos de apropiación característicos del llamado «renacimiento psicodélico».

La tercera parte del volumen, «Estética psicoativa en la narrativa contemporánea», se concentra en el análisis de obras publicadas por autores latinoamericanos en los últimos años y que, por consiguiente, coinciden con el auge del llamado «renacimiento psicodélico» que ha servido de aliciente para el ejercicio crítico de componer este volumen. En «*Circa 94* de Fran Ilich. El acto contracultural en la época del éxtasis y el uso del MDMA como herramienta terapéutica para el trauma neoliberal», Iván Eusebio Aguirre Darancou desarrolla un análisis, desde la autoetnografía, de la novela *Circa 94* (2010), del escritor tijuanense Fran Ilich, ambientada en el año 1994, tan significativo para las diferentes violencias en México. Paralelamente, reflexiona sobre el acto contracultural del *rave* y lo pone en contacto con el consumo de MDMA en espacios comunitarios, un fenómeno que —sostiene— solo se puede entender desde un concepto de éxtasis neoliberal. Aguirre Darancou examina la contradicción del uso de MDMA como sustancia y como recurso afectivo, a un tiempo modalidad terapéutica del trauma neoliberal y síntoma de una sociedad abocada al sobreestímulo y al consumo de emociones y cuerpos para aliviar la alienación.

Bárbara Xavier França en «*Las aventuras de la China Iron* (2017), de Gabriela Cabezón Cámara: una utopía pampeana-psicodélica», cómo la novela ofrece una ruptura con las bases del canon hegemónico, racista y heteronormativo de la Argentina, a través de la escritura disidente del mito del gaucho desde la huida de su compañera, quien cobra todo el protagonismo. Si en el *Martín Fierro* la mujer solamente tiene un apelativo como característica, en la novela de Cabezón Cámara se resignifica para crear una narrativa anticolonialista, feminista, queer y psicodélica. França analiza cómo la novela narra las experiencias de alteración sensorial que tienen lugar en «Tierra Adentro», en un pueblo indígena mítico y ficticio que ofrece un espacio para pensar la fundación del país sudamericano desde lo invisibilizado, a partir de la reescritura de la obra cumbre de la literatura gauchesca.

En una lectura desde los estudios medioambientales, «Las sustancias ecodélicas como dispositivos biotecnológicos en "La sincronía del tacto" de Gabriela Damián Miravete», Iván Díez de la Pava analiza el cuento de la autora mexicana centrándose en lo que Doyle ha llamado «ecodélicos» (2011), esto es, aquellos dispositivos biotecnológicos que tienen la capacidad de reconectar al ser humano con el orden natural al que pertenece. Díez de la Pava hace hincapié en el potencial ecológico de las plantas medicinales en tanto que propician la vuelta del ser humano a una experiencia más orgánica en el seno de una naturaleza que potencia la simbiosis y la disolución del ego.

En «Estesis vegetal e imaginación utópica en *La mirada de las plantas* de Edmundo Paz Soldán», José Emiliano Garibaldi Toledo propone una lectura crítica de la novela del autor boliviano desde la estesis vegetal y su relación con la imaginación utópica y la ciencia ficción. Después de situar la narración dentro de una genealogía de textos literarios que abordan la vida en la selva, analiza las posibles interpretaciones de una ética radical en la novela para concluir en su relación con la subjetividad humanista, pero sin llegar a la superación de la mirada antropocéntrica que acaso el discurso de la novela había anticipado.

En «La estética psicodélica de *Opio en las nubes*», Daniella Prieto analiza la novela del colombiano Rafael Chaparro Madiedo, Premio Nacional de Literatura en Colombia en 1992. La lectura de Prieto sitúa la novela en las antípodas tanto de la estética del realismo mágico como del realismo sobre la violencia del narcotráfico, y se ocupa sobre todo de analizar la estética psicodélica que vertebra su narrativa. La trama no sigue una estructura lineal, los personajes son humanos y felinos, y los narradores juegan con referencias a la música y la cultura de masas del momento en lo que Prieto describe como una estética psicodélica propia que sostendría la composición misma del texto.

Cierra esta parte el informe territorial «La nación de los venenos», contribución invitada del biólogo y comunicador científico mexicano Andrés Cota Hiriart. A modo de ensayo de divulgación y testimonio literario, el autor hace un recorrido por la variedad y la complejidad de la farmacopea mexicana, para adentrarse finalmente en sus propias incursiones en las noches de la Ciudad de México a finales del siglo XX, en busca de vivencias enteogénicas y experimentales que lo llevarían finalmente a escribir su novela psicodélica *Cabeza Ajena*, publicada en 2017.

Como epílogo del volumen hemos contado con la valiosa colaboración del historiador valenciano Juan Carlos Usó, quien reflexiona sobre el entusiasmo contemporáneo por los psicoactivos cuestionando tanto la idea misma de «renacimiento psicodélico» como el enfoque mediático actual, que proviene de ciertos centros de poder económico y que pretende borrar la genealogía contracultural de los sesenta. Quién se beneficia de esta adulteración de la historia, cuáles son los retos actuales o por qué las investigaciones sobre sustancias probadamente eficaces para tratar dolencias de salud mental siguen proscritas en tantos países son algunas de las cuestiones que aborda en su análisis del momento actual, al tiempo que abre la puerta a una reflexión sobre lo que está por venir.

Todas las contribuciones de este volumen ofrecen, desde diferentes ángulos y sensibilidades, reflexiones sobre las representaciones culturales de las experiencias psicodélicas, empatógenas o disociativas contemporáneas, y sobre su efecto tanto a nivel cultural como biopolítico. Si bien estamos ahora en un momento diferente, no debemos olvidar el legado de todos aquellos que han trabajado, han experimentado, han creado, han explorado y se han relacionado afectiva o corporalmente a través de los psicodélicos. Partimos de la convicción de que el pensamiento académico y los estudios culturales deben prestar especial atención al tema no solo como motivo cultural o literario, sino también pensar aquellos procesos multidimensionales asociados a él que involucran lo político y lo económico y su incidencia sobre diversas comunidades en distintos ámbitos. Sirva este volumen, esperamos, como ejercicio crítico y como incentivo para seguir conversando y discutiendo sobre iluminaciones profanas o divinas, aquí y allá. Dicho esto, nos vemos al otro lado.

Bibliografía

Alazraki, Jaime (1996): «Relectura de "La noche boca arriba"». En *Revista hispánica moderna* 49 (2): 227-231.

Andrés Martín, Ofelia-Eugenia de (2021): «La Cueva de Montesinos o la 'katábasis' de don Quijote». En *Cuadernos para investigación de la literatura hispánica* 42: 35-74.

Anónimo (1555): *La segunda parte de Lazarillo de Tormes y de sus fortunas y adversidades*. En *Biblioteca Virtual Miguel de Cervantes*: <https://www.cervantesvirtual.com/obra-visor/la-segunda-parte-de-lazarillo-de-tormes-y-de-sus-fortunas-y-adversidades--0/html/>.

Baum, Dan (2016): «Legalize it all». En *Harper's Magazine*, abril: <https://harpers.org/archive/2016/04/legalize-it-all/>.

Benjamin, Walter (1929): «Walter Benjamin: El surrealismo. La última instantánea de la inteligencia europea». En *Buchwald Editorial*: <https://www.buchwaldeditorial.com/post/2018/11/06/el-surrealismo-la-última--instantánea-de-la-inteligencia-europea-1929>.

— (1968): *Illuminations. Essays and reflections*. New York: Schocken Books.

— (1972): *Über Haschisch. Novellistisches, Berichte, Materialien*. Frankfurt am Main: Suhrkamp.

— (2003): *La obra de arte en la época de su reproductibilidad técnica*. México: Ítaca.

BENSHO, Chonon & FAVARON, Pedro (2023): *Non Onan Shinan. Los mundos medicinales y la sabiduría de una familia shipibo-konibo*. Lima: Pakarina.

BOBES NAVES, Carmen (2017): «El episodio de la Cueva de Montesinos: hacia la cordura». En *Archivum* 67: 117-156.

BOON, Marcus (2002): *The road of excess. A history of writers on drugs*. Harvard: Harvard University Press.

BORGES, Jorge Luis (1983a): *Narraciones*. Madrid: Cátedra.

— (1983b): «Tigres azules». En *La memoria de Shakespeare*. Madrid: Alianza Editorial.

CABRERA TORRECILLA, Angélica (2021): «Visiones del multiverso: microcosmos y totalidad en "El Aleph" de Jorge Luis Borges». En *Alpha* 53: 121-139.

CERVANTES, Miguel de (1998): *Don Quijote de la Mancha*. Barcelona: Editorial Juventud.

CONTRERAS, Álvaro & RAMOS, Julio (eds.): *Farmacopea literaria latinoamericana. Antología y estudio crítico (1875-1926)*. Lajas: LaCriba.

CORTÁZAR, Julio (1982): «El sentimiento de lo fantástico». En *Ciudad Seva*: <https://ciudadseva.com/texto/el-sentimiento-de-lo-fantastico/#google_vignette>.

— (1998): *Los relatos. Volumen 4. Ahí y ahora*. Madrid: Alianza Editorial.

— (2001): *Los relatos. Volumen 1. Ritos*. Madrid: Alianza Editorial.

DANGLER, Jean (2001): *Mediating fictions. Literature, women healers, and the go-between in Medieval and Early Modern Iberia*. Lewisburg: Bucknell University Press.

DARÍO, Rubén (2023): «Huitzilopoxtli». En Contreras, Álvaro & Ramos, Julio (eds.): *Farmacopea literaria latinoamericana. Antología y estudio crítico (1875-1926)*. Lajas: LaCriba, 375-380.

DAVIS, Erik (2013): «Multidisciplinary psychedelics». En *Erowid Extracts* 25: <https://techgnosis.com/multidisciplinary-psychedelics/>.

DAVIS, Oliver (2023): «Henri Michaux's program for the psychedelic humanities». En *Frontiers in Psychology* 14: <https://www.frontiersin.org/articles/10.3389/fpsyg.2023.1152896>.

DEVENOT, Neşe (2014): «A declaration of Psychedelic Studies». En Adams,

Cameron & Luke, David & Waldstein, Anna & Sessa, Ben & King, David (eds.): *Breaking conventions. Essays on psychedelic consciousness*. Berkeley: North Atlantic Press, 184-195.

Doyle, Richard M. (2011): *Darwin's pharmacy. Sex, plants, and the evolution of the noösphere*. Seattle: University of Washington Press.

Ellens, J. Harold (2014): *Seeking the sacred with psychoactive substances. Chemical paths to spirituality and to God*. Santa Barbara: Praeger.

Fawaz, Ramzi (2022): «Literary theory on acid». En *American Literary History* 34 (1): 126-141.

Federici, Silvia (2010): *Calibán y la bruja. Mujeres, cuerpo y acumulación originaria*. Madrid: Traficantes de Sueños.

Foucault, Michel (1990): *Tecnologías del yo y otros textos afines*. Barcelona: Paidós.

Glockner, Julio (2016): «El desembarco del diablo». En *La mirada interior. Plantas sagradas del mundo amerindio*. México: Penguin Random House, 35-123.

Hadar, Aviad & David, Jonathan & Shalit, Nadav & Roseman, Leor & Gross, Raz & Sessa, Ben & Lev-Ran, Shaul (2023): «The psychedelic renaissance in clinical research: a bibliometric analysis of three decades of human studies with psychedelics». En *Journal of Psychoactive Substances* 55 (1): 1-10.

Herrera, Lizardo & Ramos, Julio (2018): *Droga, cultura y colonialidad. La alteración narcográfica*. Santiago: Universidad Central de Chile.

Herrero Gil, Marta (2007): *El paraíso de los escritores ebrios. La literatura drogada española e hispanoamericana desde el Modernismo a la posmodernidad*. Madrid: Amargord.

Hita, Arcipreste de (1981): *Libro de buen amor*. Barcelona: Bruguera.

Jay, Mike. (2023): *Psychonauts: Drugs and the making of the modern mind*. New Haven: Yale University Press.

Jung, Carl G. (2007): «To Victor White. 10 April 1954». En Lammers, Ann Conrad & Cunningham, Adrian (eds.): *The Jung-White letters*. London: Routledge, 232-243.

Kohan, Martín (1995): «Relatos de dos mundos». En Bauer, Horacio (ed.): *Doce ensayos sobre el cuento «La noche boca arriba»*. Buenos Aires: El Arca, 77-82.

Kotler, Leo (2010): «The new Psychedelic Renaissance». En *Playboy*, abril: 52-54, 114-119.

Lake, Stephanie & Lucas, Philippe (2024): «The global psychedelic survey: consumer characteristics, patterns of use, and access in primarily anglophone regions around the world». En *International Journal of Drug Policy* 130, agosto: <https://doi.org/10.1016/j.drugpo.2024.104507>.

Langlitz, Nicolas (2019): «Psychedelic science as cosmic play, psychedelic humanities as perennial polemics? Or why we are still fighting over Max Weber's science as a vocation». En *Journal of Classical Sociology* 19 (3): 275-278.

Lattin, Don (2021): *La nueva medicina psicodélica. Terapia, ciencia y espiritualidad*. Barcelona: La Llave.

Levine, Peter A. & Frederick, Ann (1997): *Waking the tiger. Healing Trauma*. Berkeley: North Atlantic Books.

Meyer-Minnemann, Klaus & Schlickers, Sabine (2008): «¿Es el Lazarillo de Tormes una novela picaresca? Genericidad y evolución del género en las versiones, continuaciones y transformaciones de La vida de Lazarillo de Tormes desde las ediciones de 1554 hasta la refundición de 1620 por Juan de Luna». En Meyer-Minnemann, Klaus & Schlickers, Sabine (eds.): *La novela picaresca. Concepto genérico y evolución del género (siglos XVI y XVII)*. Madrid / Frankfurt an Main: Iberoamericana / Vervuert, 40-75.

Meyer-Minnemann, Klaus (2010): «Narración paradójica y construcción de los fantástico en los cuentos de Julio Cortázar». En *Nueva revista de filología hispánica* 58 (1): 215-240.

Murphy-Beiner, Soar (2020): «Ayahuasca's 'afterglow': improved mindfulness and cognitive flexibility in ayahuasca drinkers». En *Psychopharmacology* 237: 1161-1169.

Núñez Rivera, Valentín (2021): «Reformulando el Lazarillo. Relato de transformaciones y literatura sapiencial en la Segunda parte (1555)». En *Diablotexto Digital* (9): 322-341.

Odell, Jenny (2023): *Saving Time. Discovering a life beyond the clock*. New York: Random House.

Pier, John (2016): «Metalepsis». En Hühn, Peter & Meister, Jan Christoph & Pier, John & Schmid, Wolf (eds.): *The living handbook of Narratology*: <https://www-archiv.fdm.uni-hamburg.de/lhn/node/51.html>.

Piñero Ramírez, Pedro (2014): «La Segunda parte del Lazarillo (1555). Suma de estímulos diversos o los comienzos "desconcertados" de un género nuevo». En *Criticón* 120-121: 171-219.

Platón (1988): «Fedro». En *Diálogos III*. Madrid: Gredos.

Pollan, Michael (2018): *How to change your mind. What the new science of psychedelics teaches us about consciousness, dying, addiction, depression, and transcendence.* New York: Penguin Press.

Rancière, Jacques (2001): *Política de la literatura*. Argentina: Libros del Zorzal.

Richards, William (2015): *Sacred knowledge. Psychedelics and religious experiences.* New York: Columbia University Press.

Rocha Vivas, Miguel (2024): *Reforestar la imaginación*. Bogotá: Fondo de Cultura Económica.

Rojas, Fernando de (1987): *La Celestina*. Madrid: Cátedra.

Ronell, Avital (2004): *Crack wars. Literature, addiction, mania.* Chicago: University of Illinois Press.

Ruck, Carl A. P. & Bigwood, Jeremy & Staples, Danny & Ott, Jonathan & Wasson, R. Gordon (1979): «Entheogens». En *Journal of Psychoactive Drugs* 11 (1-2): 145-146.

Sabeç, Maja (2015): «La visión infinita en *El Aleph* de Jorge Luis Borges y en *De visione dei* de Nicolás De Cusa». En *Écho des études romances* 11 (2): 71-82.

Sánchez Pedrero, Jonás (2021): «Cortázar, el perseguidor». En *Cáñamo* 284, agosto: <https://canamo.net/cultura/literatura/cortazar-el-perseguidor>.

Schwab, Carlos (1993): «La cueva de Montesinos: condensación onírica de dos textos disímiles». En *Anales Cervantinos* 31: 239-246.

Schep, Dennis (2011): *Drugs. Rhetoric of fantasy, addiction to truth.* New York: Atropos.

Selva Masoliver, Marta & Solà Arguimbau, Anna (2004): «Representación y cultura audiovisual en la sociedad contemporánea». En Ardèvol Piera, Elisenda & Muntañola Thornberg, Nora (eds.): *Representación y cultura audiovisual en la sociedad contemporánea*. Barcelona: UOC.

Serra Salvat, Rosa (2011): «El significado mítico de "La noche boca arriba" de Julio Cortázar». En Chocano, Magdalena & Rowe, William

& Usandizaga, Helena (eds.): *Huellas del mito prehispánico en la literatura latinoamericana*. Madrid / Franfurt am Main: Iberoamericana / Vervuert, 299-312.

Sessa, Ben (2013): *The Psychedelic Renaissance. Reassessing the role of psychedelic drugs in 21st century psychiatry and society*. London: Muswell Press.

Shanon, Benny (2010): *The antipodes of the mind. Charting the phenomenology of the ayahuasca experience*. Oxford: Oxford University Press.

Sosnowski, Saúl (1980): «Imágenes del deseo: el testigo ante su mutación». En *INTI. Revista de Literatura hispánica* 10: 93-98.

Stavans, Ilan (2017): «Against representation: A note on Jorge Luis Borges' "El Aleph"». En *Studies in 20th & 21st Century Literature* 42 (1): 1-5.

Strassman, Rick (2023): *DMT, la molécula del espíritu*. Rochester: Inner Traditions International.

Thompson, Scott J. (2000): «*Rausch* to rebellion: Walter Benjamin's *On hashish* & the aesthetic dimensions of prohibitionist realism». En *The Journal of Cognitive Liberties* 1 (2): 21-42.

Todorov, Tzvetan (1980): *Introducción a la literatura fantástica*. México: Premia Editora.

Véliz-García, Oscar & Domic-Siede, Marcos (2024): «Latin American adults who regularly use macrodoses of psychedelics: a cross-sectional study». En *Scientific Reports* 14 (1): <https://www.nature.com/articles/s41598-024-74590-3>.

Políticas psicoactivas

Una Revolución luminosa
Hacia un materialismo psicodélico

Raimundo Viejo Viñas
Universidad de Barcelona

> La práctica socialista exige una completa transformación *espiritual* de las masas degradadas por siglos de dominación burguesa. [...] Nadie lo sabe mejor, lo describe con más eficacia, lo repite con más obstinación que Lenin. Solo que se equivoca por completo sobre los medios. [...] El único camino que conduce al *renacimiento* es la escuela misma de la vida pública, de *la más ilimitada y amplia democracia, de la esfera pública*.
>
> Rosa Luxemburg, *La revolución rusa*, 1922
> (énfasis mío)

Este ensayo parte de la siguiente hipótesis: la experiencia psicodélica, considerada en toda su amplitud y profundidad fenomenológica, puede contribuir a reactualizar el proyecto de liberación un día neutralizado por el neoliberalismo. Al liberar la mente de las prefiguraciones culturales en que ha sido moldeada y redimensionar nuestro ser en el mundo, la experiencia psicodélica no solo puede contribuir a cuestionar la vigencia del actual estado de cosas. También puede generar un tipo de subjetividad emancipada que impulse los movimientos de liberación.

En este punto de partida se encuentra implícita una doble premisa. Por un lado, la constitución material de las sociedades ya reúne las condiciones para la realización de un modelo más avanzado que evite el horizonte catastrófico hacia el que nos precipitamos (pandemias, guerras, cambio climático, etcétera). Por otro, existe un problema de agencia política que impide traducir en realidad aquello que todavía solo es en potencia. Llamaremos, por tanto, hipótesis psicodélica, ácida o lisérgica a la práctica teórica que reevalúa la heurística que informa el discurso materialista y lo proyecta más allá del «realismo capitalista» (Fisher 2016) en un horizonte de cambio factible.

Este capítulo se organiza en tres partes. En la primera abordamos una diagnosis del momento actual a partir de dos conceptos distintos: «renacimiento psicodélico» (Sessa 2012) y «comunismo ácido» (Fisher 2021). Ambas son nociones que han tenido una buena acogida. Y aunque pertenecen a universos de discurso separados (la psicodelia y los estudios culturales), entendemos que están llamadas a ser pensadas de consuno. Con todo, por sus distintas genealogías precisan de una labor crítica que establezca los términos en que pueden ser combinadas para que así suceda.

Esto nos va a permitir trazar, en segundo lugar, un recorrido genealógico sobre la cuestión de la consciencia y su alteración en la teoría materialista que nos traiga al presente y restituya la heurística interrumpida, a finales de los sesenta, por la Guerra contra las Drogas. Aun sin ser el movimiento obrero el único vector de las luchas emancipatorias, el materialismo en la estela de Marx permite abordar las distintas maneras en que a lo largo del tiempo se han anudado materia y consciencia como parte de la contienda social desplegada en un horizonte de liberación. Desde el acervo del «marxismo occidental» (Merleau-Ponty 1955; Anderson 1976) se hace posible plantear cómo la experiencia psicodélica interpela, cuestiona y favorece hoy una práctica teórica útil al despliegue de los movimientos sociales.

Por último, a partir de esta genealogía avanzaremos un apunte metodológico orientado a pensar la manera de integrar la experiencia psicodélica en una práctica teórica de liberación. Nos preguntamos cómo generar un discurso que sea capaz de romper con los dispositivos de detección, captura y bloqueo de subjetividad propios del neoliberalismo. Esta labor requiere idear un lugar de enunciación apto para integrar la experiencia de lo inefable que aportan los psicodélicos; algo posible si se parte de una praxis basada en la disputa del espacio-tiempo propia de la «zona autónoma temporal» (Bey 1991) y de transitar la iluminación hasta el retorno a una modalidad del «yo» (*self*) que no sea la propia del neoliberalismo y su gramática política del individualismo posesivo (Macpherson 1962). Va de suyo que todo esto excede, con mucho, el cometido y extensión de estas páginas. Pero al menos tendremos ocasión de trazar algunas líneas maestras para enunciar una práctica teórica que incorpore la experiencia psicodélica a las luchas de liberación. Por ahora valga con apuntar un sendero incierto, aunque posible, en la maraña de nuestros días.

«Comunismo ácido» y «renacimiento psicodélico»

Comencemos por el encuentro de dos conceptos en boga, a saber: comunismo ácido y renacimiento psicodélico. El primero nos habla de un mundo que podría ser, pero todavía no es. Al definirlo, Fisher (2018: 124) remite a Marcuse y la psicodelia de los sesenta como punto genealógico de referencia. Esta reflexión conecta al crítico cultural y activista británico con la tradición operaista. Por decirlo con su máximo exponente, Antonio Negri: en el presente, la constitución material del comunismo ya estaría en condiciones de permitir desbordar al mando capitalista mediante prácticas instituyentes que instaurarían un modelo social más avanzado. El comunismo ácido nos hablaría, por tanto, de una potencia de subjetivación que, en lo concreto, pasaría por el despliegue constituyente de un antagonismo que impulsaría un desbordamiento democratizador.

Por su parte, el renacimiento psicodélico (Sessa 2012) es un «renacimiento», esto es, una estructura narrativa tripartita generadora de un horizonte de sentido. De acuerdo con esta, al principio habría habido una «edad de oro», coincidente con los prometedores inicios de la psicodelia moderna (de la síntesis del LSD en adelante, distinta y disociada de esa otra psicodelia que ha existido y persiste desde la prehistoria). Por la imprudencia de algunos, sin embargo, todo se habría echado a perder: los psicodélicos escaparon del control de las instituciones que los administraban (inteligencia militar, hospitales, universidades) y provocaron una procelosa impugnación del orden social de posguerra (de su moral, estética, etcétera). Nixon declararía entonces la «Guerra a las Drogas», y con ello habría dado comienzo a una «edad oscura». Solo con el paso del tiempo, bajo la restauración de otra institucionalidad científica y terapéutica, la psicodelia podría al fin renacer. Por descontado, en este resurgir se va a operar una mutación política que merece ser tomada en consideración. No se tratará de una simple restauración lineal del camino abandonado, sino de todo un salto político; desde una sociedad basada en la disciplina a otra sostenida en el control de los sujetos (Deleuze 1990).

Gracias al soporte narrativo del «renacimiento» se han operado en el relato de la psicodelia cesuras que interrumpen la continuidad histórica y reorientan el discurso; fallas y desplazamientos útiles para reabrir un horizonte de intervención discursiva. Después de todo, este renacer de la psicodelia no deja de ser una propuesta estratégica destinada a seducir a las autoridades legislativas a fin de redefinir el régimen farmacológico que afecta a cualquier sustancia con capacidad de producir estados alterados de consciencia. Con todo, lo interesante ahora no es tanto señalar lo criticable del discurso del renacimiento psicodélico, sino entender que este se ha vuelto un terreno de disputa. Solo a partir de ahí adquiere pleno sentido la crítica, legítima y necesaria, de autores que como Erik Davis (2013) han puesto bajo sospecha los riesgos del «giro terapéutico» en el discurso, su particular sociología (profesional, activista, etcétera) o el abandono de la contracultura, por señalar tres claves que acompañan la nueva etapa de la psicodelia.

Comunismo ácido y renacimiento psicodélico son, pues, conceptos que en cierto modo se reclaman mutuamente. Pero, para fructificar, su encuentro debe ser articulado por una práctica teórica, disruptiva e innovadora que los recombine en el seno de los movimientos de liberación. Si el comunismo ácido necesita de la experiencia psicodélica para ir más allá de lo meramente discursivo, el renacimiento psicodélico precisa de la crítica anticapitalista a un modelo farmacológico, solucionista y extractivo. De lo contrario, en los términos de uso corriente en que se manejan, seguirán perteneciendo a universos de discurso paralelos. En sentido opuesto, desde una práctica teórica que entienda y articule el potencial emancipador de ambos conceptos se abre paso una crítica que expone, a la par, un problema de insuficiencia y un problema de ambivalencia.

Así, en los términos en que fue formulado por Fisher, el comunismo ácido se encuentra ante una importante (y sintomática) insuficiencia teórica: no asumir la psicodelia como praxis y enunciarse como una broma post-punk de la crítica cultural. En su formulación original, Fisher muestra su autocontención respecto al valor de la experiencia psicodélica en sí:

> Comunismo Ácido es el nombre que di a este espectro. El concepto comunismo ácido es una provocación y una promesa. Es también una broma, pero una broma con un propósito muy serio. Señala algo que en un momento parecía inevitable, pero ahora parece como imposible: la convergencia de la conciencia de clase con la autoconciencia feminista y la conciencia psicodélica, la fusión de nuevos movimientos sociales con un proyecto comunista, una estetización sin precedentes de la vida cotidiana. (Fisher 2021: 131)

Los ingredientes están, pero la receta falla. Por medio de su particular «hauntología», Fisher (2018) aspira a recuperar aquello que «en un momento parecía inevitable». Dado que la materialidad de lo existente está constituida por las ausencias que anteceden, envuelven y confieren sentido al presente, no sería imposible recuperar la confluencia de las subjetividades de los movimientos de liberación en un proyecto comunista. Pero aunque Fisher indica el *qué*, no aclara el *cómo*. El concepto de comunismo ácido, que se ha enunciado como una broma de serio propósito, no resuelve el oxímoron que se sigue de contraponer comunismo y psicodelia —el aburrido gris hormigón del mundo soviético y el estallido hippie multicolor de los sesenta— en una práctica teórica que incorpore la fenomenología psicodélica al proyecto de liberación. No hay una toma en consideración de la experiencia lisérgica como catalizador que efectúe hoy la potencia de un pasado bloqueada por el «realismo capitalista» (Fisher 2016).

El problema de ambivalencia atañe al renacimiento psicodélico y requiere de su conceptualización que opere en un horizonte democratizador. En manos de la lógica neoliberal, el renacimiento psicodélico se arriesga a verse convertido en eje discursivo de un privilegio oligárquico, esto es, el lugar de enunciación donde se legitima y renueva toda una industria de la psique con sus fármacos, sus terapias y su composición de clase. Fuera del horizonte de democratización, el *leitmotiv* se vacía en un motivo tan injusto como falaz: psicodélicos para las élites, benzodiacepinas para el pueblo. Antes que convertirse en un servicio más para que una élite minúscula pueda sobrellevar la eventual carga de una consciencia de su brutal privilegio global (caso de querer afrontar un reto así), el sentido potencial de la experiencia psicodélica radica en que puede facilitar la consciencia en torno a un nuevo «reparto de lo sensible» (Rancière 1987) y a una estética que libere el goce del encuentro en la contienda por un mundo que ya es posible, si bien aún está por realizarse.

En suma, si el renacimiento psicodélico ofrece un horizonte de sentido, este ha de consistir en relanzar la democratización en un momento en que los regímenes democráticos atraviesan su peor crisis en décadas. Urge liberar las mentes del realismo capitalista para reactivar la revolución en la consciencia que otrora parecía inevitable. Fuera de la clausura sinsentido del horizonte ecofascista al que nos aboca la implosión del neoliberalismo, otras efectuaciones de la potencia son posibles, aunque no inevitables. La reificación de la experiencia psicodélica como una modalidad de evasión efímera e introspectiva que se proyecta del neoliberalismo al ecofascismo no deja de ser un billete en primera del Titanic. Solo si se prefigura como un terreno de disputa que encuentra su sentido último a través de la experiencia de lo inefable, en el cuestionamiento de lo existente, podrá realizar su cometido.

La disputa, de hecho, ya ha comenzado. En las antípodas ideológicas del comunismo ácido es posible encontrar autores que buscan interrogar las formas en que la experiencia psicodélica podría ser integrada en una política reaccionaria (Pace & Devenot 2021). Aunque se suele asociar el renacimiento psicodélico a una orientación progresista, lo cierto es que el uso de psicodélicos no dispone de una inclinación ideológica que le sea propia. En la genealogía de la psicodelia moderna no faltan los episodios oscuros, como el conocido proyecto MK-Ultra (operación de la CIA que tenía por objetivo modificar y controlar conductas de forma oculta; véase Lee y Shlain 2002). En sus orígenes fueron élites más bien proclives al conservadurismo las primeras en experimentar con las sustancias lisérgicas, antes de verse desbordadas por la contracultura. De esta suerte, la *deep ecology* y el ecofascismo se encuentran también en condiciones de esbozar en el pensamiento reaccionario una genealogía consistente (Davies & Pace & Devenot 2023). Frente a esto, la narrativa del renacimiento psicodélico ofrece al comunismo ácido la oportunidad de cuestionar el proyecto materialista de liberación y llevarlo más allá de su bloqueo actual.

Una ruta genealógica materialista en torno a la consciencia y su alteración

Remontémonos en el tiempo para trazar una ruta genealógica a través de aquellas coyunturas por las que se fue dibujando el recorrido materialista en torno a la cuestión de la consciencia y su alteración. Esta ruta permite comprender cómo el despliegue del materialismo reclama, desde sus orígenes en la obra de Marx, incorporar la alteración de la consciencia como un factor clave en la realización de un proyecto de liberación. En este recorrido se vuelve manifiesta la importancia de una práctica teórica que integre la experiencia psicodélica en el despliegue de los movimientos emancipadores. Si bien es indudable el éxito recurrente del capital en clausurar todo horizonte opcional a su hegemonía, no es menos cierto que, paso a paso, se ha ido sedimentando un acervo teórico en torno a la cuestión de la consciencia y su alteración, sobre el que ha pivotado con éxito la contienda por la plenitud democrática que posibilitan los movimientos emancipatorios.

Luego de cuatro décadas de neoliberalismo, la hipótesis psicodélica se presenta, no por casualidad, como una prometedora posibilidad de práctica teórica en un momento de crisis de paradigma. A tal fin, toca situar la coyuntura actual en la secuencia de recombinaciones de una misma matriz teórica que dio comienzo hace más de tres siglos con el liberalismo clásico. Durante este recorrido histórico, la burguesía se emancipó del absolutismo e instauró su propio modelo de sociedad. Sin embargo, al llevar al límite la gramática política del individualismo posesivo (Macpherson 1962), este mismo liberalismo de élites burguesas abocó al Crack del 29, y con ello a los totalitarismos.

Para no repetir errores, tras la Segunda Guerra Mundial el mando capitalista se reestructuró mediante su mutación ordoliberal: el mundo del trabajo no podía ser excluido del capital y dejado en manos de un retorno al totalitarismo. Antes bien, debía ser integrado en los regímenes democráticos, y sus organizaciones incorporadas al gobierno de la sociedad mediante una política de concertación. El éxito ordoliberal fue tal que, durante las tres décadas siguientes, las democracias experimentaron un crecimiento sostenido inédito, que incrementó los márgenes de renta disponible por sus ciudadanías. Llegados a ese punto, sin embargo, las instituciones disciplinarias sobre las que había sido posible este crecimiento sostenido fueron desbordadas por una serie de procesos de subjetivación antagonista:

los obreros escapaban de las fábricas, los estudiantes de las escuelas, los soldados del ejército, los enfermos mentales de los manicomios, las mujeres del matrimonio... En esta gran ola de liberación, no por casualidad, numerosas subjetividades se verán atravesadas por la común fenomenología de la experiencia psicodélica, origen a su vez de la estetización de los sesenta. Incluso si la experiencia no será directa, lo serán las mediaciones culturales que se deriven de ella; un ambiente de época que se verá impregnado por la estética de lo lisérgico. He ahí el límite teórico de Fisher y el desafío para seguir avanzando.

Ante esta ofensiva, sin embargo, la respuesta fue el neoliberalismo de Thatcher y Reagan. Tras la procelosa contienda de los setenta, en los ochenta se impuso una nueva mutación: el neoliberalismo. Esta serie de mutaciones liberales (del liberalismo clásico al ordoliberalismo, de este al neoliberalismo) dibuja el telón de fondo a una historia de desbordamiento y clausura y de liberación y captura. Con cada mutación y readaptación liberal, los movimientos emancipatorios se han tenido que reinventar desde su propia práctica teórica. Incluso así, gracias a las sucesivas crisis habidas desde 2008, el neoliberalismo sigue manteniendo operativa su capacidad para rearticular en lo ideológico la heteronomía del capital que rige el control social desde el interior de las mentes. En este contexto crítico adquiere pleno sentido volver la vista atrás para saber dónde nos encontramos respecto al lugar de la consciencia y su alteración en la teorización materialista.

La consciencia en el núcleo firme del materialismo

La cuestión de la consciencia y su alteración no es difícil de rastrear. Ya en los inicios de su programa de investigación, Marx recurre a una disociación conceptual llamada a perdurar: la que separa la clase «en sí» (*an sich*), el concepto sociológico que identifica la posición objetiva de un conjunto de individuos en el modo de producción, de la clase «para sí» (*für sich*), el sujeto que se constituye en protagonista de su propia liberación:

> En principio, las condiciones económicas habían transformado la masa del país en trabajadores. La dominación del capital ha creado en esta masa una situación común, intereses comunes. Así, esta masa viene a ser ya una clase frente al capital, pero todavía no para sí misma. En la lucha, de la cual hemos señalado algunas fases, esta masa se reúne, constituyéndose en clase para sí misma. Los intereses que defienden llegan a ser intereses de clase. (Marx 1974: 257)

Aquí encontramos sintetizados los ingredientes de la cuestión de la consciencia en Marx: las condiciones económicas que resultan de una dominación del capital engendran una situación objetiva de interés compartido en una masa inconsciente, pero ya opuesta a los intereses del capital. El conflicto existe, pero solo de manera latente, sin una expresión subjetiva. Será precisa la contienda antagonista para que la clase se vuelva consciente de su condición e intereses. La consciencia de clase, por tanto, no deja de ser una modalidad de revelación; una iluminación de carácter político, ya que solo por la vía de la colisión entre clases conscientes, opuestas y antagónicas, adquiere pleno sentido.

Entra entonces en juego la cuestión de la ideología y el estatuto epistémico de la consciencia. Dado que entre la clase «en sí» (*an sich*) y la clase «para sí» (*für sich*) media la contienda política y esta se establece como proceso de emancipación (como lucha contra una dominación anterior), la adquisición de la consciencia es la identificación de una consciencia «verdadera» frente a la «falsa» consciencia anterior. No por casualidad, el materialismo de Marx y Engels se dirá científico, a la par que histórico y dialéctico. En última instancia, el carácter efectivo de la lucha de clases y su despliegue en el tiempo como transformación material del mundo es lo que confiere validez, y por ende verdad, a la consciencia de clase.

La ideología se presenta así como una «falsa consciencia», resultado del dominio político de los medios materiales, contingente a la formación histórica capitalista en tanto aún no ha sido derrotada por el «movimiento real que supera el presente estado de cosas», o comunismo:

> Las ideas de la clase dominante son las ideas dominantes en cada época; o, dicho en otros términos, la clase que ejerce el poder *material* dominante en la sociedad es, al mismo tiempo, su poder *espiritual* dominante. (Marx 2014: 39)

Para Marx la correlación entre dominio material y espiritual es completa, pero inacabada. No son momentos disociados de la contienda antagonista. Se producen en ella y de su resolución depende la adquisición de la consciencia de clase; vale decir, la auténtica identificación de los propios intereses en la posición que se ocupa en el capitalismo. En definitiva, la adquisición de la consciencia se deriva de la participación activa en la contienda antagonista del lado en el que nos sitúa nuestra condición de clase. Nótese, en cualquier caso, que la consciencia ha de ser adquirida y responder a la verdad resultante del método científico.

1923, la escisión occidental

Entre la muerte de Marx y la Revolución de 1917 el materialismo se fue enriqueciendo con el paso de generaciones y acontecimientos. Hacia 1923 la ola revolucionaria se encuentra en pleno declive. El materialismo se escinde entonces en dos heurísticas contrapuestas, cuyas diferencias se habrán de agudizar todavía más con la Guerra Fría (Marcuse 1958). Si al Este emerge el imperativo del control ideológico de la consciencia, al Oeste la cuestión es cómo liberar la consciencia del control ideológico y a la psique de una alienación cada vez más lograda.

De 1923 en adelante, la historia del «marxismo occidental» (Anderson 1976) puede leerse como el esfuerzo intelectual por dar respuesta y cabida a la fenomenología de lo «inmaterial» en el materialismo. Los esfuerzos compartidos por sus teóricos se dirigirán a cuestionar, replantear y ensanchar la teorización de Marx desde toda una serie de materias irreductibles a aspectos de índole estrictamente socioeconómica (cultura, psicología, estética, etcétera). Esto impulsó la labor teórica en torno a conceptos como reificación, hegemonía, alienación, ideología, espectáculo o cosificación, por solo citar algunos. Autores, escuelas y corrientes intentarán resolver esta irreductibilidad, que se manifiesta persistente en la evolución del capitalismo avanzado.

Lukács y la consciencia transformada de la historia

1923 también es relevante en el terreno editorial. Ese año ven la luz *Marxismo y filosofía*, de Karl Korsch, y, sobre todo, *Historia y consciencia de clase*, de Georg Lukács. Escritas al calor de la experiencia revolucionaria, anuncian ya la escisión occidental con el marxismo soviético.

Tanto por ser un autor bisagra entre el Este y el Oeste como por su influencia sobre una nueva generación, Lukács estaba llamado a tener una importancia decisiva. En su obra no solo se reafirma el núcleo de la tesis de Marx sobre la producción de la consciencia como alteración del «clase en sí» al «clase para sí». Además, se piensan nociones claves como «falsa conciencia» y «cosificación». A los efectos que nos interesan, no obstante, lo más destacable será una idea con base en la dialéctica que redobla su valor en nuestros días. En *Historia y consciencia de clase* afirma Lukács:

> La lucha por esa sociedad [...] no es solamente una lucha contra el enemigo exterior, la burguesía, sino también una lucha del proletariado contra sí mismo: contra los efectos devastadores y degradantes del sis-

tema capitalista sobre su consciencia de clase. El proletariado no habrá logrado la victoria verdadera hasta que haya superado esos efectos en sí mismo. (Lukács 1970: 109)

Este mirar hacia su interior en el horizonte de la propia liberación de una consciencia, que se demuestra falsa en la misma medida en que el antagonismo alcanza la verdad efectiva de la destrucción de la sociedad de clases, entronca con el apotegma de Rosa Luxemburg que aparece como exergo de este capítulo: «La práctica socialista exige una completa transformación espiritual en las masas degradadas por siglos de dominación burguesa». La alteración de la consciencia no puede conllevar sino la más completa metamorfosis «espiritual». A partir del estado de cosas en el que se encuentra la clase «en sí» y por medio de la contienda antagonista que la enfrenta a la burguesía, logra alcanzar un estadio completamente distinto y verdadero «para sí».

La Escuela de Frankfurt y la anomalía Benjamin

A partir de 1923, al Oeste de la revolución triunfante y sobre las ruinas de la fallida tentativa espartaquista de 1919, las ideas de Marx y Freud se van a encontrar para alumbrar una fusión capaz de ahondar en la crítica del capitalismo. Nace así el «freudomarxismo», pronto identificado con la Escuela de Frankfurt, fundada también en 1923. En lo sucesivo, las corrientes del marxismo occidental no dejarán de interesarse por el potencial heurístico resultante de combinar materialismo y psicoanálisis. Ya fuese con Freud como referente –por entonces aún en vida–, o más adelante con Lacan o contra él, con el Edipo o contra él –a la manera de Deleuze y Guattari–, lo cierto es que el psicoanálisis dotó a la crítica materialista del capitalismo de un instrumental decisivo para llegar donde no alcanzaban otras aproximaciones socioeconómicas, culturales o políticas. La psique pasaba así al primer plano.

En este contexto una figura, extraordinaria por su lucidez y audacia, rompe todos los moldes y empuja la propia revolución intelectual de la Escuela de Frankfurt más allá de sus límites. Walter Benjamin ya fue anomalía en su propio tiempo, y precisamente por eso el autor de más difícil encaje en los parámetros habituales del materialismo. En los escritos de Benjamin nos encontramos ante el que se podría identificar como un materialismo psicodélico *avant la lettre*. Por vez primera en el marxismo occidental la ebriedad es reconsiderada bajo una óptica disidente con la tradición. Donde la vulgata marxista resolvía el tema invocando el apotegma «la religión es el opio del pueblo», Benjamin considera la ebriedad del hachís, el opio y otras sustancias como una vía de conocimiento; asigna a sus experiencias lisérgicas un rango equiparable a la iluminación profana.

En sus protocolos sobre las drogas, Benjamin (2021) se adelanta décadas a la posibilidad de una hipótesis psicodélica. Sus experiencias con diversas drogas tuvieron lugar entre 1927 y 1934, antes incluso del descubrimiento del LSD por Albert Hofmann. Se llevaron a cabo en compañía del teórico Ernst Bloch y del escritor Jean Selz. El contexto de estas experiencias eran las investigaciones de Ernst Joel, Fritz Frankel y Egon Wissing, que guiaron en sus viajes a los voluntarios. Las sustancias fueron del hachís al opio, pasando por la inyección subcutánea de mescalina y eucodal. Estas experiencias constituyen una práctica teórica pionera en general, pero muy en especial si las consideramos en el marco de la tradición materialista a la que se adscribían Benjamin o Bloch.

El trágico y oscuro final de Benjamin en Portbou, donde se quitó la vida en 1940 con una sobredosis de morfina, tal vez nos privó de una vía alternativa en la teoría crítica atenta a las conexiones, en apariencia imposibles, entre sustancias, materialismo y mística. Sus protocolos sobre las drogas, con todo, quedan como una bifurcación de incalculable valor para cualquier genealogía de un materialismo psicodélico y sus anotaciones sirven hoy a modo de propedéutica para una práctica teórica que busque integrar la experiéncia lisérgica.

Marcuse en California

A diferencia del malogrado trayecto de Benjamin, los grandes referentes de la Escuela de Frankfurt lograron escapar del nazismo e instalarse durante más o menos tiempo en Estados Unidos. En esta etapa, la escuela no deja de elaborar su crítica al capitalismo, ya fuese en atención a su crisis y la personalidad autoritaria, ya fuera estudiando la sociedad de consumo en la que habrá de emerger la revolución psicodélica. En este contexto, Herbert Marcuse se convertirá, junto a Erich Fromm, en autor de cabecera para la contracultura y los movimientos de liberación. No por casualidad, Marcuse será también la figura sobre la que vuelva Fisher cuando emprenda la aventura de pensar el comunismo ácido.

A diferencia de Adorno o Horkheimer, la mayor proximidad e interacción de Marcuse con los movimientos emancipatorios lo vuelve más receptivo al discurso emergente en la revuelta. Y ahí su reflexión resulta en extremo original, al reconocer el potencial subversivo de los psicodélicos:

> Los rebeldes de hoy quieren ver, oír, sentir cosas nuevas de una manera nueva: ligan la liberación con la disolución de la percepción ordinaria y ordenada. El «viaje» implica la disolución del ego configurado por la sociedad establecida; una disolución artificial y de corta duración. Pero la liberación artificial y «privada» anticipa, distorsionadamente, una exigencia de la liberación social: la revolución debe ser al mismo tiempo una revolución en la percepción que acompañará la reconstrucción material e intelectual de la sociedad, creando el nuevo ambiente estético. (Marcuse 1969: 42-43)

A diferencia del veto de la tradición marxista, siempre preocupada por la embriaguez como una evasión ficcional (algo de lo que, en última instancia, Fisher tampoco alcanza a despegarse), Marcuse deja abierta la posibilidad de una lectura diferente de la fenomenología psicodélica. La entiende como anomalía que ya habita la sociedad de consumo y agrieta la alienación al cuestionar la falsa consciencia. Aunque resta al viaje el rango epistémico de una experiencia de liberación auténtica, le reconoce cuando menos un potencial dialéctico negativo, útil en la adquisición de una consciencia rupturista; y esto, al punto de poder decirse revolucionaria por anticipar una subjetividad que logra poner en suspenso la alienación.

Los términos en que Marcuse se expresa anuncian la inminencia de la hipótesis lisérgica y de ahí el enorme interés que suscita en este recorrido genealógico que estamos a punto de concluir. Pero antes de poner fin a esta genealogía no podemos dejar de apuntar otros dos momentos teóricos de especial interés y contemporáneos de la etapa californiana de Marcuse. A saber: el operaísmo italiano y el situacionismo francés.

Subjetivación y fuga interminable en el Operaísmo

La ola de movilizaciones más importante, subversiva e innovadora del movimiento obrero occidental de posguerra tuvo lugar en Italia. Ascendió a lo largo de los sesenta hasta estallar en el *Autunno caldo* de 1969. Se adentró entonces en la contienda más intensa y salvaje de cuantas fueron conocidas: los *anni di piombo*. Aquel periodo, aunque polémico y objeto de fuertes debates, ha sido bien estudiado. Pero al margen de la violencia armada y otros asuntos, nos interesa destacar una clave teórica anterior: el giro copernicano que el operaísmo imprimió al materialismo. Al decir de Mario Tronti:

> También nosotros hemos visto, primero, el desarrollo capitalista y después la lucha obrera. Es un grave error. Es preciso transformar radicalmente el problema, cambiar el signo, recomenzar desde el principio: y el principio es la lucha de la clase obrera. (Tronti 2001: 93)

En adelante, la subjetivación pasa al centro del interés teórico. El antagonismo proletario se convierte en la variable independiente de la que ahora depende el capitalismo para reconfigurarse, adaptarse y sobrevivir a sus propias contradicciones. La aportación del operaísmo es tanto más importante por cuanto no solo adelanta la reflexión sobre la que hemos visto a Fisher fundamentar el comunismo ácido (la base material de una sociedad mejor ya existe y aguarda a ser efectuada), sino que, además, emprende una innovación metodológica esencial para pensar la hipótesis lisérgica: requiere investigar e intervenir en la mutación de subjetividad que guía los movimientos de liberación en curso.

En línea con la intuición de Fisher, los grupos de autoconscienciación y epistemología feminista, el análisis institucional en psiquiatría y la sociología de la participación-acción, la *conricerca operaista* brinda sustento metodológico a una eventual práctica teórica psicodélica asentada en la declinación occidental del materialismo (Malo 2004). Basada en la encuesta obrera, esta modalidad de investigación colaborativa rompe con la idea del sujeto investigador (el científico social) y el objeto investigado (la clase obrera) a fin de establecer un terreno de intercambio de saberes sobre los que se puede impulsar el antagonismo proletario. Su éxito será tal que la Autonomía italiana sostendrá el pulso político más importante al capitalismo del mundo occidental.

Un último episodio operaísta nos remite a la mutación subjetiva que resultó de su praxis militante. En el seguimiento del sujeto proletario en su propia liberación, el operaísmo acabará por dar cuenta de su propia metamorfosis. Al final de la ola, un repunte final en el ciclo del 77 boloñés visibilizó el impacto e influencia de la psicodelia en el tránsito del «obrero masa» de la fábrica al «obrero social» de la metrópoli (Negri 1979). No por casualidad, la experiencia activista más destacable del momento llevó por nombre Radio Alice, en evidente alusión a una apropiación psicodélica del personaje de Carroll. De sus filas surgiría el teórico más destacado del postoperaísmo, Franco Berardi, en cuya obra *La fábrica de la infelicidad* se recoge una cuestión esencial para la hipótesis psiquedélica, a saber: la dimensión psíquica del capitalismo contemporáneo (Berardi 2003). En la sociedad de la información, el capitalismo pasa a estructurarse sobre la depresión y la sedación, en modo alguna indeseadas, sino esenciales a la forma que en nuestros días adopta el mando capitalista.

Debord y el capitalismo alucinado

La última bifurcación de este apunte genealógico es el situacionismo de Guy Debord. La innovación situacionista fue tal en su propio tiempo que bien podemos decir que en la actualidad vivimos un contexto «hipersituacionista». O como dirá Agamben: «Sin duda, el aspecto más inquietante de los libros de Debord consiste en el empeño puesto por la historia en confirmar sus análisis» (1990: 239). En los términos de nuestro recorrido *La sociedad del espectáculo*, obra central del situacionismo, constituye en sí misma una reactualización de la obra de Marx bajo los supuestos de un mundo que ya ha cambiado por completo.

> Toda la vida de las sociedades en las que reinan las condiciones modernas de producción se anuncia como una inmensa acumulación de espectáculos. Todo lo que era vivido directamente se aparta en una representación. (Debord 1992: 15)

En línea con la teorización de Marx sobre el fetichismo de la mercancía (que siempre oculta la explotación que la ha fabricado), Debord va un paso más allá. Sus tesis se hacen cargo de que las metamorfosis del capital en las sociedades occidentales han experimentado un salto cualitativo irreversible. El espectáculo viene a ser la forma más acabada de la alienación, al punto no solo de velar la producción de la mercancía, sino de impedir a la par que se desvele el propio espectáculo porque no existe un afuera con relación a este. El espectáculo hace de la producción de la mercancía una alucinación. Frente a esta existencia alucinada que nos impone la sociedad de consumo es preciso un antagonismo que ponga en valor nuestra libre capacidad de alucinar.

El espectáculo debordiano puede ser una herramienta conceptual que desvele el carácter alucinatorio del capital actual. Al fin y al cabo, el espectáculo opera a la manera de una alucinación de la que uno no puede sustraerse si no es alucinando de una manera otra. Llevadas las tesis situacionistas hasta sus últimas consecuencias, ya solo vivimos un mundo en el que cualquier alternativa será clausurada de inmediato por un dispositivo que ya es en sí mismo de naturaleza alucinatoria (así, por ejemplo, la imagen que genera, orienta y captura el deseo en la mercancía, organizando demanda y producción *just in time*; antes de que la mercancía siquiera exista, ya es espectáculo). La sociedad del espectáculo sería totalizante al extremo de reclamar del antagonismo un lugar donde su rearticulación no encontrase un sustento orgánico previsible y gobernable; un lugar donde la alucinación pudiese ser liberada del «sí mismo» (*self*) en que es generada por el capital: nuestra mente.

Llegados a este punto, se vuelve preciso pensar en términos metodológicos antes que teóricos, y atender al acervo materialista en abierta recombinación con la irreductibilidad de la experiencia psicodélica. Aquí la práctica teórica de los situacionistas y su instrumental metodológico se vuelven en extremo interesantes. Conceptos como la deriva, la recuperación, la psicogeografía y tantos otros pueden ser releídos a la luz de la hipótesis psicodélica y armar así una práctica teórica innovadora.

La hipótesis lisérgica como práctica teórica

Al comienzo de este ensayo apuntábamos cómo el discurso del renacimiento psicodélico ha abierto un campo de intervención para los movimientos de liberación que puede permitir la actualización a un materialismo de la psique. Este, a su vez, puede relanzar un proyecto psicodélico de sociedad en el que la experiencia lisérgica se convierta en la pieza que le falta a la producción de una subjetividad capaz de superar los límites del bloqueo, captura y reificación neoliberales. A tal fin son precisas prácticas instituyentes capaces de generar otra dinámica social frente a la clausura a la que se aboca nuestra existencia bajo esa alucinación que es el realismo capitalista.

La práctica teórica psicodélica puede hoy asentarse en la herencia del rico y fértil acervo de los movimientos de liberación y sus experiencias del pasado. Como hemos visto, la evolución del materialismo ha atravesado los tiempos operando ajustes en torno a la consciencia y su alteración a partir de un persistente núcleo firme. Hemos llegado así a un punto en el que la consciencia del carácter alucinatorio del espectáculo nos advierte de una falsedad que requiere el concurso de una iluminación lisérgica para que podamos sustraernos a las actuales relaciones de dominación.

No se trata de huir del presente en el retorno a un territorio prístino de lo real, pues este no existe en nuestra consciencia actual sino como lo real capitalista y, por ende, como espectáculo. La iluminación lisérgica, sin embargo, es bien posible, por lo que se trata de aprender a navegar en la propia psique desde la asunción de un punto de partida: somos una configuración de materia consciente capaz a su vez de liberarse de una consciencia prefigurada (alienante) alterando de forma deliberada su propia materialidad por medio de una modificación molecular psicotrópica. Esa voluntad de alterar nuestra propia molecularidad siendo conscientes de que con ello se altera nuestra consciencia implica la asunción de la contingencia de toda configuración anterior. De ahí que los psicodélicos sean tan útiles a la psicoterapia como a la liberación de los marcos culturales de la alienación capitalista.

A partir de este supuesto, nos sabemos sometidos a un régimen de ingesta particular que se sostiene en una farmacopea de la alienación: desde la alimentación más básica hasta los reguladores de nuestros estados de ánimo; desde el café de la mañana, los complementos vitamínicos o las microdosis de psicodélicos que prometen estimular la creatividad y la productividad, hasta la sedación de las benzodiacepinas con las que no solo acabamos nuestro tiempo de vigilia, sino que también nos permiten bloquear toda potencia onírica de liberación. El carácter alucinatorio del capital se sostiene en una molecularidad muy concreta que hace posible el régimen de ingesta. Y este, a su vez, comporta un falso régimen de consciencia o ideología.

Bajo estas premisas, el reto de los movimientos de liberación consistiría en sabotear los dispositivos neoliberales por medio de un discurso que vuelva imposibles el bloqueo y la recuperación que hacen posible la inserción de nuestra psique en la producción de valor; un discurso que se constituya a partir de un ingenio farmacológico de vocación «alquímica», capaz de atravesar lo inefable y producir con ello una subjetividad tan irreductible como imprevisible, por venir de lo más profundo de la mente. Aquí es donde entra en juego la fenomenología psicodélica y su incorporación a la práctica teórica que impulsa el discurso de los movimientos emancipatorios.

No es nuestra intención establecer ahora un método concreto que, por otra parte, sería imposible de detallar en toda su complejidad fuera de su propia praxis. Pero sí puede resultar interesante considerar algunos elementos que integran la experiencia psicodélica como sustento propedéutico para una práctica teórica de estas características.

Así, toda experiencia psicodélica considerada en su máximo potencial se sabe capaz del viaje, esto es, de generar un estado alterado de consciencia entre dos estados de vigilia, anterior y posterior, cuyo trance es fluido, su destino incierto y sus efectos contingentes. He ahí el ínterin durante el que puede tener lugar la iluminación. Un ínterin que no es difícil de identificar como consistente con la procedimentalidad de, al decir de Spinoza, una «democracia absoluta»; una forma de gobierno que se insubordine y arrolle cualquier estructura de dominación que se pretenda erigir en falso sobre la naturaleza de nuestras singularidades irreductibles y así efectuar la potencia del ser.

A fin de avanzar esta reflexión hacia una práctica teórica, adquiere sentido sugerir aquí la adaptación de tres nociones ya disponibles a modo de tríptico conceptual: (1) la *TAZ* o «zona temporalmente autónoma» de Hakim Bey (1991), a través de la cual es posible adentrarse en lo que Richard Fariña (2008) ideó como (2) un «estado de Exención», un espacio-tiempo en el que se pone en suspenso cualquier prefiguración psíquica vigente de un orden previo, para así generar y celebrar (3) una comunión de intereses inmanentes al propio cuerpo social emergente o «egregor» (Despentes 2018) de un *demos* simbiótico en que se constituye el sujeto participante, no ya solo «en sí» y «para sí», sino también «más allá de sí».

Hacia la ZPA: Zona Psicodélicamente Autónoma

A lo largo de los últimos siglos, el poder político se ha constituido bajo diversas configuraciones posibles del mando: desde la soberanía territorializante del Estado nacional hasta la forma más avanzada de un capitalismo mundial integrado en un solo mando imperial (Hardt & Negri 2000). Las sucesivas mutaciones en la configuración del mando han respondido al desbordamiento subjetivo de los sujetos productivos y se han hecho posibles en la anticipación, bloqueo y captura de dicho exceso. Este desbordamiento del cuerpo social en tanto que multitud ha sido a un tiempo funcional a los movimientos de liberación y al perfeccionamiento subsiguiente de las formas de dominio. Una vez el Estado moderno hubo logrado la unificación del mando político por medio de la *reductio ad unum* de la multitud en un sujeto único y ordenado, o «pueblo» (Virno 2003), su función de observancia tuvo que hacerse cada vez más compleja y descentralizada, a fin de poder dar cuenta de la proliferación rizomática de los antagonismos sociales que se escindían en su seno una y otra vez. Esta lógica de desterritorialización y reterritorialización, de escisión y recaptura, ha hecho posible hoy una malla de relaciones de dominación mucho más tupida y de la que es cada vez más difícil sustraerse.

Pero como es sabido, la liberación de una subjetividad antagonista e irreductible requiere de una relación distinta al dominio territorializador que impone el poder de mando. Tras reflexionar sobre esta cuestión, Hakim Bey (1991) publicó una obra de inesperado éxito y repercusión: *TAZ. Zona Temporalmente Autónoma*. El doble mérito teórico de Bey fue responder, por una parte, al agotamiento estratégico de la lucha desde un afuera del capital, esto es, de la articulación territorializada de una resistencia externa al poder soberano que adviene contra el Estado moderno. Por otra parte, Bey identificó como táctica viable en la contienda contra este poder de mando la posibilidad de librar luchas en el terreno de una contingencia del poder territorializado, basada en la mayor agilidad temporal de los desafiantes.

Desde una sentada a la ocupación temporal del espacio público y pasando por las *raves*, los movimientos de liberación han montado y desmontado sus campamentos nómadas a fin de producir TAZs ingobernables. Quien haya participado de manera activa en cualquier proceso de este tipo, sobre todo cuando han adquirido dimensiones importantes (15M, Occupy Wall Street, etcétera), sabe bien de la intensidad psíquica que alcanza un encuentro de estas características y las hondas transformaciones de que son capaces estos dispositivos a ciertas edades. No es casual que Timothy Leary haya titulado la segunda parte de su autobiografía, *Flashbacks*, como «Paidomorfosis: Juvenilización» (2004: 304), subrayando la forma en que el devenir juvenil habilitado por la experiencia psicodélica incidía en el cambio subjetivo de época. En su propia trayectoria vital, el fin de la institucionalidad del encierro (universidad, clínica, ejército, etcétera) vendría seguido por la creación de un espacio de investigación autónoma: Millbrook. Durante unos años, la mansión de William Mellon Hitchcock acogería a la comuna psicodélica nucleada en torno al propio Leary y cuya historia ha sido novelada por T.C. Boyle (2021). Resistirse a la clausura en la subjetividad hegemónica de posguerra era, por tanto, una opción que hacía posible la escisión del mando, no un destino de la edad.

Incorporemos ahora la dimensión psíquica de la acción colectiva en el marco de la TAZ y pensemos estas zonas a modo del *setting* o entorno óptimo para la «experiencia cumbre», alcanzada o no por vía lisérgica. La cultura *rave* ofrece a estos efectos el repertorio contracultural más logrado de práctica subjetivante (Felipe 2022, Wark 2023)[1]. De igual modo, imaginemos la predisposición a una participación proactiva de cada una de las singularidades (el *set*). La Zona Psicodélicamente Autónoma (ZPA) comportaría entonces la posibilidad de originar un lugar de enunciación ontológicamente libre; un laboratorio de vocación alquímica en el que la subjetividad previa se volvería contingente e inmediatamente productiva en los términos de un antagonismo nuevo. Al hacer posible que aflore esta eventual mutación de subjetividad se abre un intersticio de ruptura alucinatorio distinto al orden del espectáculo, una fisura por la que se puede liberar una potencia que, a justo título, puede reclamarse al fin ontológica.

Estado de exención

Recuperemos ahora una aportación conceptual del acervo literario de la contracultura de los sesenta. En su única novela, *Hundido hasta el cielo* (2008), Richard Fariña elabora, bajo distintos nombres, un concepto: la «Exención», el «estado de Exención» o, sencillamente, «estar Exento». Se refiere con él a la manera en que su protagonista experimenta la excepcionalidad de su disidencia respecto al orden social de la alienación. La TAZ resuena aquí con intensidad. De manera inversa a un estado de excepción –que pone en suspenso el orden constitucional a fin de restaurarlo–, el estado de Exención es un momento de libertad absoluta que uno se concede a sí mismo, en el que se sustrae de toda norma que le sea impuesta, a menudo para librarse a la ebriedad y poder encontrarse, en un más allá de sí, allí donde su singularidad es libre de manifestarse.

---

[1] Véase también, en el presente volumen, el artículo de Iván Eusebio Aguirre Darancou (247-272).

Por sus propias características, la ZPA articula y garantiza el estado de Exención. O para el caso, expresado en los términos de la teoría democrática, la posibilidad misma de participar en condiciones de una libertad absoluta; la de la plena consciencia de integrar un proceso de subjetivación imprescindible a una deliberación democrática ilimitada. Más allá de las garantías que ofrece en los términos de la teoría política clásica la participación en la TAZ, desde la ZPA nos referimos a la consciencia de integrar en completa libertad una potencia constituida en común, donde librarse a la Exención desde la propia singularidad es la mejor garantía de una apertura compartida al devenir. No se trata, por tanto, de poner en liza el juego de doble cálculo público y privado de la esfera liberal, sino de confluir en la producción de una subjetividad de liberación a la que identificaremos como «egregor».

La Exención es, por tanto, una praxis habilitante del común; la invitación a la entrega en una interacción simbiótica donde queda asegurada la organicidad de los vínculos que se establecen. Tanto más intensa sea, tanto mayor será su potencia y su capacidad de resistencia política. La Exención establece así por adelantado un compromiso de trascender las barreras que impone el estado de vigilia anterior a fin de alcanzar el estado posterior que ha atravesado la experiencia de lo inefable; vale decir, para el caso, la experiencia psicodélica. Solo en este segundo momento de vigilia se hace posible una deliberación integradora de los pareceres particulares y los disensos inevitables en el *demos*.

La emergencia del egregor

En su obra *Vernon Subutex*, Virginie Despentes (2018) relata del siguiente modo la experiencia cumbre que atraviesan los protagonistas de su narración:

> Cuando ella empezó a contarle la noche genial que había pasado bailando en el campo, él puso la oreja. Está chiflada, vale. Pero no se coloca.

Y contaba lo mismo que Vince: una egrégora sublime, la oscuridad, la sensación de entrar en el cuerpo del grupo, etc. Se guardó de decirle que su camello le había hablado de aquellas fiestas. (Despentes 2018: 148)

Este fragmento presenta dos claves importantes. La primera se refiere a la contingencia de las sustancias psicoactivas respecto a la ZPA: «Está chiflada, vale. Pero no se coloca». Por más que en este ensayo hemos expuesto la experiencia psicodélica como mejor garantía de la experiencia de lo inefable, ni la primera asegura la segunda ni la segunda requiere por fuerza de la primera. Se trata, empero, de señalar la potencia de un devenir que requiere de la formación de una cultura de *demos*, de la participación en un común que emerge y se sostiene en las experiencias compartidas, en la producción de valores, en la intensidad de lo vivido de consuno.

La segunda clave nos remite a la existencia de «una egrégora sublime» o «cuerpo del grupo», que se produce en la singular ZPA que imagina en su novela. Para Despentes, en las *raves* clandestinas que Vernon dinamiza gracias a su chamánica habilidad con la música surge un cuerpo vibrante; una comunidad de simbiontes que se han unido en el goce estético como una forma de ser en sus vidas más allá de las circunstancias de cada cual bajo el mando capitalista. Esta corporeidad sensible que eleva a la iluminación va mucho más allá de la ingesta de sustancias, pues en la propia narración resulta de la simbiosis establecida entre los personajes que repiten sus encuentros.

En suma, bajo el estado de Exención puede al fin manifestarse el ser en común y constituirse una fuerza simbiótica que adquiere sentido por sí misma, más allá de las singularidades individuales que la puedan haber constituido en origen, pero dependiente para su mantenimiento de una contribución lo más recurrente y perdurable posible. El refuerzo es mutuo, toda vez que cada simbionte se beneficia de ese egregor que se instancia en la predisposición mental a ser sostenido en el tiempo por el propio beneficio que suscita su simple existencia. Allí donde el Estado moderno se ha forjado en la condición trascendental del poder soberano, el egregor que nace de la experiencia psicodélica se establece mediante una institucionalidad que solo se remite a la inmanencia de su propio ser.

BIBLIOGRAFÍA

AGAMBEN, Giorgio (1990): «Postfazione». En Debord, Guy: *Commentari sulla società dello spettacolo e La società dello spettacolo*. Milano: Sugarco, 239-247.
ANDERSON, Perry (1976): *Considerations on Western Marxism*. London: New Left Books.
BENJAMIN, Walter (2021): *Hachís*. Buenos Aires: Godot.
BERARDI, Franco (2003): *La fábrica de la infelicidad*. Madrid: Traficantes de Sueños.
BEY, Hakim (1991): *TAZ. The Temporary Autonomous Zone*. Brooklyn: Autonomedia.
BOYLE, T. C. (2021): *Una libertad luminosa*. Madrid: Impedimenta.
DAVIES, James & PACE, Brian A. & DEVENOT, Neşe (2023): «Beyond the psychedelic hype: exploring the persistence of the neoliberal paradigm». En *Journal of Psychedelic Studies* 7: 1-13.
DAVIS, Erik (2013): «The Multidisciplinary Association of Psychedelic Discourse». En *Erowid Extracts* 25: 4-8, <www.erowid.org/general/newsletter/erowid_newsletter25.pdf>.
DEBORD, Guy (1992): *La société du spectacle*. Paris: Gallimard.
DELEUZE, Gilles (1990): «Post-scriptum sur les sociétés de contrôle». En *Pourparlers 1972-1990*. Paris: Les éditions de Minuit.
DESPENTES, Virginie (2018): *Vernon Subutex*. Barcelona: Penguin Random House.
FARIÑA, Richard (2008): *Hundido hasta el cielo*. Barcelona: El Aleph.
FELIPE, Leo (2022): *Historia universal del After*. Buenos Aires: Caja Negra.
FISHER, Mark (2016): *Realismo capitalista*. Buenos Aires: Caja Negra.
— (2018): *Los fantasmas de mi vida*. Buenos Aires: Caja Negra.
— (2021): «Comunismo ácido». En *K-Punk. Volumen 3. Escritos reunidos e inéditos (reflexiones, comunismo ácido y entrevistas)*. Buenos Aires: Caja Negra, 123-154.

Hardt, Michael & Negri, Antonio (2000): *Empire*. Cambridge: Harvard University Press.
Korsch, Karl (1923): *Marxismus und Philosophie*. Leipzig: C. L. Hirschfeld.
Leary, Timothy (2004): *Flashbacks*. Barcelona: Alpha Decay.
Lee, Martin A. & Shlain, Bruce (2002): *Sueños de Ácido*. Castellar de la Frontera: Castellarte.
Lukács, Georg (1923): *Historia y conciencia de clase*. La Habana: Instituto del Libro.
Macpherson, Crawford Brough (1962): *The Political Theory of Possessive Individualism: Hobbes to Locke*. Oxford: Clarendon Press.
Malo, Marta (2004): «Prólogo». En Malo, Marta (ed.): *Nociones comunes. Experiencias y ensayos entre investigación y militancia*. Madrid: Traficantes de Sueños, 13-40
Marx, Karl (1974): *Miseria de la filosofía*. Madrid: Júcar.
— (2014): *La ideología alemana*. Madrid: Akal.
Marcuse, Herbert (1958): *Soviet Marxism. A critical analysis*. New York: Columbia University Press.
— (1969): *Un ensayo sobre la liberación*. México: Joaquín Mortiz.
Merleau-Ponty, Maurice (1955): *Les aventures de la dialectique*. Paris: Gallimard.
Negri, Antonio (1979): *Dall'operaio massa all'operaio sociale. Intervista sull'operaismo*. Milano: Multhipla.
Pace, Brian A. & Devenot, Neşe (2021): «Right-Wing Psychedelia». En *Frontiers in Psychology* 12: 1-21.
Rancière, Jacques (1987): *Le maître ignorant. Cinq leçons sur l'émancipation intellectuelle*. Paris: Fayard.
Sessa, Ben (2012): *The Psychedelic Renaissance. Reassessing the role of psychedelic drugs in 21st century psychiatry and society*. London: Muswell Hill Press.
Tronti, Mario (2001): *Obreros y capital*. Madrid: Akal.
Virno, Paolo (2003): *Gramática de la multitud. Por un análisis de las formas de vida contemporáneas*. Madrid: Traficantes de Sueños.
Wark, McKenzie (2023): *Raving*. Buenos Aires: Caja Negra.

Los estudios latinoamericanos ante el renacimiento psicodélico

Alberto Ribas-Casasayas
Santa Clara University

¿Qué renacimiento?

Como ya se apuntaba en la introducción, las indagaciones de este volumen parten, entre otras cosas, de la necesidad de interrogar ese conjunto de procesos interrelacionados en ámbitos institucionales y otros más clandestinos o desregulados que ha venido a conocerse como «renacimiento psicodélico». El término, de entrada, resulta un tanto problemático, ya que la idea de un «renacimiento» implicaría que hubo una «muerte» o al menos una «edad oscura» de la psicodelia. Si bien es cierto que la investigación institucional con sustancias psicodélicas en la psicología clínica y la farmacología quedó totalmente paralizada tras su prohibición, persistió, sumergida o al margen de las instituciones, una cultura de la reciprocidad, la autoexperimentación y la ciencia ciudadana y colaborativa, que hizo posible grandes trabajos como *PiHKAL* y *TiHKAL* de Alexander y Ann Shulgin, el *Pharmacotheon* de Jonathan Ott, *Mycelium Running* de Paul Stamets, el aislamiento de la salvinorina por Daniel Siebert o la existencia de foros en red como Vaults of Erowid o DMT-Nexus, por solo mencionar los más conocidos.

Este «renacimiento» actual conlleva, además, un potencial impacto económico, ambiental y cultural sobre las comunidades indígenas y mestizas de América Latina y sus prácticas psicoactivas, que requiere un compromiso crítico desde lo que vienen llamándose «humanidades psicodélicas» (Langlitz 2023)[1]. Los enfoques farmacológicos u orientados a negocios con ánimo de lucro —y con demasiada frecuencia los propios entusiastas de los psicodélicos en el Norte global— suelen descuidar, minimizar o malinterpretar cuestiones como el potencial del turismo espiritual y el neochamanismo como formas de colonialismo y economía extractiva, la apropiación cultural y el impacto ambiental de un tratamiento consumista y descontextualizado de las plantas medicinales. A ello vendrían a sumarse como problemas la biopiratería, a través de la carrera de patentes que ya está ocurriendo en los Estados Unidos y otros países, la necesidad de establecer protocolos de reconocimiento cultural y prácticas de reciprocidad y compensación a las comunidades indígenas, y los posibles abusos en centros de desintoxicación con fines de lucro o retiros espirituales sin supervisión[2] (Celidwen *et al.* 2023). Estas son solo algunas de las problemáticas que parecen exceder el estudio de estas materias en el ámbito científico y clínico, tal como se practica en el Norte global, y que una aproximación utilitaria, finalista, a los psicodélicos como instrumentos de mejora personal de los sujetos dentro de una economía de mercado no puede atender.

En etnobotánica, se presume comúnmente que, de entre las sustancias psicodélicas que no requieren un proceso de síntesis en un laboratorio, la mayoría se dan naturalmente en el continente americano (Schultes *et al.* 1992: 26-27)[3]. Una explicación parcial sería la

---

[1] Aprecio la ironía de hablar de «humanidades» al tratar de un tema inextricable de lo que viene llamándose el «giro ontológico» o «posthumano» y la eclosión de los «Environmental Studies», pero el análisis terminológico excede los propósitos de este artículo.

[2] A este respecto, merece interés especial la iniciativa del Instituto Chacruna de elaborar un «Manual para la concienciación sobre el abuso sexual en la comunidad de uso del ayahuasca». Véanse también Peluso *et al.* (2020) y Kruger *et al.* (2024).

[3] Esta afirmación podría verse desmentida por un mejor conocimiento sobre el complejo psicofarmacológico de regiones como África Ecuatorial o del Sur, pero esta cuestión excede el enfoque de este capítulo.

«lotería ecológica», es decir, que esta riqueza se debe a la singularidad de ciertos climas, particularmente climas subtropicales o áridos. Pero esta explicación no se basta por sí sola, y debe complementarse con una perspectiva que tome en cuenta los avatares históricos de las tradiciones psicoactivas en todo el mundo. En Europa, las referencias a psicoactivos en obras literarias de la Edad Media al barroco sugieren la persistencia de tradiciones psicoactivas que habían sobrevivido la hegemonía cultural de la religión cristiana, monoteísta y doctrinal (Stratton 2007: cap. 4; Hutton 2017: cap. 6) pero que, en el arco que va del Renacimiento a la Ilustración, entran en un acelerado proceso de desaparición. Entre las capas sociales más letradas, pudo deberse al antropocentrismo filosófico y la objetivación de la naturaleza en el ámbito de la «revolución científica» (Merchant 1983). Acaso de mayor impacto entre las capas populares fue la intensa y violenta campaña de desprestigio y proscripción de actividades y rituales tradicionales de sanación, especialmente aquellos ejecutados por mujeres, que contribuyeron a la marginalización y olvido de conocimiento y técnicas botánicas (Barstow 1994: cap. 6; Federici 2010: cap. 4). En las Américas, los colonos españoles también trataron de erradicar prácticas rituales alrededor de los hongos y plantas que inducían visiones, las cuales no dudaron en tildar de demoníacas (Glockner 2016: cap. 2). A día de hoy, el conocimiento y las prácticas con plantas psicoactivas en las Américas sobrevivió en parte gracias al relativo aislamiento de algunas comunidades y a la dejadez de administraciones coloniales y estatales. Pero sobrevivió, sobre todo, por la perseverancia y cuidado de pueblos con frecuencia atacados y denigrados por misioneros, autoridades y científicos-exploradores, ya que, si fuera poco, también resistían las presiones y violencias de la economía extractiva moderna y las narrativas institucionales de uniformidad nacional.

El propio término «renacimiento» establece un paralelismo, involuntario pero insoslayable, con el período del Renacimiento; más allá de lo que compete a la historia del arte, no hay que olvidar que fue también ese el momento en el que se establecieron las bases de un sistema global de apropiación, extracción y acumulación de territorios y bienes naturales, sostenido por la vía de la esclavitud, el desplazamiento forzoso, la expropiación o el trabajo infrapagado, generalmente de sujetos indígenas, racializados y mujeres. O lo que es lo mismo, el sistema colonial y de intercambios que asentaría los fundamentos del capitalismo contemporáneo y sin el cual fenómenos globales como la Revolución Tecnológica de 1870-1914 no habrían podido tener lugar. Un enfoque crítico del renacimiento psicodélico debe atender a la repetición de gestos coloniales, apropiacionistas y extractivos detrás de afirmaciones entusiastas sobre panaceas para las consabidas «epidemias de salud mental» o las periódicas profecías de nuevas eras espirituales[4].

Avatares de la psicodelia medicalizada

Una de las primeras preguntas que surgen ante el bombo publicitario de los «psicodélicos para la salud mental», especialmente en lo tocante al uso de plantas y hongos, es cómo se traducen las prácticas tradicionales (que no son «medicinas» en el sentido de compuestos químicos aislados con el objetivo de tratar una condición específica) a un paradigma farmacológico, medicalizado. Además, el paradigma imperante en la medicina occidental moderna trata a los individuos como pacientes —esto es, individuos que sufren afecciones definidas por un conjunto de síntomas—, situando a la persona como un sujeto atomizado que padece su afección en su interioridad aislada (Fotiou 2020a: 16 y Sarrazin 2022: 10-13).

En otras tradiciones, sin embargo, estas plantas y hongos se utilizan hoy con fines curativos en un sentido muy amplio[5], ya sea para

---

[4] Al respecto, véase Fotiou 2020a, Labaté & Cavnar (eds.) 2021, Devenot & Conner & Doyle 2022, González Romero 2022 y Hauskeller *et al.* 2023.

[5] Es preciso apuntar que existe un registro histórico y antropológico sobre el uso de plantas visionarias como preparación para la guerra o enfrentamientos

dolencias físicas o emocionales individuales, o para la exploración, curación o resolución de conflictos dentro de la comunidad en su conjunto. Además, el uso ritual de muchas de estas plantas suele tener una dimensión espiritual o religiosa que resulta inseparable de la dimensión curativa, ya que las plantas pueden ser vehículos de comunicación con aspectos numinosos o invisibles de la naturaleza con diferentes funciones y objetivos, dependiendo de la planta y de su contexto sociocultural. En contraste, en el entorno del actual «renacimiento psicodélico» se oye a menudo hablar de «la molécula», un concepto altamente reduccionista que separa al compuesto orgánico de su contexto material, social, ecológico y espiritual. Cualquier noción acerca de las relaciones entre el consumidor y la «sustancia»[6], o entre aquel y el sanador, la comunidad y su entorno biofísico, cultural e histórico, se ven por lo general descartadas. Por si fuera poco, el interés del Norte global tiende a enfocarse en las singulares propiedades de las plantas visionarias, que son, sin embargo, solo parte de una farmacopea mucho más extensa.

Desde la perspectiva del análisis del discurso en filosofía, humanidades y ciencias sociales, otro peligro significativo es el de la apropiación material, cognitiva y simbólica (Negrín 2021, González Romero 2022). La experiencia psicodélica ha sido conocida a lo largo de los siglos bajo nombres que han quedado en gran medida ocultos tras la represiva disciplina teocrática que impusieron los nacientes regíme-

---

físicos o espirituales. Véase, por ejemplo, Favaron (2017: 93-94, 108-110), en lo tocante a los pueblos de la Amazonia occidental.

[6] Este sería otro concepto problemático desde la perspectiva de otros saberes que otorgan personalidad a entidades de la naturaleza como plantas, hongos, animales, ríos o montañas. En el Norte global hablamos de «consumir una sustancia», lo cual no tiene mucho sentido desde una *episteme* para la que el acto de ingerir una planta implica la comunión con una entidad que tiene una personalidad propia. Desde otros saberes, la noción de «consumir una sustancia» tiene tanto sentido como para ti lo tendría «consumir a Alberto Ribas-Casasayas» solo porque estás ahora leyendo estas páginas.

nes capitalistas y coloniales. Cientos de años más tarde, la escritura científica vino a reivindicar el redescubrimiento de los efectos de estas plantas a través de la abstracción del «principio activo» molecular, apartándolo de otras categorías taxonómicas como la forma, la personalidad u otros criterios transmitidos oralmente, convirtiendo en «descubrimientos» para la hegemonía discursiva de las sociedades industriales lo que habían sido propiedades bien conocidas por practicantes tradicionales o, ya en el siglo XX, por colectivos contraculturales (Plotkin 2021 y Devenot & Conner & Doyle 2022).

La «ciencia moderna» tiene una larga historia de apropiación del conocimiento botánico y medicinal indígena sin que medie reconocimiento ni compensación alguna. Ejemplos conocidos son la quinina, el curare o el caucho. La quinina fue llevada a España por sacerdotes jesuitas, popularizada luego como antipalúdico por el marqués de La Condamine. El curare es un potente relajante muscular que revolucionó la cirugía moderna: a día de hoy el bromuro de pancuronio sigue utilizándose en procedimientos quirúrgicos en todo el mundo. La extracción masiva de caucho fue uno de los pilares del desarrollo industrial desde finales del siglo XIX hasta mediados del XX, pero trajo consigo diversas formas de violencia genocida contra varios pueblos de la Amazonia, cuyos ecos reverberan aún a día de hoy.

De manera análoga, los prometedores resultados en investigación clínica sobre psicodélicos que vienen publicitándose han atraído inversiones de la industria farmacéutica y de capital de riesgo que conllevan el peligro de repetir estos abusos en forma de apropiación de los bienes comunes y de conocimiento y técnicas preexistentes. Empresas como Compass Pathways y ATAI Life Sciences han comenzado a patentar compuestos moleculares, aplicaciones terapéuticas e incluso formas de administración (Love 2021; véase también Leite 2021). Se podría argumentar que cuando ya existen prácticas culturales ampliamente documentadas alrededor de algunas de estas sustancias (lo que legalmente se conoce como *prior art*), esta amenaza es irrelevante, porque muchas de estas patentes no resistirían un desafío legal. Pero no hay que perder de vista que estas patentes crean barreras legales en las que la carga de la prueba, así como la necesidad de recursos financieros e intelectuales, recae sobre quienes deben impugnarla[7]. En otras palabras, las patentes pueden ser una forma de excluir a los practicantes tradicionales y contraculturales de un mercado en desarrollo (Marks & Cohen 2022: 217; véase también Kawaoka 2021).

La aplicabilidad internacional del régimen de patentes depende en gran medida de la observación del acuerdo TRIPS, uno de los acuerdos a los que debe adherirse cada Estado nación para poder ser miembro de la Organización Mundial del Comercio. Este es el mismo acuerdo que impide a la población de muchos países pobres acceder a versiones genéricas de medicamentos de marca. También representa un choque epistemológico: la imposición de derechos de propiedad intelectual originados en la modernidad europea que otras culturas se ven obligadas a adoptar. No hace falta decir que la propiedad intelectual es un enfoque del conocimiento que no se alinea con el conocimiento ambiental y las prácticas culturales de los pueblos indígenas, transmitidos de forma oral y rara vez bajo atribución[8].

Otra posibilidad sería la ficción legal conocida comúnmente como *bifurcated-* o *dual-scheduling*, que permite el tratamiento diferenciado de una misma sustancia según las condiciones de producción y distri-

---

[7] En 2022 la Oficina de Patentes estadounidense desestimó el recurso legal de la ONG Freedom to Operate contra la patente de una variante sintética de la psilocibina por Compass Pathways (Love 2022). Otra ONG, Porta Sophia, trabaja en la elaboración de una biblioteca de *prior art* (traducible como «técnica preexistente») psicodélico.

[8] Para un análisis más extenso sobre las incompatibilidades entre la medicina tradicional indígena y TRIPS, véase Gervais 2005: 140-149. Kaushiki Das (2020) ofrece un detallado estudio sobre el impacto de TRIPS sobre territorios y culturas del Sur y el Sureste asiáticos. Para una aproximación legal a la incompatibilidad entre el régimen de conocimiento del norte global y el conocimiento indígena en lo tocante a la psilocibina, véase Saroyan 2024.

bución. Así, una empresa busca el reconocimiento de la aplicabilidad terapéutica de una variante molecular que posee, pero el compuesto en su forma natural sigue siendo ilegal. Por este procedimiento, una empresa podría patentar un derivado molecular de la psilocibina y obtener el reconocimiento de sus aplicaciones terapéuticas por parte de la administración estadounidense sobre fármacos (FDA por sus siglas en inglés). Una vez que este compuesto generara ganancias, esta empresa tendría un incentivo para promover la prohibición de su consumo en su forma natural[9]. Por último, la aparición de capital de riesgo en la escena psicodélica también aumenta la probabilidad de otros tipos de captura regulatoria y barreras legales, como licencias y requisitos administrativos, similares a los que se han aplicado a la legalización del cannabis medicinal y recreativo (Adinoff & Reiman 2019).

Supongamos ahora que la investigación clínica y la psiquiatría confirmaran los beneficios de los psicodélicos para determinadas afecciones mentales. La cuestión ética que se plantea vendría a ser qué se les debe a los pueblos y comunidades que preservaron estos conocimientos frente a siglos de violencia colonial. No sé qué forma deberían tomar las políticas de reciprocidad y reparación histórica, pero me parece una cuestión urgente cuando hablamos de comunidades en ecosistemas bajo fuerte presión del agronegocio, de la extracción minera y, en algunos casos, de la violencia del crimen organizado. Hay una suerte de bucle siniestro en que el sistema capitalista fomente las llamadas «enfermedades de la opulencia», la alienación mental en los ciudadanos de países ricos, para declarar después que el remedio se encuentra en esos territorios que han sufrido históricamente el pillaje y la degradación medioambientales y sociales de la industria extractiva. Resistir y oponerse a contradicciones como esta representa un imperativo moral para usuarios y comunidades psicoactivas.

---

[9] Para una discusión más extensa, véanse las visiones contrastantes de Hausfeld (2019) y Zorn (2023).

Neochamanismo y turismo enteogénico: apropiaciones e impacto local

En el terreno simbólico, se aprecian asimismo actos apropiacionistas en el ámbito del neochamanismo, especialmente en conexión con prácticas *new age*. Uso el término «neochamanismo» para hablar de actividades distintas de las practicadas por sanadores y sanadoras indígenas, sabios o sabias, «taitas», personas que son reconocidas y buscadas en sus comunidades como gente que domina prácticas de sanación, rituales y ceremonias conectadas con la propia cultura y el entorno medioambiental. El criterio para distinguirlos no es tanto la autenticidad o la calidad, sino con quién y cómo trabajan. Un neochamán puede ser un individuo de una comunidad indígena que se especialice en vender plantas o en ofrecer rituales de sanación a forasteros. También puede ser un forastero que ha adquirido conocimientos sobre algunas prácticas medicinales y las ofrece adaptadas a las expectativas del sujeto global moderno, ya sea en la comodidad de espacios adaptados para turistas o al regresar a sus países de origen[10].

Debo insistir en que no tengo una visión negativa del neochamanismo tal como se manifiesta en el Norte o en las grandes urbes globales. Simplemente, es una manifestación de cómo las prácticas espirituales evolucionan con el tiempo y con el contacto intercultural. Atestigua también el anhelo de una búsqueda de sentido más allá de la productividad y el mero consumo de bienes, servicios y experiencias que promueven las sociedades capitalistas, o de las narrativas que ofrecen las religiones doctrinales, con frecuencia dogmáticas y no pocas veces en manifiesta bancarrota moral. Pero algunas de estas prácticas espirituales pueden vehicular y amplificar las contradicciones en la economía y las culturas de la modernidad capitalista. Las culturas consumistas, las economías de mercado competitivas, el ecocidio que

---

[10] Para una definición más elaborada del neochamanismo y sus practicantes, véase Scuro & Rodd 2015.

es consecuencia inevitable de ver al ser humano como algo aparte de la naturaleza, son causas de precariedad, vacío espiritual, angustia existencial e incertidumbres que conducen a diferentes reacciones de estrés: el giro hacia el autoritarismo, las teorías de la conspiración y también formas de espiritualidad que en algunos casos adoptan la apariencia externa de creencias y prácticas indígenas, cuando están ostensiblemente impulsadas por el marketing de las redes sociales, las técnicas de monetización y las modalidades neoliberales de autodisciplina. De este modo, los círculos de curación psicodélica pueden ofrecer una tapadera aparentemente inofensiva y pintoresca para excesos mayores. Por ejemplo, cuando cualquier individuo del Norte global que ha pasado una estancia pagada con un grupo indígena vuelve a su casa y afirma ser un «chamán entrenado» en una u otra tradición, esto a menudo resulta en descontextualización, reduccionismo, caricatura o incluso infantilización de prácticas ancestrales y complejos sistemas de creencias, convirtiéndolos en representaciones consumibles y engañosas. La consecuencia suele ser el ofuscamiento de perspectivas culturales que ya de entrada tienen difícil acceso a los mercados y los foros globales de discusión sobre psicodélicos o plantas medicinales.

El aumento de la demanda global también conlleva otros riesgos medioambientales. Los grandes volúmenes de turismo tienen una elevada huella de carbono y ejercen presión sobre entornos frágiles. Muchos retiros de medicina vegetal se ubican en grandes fincas rodeadas de belleza natural, el contexto idílico para la búsqueda espiritual de clientes que pagan tarifas muy elevadas. Su proliferación apunta a la aparición de una forma espiritualizada de turismo extractivo, definido por Vijay Kolinjivadi (2021) como la actividad económica que dirige a los turistas a una localidad en busca de utilidad, sin dejar beneficios tangibles para las comunidades que la habitan o, peor aún, imponiendo la gestión de externalidades y condiciones que degradan su modo de vida. El turismo extractivo suele imponer el cierre y exclusión de espacios antaño comunes, la inflación de los precios de la vivienda y la tierra, el abuso de los recursos locales, empleos de baja calidad, la reorientación de los servicios locales hacia los visitantes y el abandono de las costumbres y tradiciones autóctonas en favor de los intereses de grandes propietarios o inversores ajenos a la comunidad. La población local pierde a menudo el control de lo que ocurre en sus tierras y solo puede acceder a empleos mal pagados, con escasas perspectivas de educación o de formación para ascender a puestos mejores. Por último, la competencia por atraer a inversores ricos —y a menudo, charlatanes y oportunistas— ha provocado tensiones en el seno de algunas comunidades y problemas diversos que afectan la sostenibilidad de recursos locales (véase Fraser 2017, Homan 2017 y Fotiou 2020b).

En el terreno del daño medioambiental, la incorporación de algunas de estas plantas a las redes mundiales de consumo pone en peligro algunas especies. Un caso dramático es el del peyote y otros cactus del género *Lophophora*, que ya figuran en la creciente lista de especies vegetales amenazadas (Nájera Quezada *et al.* 2013 y Rivera 2022). Del mismo modo, hay crecientes dificultades para encontrar en estado salvaje muchas variedades de liana *caapi* (Tupper 2017 y Suárez Álvarez 2024). Varios hábitats naturales de huachuma o cactus de San Pedro en Perú y Bolivia se enfrentan a la creciente presión de la recolección furtiva (Sugden 2023 y Colectivo Huachuma 2024). Imaginemos por un momento uno de estos retiros de curación enteogénica en Costa Rica, México o Perú, donde al consumidor foráneo se le presenta un menú de opciones medicinales generalmente desconectadas de su entorno ecológico y de las prácticas culturales autóctonas. Si se agota el suministro mundial de una de estas plantas, el turista espiritual solo ha perdido una opción de consumo entre muchas, que podrá sustituir por otra del menú, al menos por el momento. Pero, para una comunidad que tiene prácticas tradicionales centradas en esta planta, ello representa la pérdida de uno de los pilares de su cultura ritual, su conexión con la naturaleza y su representación del cosmos[11].

---

[11] Si se me permite un inciso personal, me ha parecido perturbadora la indiferencia, o incluso hostilidad, con que individuos o grupos que se autodefinen

Las humanidades psicodélicas desde una perspectiva latinoamericanista

Es momento de preguntarse qué puede hacer un enfoque humanístico respecto a este estado de cosas. Unas humanidades psicodélicas pueden cuestionar qué tipo de reduccionismos, exclusiones y objetivaciones se producen a la sombra de este «renacimiento» bajo el disfraz de la investigación médica y el aparentemente benévolo turismo espiritual motivado por el interés hacia las plantas medicinales y la sanación personal. En contraste con los enfoques clínicos, las humanidades están en una posición única para plantearse quién tiene la capacidad o la plataforma material para comunicar la experiencia psicodélica, y quién puede tener acceso a una experiencia «espiritual» o «sanadora» y en qué entornos. Esto resulta especialmente importante a la luz de los discursos y paradigmas epistémicos asociados a los grupos dominantes y a negocios altamente capitalizados, frente a la disminución, apropiación o simbolización de los discursos y relatos preexistentes de estas experiencias en las prácticas curativas tradicionales, las subculturas de las drogas y la terapia clandestina.

Un enfoque crítico al renacimiento psicodélico desde las humanidades debería analizar lo que en otra ocasión he llamado «la colonialidad del flipe» (Casasayas 2023: 112), es decir, cómo el encuadre de la psiconáutica dentro de las concepciones coloniales de la subjetividad capitalista normativa y su integración en circuitos mediáticos y de consumo globales ha tendido a minimizar, confundir y, con demasiada frecuencia, simplificar o infantilizar tradiciones y prácticas mucho más antiguas, bajo el disfraz de nobles aspiraciones como «progreso científico», «salud mental» o «crecimiento espiritual». Así, en un extremo, y surgido de las prohibiciones de las guerras contra las drogas, tenemos un capitalismo farmacológico que se presenta como transparente, objetivo, sin agenda, bajo el aspecto aséptico y la respetabilidad de

---

como «conscientes» o «iluminados» reciben planteamientos como este.

los equipos de laboratorio y la experimentación, las batas blancas y los artículos científicos. En el otro extremo tenemos prácticas de curación consumistas, idealizantes, *new age*, acaso «conspirituales» (Beres & Remski & Walker 2023), que a menudo se visten con los adornos culturales más llamativos (vestidos y ornamentos, danzas, ciertas palabras en lenguas reales o reconstruidas) y representaciones superficiales de leyendas, filosofía o creencias míticas de las culturas indígenas.

Las aproximaciones farmacológicas, neochamánicas y/o consumistas a los psicodélicos tienen en común el privilegio del yo como centro (y con no poca frecuencia, también como límite) de la experiencia psicoactiva. Ello contrasta fuertemente con otras tradiciones en las que el objeto de la sanación es la comunidad en su conjunto o un sujeto en relación con esa comunidad. Por supuesto, es legítimo preguntarse si los sujetos del Norte global tienen otra forma de acercarse a los psicodélicos después de siglos de una tradición dominante que sitúa a un yo individual aparentemente autónomo y autocontenido en el centro de todas las indagaciones sobre el pensamiento y la experiencia humanos. ¿Hay algún hilo que nos pueda sacar de este laberinto? El «giro ontológico» en antropología, la emergencia del posthumanismo filosófico, la ecología profunda, la ecocrítica en los estudios literarios y culturales, enfoques alternativos a la psicoterapia como la psicología transpersonal, son algunos de los desarrollos intelectuales y disciplinarios que tratan de reducir las brechas surgidas en la modernidad temprana por el cartesianismo y la ideología colonial-capitalista.

Las humanidades, y los estudios transhispánicos en particular, pueden aportar enfoques críticos, culturalmente conscientes, históricamente informados y territorialmente fundamentados que ayuden a contrarrestar las exclusiones hegemónicas y a sacar a la luz las sombras neocoloniales de este «renacimiento psicodélico» (Williams *et al.* 2022: 510-511). Es necesaria una crítica de los supuestos implícitos no examinados que subyacen a ciertas concepciones de curación, espiritualidad, expansión, etcétera, para evitar su cooptación por parte de las estructuras de dominación establecidas.

Un buen punto de partida sería el cuestionamiento del control y el reduccionismo inherentes a los enfoques farmacológicos y psicoterapéuticos y a la ontología dualista de sujeto-objeto que subyace en ellos. O lo que es lo mismo, una crítica ontológica posthumanista de los paradigmas antropocéntricos dominantes en las epistemologías de sujeto-objeto en las que una interioridad racional, mental e inmaterial gobierna sobre una exterioridad irracional, objetivable y física. Esto a menudo disimula las exclusiones normativas, sexistas, étnicas y heterocentristas a través del prisma dominante de los capitalismos extractivos. Las disciplinas humanísticas pueden contribuir a una comprensión del ser, del vivir y de la comunidad más allá de los confines de una subjetividad individual, racional y autooptimizadora.

Las humanidades, y la crítica literaria y cultural en particular, pueden aportar un análisis retórico de los conceptos y valores subyacentes en el lenguaje empleado por el aparato publicitario del capital riesgo y las empresas farmacéuticas. Queda mucho trabajo por hacer para comprender las culturas medicinales y psicoactivas indígenas en sus propios términos. Esto no puede ocurrir cuando los profesionales y académicos indígenas son sistemáticamente excluidos o minimizados en investigaciones y conferencias, y su producción y artefactos culturales son ignorados o cooptados por grupos de interés establecidos. Hace falta asimismo un análisis retórico del lenguaje, los mitos, las metáforas y los memes que prevalecen en las prácticas contraculturales, *new age*, neorreligiosas y neochamánicas que aporte una necesaria conciencia crítica sobre la banalización y apropiación de las culturas indígenas, sus prácticas y su visión del mundo. Cabe apuntar que la soberanía intelectual no se limita a la resistencia contra las patentes o la objeción a un discurso farmacocéntrico. Los lugares comunes producidos por la red mediática de este «renacimiento» no pocas veces terminan atrayendo a sujetos de entornos urbanos latinoamericanos que, desde instituciones de poder/conocimiento, como las ricas y atrayentes universidades de Estados Unidos y Canadá, o desde ciertos circuitos artísticos, pueden terminar replicando los lugares comunes producidos por ese aparato institucional, que termina usando la voz de esos sujetos como prueba de una «autenticidad» prestada.

Se precisa una contextualización de las prácticas y conocimientos alrededor de plantas psicoactivas en su ámbito territorial y cultural. Una repatriación, o rematriación si se quiere, en la medida en que estas prácticas están relacionadas con prácticas de cuidado y trabajo reproductivo. Es más, un estudio de las culturas psicoactivas fundamentado en la territorialidad de estas experiencias puede aportar una perspectiva de los daños medioambientales causados por los movimientos espirituales y el turismo enteogénico, que pueden adoptar la forma de sobreexplotación de recursos de origen vegetal y animal, la huella de carbono de los viajes internacionales, o la degradación ecológica y cultural causada por la imposición (arraigada en el régimen capitalista) de marcos jurídicos, terapéuticos y culturales ajenos, o por las exclusiones inherentes al turismo extractivo. Es preciso apuntar asimismo que queda mucho trabajo por hacer en antropología médica y cultural para familiarizarse con la taxonomía de las plantas tal y como la describen las culturas indígenas en sus propias lenguas. Se trataría de una contribución muy necesaria a la hegemonía monolingüe y abrumadoramente anglocéntrica dominante en los estudios psicodélicos.

La crítica cultural puede contribuir también al cuestionamiento de la falsa dicotomía entre usos terapéuticos y espirituales generada por algunas partes interesadas en acaparar el mercado psicodélico. Esta disciplina está en una posición única para explorar y defender los múltiples usos de los psicoactivos, ya sean recreativos, hedónicos, erótico-sexuales, estéticos o filosóficos, que existen y han existido siempre en culturas modernas y premodernas. Unas humanidades psicodélicas también pueden ayudarnos a superar ilusiones o pretensiones de autenticidad para una defensa honesta del uso de plantas y sustancias con fines recreativos honestos y responsables. Al cooperar con la salud pública y las ciencias sociales, las humanidades pueden ofrecer una crítica de cómo algunos esfuerzos de reprogramación, despenalización y legalización en curso pueden reproducir gestos neocoloniales, sea de manera involuntaria o deliberada[12].

Desde una perspectiva histórica, las humanidades psicodélicas pueden ofrecer una aproximación histórico-crítica a la contribución de las políticas prohibicionistas al etnocidio y la violencia estructural, desde las proscripciones de la Inquisición hasta la actual guerra contra las drogas[13] y su violencia judicial y militar contra minorías, grupos de defensa del medio ambiente, organizaciones sindicales y ecosistemas enteros. Pueden contribuir a una preservación de la memoria histórica, y argumentar a favor de casos de reparación y rehabilitación cuando sea necesario. Este enfoque histórico puede contribuir asimismo a un examen de la «farmacolonialidad», como han llamado Herrera y Ramos a «un dispositivo de poder que introduce valor mercantil a partir de un intercambio desigual y crea aparatos de control que reglamentan o prohíben el uso de estas substancias [y] que estimula el despliegue de los procesos de acumulación, subjetividad y conocimiento de la misma modernidad» (2018: 17). «Farmacolonialidad» es un concepto bastante útil en la medida que conecta las diversas clases de psicoactivos y la historia de su explotación, exportación y/o restricción en relación con las formas de disciplinamiento de cuerpos y mentes promovidas por el aparato ideológico del capitalismo moderno. Un enfoque latinoamericanista debería asimismo atender a las particularidades de las legislaciones o ideologías dominantes en cada territorio o localidad en su interacción con la «guerra contra las drogas» y las políticas (anti) psicoactivas en el marco amplio del sistema-mundo.

---

[12] Un caso digno de estudio sería la perpetuación de las injusticias que trajo consigo la legalización de la marihuana en muchos estados de los Estados Unidos. Un enfoque humanístico crítico sería esencial para prevenir o denunciar su repetición en lo tocante a los psicodélicos.

[13] La «guerra contra la droga» en Latinoamérica ha tenido otras plantas en su foco, y solo recientemente comienza a derivar hacia el control y proscripción de productos sintéticos. Se puede encontrar un análisis pionero (y brillante) del capitalismo antidroga contra Latinoamérica en Paley 2014.

Con frecuencia, la presencia –y relevancia– de los psicoactivos en la historia del desarrollo humano se escurre del registro histórico, sea por la invisibilización y la clandestinidad que imponen las prohibiciones, sea por prejuicios morales. Atender a su importancia incurre, sin embargo, en el riesgo de caer en el «farmacocentrismo» compartido por los más ardientes entusiastas y detractores de las drogas, esto es, «ascribing to particular drugs (or to specific compounds within them such as morphine, THC, or cocaine) an essential, irresistible power to transform or overpower people and whole societies» (Gootenberg & Campos 2015: 19). Es posible evitar este farmacocentrismo atendiendo a la forma en que la difusión y explotación de plantas se conecta con dinámicas más amplias del capitalismo, en un recorrido que se remonta a los primeros imperios coloniales. En este sentido, una crítica psicodélica debería atender a la conexión del uso y difusión de estas plantas con otros intercambios y ciclos económicos ligados a otros productos (con finalidades no solo psicoactivas, sino también alimenticias o industriales) como pueden ser la coca, el cacao, el tabaco, el azúcar, el caucho o la madera, y tantos otros en la larga historia de extractivismo colonial impuesta a la región, así como a los desequilibrios, violencias y dinámicas de explotación a los que han dado lugar dichos intercambios y ciclos.

Por último, unas humanidades psicodélicas, desde una perspectiva crítica, están posicionadas de manera única para contribuir a un análisis de la (in)conformidad cognitiva (González Romero 2023). Pueden ayudar a sensibilizar contra la trivialización de la experiencia psicodélica en prácticas dirigidas a soslayar sus aspectos más impactantes con fines utilitarios o de imposición de estructuras de dominación[14], así

---

[14] Algunos ejemplos: investigación de análogos de psicodélicos que no produzcan alteraciones sensoriales («pseudodélicos»), o el llamado movimiento de microdosificación, especialmente en lo tocante a su aplicación para la productividad en el lugar de trabajo (véase Kuchler 2017, Halford 2022 y Love 2024). Nominalmente, estos enfoques tratan de atenuar los aspectos más duros de la experiencia para sujetos con contraindicaciones, pero también conllevan ciertos

como a contrarrestar el déficit de credibilidad y el estigma asociado al uso libre e informado de psicoactivos tras décadas de propaganda y desinformación por parte de políticas gubernamentales securitarias, instituciones religiosas y grupos de interés privados y públicos. Las humanidades pueden contribuir al estudio de los estados químicamente alterados como un aspecto de la no conformidad deliberada o la evitación de los valores hegemónicos dominantes, o a la inversa, del modo en que la experiencia psicoactiva puede facilitar la adhesión a los mismos a través de fantasías jerárquicas o de conectividad[15]. En este sentido, los estudios literarios y culturales en particular pueden ofrecer comentarios sobre las dimensiones simbólicas y míticas de la formación de significados bajo la influencia de los psicoactivos, con una atención crítica a las predisposiciones existentes y a las narrativas dominantes.

Bibliografía

Adinoff, Bryon & Reiman, Amanda (2019): «Implementing social justice in the transition from illicit to legal cannabis». En *The American Journal of Drug and Alcohol Abuse* 45 (6): 673-688.

Barstow, Anne Llewellyn (1994): *Witchcraze. A new history of the European witch hunts.* London: Harper Collins.

Beres, Derek & Remski, Matthew & Walker, Julian (2023): *Conspirituality. How new age conspiracy theories became a health threat.* New York: Public Affairs.

Casasayas, Albert (2023): *Luces y sombras del renacimiento psicodélico.* Tortosa: Ulises Ediciones Expansivas.

Celidwen, Yuria & Redvers, Nicole & Githaiga, Cicilia & Calambás, Janeth & Añaños, Karen & Evanjuanoy Chindoy, Miguel & Vitale,

---

peligros, como la incorporación de una nueva clase de fármacos en el régimen psicoactivo de la sociedad capitalista para la reinserción más o menos involuntaria de los sujetos en su normalidad productiva, autooptimizadora e interconectada.

[15] Al respecto, véase en este mismo volumen el artículo de Iván Eusebio Aguirre Darancou (247-272).

Riccardo & NELSON ROJAS, Juan; MONDRAGÓN, Delores & VÁZQUEZ ROSALÍO, Yuniur & SACBAJÁ, Angelina (2023): «Ethical principles of traditional indigenous medicine to guide Western psychedelic research and practice». En *Lancet Regional Health – Americas* 18: <https://doi.org/10.1016/j.lana.2022.100410>.

DAS, Kaushiki (2020): «The global quest for green gold: implications of bioprospecting and patenting for indigenous bioresources and knowledge». En *Society and Culture in South Asia* 6 (1): 74-97.

DEVENOT, Neşe & CONNER, Trey & DOYLE, Richard (2022): «Dark side of the shroom: erasing indigenous and counterculture wisdoms with psychedelic capitalism, and the open source alternative». En *Anthropology of Consciousness* 33 (2): 476-505.

FEDERICI, Silvia (2010): *Calibán y la bruja. Mujeres, cuerpo y acumulación originaria*. Madrid: Traficantes de Sueños.

FOTIOU, Evgenia (2020a): «The role of Indigenous knowledges in psychedelic science. En *Journal of Psychedelic Studies* 4 (1): 16-23.

— (2020b): «Shamanic tourism in the Peruvian lowlands: critical and ethical considerations». En *The Journal of Latin American and Caribbean Anthropology* 25 (3): 374-396.

FRASER, Barbara (2017): «The perils and privileges of an Amazonian hallucinogen». En *Sapiens*, 3 de agosto: <https://www.sapiens.org/culture/ayahuasca-tourism-amazon/>.

GERVAIS, Daniel J. (2005): «Traditional knowledge & intellectual property: a TRIPS-compatible approach». En *Michigan State Law Review*, Spring: 137-166.

GLOCKNER, Julio (2016): *La mirada interior. Plantas sagradas del mundo amerindio*. México: Penguin Random House.

GONZÁLEZ ROMERO, Osiris Sinuhé (2022): «Decolonizing the philosophy of psychedelics». En Hauskeller, Christine & Sjöstedt-Hughes, Peter (eds.): *Philosophy and psychedelics. Frameworks for exceptional experience*. London: Bloomsbury, 77-93.

— (2023): «Cognitive liberty and the psychedelic humanities». En *Frontiers in Psychology* 14: <https://doi.org10.3389/fpsyg.2023.1128996>.

GOOTENBERG, Paul & CAMPOS, Isaac (2015): «Toward a new drug history of Latin America: a research frontier at the center of debates». En *Hispanic American Historical Review* 95 (1): 1-35.

HALFORD, Bethany (2022): «Drug companies are investing big in psychedelics, but can they engineer out the trip?». En *Chemical & Engineering News* 100 (9): <https://cen.acs.org/pharmaceuticals/drug-development/Drug-companies-investing-big-psychedelics/100/i9>.

HAUSFELD, Russell (2019): «How will MDMA be rescheduled in the future? You may be disappointed». En *Psymposia*, 16 de enero: <https://www.psymposia.com/magazine/mdma-rescheduling/>.

HAUSKELLER, Christine & ARTINIAN, Taline & FISKE, Amelia & SCHWARZ MARÍN, Ernesto & GONZÁLEZ ROMERO, Osiris Sinuhé & LUNA, Luis Eduardo & CRICKMORE, Joseph & SJÖSTEDT-HUGHES, PETER (2023): «Decolonization is a metaphor towards a different ethic. The case from psychedelic studies». En *Interdisciplinary Science Reviews* 48 (5): 732-751.

HERRERA, Lizardo & RAMOS, Julio (2018): «Introducción». En *Droga, cultura y farmacolonialidad: la alteración narcográfica*. Santiago de Chile: Universidad Central, 9-32.

HOMAN, Joshua (2017): «Disentangling the ayahuasca boom: local impacts in Western Peruvian Amazonia». En Caiuby Labate, Beatriz & Cavnar, Clancy & Gearin, Alex K. (eds.): *The World Ayahuasca Diaspora. Reinventions and controversies*. London: Routledge, 165-181.

HUACHUMA, Colectivo (2024): «Declaración colectiva de los curanderos y curanderas del norte de Perú sobre el estado de conservación del cactus San Pedro, su conocimiento tradicional, y el uso del San Pedro silvestre por extranjeros». En *Huachuma Collective*: <https://www.huachuma-collective.org/_files/ugd/7cb3ef_ad755745fc5b4dafa7538e341dd84311.pdf>.

HUTTON, Ronald (2017): *The witch. A history of fear from ancient times to the present*. New Haven: Yale University Press.

KAWAOKA, Anneli (2023): «Psychedelic drugs and the prior art problem». En *Indiana Law Journal* 99 (1): 391-415.

KOLINJIVADI, Vijay (2021): «It is time to end extractive tourism». En *Al Jazeera*, 18 de febrero: <https://www.aljazeera.com/opinions/2021/2/18/it-is-time-to-end-extractive-tourism>.

KRUGER, Daniel J. & ADAY, Jacob S. & FIELDS, Christopher W. & KOLBMAN, Nicholas & GLYNOS, Nicolas & BARRON, Julie & HERBERHOLZ, Moss & BOEHNKE, Kevin F. (2024): «Psychedelic therapist sexual misconduct and other adverse experiences among a sample of naturalistic psychedelic users». En *Psychedelic Medicine* 3 (1): 41-47.

Kuchler, H. (2017): «How Silicon Valley rediscovered LSD health». En *Financial Times*, 10 de agosto: <https://www.ft.com/content/0a5a4404-7c8e-11e7-ab01-a13271d1ee9c>.

Labate, Beatriz C. & Cavnar, Clancy (2021): *Psychedelic justice. Toward a diverse and equitable psychedelic culture*. Santa Fe: Synergetic Press.

Langlitz, Nicholas (2023): «What good are psychedelic humanities?». En *Frontiers in Psychology* 14: <https://doi.org/10.3389/fpsyg.2023.1082933>.

Leite, Marcelo (2021): «Capitalism goes rogue with patent claims on psychedelics». En *Chacruna*: <https://chacruna.net/psychedelic-patents-capitalism/>.

Love, Shayla (2021): «Investors are debating who should own the future of psychedelics». En *Vice*, 10 de marzo: <https://www.vice.com/en/article/investors-are-debating-who-should-own-the-future-of-psychedelics/>.

— (2022): «Judges deny challenge to psilocybin patent». En *Vice*, 23 de junio: <https://www.vice.com/en/article/judges-deny-challenge-to-psilocybin-patent/>.

— (2024): «Tripping on nothing». En *The Atlantic*, 20 de octubre: <https://www.theatlantic.com/health/archive/2024/10/psychedelic-trip-high-hallucination-medicine/680314/>.

Marks, Mason & Cohen, I. Glenn (2022): «Patents on psychedelics: the next legal battlefront of drug development». En *Harvard Law Review Forum* 135: 212-235.

Merchant, Carolyn (1983): *The death of nature. Women, ecology, and the scientific revolution*. New York: Harper & Row.

Nájera Quezada, Pedro & Jaime Hernández, Jovana & López Martínez, Claudia & Neri Cardona, Sandy Karina (2013): «Sobre el uso y abuso del peyote». En *Academia.edu*: <https://www.academia.edu/43924426/Sobre_el_Uso_y_el_Abuso_del_Peyote_Pedro_N%C3%A1jera_Q_et_al>.

Negrín, Diana (2021): «Colonial shadows in the psychedelic renaissance». En Labate, Beatriz C. & Cavnar, Clancy (eds.): *Psychedelic justice. Toward a diverse and equitable psychedelic culture*. Santa Fe: Synergetic Press, 65-69.

Paley, Dawn (2014): *Drug war capitalism*. Oakland: AK Press.

Peluso, Daniela & Sinclair, Emily & Labate, Beatriz & Cavnar, Clancy (2020): «Reflections on crafting an ayahuasca community guide for the awareness of sexual abuse». En *Journal of Psychedelic Studies* 4 (1): 24-33.

Plotkin, M. (2021): «Magic mushrooms and the roots (actually, the mycelia) of the psychedelic renaissance». En *Plants of the Gods. Hallucinogens, healing, culture and conservation* [podcast] 2 (4): <https://open.spotify.com/episode/5YpMxbxxCwlI67VmmPS4KA?si=24e7a0da82f846c6>.

Pollan, Michael (2018): *How to change your mind. What the new science of psychedelics teaches us about consciousness, dying, addiction, depression, and transcendence.* New York: Penguin Press.

Rivera, Víctor (2022): «Saqueado: el incierto destino del peyote mexicano». En *El Economista*, 12 de marzo: <https://www.eleconomista.com.mx/politica/Saqueado-el-incierto-destino-del-peyote-mexicano-20220311-0064.html>.

Sarrazin, Jean Paul (2022): «Espiritualidad y chamanismo: rituales de ayahuasca bajo el giro subjetivo en Colombia». En *Latin American Research Review* 57 (3): 646-661.

Schultes, Richard Evans & Hoffmann, Albert & Rätsch, Christian (1992): *Plants of the gods. Their sacred, healing, and hallucinogenic powers.* Rochester: Healing Arts Press.

Scuro, Juan & Rodd, Robin (2015): «Neo-shamanism». En Gooren, Henri Paul Pierre (ed.): *Encyclopedia of Latin American religions.* Cham: Springer.

Suárez Álvarez, Carlos (2024): «De curandera de pueblo a chamana global de ayahuasca: el inesperado éxito de la maestra Justina». En *elDiario.es*, 24 de marzo: <https://www.eldiario.es/desalambre/curandera-pueblo-chamana-global-ayahuasca-inesperado-exito-maestra-justina_1_10841946.html>.

Sugden, Laurel (2023): «The visionary San Pedro cactus: healing, sustainability, and sacred relationships». En Jesso, James (ent.): *Adventures through the Mind* [podcast]: <https://www.youtube.com/watch?v=tXVEssTtdSM>.

Stratton, Kimberly (2007): *Naming the witch. Magic, ideology, and stereotype in the ancient work.* New York: Columbia University Press.

TUPPER, Kenneth W. (2017): «The economics of ayahuasca: money, markets, and the value of the vine». En Labate, Beatriz C. & Cavnar, Clancy & Gearin, A. K. (eds.): *The world ayahuasca diaspora. Reinventions and controversies*. London: Routledge, 183-200.
WILLIAMS, Keith & GONZÁLEZ ROMERO, Osiris Sinuhé & BRAUNSTEIN, Michelle & BRANT, Suzanne (2022): «Indigenous philosophies and the "psychedelic renaissance"». En *Anthropology of Consciousness* 33 (2): 506-527.
ZORN, Matt (2023): «Bifurcated (re)scheduling». En *On drugs. Cutting edge thoughts on drug regulation*: <https://ondrugs.substack.com/p/bifurcated-rescheduling>.

Prácticas tradicionales,
espiritualidad, medicina y sus
transformaciones contemporáneas

«Lo que suena en la selva»
La ecopoética de *Las tres mitades de Ino Moxo*

Pedro Favaron Peyón
Pontificia Universidad Católica del Perú

Uno de los posibles errores, cuando se interpreta la novela poética y visionaria *Las tres mitades de Ino Moxo y otros brujos de la Amazonía* (1981) de César Calvo (1940-2000), sería dar por sentado que el texto ahonda en los saberes ancestrales de las naciones indígenas. Conviene, por lo tanto, señalar que el mundo con el que Calvo tuvo contacto en sus visitas a la Amazonia y del cual extraería los testimonios, las experiencias y las narraciones que lo guiaron en la escritura, no fue el de las comunidades indígenas, sino el de los curanderos mestizos[1], asentados principalmente en las ciudades amazónicas y en los pueblos ribereños. Esto, por supuesto, no supone demérito alguno de su trabajo literario, pero sí una necesaria demarcación del enfoque y del lugar de enunciación. Esta delimitación parece especialmente pertinente debido al furor que el neochamanismo amazónico ha despertado en parte de la modernidad hegemónica: la bebida conocida en el castellano regional de la Amazonia con el nombre de ayawaska suele agitar la fantasía de sectores descontentos con los rumbos de la civilización dominante. Son cada vez más los turistas que llegan

---

[1] El curanderismo mestizo «es en la Amazonia el resultado de la circulación de conocimientos y prácticas más allá de sus lugares y lenguas de origen [...] En el Perú, sus orígenes están en el contacto del catolicismo popular con el chamanismo indígena (Yagua y Shipibo, sobre todo) facilitado por la migración de mano de obra durante el *boom* cauchero (1880-1914)» (Marcone 2017: 327).

a la región en busca de la ansiada bebida visionaria y de respuestas espirituales más satisfactorias que las brindadas por las instituciones religiosas. *Las tres mitades*, al menos en el ámbito hispánico, se ha vuelto uno de los principales referentes literarios para aquellos que sueñan con acceder a nuevas concepciones vitales a partir de la experiencia de alteración perceptiva que promete el ayawaska. Por eso conviene demarcar con claridad el mundo cultural que refleja, para que la novela no sea presentada como una supuesta referencia fiable para dar cuenta de las reflexiones amerindias.

La riqueza de la narración de Calvo reside, más bien, en que posibilita profundizar en uno de esos espacios de frontera, en los que los encuentros y desencuentros culturales dan lugar a un complejo y heterogéneo entramado de herencias y cosmogonías diversas. Son justamente estas complejas frondosidades sociales y transculturaciones idiosincráticas (que nunca alcanzan una síntesis armónica) que se manifiestan en la escritura de Calvo, las que hacen que sea difícil realizar «un análisis estrictamente literario» (Torres 2021: 92) de *Las tres mitades*. Jorge Marcone ha sugerido que no solo es posible «aprender sobre cosmologías amazónicas a través del libro», sino que es necesario «aprehender el libro desde las cosmologías amazónicas» (2017: 318). Pero, al mismo tiempo, y sin descartar lo dicho, es preciso recordar que no podemos arribar a supuestas conclusiones antropológicas a partir de lo escrito por Calvo; hay que tomar en cuenta, en todo momento, que se trata de escritura creativa, y que, si bien dialoga con ontologías y epistemologías amazónicas (indígenas y mestizas), no deja de ser una obra literaria de cuño personal. La novela parece haber sido escrita desde el influjo de una experiencia cognitiva ampliada por la intensidad visionaria suscitada en la consciencia de un autor urbano, de raíces amazónicas, pero educado en Lima y plenamente inserto en el campo letrado, sujeto a las influencias de la revolución psicodélica de la década del sesenta y propenso a cierto romanticismo en su descripción de las naciones amerindias. El autor no estaba despojado de una mirada exotista; de hecho, es posible notar en su escritura la influencia de *Las enseñanzas de Don Juan* (1968), uno de los libros de culto entre lectores adscritos al movimiento neochamánico.

La narrativa medular de la novela cuenta la historia de un viaje realizado por César Calvo (junto a una suerte de doble narrativo, su primo César Soriano, así como con su hermano Iván Calvo y Felix Insapillo), a la región de los ríos Inuya y Mapuyá en busca de un misterioso sabio llamado Ino Moxo. En el camino, los viajeros encuentran a otros «vegetalistas» mestizos con quienes también experimentan el efecto psicoactivo del ayawaska; además, registran el testimonio de estos curanderos y los relatos de sus parientes, así como narraciones míticas de la región. La novela también revisa algunas historias sobre los pueblos indígenas y narra las atrocidades cometidas por los misioneros católicos, por los codiciosos patrones caucheros y por la sociedad nacional en su conjunto. En ese sentido, parece recuperar la línea antiimperialista que signó a buena parte del pensamiento andino del siglo xx. El principal acercamiento a los pueblos indígenas, entonces, es de índole política y tiene voluntad de denuncia, dando cuenta de la estela mortal dejada en la región por el progreso a rajatabla promovido por el Estado moderno; pero en ningún momento la narrativa propone una comprensión del ayawaska desde las racionalidades indígenas, sino que lo hace desde un uso que podríamos llamar «mestizo»[2] y neochamánico. Con el término neochamánico hago referencia a un conjunto de prácticas y reflexiones cosmogónicas que, si bien recibe una innegable influencia de la medicina visionaria de las naciones amerindias, también presenta una fuerte impronta cristiana y moderna. Por lo general, el movimiento neochamánico suele imponer sus propias concepciones sobre las

---

[2] Uso el término en el sentido coloquial con el que es empleado en el castellano amazónico para referirse a la población no indígena, y no con las cargas políticas que ha tenido en el discurso letrado y nacional-popular en el ámbito hispánico.

prácticas medicinales amerindias, lo que en algunos casos implica transformaciones sustanciales. Por ejemplo, mientras en muchas prácticas indígenas, al menos durante buena parte del siglo XX, el ayawaska solo era bebido por los médicos para realizar el diagnóstico y la curación de una enfermedad, los cultores del neochamanismo conceden toda la centralidad a la toma de la medicina visionaria por parte del paciente. Es evidente que, siendo la experiencia de la toma del ayawaska el hilo conductor de la novela de Calvo, el autor no es ajeno a estas concepciones.

Ahora bien, la escritura de *Las tres mitades* no se limita a imponerse cognitiva y conceptualmente sobre las prácticas amazónicas, sino que va abriendo, concéntricamente, destellos poéticos que dan cuenta de profundas intuiciones y reflexiones, realizadas desde la conciencia expandida (o alterada) que infunde el ayawaska y que ensancha los límites de la experiencia humana. En los capítulos finales, la historia da un giro sorprendente (y magistral): todo lo que ha sido narrado en la novela, incluyendo el viaje a la hondura húmeda de la selva, ha sido un ensueño producido por la ingesta. Calvo viajó en su pensamiento, conducido por los silbidos y cantos del curandero mestizo Manuel Córdova Ríos; se trata, entonces, de un desplazamiento metafísico y literario por ríos aéreos, sin abandonar la casa del «vegetalista» en la ciudad de Iquitos. La novela, entonces, narra un desplazamiento que es, ante todo, una «alteración de la consciencia» (Dillon 2022: 4); un viaje psíquico y del espíritu que Bárbara Rodrigues ha calificado de «pluridimensional» (2012: 60). A pesar de que lo indígena es siempre visto y evocado desde lejos, la escritura despliega ciertas concepciones ecopoéticas del territorio y del cosmos cercanas a las sensibilidades amerindias. Según afirma Cinthya Torres, el discurso literario de la novela vehiculiza «preceptos de un pensamiento indígena que plantea una forma distinta de pensar y escribir la selva» (2021: 90). Lo indígena ingresa a la novela desde los propios procesos de transculturación (inacabada) que manifiestan los visionarios mestizos de la Amazonia. «Calvo explora en lo mestizo y múltiple de las fuentes, miradas y saberes, un camino para escribir sobre la región amazónica desde otros paradigmas y modalidades simbólicas» (Torres 2021: 93). La intención de Calvo parece haber sido una novela en la que el lector pudiera escuchar la voz de la selva misma, lo cual demanda romper con los límites ontológicos y epistémicos del positivismo y sus convicciones naturalistas y mecanicistas. «Dejar que la selva hable conlleva entonces un ejercicio crítico y estético de apertura a sistemas de pensamiento y producción que rechazan la idea de totalidad asentada en la racionalidad moderna» (Torres 2021: 92). Siguiendo estos cauces hermenéuticos, el presente trabajo sondea las relaciones entre poesía y ecología en *Las tres mitades de Ino Moxo*, dando cuenta de las cosmogonías amazónicas que manifiesta su poética; estas dimensiones visionarias-epistémicas son indesligables de una concepción animada del territorio que, desde la heterogeneidad narrativa, brinda una alternativa cosmogónica frente a las antinomias y límites del paradigma naturalista. En este sentido, uno de los motivos que dan pertinencia a esta lectura de la novela de Calvo, a la luz, justamente, del neochamanismo y del renacimiento psicodélico, es señalar que la reflexión ecológica es uno de los principales aportes de este movimiento a una época signada por el ecocidio moderno.

El tiempo primordial

Manuel Córdova (1887-1978) es, sin duda, el manantial principal del que beberá Calvo para sumergirse en esas trochas barrocas, en aquella profusión de imágenes barrosas y laberintos visionarios, propia del imaginario «vegetalista». Don Manuel parece haber sido un personaje campechano y carismático, dado a cierta verborrea en la que resultaba difícil separar de forma tajante la verdad de la fantasía. Experimentaba la necesidad, como muchos otros curanderos mestizos, de asegurar que había recibido enseñanzas de un maestro indígena, para de esa manera legitimar sus prácticas curativas (véase Gow 1999) y ejercer cierta fascinación sobre sus potenciales pacientes (y algunos investigadores extranjeros). Debido a la educación que por lo general reciben los pobladores mestizos de la Amazonia peruana, buena parte de las poblaciones urbanas se piensan a sí mismas desde una perspectiva exotista que concibe la selva como «un lugar lleno de misterios»; la identidad popular-regional del mestizo amazónico, que se propone como lúdica y festiva, en buena medida invisibiliza y niega las múltiples identidades de los pueblos indígenas, ligados al territorio y a los amplios meandros, y por lo general bastante menos dados a la elocuencia verbal. No cabe duda de que Manuel Córdova creó una mitología sobre sí mismo llena de historias fascinantes, pero inverosímiles.

Calvo no fue el único autor fascinado por la personalidad y las historias de Córdova. El investigador norteamericano Frank Bruce Lamb le dedicó dos libros, *Wizard of the Upper Amazon* (1971) y *Río Tigre y más allá* (2002 [1985]), y su compatriota W. Merwin escribió el poemario *The Real World of Manuel Córdova* (1995). Según contaba el propio don Manuel, era hijo de caucheros; siendo niño, fue raptado por un jefe de la nación amahuaca, llamado Ximu. Bajo la supervisión del supuesto jefe Don Manuel recibiría su iniciación visionaria, sometiéndose a rigurosas dietas de preparación mediante ensueños vegetales. El relato de Córdova afirmaba que Ximu lo había raptado para educarlo como futuro líder de los amahuacas; siendo de tez blanca, podría comprar armas de fuego para la defensa del pueblo. Córdova habría recibido el nombre Ino Moxo (que él mismo traducía como «Pantera Negra») y vivido entre ellos, según afirmaba, hasta que pudo escapar y volver a la ciudad. Por supuesto, Manuel Córdova nunca presentó prueba alguna de este aprendizaje. El antropólogo Robert Carneiro (1980), quien ha realizado trabajos etnográficos entre los amahuacas, se encargó, en su artículo «Chimera of the Upper Amazon», de demostrar que la historia del secuestro de Córdova no tenía asidero, y que sus descripciones carecían de todo rigor empírico: parecen configurarse, más bien, a partir de una mezcla indiscriminada de elementos que pueden encontrarse entre distintas naciones indígenas, más algunas invenciones personales. Por ejemplo, la idea misma de un jefe indígena todopoderoso que pudiera elegir a un niño mestizo para que fuera su sucesor, no tiene sentido alguno dentro de los sistemas de gobernanza descentralizados que han caracterizado a la mayor parte de las sociedades amerindias de la Amazonia. Estas aclaraciones, sin embargo, no pretenden negar las potestades medicinales y los conocimientos etnobotánicos de Córdova, que eran respetados en la ciudad de Iquitos; se limitan a señalar las peculiares dinámicas imaginativas y retóricas con las que ganaba la fascinación de sus clientes y pretendía legitimar sus conocimientos.

Lo más seguro, entonces, es que Córdova nunca hubiera sido iniciado entre los amahuacas y que el jefe Ximu ni siquiera existiera. ¿Sospechó Calvo todas esas ficciones o cayó por completo fascinado ante la envolvente mitología? Es difícil llegar a una respuesta cierta a esta pregunta. Sin embargo, la separación entre ficción y biografía no parece haber sido demasiado importante para Calvo; al menos, no para el discurrir narrativo de su novela poética. Más bien, *Las tres mitades* parece proponer en su escritura una reflexión sobre la propia naturaleza de la narrativa literaria que va más allá de esta aparente dicotomía: la contundencia material de la vigilia se deshace frente a la intensidad del ayawaska, y las visiones parecen tan reales como aquello que se puede percibir mediante los sentidos biológicos. Si bien Calvo trata de convencernos de la veracidad de su investigación, presentando fotos y testimonios de los curanderos mestizos que visitó, finalmente la misma narrativa visionaria se encarga de diluir la construcción de verosimilitud en términos realistas. Según Juan Duchesne Winter, el flujo circular de *Las tres mitades* supera la distinción, clásica en el canon moderno, entre ficción y no ficción, para abrirse a una nueva orilla (2019: 63): el desplazamiento por realidades suprasensibles y el hundimiento en una selva que, si bien es invisible para las facultades perceptivas ordinarias, se manifiesta al visionario como mucho más intensa, amplia y vibrante que la selva que somos capaces de percibir durante los límites de la vigilia.

Es importante señalar, a pesar de que lo antes dicho podría dar la impresión opuesta, que las prácticas de los curanderos vegetalistas y las de los sabios indígenas, aunque diferentes, no son irreconciliables, sino que dialogan entre sí. Por un lado, es innegable que el curanderismo mestizo tiene raíces indígenas (en un sentido ontológico y epistémico), y ha incorporado al menos parte de la sabiduría etnobotánica de estas naciones. Por otro, no se puede sostener la ficción de un supuesto conocimiento indígena «puro», completamente ajeno a la influencia cristiana y de otras corrientes del pensamiento occidental. Asimismo, cada vez en mayor medida, los propios practicantes indígenas se separan de los modos antiguos de aprendizaje (los procesos iniciáticos con plantas maestras, bajo arduas restricciones y aislados de todo contacto humano), e incorporan otras formas de adquisición de conocimientos: lectura de libros de oración y de magia negra, o el tarot y la santería, además de la influencia de movimientos espirituales locales como el Septrionismo, muy vigente en los años en los que Calvo escribió su novela[3]. Bajo la influencia del curanderismo mestizo y de las exigencias de los consumidores neochamánicos de ayawaska, las sendas amerindias se están transformando y mercantilizando. Además, negar que César Calvo haya profundizado en las enseñanzas de los sabios indígenas no significa ignorar la luminosidad de muchas de sus percepciones e intuiciones, ni tampoco la presencia de cosmogonías amerindias en la base en sus relatos. Para Duchesne Winter, por ejemplo, la escritura de Calvo no solo se interesa por dar una descripción poética de la experiencia psicoactiva, sino que ante todo permanece abierta a las enseñanzas de la propia planta (2019: 78). Y es en ese punto en el que toca una sabiduría que es común al curanderismo mestizo y a los visionarios indígenas: las plantas maestras no son solo vegetales cuyos principios

---

[3] Para una mayor comprensión de las sendas iniciáticas ancestrales, así como de la incorporación contemporánea de libros de magia en los mundos visionarios de la Amazonia, se puede revisar Favaron 2017.

activos catalizan reacciones «alucinógenas» en el cerebro, sino que son entidades conscientes que participan del lenguaje y que están bajo la influencia de ciertos espíritus, quienes ayudan a los humanos a recuperar la salud y a equilibrarse con el resto de seres vivos.

Calvo afirma que «si te pones a escuchar lo que suena en la selva», surgen enseñanzas inesperadas sobre la naturaleza del bosque y del propio ser humano. Escuchar implica aquí una plena atención a la vida del territorio. La «calidad sensorial del oído para recoger vibraciones estimula nuevas formas de reconocimiento espacial y estético del entorno» (Torres 2021: 90). Este escuchar no parece limitarse al oído biológico, sino a una escucha desde el corazón, afectiva y empática, que permite sentir en uno mismo el lenguaje de la vida. Implica una amplificación del espectro sonoro mediante los sentidos activados por las plantas maestras. De esta manera, puede decirse que «*Las tres mitades de Ino Moxo* es, ante todo, el registro de esta disposición auditiva» (Rivera Garza 2022: 117). El aspecto visionario, entonces, que se resalta a la hora de dar cuenta de la percepción afortunada que posibilita la ingesta de plantas maestras, es inseparable de un ejercicio auditivo trascendente. La escucha acrecentada percibe a la selva como «una presencia inconmensurable que supera cualquier tipo de clasificación empírica» (Torres 2021: 89). No hay nadie que pueda aprehender la totalidad sonora del bosque y de la existencia. Esa escucha, sin embargo, es necesaria para vivir con sabiduría y salud.

El cosmos se revela en la novela como un «mundo comunicativo vasto y diverso, entre humanos, especies, cosas y espíritus» (Marcone 2017: 324). Según Calvo, escuchar la semiótica del territorio amazónico es también escucharse a sí mismo, ya que todos los seres vivos están relacionados: uno mismo habría sido planta y mineral en el tiempo primordial; y como ese espacio-tiempo no ha cesado de ser, seguimos siendo, al menos en cierta medida, planta y mineral. Es decir, no somos más que un mismo aliento que encarna en múltiples configuraciones materiales (piedras, vegetales, animales): «un mismo cuerpo, una misma vida y un mismo yo que continúa pasando de forma en forma, de sujeto en sujeto, de existencia en existencia» (Coccia 2021: 24). No solo compartimos una raíz arcaica, sino que la vida de esos que fuimos continúa viviendo en nosotros y se proyecta hacia lo venidero. Además del pasado, el tiempo primordial (en el que se entretejen todos los tiempos y todos los seres) también contiene el futuro. Es por eso que el sabio vidente asegura poseer potestades oraculares. A su vez, desde una perspectiva ampliada de la conciencia y la comunicación, Calvo postula que todos los seres vivos estamos atravesados por el flujo semiótico inherente a la existencia: el ser humano puede conversar con las plantas, escuchar su sabiduría y hallar en ellas una concepción más amplia de la existencia, así como conocimientos de lo que ya ha acontecido y de lo que está por acontecer. Desde las reflexiones ontológicas de las naciones indígenas, es posible postular una ontología cosmosemiótica, es decir, una concepción del cosmos como red de comunicación de la que participan los humanos pero también las otras especies, la totalidad del territorio y los seres suprasensibles. Gracias a nuestro engarzamiento en este tejido comunicativo, podemos entablar relaciones dialógicas con los seres, con los tiempos y con los mundos diversos. Lo necesario sería recuperar la sensibilidad adecuada que nos permita volver a vincularnos a la red semiótica del cosmos.

Los saberes ancestrales

La filosofía que, según sostiene Calvo, es intrínseca a las reflexiones y prácticas amerindias, es de carácter vitalista y demuestra una declarada fidelidad a la tierra. Sin embargo, como el propio autor aclara, no se trata de un apego excesivo al ego ni un desconocimiento de la fugacidad humana. «El asháninka, el hombre campa, existe como un transeúnte, en la superficie de la tierra» (1981: 132). Además, la vida no se desenvuelve solamente en una dimensión sensible, sino que lo hace en múltiples mundos, en simultáneo. «El sueño del dormir, las visiones que regala el ayawaskha, pueden hacer que el hombre ingrese a estos mundos más allá [...] son otras tantas puertas que llevan a esos mundos, a estos mundos que no se tocan con las manos del cuerpo material» (1981: 132). El acceso al espacio-tiempo primordial se consigue gracias a la mediación de ciertas plantas visionarias, como el toé y el ayawaska. A diferencia de lo que se suele afirmar desde el positivismo, estas plantas no deben ser catalogadas como sustancias alucinógenas. «Con tohé no alucinas, distinto es. Con tohé ves todo natural, bien real, igualito» (1981: 56). Lo que estas plantas revelan no son fantasías, sino que posibilitan el acceso a una comprensión más vasta de la existencia y permiten experimentar la interconexión ecológica y anímica entre los seres vivos. Se hace evidente que estas alternativas epistémicas no tienen cómo ser validadas por las metodologías cognitivas de la modernidad hegemónica. Es por ello que «los virakocha, los blancos, no entienden esas puertas» que permiten la conexión con el alma de los seres del territorio; es, en ese sentido, que puede decirse que «no tienen ojos de ver, los virakocha» (1981: 132). No se postula, por lo tanto, que los curanderos mestizos tengan una cosmogonía «animista» (en el sentido de otorgar vida y cualidades humanas a quienes no las poseen), sino que la modernidad hegemónica (por una suerte de empobrecimiento perceptivo y por su desconocimiento de las plantas maestras) sería incapaz de ver y escuchar el alma de la vida.

Calvo aclara que la ingesta de estas plantas, en sí misma, no garantiza una conexión perdurable con el espacio-tiempo primigenio y con el lenguaje primordial. Se hace necesario seguir un camino iniciático y cumplir con ciertas abstinencias por un tiempo prolongado. «El ayawaskha, como todo vegetal que sabe, tiene cuatro requisitos: no sal, no azúcar, no grasa, no sexo, durante todo el tiempo que dure la preparación, la toma y sus efectos» (1981: 208). Solo quien se ha iniciado de forma correcta puede beber el ayawaska para diagnosticar y sanar enfermedades. Siguiendo esos pasos enseñados por los antiguos, el ayawaska permitiría a los sabios, según lo expresa Ino Moxo, comprender que «toda enfermedad es más que una enfermedad [...]

Es también, fundamentalmente, una sanación. No hay enfermo sin motivo [...] Toda dolencia es sentencia, castigo que recibe el ánima o el cuerpo de quien ha cometido algún daño con su cuerpo o con su ánima» (1981: 191). La enfermedad es vista acá como una desarmonía del ser consigo mismo, como una ruptura de las buenas relaciones ecológicas con el resto de seres vivos. El ayawaska, para Ino Moxo, revela al sabio visionario «la medicina exacta que limpiará la tierra y el aire de los cuerpos» (1981: 236). El cuerpo, entonces, nace de la conjunción de elementos sensibles (la tierra) y elementos suprasensibles (el aire); la curación, por lo tanto, no es entendida de una manera mecanicista, sino holística y multidimensional. Como sostiene Calvo, esta condición cuando menos doble del ser no es pertinente solo para describir la condición humana, sino a todo el conjunto vital. Por eso, cuando la novela habla de naturaleza, el término es ajeno a las nociones del naturalismo moderno; a diferencia de lo establecido por el discurso cartesiano, desde la perspectiva visionaria toda la materia está animada por un alma consciente. Por eso se dirá que «la naturaleza no es natural, es creación de dioses, es divina, y todo lo que se encuentra sobre el mundo participa de esa condición, todo participa de las fuerzas, de las grandes ánimas que rigen la existencia desde el aire» (1981: 134). La novela manifiesta aquí una suerte de teología de la inmanencia, cercana a ciertas interpretaciones heterodoxas del cristianismo[4].

Uno de los curanderos citados por Calvo, Hildebrando Pérez, afirma que «los pensamientos de la gente buena viven en el aire, se alojan en el aire lo mismo que nosotros en nuestra casa [...] Porque el aire es de todos, acaso lo único que hoy por hoy es de todos. La voz de la vida» (1981: 130). Por eso mismo, los sabios amazónicos,

---

[4] «En la etnografía, encontramos una oscilación en el pensamiento amazónico entre elementos que se aproximan a concepciones teológicas relacionadas con el cristianismo y otros elementos más cercanos a tradiciones nativas con una espiritualidad inmanente al mundo natural» (Duchesne Winter 2019: 74; mi traducción).

mediante ciertas habilidades clarividentes, captan los pensamientos de todos los seres vivos. «El maestro Ino Moxo me enseñó a leer en el aire» (1981: 130). Aunque puede ser que algunos de estos antiguos curanderos fueran analfabetos, conocían otras formas de «lectura» (otras facultades perceptivas y hermenéuticas) desconocidas por los eruditos modernos; gracias a ellas, eran capaces de conocer pensamientos, humanos y más que humanos, que circulan entre la tierra, el sol y las estrellas. En el aire habitan «las ánimas de todos los tiempos, los conoceres y los sentimientos de todos los tiempos, inclusive los que germinaron antes de que apareciera nuestro primer pariente, las ánimas de siempre» (1981: 131). El aire es «la casa de la vida»: aquello que tiene la fuerza suficiente para sembrarse en la memoria atmosférica, ya nunca muere, sino que vive por siempre. «Los asháninka dicen que soñar es hablar con el aire, que durante el sueño se despierta a la vida de otro tiempo» (1981: 281). Soñar, por lo tanto, sería ir más allá del ego y escuchar la sabiduría perenne que habita (como escrita) en la reminiscencia aérea.

El aire, para la ecopoética amazónica de Calvo, no es solamente un elemento de la naturaleza (como se concibe desde la visión naturalista), sino que se trataría de «un modo existencial de máxima plasticidad y transformación que bien podría corresponder a una consciencia primigenia» (Duchesne Winter 2019: 68; mi traducción). La atmósfera tiene memoria y, posiblemente, voluntad y perspectiva. El aire, además y tal vez ante todo, es espíritu, es halo vital, fuente anímica, sin por ello dejar de ser materia que nos envuelve y posibilita: en esta doble condición simbólica de materia y espíritu reside su flexibilidad y agencia transformadora. Según una de las narraciones ancestrales reinterpretadas por Calvo, el primer ser humano, Narowé, despertó a la vida cuando Dios le insufló su soplo: «el aire entró en su sangre preñándole de luces de generosidad el corazón y esparciendo fuerza y valentía por sus músculos y dotándolo de alma y de palabra para que pudiera abrir las puertas de los mundos» (1981: 145). El aire es aquí soplo del Espíritu que anima la materia al entrar en ella, al ser parte del cuerpo. Desde la heterogeneidad cosmogónica que vehiculiza la novela, la fuerza de la palabra humana (capaz, como afirma Calvo, de vincularse con las geografías suprasensibles) viene del espíritu de Dios: el habla es una manifestación que brota desde el corazón humano, animado por el soplo divino, que «abre las puertas» que vinculan diferentes espacios y tiempos. Es por ello que hablar no es simplemente emitir signos arbitrarios: «quien pronuncia palabra pone en movimiento potencias, desencadena otras fuerzas, otras palabras en el aire, sin ya nunca conocerse su término. Poderes infinitos. Las palabras no son únicamente palabras» (1981: 135). Decir que las palabras no son solo palabras parece señalar que los enunciados no tienen solo una función informativa o descriptiva, sino que son sucesos sonoros y acciones en sí mismos, que provocan reacciones en cadena que no siempre pueden ser previstas. Las palabras en lenguas indígenas, según reflexiona la novela, serían «seres vivos que andan por su cuenta, las palabras, animales que nunca se repiten, que nunca se resignan a una misma piel, a una misma temperatura, a unos mismos pasos» (1981: 234). Estas convicciones parecen ser parte de una reflexión amazónica del lenguaje, según la cual las palabras humanas no pueden ser pensadas de manera aislada del flujo semiótico inherente al cosmos, ni desde una perspectiva en exceso técnica y quirúrgica (es decir, atribuyendo una separación radical entre el significante y el significado), ya que forman parte integral de un entramado cultural y espiritual, ecológico y anímico, en el que nada está desligado de lo demás. Según se desprende de la escritura de Calvo, las palabras serían «seres materiales con subjetividad, capacidad de contacto y transformación» (Rivera Garza 2022: 125). Desde la filosofía ecopoética que manifiesta *Las tres mitades*, las lenguas indígenas evidencian una vinculación íntima con las propias dinámicas y metamorfosis del bosque amazónico:

> Todavía está haciéndose en este mundo, porfiando su lugar, acomodando aquí su más allá, cayendo con los barrancos, los árboles

gigantescos, asomando en las islas que hoy duermen aquí, como el renaco, y mañana despiertan lejoslejos, y en unos instantes nuevamente se pueblan de plantas, de personas, de animales. Para ver y entender y nombrar un mundo así, requerimos hablar también así. Un idioma que decrezca o ascienda sin anunciar, boscajes de palabras que hoy día están aquí y mañana despiertan lejos, y en ese instante, dentro de la misma boca, se pueblan de otros signos, de nuevas resonancias. En castellano te será difícil entenderlo. El castellano es como un río quieto: cuando dice algo, únicamente dice lo que dice. El amawaka no. En idioma amawaka las palabras contienen siempre. Contienen siempre otras palabras. (1981: 233)

Calvo establece una diferencia tajante entre el castellano y las lenguas indígenas que, en una primera mirada, no llega a ser del todo convincente. Es evidente que las palabras en castellano pueden también ser multisignificantes y sus rangos semánticos varían según sus contextos. Sin embargo, Ino Moxo parece estar apuntando «a algo más que estas afirmaciones de sentido común»; podría tratarse, más bien, de una reflexión amerindia del lenguaje, para la cual «las palabras tienen su propia agencia, intención y comunicación» (Marcone 2017: 329). Esta agencia vendría a dar cuenta de que el lenguaje no es una mera creación intelectual y exclusiva de la humanidad; la palabra humana brota del lenguaje del cosmos y, por eso mismo, ella misma es vida, fuerza vibrante y materialidad consciente que nos vincula con la existencia. Las palabras se relacionan entre sí, como los ríos de la selva, y forman comunidades afectivas; pero también pueden vincular a los diversos seres de la existencia en un inagotable flujo cosmosemiótico. Lo que está en juego acá, más que una crítica al castellano, es una respuesta poética frente a la primacía del lenguaje técnico, y una revuelta contra la comprensión reduccionista que practica buena parte de la lingüística moderna. La palabra poética, insuflada del espíritu, no solo es la morada del ser, sino que ante todo es la expresión de los vínculos relacionales que permiten la plena realización de cada uno de nosotros al interior del tejido cósmico.

Es probable que esta agencia que se otorga a la palabra tenga que ver con la racionalidad oral que aún rige buena parte del pensamiento de los curanderos mestizos, a pesar de su posible inserción (casi siempre incipiente) en el mundo letrado. En este sentido, conviene destacar la heterogeneidad de la novela, en un sentido cercano al destacado por Antonio Cornejo Polar al dar cuenta de buena parte de la producción literaria en la región andina: la heterogeneidad de la narrativa regional proviene de la notoria presencia de la oralidad en la escritura, que transforma la técnica europea y la impregna de significantes inesperados. La puesta en relación de la oralidad y la escritura en *Las tres mitades* sería testimonio «de la índole excepcionalmente compleja de una literatura (entendida en su sentido más amplio) que funciona en los bordes de sistemas culturales disonantes, a veces incompatibles entre sí» (Cornejo Polar 2011: 19). La presencia de la oralidad, en este caso, no solo estaría dada por el intento de Calvo de recrear (aunque transformándola) la forma de hablar de los visionarios mestizos; además de ello, la novela despliega una reflexión sobre la naturaleza misma de la palabra (una metalingüística) que se nutre de la racionalidad oral y de los enunciados sobre el lenguaje provistos por los curanderos mestizos. Conviene recordar que antes del surgimiento de la escritura, la palabra es ante todo vibración y sonido, como afirma Walter Ong: «no existe manera de detener el sonido y contenerlo» (1992: 39). La naturaleza desbordante, anímica y flexible que Calvo atribuye a las lenguas indígenas por encima del castellano, tiene que ver con la tradición escrita (la fijación en la grafía alfabética) que ha signado la naturaleza moderna de la lengua hispánica. Sin embargo, el castellano regional de los mestizos amazónicos, tal como se manifiesta en la novela, parece recobrar, al menos parcialmente, la flexibilidad de la racionalidad oral.

La agencia que la escritura de *Las tres mitades* otorga a la palabra es cercana a lo que la antropología lingüística ha registrado en otras regiones y sociedades en las que la oralidad parece seguir ejerciendo cierta preponderancia sobre la escritura fonológica. «Los pueblos orales por lo común, y acaso generalmente, consideran que las palabras poseen un gran poder» (Ong 1996: 39). La escritura fonológica no puede ser pensada como un mero complemento de la palabra hablada, sino que se trata de una tecnología que termina transformando la concepción que los propios seres humanos tienen del lenguaje. No cabe duda de que «el discurso escrito despliega una gramática más elaborada y fija que el discurso oral» (Ong 1996: 44); esto, en buena medida, podría explicar por qué, según afirma Córdova Ríos en la novela, el castellano parece hecho de una materia menos flexible que las lenguas indígenas. La escritura permite concebir a la palabra como un signo, el cual puede ser dividido en elementos más pequeños. El alfabeto, «en cierto modo, representa las palabras como si fueran cosas, objetos inertes, marcas inmóviles para la asimilación por medio de la vista […]. Representa el sonido mismo como una cosa, transformando el mundo fugaz del sonido en el mundo silencioso y cuasi-permanente del espacio» (Ong 1996: 93). Calvo, entonces, estaría tratando, en *Las tres mitades*, de impregnar la escritura de cierta oralidad que transforme, en buena medida, lo que la modernidad hegemónica espera de una novela. En ese sentido, se manifiesta cierta revuelta letrada que se lanza contra los propios límites y antinomias de la escritura; su actitud bien podría ser pensada (a pesar de la evidente paradoja) como antiliteraria. *Las tres mitades* «se ofrece como un artefacto literario que, paradójicamente, pone en cuestión la autonomía de lo literario como campo en sí y la prevalencia, incluso la mera posibilidad, del género literario en cuanto tal» (Rivera Garza 2022: 121). Esta aparente incongruencia textual provendría de una transformación en la relación con el propio lenguaje propiciada por su inmersión en el mundo transicional (entre la oralidad primaria y una inserción plena en el campo letrado) de los médicos visionarios mestizos de la Amazonia peruana; también tendría que ver con la propia poética de las plantas maestras, en la que las palabras, desde una concepción ecopoética primordialmente oral, trazan puentes semióticos entre la diversidad de seres que pueblan el cosmos. Es evidente que estamos ante un proyecto escritural atravesado por una álgida contradicción; sin embargo, este conflicto interno, lejos de ser un demérito o de neutralizar la reflexión de la novela, cataliza una singular fecundidad, capaz de despertar imágenes y pensamientos alternos a partir del contacto entre lo escrito y la propia concepción amazónica de las lenguas.

Conclusiones

Según Duchesne Winter, *Las tres mitades* no solo es relevante para profundizar en una comprensión amazónica de las lenguas, las plantas, de la vida y de la consciencia; sino que Calvo, al proponer un recorrido desde la imaginación poética y desde las propias experiencias visionarias, con una prosa vibrante, echa luces sobre aspectos que pasan desapercibidos para la mayoría de especialistas académicos (2019: 59), atrapados por los límites y antinomias de la ontología naturalista. Debido a la hegemonía de la racionalidad instrumental y del positivismo en la educación institucional, solo un poeta «genuino» (aún enraizado en las dinámicas primigenias de la imaginación) podría asumir aquello que los sabios indígenas aseguran con insistencia: que el ser humano está emparentado con el resto de seres vivos y que es posible, en sueños y visiones, superar las diferencias lingüísticas y existenciales, para recuperar un fondo común que nos permite dialogar con la totalidad de la vida. *Las tres mitades* evidencia así que la sensibilidad poética tiene la potencialidad de dialogar con la sabiduría ecológica de los pueblos indígenas y de los curanderos mestizos: el poeta «genuino» puede escuchar la voz secreta de los seres desde su corazón y, en esa escucha, nos enseña que el mundo no es un lugar inerte, sujeto a mecanismos irreflexivos, sino un espacio dialógico y pleno de intención. Todo está vivo, y es posible entablar un vínculo sagrado con los bosques y con los mundos espirituales. Ese vínculo comunicativo ensancha nuestra experiencia y nos fecunda con sueños visionarios. Cuando el ser humano escucha al bosque desde la intimidad de su afecto, recuerda una insondable sabiduría.

Moviéndose en la cosmogonía fronteriza de los curanderos mestizos de la Amazonia, y alimentándose de diversas fuentes culturales, la propia escritura, partiendo desde el trabajo sobre el lenguaje llevado a cabo por Calvo, da cuenta de la fecunda, pero siempre compleja, «red de intersecciones que produce la relación entre la oralidad y la escritura», así como de «las representaciones literarias de la tradición oral de los pueblos considerados primitivos» (Rodrigues 2012: 56). Al escribir desde una episteme visionaria, la novela tiene el potencial de vehiculizar estas otras ontologías para confrontar los presupuestos cognitivos y naturalistas de la modernidad hegemónica. Por ejemplo, frente a las investigaciones etnobotánicas (que empiezan a comprobar en el laboratorio una parte de los conocimientos amerindios), Calvo afirma que resulta necesario comprender que «los vegetales no son nada si no se hallan dentro de su total, en la totalidad de los conoceres que nos han sido ligados, en esa infinita arquitectura de realidades sagradas» (1981: 250). Según esta racionalidad, no se podría desconocer, por ejemplo, que las plantas maestras cuentan con una suerte de avatares espirituales (conocidos como «madres» en el castellano regional de los pobladores ribereños) que cuidan de ellas y les donan su fuerza: «Todo vegetal tiene su madre [...] Las despertamos para que aumenten con su cariño las fuerzas de la cura» (1981: 274). La capacidad curativa de una planta, entonces, vendría principalmente de su vinculación con los mundos espirituales. El sabio visionario canta y dialoga con la «madre» de la planta, para que sea ella quien, con su aliento, done generosamente su medicina y cure al paciente.

A pesar de que la novela se sumerge en el mundo visionario de los curanderos mestizos de la Amazonia peruana (que podría resultar una geografía cultural exótica para muchos de los lectores modernos), lo hace con una impronta cosmopolita. Hablar de las ontologías amazónicas y de la marginación de las naciones amerindias demanda, inevitablemente, hacer referencia a la modernidad; la Amazonia no es un espacio al margen de lo moderno, sino que está atravesada por la expansión de sus antinomias imperiales. Los visionarios de la novela (así como los autores letrados que Calvo convoca) narran las crueldades cometidas contra las poblaciones indígenas; al sentir la violencia moderna, las naciones amerindias habrían conocido «la razón verdadera, y no el pretexto, que trae a nuestra selva la llamada civilización. Porque lo que es progreso para el blanco, para el indio fue exterminio. Para el blanco de hoy el petróleo es progreso, para el indio es la ruina, la peste, el desarraigo» (1981: 159). De esta manera, Calvo impugna «de modo rotundo la antinomia civilización-barbarie, en la que el progreso funciona siempre como contracara de la violencia y el saqueo» (Dillon 2022: 6). No puede negarse la barbarie intrínseca a la violencia del proceso civilizatorio; hay, en cambio, una sensibilidad plenamente humana y compasiva entre las naciones amazónicas, a pesar de haber sido consideradas «salvajes» por la modernidad hegemónica.

Las tres mitades también confronta los límites y cegueras de los paradigmas cognitivos de la modernidad hegemónica. Se afirma que los científicos modernos «han jugado con todo siempre, sin darse cuenta, desperdiciándolo» (1981: 250); y es justamente esta incapacidad para reconocer la vida anímica del territorio, la «humanidad» compartida con las plantas y animales, lo que ha llevado a la «civilización» a ejercer un dominio desmesurado sobre el resto de seres vivos, poniendo en riesgo la salud del conjunto vital. Frente a los sistemas de conocimiento legitimados por las instituciones académicas, los curanderos mestizos han heredado y transformado las epistemologías visionarias y afectivas de los pueblos amerindios; gracias a estas formas de conocimiento y experiencia, son capaces de reconocer el entramado ecológico que emparenta a la humanidad con el cosmos. Las epistemologías visionarias no parecen sufrir de la misma necesidad crónica de alcanzar certezas inmutables que ha guiado a buena parte del pensamiento moderno desde Descartes. Según Calvo, la ingesta de ayawaska no pretende alcanzar certezas, sino que, «en lugar de develar los misterios, los respeta, los vuelve más y más misteriosos, más fértiles y pródigos» (1981: 235). La aceptación del gran misterio de la vida es, justamente, un acto de humildad cognitiva que posibilita vivir la sacralidad de cada respiro.

Desde las cosmogonías que guían la escritura de *Las tres mitades*, el conocimiento no es algo teórico, al margen de la ética y el afecto. «Conocimiento del poder y poder del conocimiento. El agua es un secreto. Los ríos pueden existir sin agua pero no sin orillas. Y esas son las orillas de Ino Moxo: sabiduría, fuerza y cariño» (1981: 109). La sabiduría ecológica y espiritual de los visionarios amazónicos no es independiente del afecto; por el contrario, es justamente el vínculo empático lo que les permite dar cuenta de la condición compartida con el resto de seres y dialogar con ellos, trascendiendo las distancias lingüísticas y los límites que impone el naturalismo. La episteme dialógica demanda que el corazón esté libre de inquietudes y de cerrazones: «Los resentimientos y la cólera ayudan exclusivamente a acabar con la vida. La alegría es lo único que extiende la existencia» (1981: 261). Por lo tanto, la de los curanderos mestizos sería una gaya ciencia, basada en el cariño y que dona longevidad. Ella comporta, de manera implícita, una ética ecológica, en la que cada planta y animal debe ser tomado como un sujeto digno de ser respetado: cuando se comprende que los vegetales son seres con agencia y subjetividad, aprendemos a amarlos y a dignificar su valía. La sabiduría visionaria que vehiculiza Calvo afirma que «todo, siempre, ha de esconder su relación con todo. Solo hay que merecer para poder descubrir el nexo oculto, los resortes oscuros, el hilván invisible de las cosas y de los hechos y de las personas» (1981: 187). Quien, gracias a su mucho amor, es consciente de los hilos invisibles que entretejen cada pálpito a un mismo tejido existencial, vive una existencia afortunada que beneficia a todos los seres sensibles.

De esta manera, la reflexión ecopoética de *Las tres mitades* reivindica la valía de los saberes ancestrales y enfatiza las enseñanzas que pueden aportar a la modernidad. También en este sentido, el autor se liga a una de las reflexiones fundamentales del neochamanismo: frente al ecocidio provocado por la modernidad hegemónica, cuya base de posibilidad ontológica es el paradigma mecanicista-naturalista, son muchos los testimonios de turistas que manifiestan que, luego de haber tomado ayawaska, han recuperado la conciencia sobre el vínculo espiritual del ser humano con el resto de seres vivos, e iniciado una reflexión ética sobre el deber de cuidar el conjunto vital. El movimiento ecológico encuentra así, a partir de su aproximación (no pocas veces exotista e instrumental) a los pueblos amerindios, una posible ampliación de sus límites ontológicos, para afirmar la relación afectiva y moral que compromete a la humanidad con la salud del planeta. La importancia fundamental de esta toma de consciencia parece provenir del hecho de que un cambio del modelo civilizatorio y de la relación con la Madre Tierra no puede producirse solo a partir de la divulgación mediática de cifras cuantitativas que señalen los índices de contaminación o la alarmante velocidad con la que cada vez más especies entran en peligro de extinción; además de estos conocimientos técnicos, en efecto urgentes, parece también necesario expandir una pedagogía cordial que promueva que el ser humano se sepa parte del tejido cósmico, para así comprender que nuestra salud, en un sentido holístico, no es independiente del bienestar y la fecundidad de la del resto de la comunidad de lo viviente.

Tales reflexiones ecológicas se manifiestan también en Calvo, para quien los pueblos indígenas han habitado la selva «a partir de principios de reciprocidad y complementariedad, ya sea entre individuos, con la tierra u otros seres, en un reconocimiento de la subjetividad y derechos de seres no-humanos a la naturaleza, y de que el hombre no es ajeno a este orden social y natural» (Torres 2021: 101). Cuando se lee la modernidad hegemónica desde el prisma de estas cosmogonías visionarias y ecológicas, resulta inevitable denunciar la artificialidad de su modelo civilizatorio, cuyas dinámicas vitales producen (casi inevitablemente) seres enfermos, carentes de vigor y de sensibilidad empobrecida, que ignoran la felicidad. Frente a ello, la historia (real o inventada) de Ino Moxo se presenta como modelo para una posible indigenización de la modernidad: el hijo de un patrón cauchero secuestrado por los amahuacas que, bajo la guía del jefe Ximu y las enseñanzas de las plantas enteógenas, recobra la sensibilidad primigenia del ser humano, aprende a dialogar con el territorio y a respetar a todos los seres vivos, parece prometernos que es posible que todos volvamos a sentir la vida cósmica desde el corazón. Ino Moxo sería «un aculturado al revés, que ha transitado una forma de mestizaje a contramano de los procesos culturales dominantes en América Latina» (Dillon 2022: 7). Su particular transculturación asume una reivindicación de los saberes ancestrales y la capacidad transformadora que las plantas pueden ejercer sobre nuestra personalidad y consciencia. Ino Moxo afirma que ha compartido parte de su sabiduría con Calvo, en beneficio de quienes sufren: «Acaso alguien que está por ahí sin remedio, víctima de una enfermedad que los médicos diplomados creen incurable, alcance a leer lo que tú escribes y venga donde nosotros y recupere acaso los contentos de su existencia» (1981: 22). En ese sentido, la narrativa de Calvo es también un vehículo medicinal que pretende curar la distancia que separa la sociedad moderna de la naturaleza, mediante una prosa poética que evoca el vínculo ecológico de los sabios visionarios; se trataría de un verbo alquímico, impregnado del aroma de las plantas curativas, que trata de religar al ser humano con el alma de los territorios. La vuelta al espacio-tiempo primigenio es una posibilidad abierta para aquellos que se consagren a la sabiduría de las plantas visionarias.

Bibliografía

Calvo, César (1981): *Las tres mitades de Ino Moxo y otros brujos de la Amazonía*. Iquitos: Proceso Editores.
Carneiro, Robert L. (1980): «Chimera of the Upper Amazon». En Mille, Richard de (ed.): *The Don Juan papers. Further Castaneda controversies*. Santa Barbara: Ross-Erikson, 94-98.

Coccia, Emanuele (2021): *Metamorfosis*. Buenos Aires: Cactus.

Cornejo Polar, Antonio (2011): *Escribir en el aire. Ensayo sobre la heterogeneidad socio-cultural en las literaturas andinas*. Lima: CELACP.

Dillon, Alfredo (2022): «Alucinación, etnografía e identidad en *Las tres mitades de Ino Moxo* de César Calvo». En *Desde el Sur* 14 (3): 1-19.

Duchesne Winter, Juan R. (2019): «Writing under the influence: *The three halves of Ino Moxo*». En *Plant theory in Amazonian literature*. Cham: Palgrave Macmillan, 51-94.

Favaron, Pedro (2017): *Las visiones y los mundos. Sendas visionarios de la Amazonia occidental*. Lima: UNU / CAAAP.

Gow, Peter (1999): «River people: shamanism and history in Western Amazonia». En Thomas, Nicholas & Humphrey, Caroline (eds): *Shamanism, History and the State*. Ann Arbor: University of Michigan Press.

Lamb, Frank Bruce (1971): *Wizard of the Upper Amazon*. New York: Atheneum.

— (2002): *Río Tigre y más allá: la medicina de la selva del Amazonas de Manuel Córdova*. Palma de Mallorca: José J. de Olañeta.

Marcone, Jorge (2017): «Ecología de un sueño: Chamanismo, ecumenismo y textualidad amazónicos en *Las tres mitades de Ino Moxo* de César Calvo». En García Liendo, Javier (ed.): *Migración y frontera. Experiencias culturales en la literatura peruana del siglo XX*. Madrid / Frankfurt am Main: Iberoamericana / Vervuert, 315-336.

Merwin, William (1995): *The real world of Manuel Córdova*. Sherman Oaks: Ninja Press.

Ong, Walter (1996): *Oralidad y escritura. Tecnologías de la palabra*. México: Fondo de Cultura Económica.

Rivera Garza, Cristina (2022): *Escrituras geológicas*. Madrid / Frankfurt am Main: Iberoamericana / Vervuert.

Rodrigues, Bárbara (2012): «Xamanismo e literatura em *Las tres mitades de Ino Moxo y otros brujos de la Amazonia*, de Cesar Calvo». En *Intersemiose. Revista digital*, julio-diciembre: 54-63.

Torres, Cinthya (2021): «Con los ojos cerrados, abiertos hacia adentro: Chamanismo y perspectivismo amerindio en *Las tres mitades de Ino Moxo y otros brujos de la Amazonia de César Calvo*». En *Hispania* 104 (1): 89-110.

Palabras etéreas y sustancias psicoactivas en Néstor Perlongher

Sergi Rivero-Navarro
University of North Carolina, Wilmington

La ayahuasca es, sin duda, una de las sustancias psicotrópicas que más popularidad ha adquirido durante el «renacimiento psicodélico» experimentado durante los primeros compases del siglo XXI. Carlos Suárez Álvarez (2023) estima que más de cuatro millones de personas de América, Europa, Australia y Nueva Zelanda habrían consumido ayahuasca en algún momento de sus vidas[1]. Además, Suárez añade que, solo en el 2019, aproximadamente 820 000 individuos habrían tomado ayahuasca y, de estos, únicamente el 10% correspondería a grupos indígenas que consumen ayahuasca como parte de sus tradiciones. Participar en una ceremonia centrada en la ingesta de la ayahuasca se ha convertido en los últimos años en una experiencia tan *mainstream* que hasta aparece representada en producciones de Hollywood como, por ejemplo, la comedia *While we're young* (2015), dirigida por Noah Baumbach e interpretada por Ben Stiller y Naomi Watts. No es el único ejemplo cinematográfico. Una simple búsqueda del término «ayahuasca» en la base de datos IMDb arroja un resultado de 67 títulos (tanto ficción como documentales), la mayoría filmados entre 2001 y 2021 (excepto tres aparecidos en los años noventa del

---

[1] El autor del artículo argumenta que esa cifra de cuatro millones de personas es una estimación resultante de extrapolar datos procedentes de encuestas oficiales, investigaciones académicas, datos parciales de otros investigadores, así como datos de asistencia a centros de retiros turísticos e iglesias ayahuasqueras.

pasado siglo). Por supuesto, la popularización de esta bebida amazónica no se refleja únicamente en el ámbito cinematográfico. El renacido interés por las sustancias enteógenas[2], y por la ayahuasca en particular, ha sido recogido por numerosas publicaciones, entre las que se cuentan libros de diversos géneros y artículos en revistas y periódicos, algunos tan renombrados como *The New Yorker* o *The New York Times*.

Jeremy Narby señala como factores para esa popularización la mejora de las comunicaciones aéreas con lo que hasta no hace mucho eran lugares remotos del Amazonas y la expansión, desde mediados de los noventa, de internet, que ha permitido el acceso a todo tipo de información a los interesados: «The Internet has made it possible for almost anybody to look up ayahuasca and find a place somewhere to try it» (2016: 285). Pero en última instancia, sentencia Narby, lo que acaso haya contribuido más a su difusión global sea la propia eficacia de la ayahuasca.

Cabe señalar que, a diferencia del consumo lúdico de sustancias embriagantes, el renacimiento psicodélico del que nos ocupamos promueve el uso de sustancias psicoactivas como vía de transformación personal y terapéutica. Y es en este sentido que podemos ver a Néstor Perlongher (1949-1992) como precursor de esa renovada percepción de las sustancias psicoactivas que está teniendo lugar en las primeras décadas del siglo XXI. Veinte años antes de la eclosión del renacimiento psicodélico, el autor argentino habría anunciado el

---

[2] El término aparece por primera vez publicado en *The road to Eleusis* (1978) de Robert Gordon Wasson, Albert Hoffman y Carl A. P. Ruck como alternativa a «alucinógeno» (un término que el propio Perlongher consideraba «prejuicioso»), pero su acuñación y gradual popularización tuvo lugar a partir del artículo «Entheogens», de 1979, donde Ruck y Wasson retoman, junto a otros autores, algunas ideas discutidas en el libro del año anterior. Sobre la postura de Perlongher al respecto véase su entrevista con Diego Vecchio: «Digo enteógenas para evitar la horrible palabra alucinógena, ya tan estropeada, porque no es ni alucinación ni desvarío sino encuentro con lo divino» (2004: 344-345).

rol revelador y curativo que las sustancias psicotrópicas en general, y la ayahuasca en particular, pueden tener para el ser humano. La perspectiva de Perlongher con relación a las sustancias psicoactivas es interesante por varias razones, entre ellas también porque constituye un aviso para que futuros aventureros psicodélicos no caigan en los mismos errores que, en su opinión, cometieron los *psiconautas* contraculturales de los sesenta y setenta, que no consiguieron dar una forma ritual y transcendente a la experiencia con enteógenos.

En su condición de militante homosexual, poeta, místico, antropólogo y exiliado, Perlongher fue un sujeto liminar que se movió a voluntad por los márgenes de la sociedad y sus convenciones. En consecuencia, siempre se posicionó junto al desheredado y convirtió lo marginal en el sustrato temático de su obra literaria. En sus años de estudiante, Perlongher se alineó con grupos comunistas de orientación trotskista, pero acabó decantándose por el anarquismo, que se mostró mucho más tolerante con relación a su homosexualidad. Es justamente su orientación sexual la que lo lleva a participar activamente en el Frente de Liberación Homosexual desde 1971 hasta que, en 1976, el grupo es disuelto y Perlongher detenido y procesado por la dictadura argentina. Precisamente un año antes del inicio de la dictadura había publicado su primer libro de cuentos, *Evita vive y otras prosas* (1975). En 1980 publica *Austria-Hungría*, su primer libro de poesía, y al año siguiente obtiene la licenciatura en sociología por la Universidad de Buenos Aires. Pocos meses después se exilia en Brasil, escapando de las amenazas de muerte que recibe por sus tendencias políticas y sus preferencias sexuales. En Brasil obtendrá una maestría en el campo de la antropología social por la Universidade Estadual de Campinas, donde ejercerá también de profesor.

Cuando los estragos del SIDA comienzan a hacerse evidentes entre los círculos homosexuales que frecuenta, se acentúa su interés personal y académico por las experiencias extáticas, en detrimento de la experimentación sexual. Ese cambio de intereses es el responsable del fin de su ciclo de poesía neobarroca —que concluye con los poemarios *Hule* (1989) y *Parque Lezama* (1990)– y de que decida viajar a París para trabajar con el sociólogo Michel Maffesoli, académico igualmente interesado en el fenómeno extático. Su estancia en la capital francesa se interrumpe, sin embargo, cuando le diagnostican el VIH. Su última fase productiva incluye crítica literaria, la publicación de ensayos como, por ejemplo, «Droga e êxtase» (1991)[3], así como un proyecto de tesis doctoral sobre el escritor Osvaldo Lamborghini, truncado por su muerte como consecuencia del virus en noviembre de 1992.

¿Deriva mística?

Adrian Cangi, en su introducción a *Papeles insumisos* (2004), hace coincidir el punto culminante de la enfermedad de Perlongher con el viraje que supone reemplazar la experimentación libidinal por una suerte de misticismo de índole espiritual. De hecho, parte de la crítica suele apuntar al contagio como el detonante que lo lleva a sustituir la promiscuidad sexual por la consolación religiosa momentánea que supuestamente le aportaría su ingreso en la Iglesia del Santo Daime, un culto sincrético surgido en la década de los treinta y cuyo principal ritual es la ingestión de un brebaje hecho a base de ayahuasca[4]. Osvaldo Baigorria (1996), sin embargo, se opone a esta interpretación: Perlongher habría descubierto que era VIH positivo con posterioridad a su interés por dicha iglesia, después de experimentar con la ayahuasca, y mucho después también de haberse interesado por el chamanismo.

---

[3] El año anterior a su publicación, «Droga e êxtase» había sido presentada por Perlongher en forma de ponencia en la UNICAMP.

[4] El brebaje que ingieren los adeptos contiene los alcaloides beta carbolina (harmina, harmalina, tetrahidroharmina) de la liana *Banisteriopsis caapi* junto con la N-dimetiltriptamina (DMT) que aporta la *Psychotria viridis*, la planta que normalmente se añade al brebaje hecho a partir de la cocción de la liana.

En cualquier caso, no resulta descabellado afirmar que la virulenta irrupción del SIDA en la década de los ochenta haya obligado a Perlongher a reconsiderar la sexualidad como camino viable de liberación. Con la enfermedad extendiéndose rápidamente, las conductas sexuales promiscuas dejan de asociarse con la aventura y el placer ilimitado y se asocian a una imagen de riesgo y peligro. Investigadores como Ben Bollig o Brad Epps se inclinan por esta última posibilidad. En concreto, Bollig sostiene que, para el escritor argentino, la irrupción del virus anula las posibilidades que brindaba el sexo como forma de resistencia política (2004: 78). Epps, por su parte, sostiene que el poeta, «tras una etapa de elogio de la promiscuidad (variante libidinal del elogio de la locura), parece desdecirse y presenta la promiscuidad no en relación con una vitalidad desbordante y aventurera sino en relación con la enfermedad, el sufrimiento y la muerte» (2005: 151). El propio Perlongher considera que la «saturación» que ha supuesto el SIDA para la otrora transitada vía de escape de la sexualidad impele a buscar nuevas líneas de fuga. Y entre todas las opciones alternativas, Perlongher centra su interés en la vía mística:

> Ahora la saturacion (por supuración) de esta trasegada vía de escape intensiva que significó, a pesar de todo, la homosexualidad [...] favorece que se busquen otras formas de reverberacion intensiva, entre las cuales se debe considerar la actual promoción expansiva de la mística y las místicas, como manera de vivir un éxtasis ascendente, en un momento en que el éxtasis de la sexualidad se vuelve, con el Sida, redondamente *descendente*. (1997: 90)

Si bien muchos críticos interpretan los nuevos intereses de Perlongher como un golpe de timón respecto a sus anteriores posicionamientos, no todos comparten esa idea[5]. Osvaldo Baigorria, a quien mencionábamos anteriormente, habla en «La Rosa Mística de Luxem-

---

[5] Edoardo Balletta menciona la «incomodidad» de parte de la crítica con el *desvío* del escritor argentino hacia el misticismo (2012: 139). Ben Bollig, por su

burgo» de confluencia de intereses más que de rupturas cuando se refiere a las dimensiones social y mística de Perlongher: «¿Dónde, cómo, cuándo se unen las dos rosas? ¿La Luxemburgo con la mística, la agitadora de Avellaneda con la que canta el himnario cristiano y participa en ritos esotéricos?» (1996: 175)[6]. A su vez, para Balletta, la mística, «lejos de constituir una discontinuidad en su experiencia poética e intelectual, puede ayudarnos a enfocar de forma más clara el lugar medular de su poética» (2012: 140). Es decir, el interés por lo místico vendría a complementar el interés por lo social y lo erótico que siempre lo había acompañado.

Justamente, es esa interconexión entre lo social, lo político y lo místico lo que atrae a Perlongher a la Iglesia del Santo Daime. En este sentido, Roberto Echavarren califica su paso por dicha Iglesia como una aventura no solo química sino grupal: «Puede decirse que la aventura del Santo Daime [...] fue el último avatar micropolítico de Néstor» (2007: 33). La Iglesia del Santo Daime deviene un laboratorio social a pequeña escala, no solo en virtud de la comunión que se establece entre los participantes durante los ritos, sino también por lo que el propio Perlongher define, en su ensayo «La religión de la ayahuasca», como un «nomadismo de impulsión mesiánica» (1997: 160). Y es que, al margen de sus planes de expansión por los ámbitos urbanos, la Iglesia del Santo Daime tiene como uno de sus proyectos principales formar comunidades utópicas en pleno corazón de la selva amazónica. A este respecto, Enrique Flores nos recuerda que el grupo daimista que frecuentaba Perlongher fundó la aldea de Céu do Mapiá, «a dos días de canoa de Boca do Acre, en el corazón de la Amazonia, sin abandonar la colonización de una vasta área del río Purus, ni la fundación de iglesias en zonas suburbanas y urbanas

---

parte, recuerda cómo el crítico argentino Juan José Sebreli menosprecia las últimas obras de Perlongher por su contenido místico y esotérico (2004: 77).

[6] Baigorria se refiere a Perlongher como Rosa porque el escritor había empleado dicho nombre como pseudónimo (en honor a Rosa Luxemburgo, la revolucionaria alemana del siglo XIX) para firmar varios de sus escritos.

de Río de Janeiro, São Paulo, Brasilia, Porto Velho, Belo Horizonte y Florianópolis» (2011: en línea).

Aunque me refiero a ello de manera más extensa más adelante, resulta conveniente señalar aquí que una de las principales razones para la posterior ruptura de Perlongher con el Santo Daime es precisamente su desengaño con respecto a ese proyecto utópico[7]. Y es que al parecer la comunidad, además de replicar jerarquías y estructuras de poder de la sociedad convencional, no supo dar espacio a la discrepancia o la disidencia ideológica. Tal como explica Echavarren, «los manejos de poder dentro del grupo, el desnivel educativo o intelectual entre los participantes que no forman una comunidad homogénea, el eventual predominio de personas mezquinas, ávidas de un poder de manipulación» (2007: 33), serán escollos lo suficientemente poderosos como para hacer naufragar el proyecto y provocar el alejamiento de Perlongher.

¿Qué es la Iglesia del Santo Daime?

La Iglesia del Santo Daime es una religión brasileña moderna fundada por Raimundo Irineu Serra durante la década del treinta del siglo pasado en la población de Rio Branco, en el estado brasileño de Acre. Mestre Irineu, como lo llamaban sus seguidores, era un nordestino brasileño que se había desplazado a la floresta del Amazonas en los años veinte para trabajar como cauchero. Allí entra en contacto con los rituales indígenas de la ayahuasca, una sustancia que adoptará primero en su desempeño como curandero y luego como elemento troncal de su Iglesia.

La del Santo Daime es la más antigua de las tres mayores religiones ayahuasqueras, que incluyen, a su vez, el culto conocido por el nombre de Barquinha, fundado por el Mestre Daniel en 1945, y el culto

---

[7] La otra razón principal sería la incapacidad de la Iglesia del Santo Daime para dar respuestas y soluciones a la enfermedad de Perlongher.

de União do Vegetal o UDV, creado en 1961 por el Mestre Gabriel. Como remarca Edward McRae, tanto el Santo Daime como el resto de religiones ayahuasqueras coinciden en atribuir a la ayahuasca (o *Banisteropsis caapi,* en su nombre científico) el rol principal de sus ceremonias (2008: 291). Las tres religiones son, además, eclécticas, puesto que incorporan en sus ritos elementos católicos, chamánicos, africanos y espiritistas. Sin embargo, presentan diferencias doctrinales y litúrgicas considerables entre sí. Al respecto, Sandra Lucia Goulart explica que uno de los rasgos que distinguen más claramente el Santo Daime de la Barquinha es el mayor peso que tienen en esta última las prácticas y creencias de las religiones afrobrasileñas, como la Umbanda o el Candomblé. Esto es especialmente importante en la consideración de los tipos de éxtasis que pueden experimentar los participantes en dichos cultos. Así, la Barquinha admite la existencia de trances que comportan la posesión del adepto por parte de entidades espirituales. Por el contrario, en el Santo Daime, con una mayor influencia católica, ese tipo de trance no se considera posible (2008: 253). Por otro lado, y a diferencia de las otras dos religiones ayahuasqueras mayoritarias, União do vegetal (UDV) no llama «Daime» al brebaje tomado ritualmente sino «Hoasca» o «Vegetal». Además, la UDV excluye completamente de su ritual el baile (o «bailado»), que en cambio resulta parte esencial de las ceremonias de las otras dos religiones. En el ritual de la UDV los participantes, una vez servido el brebaje, únicamente se sientan y permanecen así hasta que concluye la sesión, que suele durar unas cuatro horas (Goulart 2008: 255)[8].

---

[8] Goulart explica asimismo que tras la muerte del Mestre Irineu en 1971 se inicia una disputa por el liderazgo de la Iglesia que tendrá como resultado su fragmentación en distintas corrientes. La mayor de ellas en términos de seguidores es la del Centro Eclético da Fluente Luz Universal Raimundo Irineu Serra (CEFLURIS), del padrinho Sebastião y fundada en 1975 (2008: 254). Precisamente la CEFLURIS (actualmente bajo las siglas de ICEFLU) es, junto con la UDV, la religión ayahuasquera que más ha promovido su expansión, tanto a

En lo que concierne específicamente a la Iglesia del Santo Daime, el propio Perlongher desgrana sus rituales y particularidades en su ensayo «La religión de la ayahuasca». Allí describe cómo los participantes de la ceremonia, vestidos con ropas predominantemente blancas, se encuentran separados por género: hombres a un lado y mujeres al otro. Antes de que la bebida sea distribuida entre los adeptos todos recitan «rezos de inspiración cristiana con aportes espiritistas y esotéricos» (Perlongher 1997: 156). Tales rezos tienen su continuación en los *hinos* «o poemas rimados de contenido místico "recibidos", gracias a la inspiración divina, por los protagonistas de este raro ritual»; a ello se añade a su vez el *bailado*, una danza sincronizada que Perlongher describe como «vaivén monótono, mecido a cantos hipnóticos, de vaga resonancia indígena» (1997: 159).

Uno de los efectos más llamativos de la ingesta son las *miraciones* o *mareaciones* que Perlongher describe como «visiones celestes, vibraciones intensas, una especie de "alucinación" (en gran medida constelaciones combinatorias de fosfenos) [...] escandidas por la música y la danza, configurando una singular experiencia de éxtasis» (1997: 159). La ceremonia de ingestión de la ayahuasca tiene lugar normalmente durante la noche y suele concluir con las primeras luces del alba. En opinión de Perlongher, uno de los aspectos más interesantes del Santo Daime es que propone «una ritualización religiosa moderna de un uso de plantas de poder tenido por primitivo y tradicional»; es decir, el Santo Daime vendría a recuperar, desde la modernidad, el carácter sagrado que tenía el uso de sustancias psicoactivas en contextos tradicionales, como aquellos de los pueblos indígenas (1997: 157).

Y ya que nos referimos a estos pueblos, cabe añadir que «ayahuasca» es un nombre de origen quechua compuesto por las partículas «aya» y

---

nivel nacional como internacional. En el sitio web de ICEFLU puede leerse que dicha Iglesia contaba en 2024 con 50 sedes en Brasil y cerca de 60 en el exterior, sumando unos 6000 afiliados en total.

«huasca»: «aya» puede traducirse como «alma», «espíritu», pero también como «cuerpo muerto» o como «muerto», simplemente. Por su parte, «huasca» significa «bejuco», «liana» o «soga». Una traducción admitiría entonces diversas posibilidades, siendo las más comunes la de «liana del espíritu», «liana amarga» y «bejuco que lleva al lugar de los muertos». Las comunidades indígenas amazónicas de los secoya, cofanes, sionas, ingas, coreguajes y kámsás se refieren a la planta con el nombre de «yajé», mientras que son las naciones shuar las que utilizan el término «ayahuasca». El sustantivo «ayahuasca» también es utilizado para designar al brebaje psicoactivo que tiene en esta planta uno de sus ingredientes principales.

El antropólogo Josep Maria Fericgla señalaba ya en los noventa la importancia creciente del consumo de esta sustancia en contextos que no se restringen solo a las comunidades indígenas[9]. En este sentido, menciona el rol destacado que desempeña dicha ingesta en prácticas de muchos curanderos mestizos sudamericanos, tanto del territorio amazónico como del andino, al igual que en los sincretismos religiosos de origen brasileño, entre los que se contarían los daimistas. Como explica Fericgla, la ingesta de la ayahuasca, suministrada bajo una rígida estructura ritual, es el centro de tales sincretismos:

> Se trata de interesantes agrupaciones abiertas y de carácter religioso, nacidas en la década de los años 1930 en Brasil, y cuyo sacramento es el Daime, una de las formas conocidas de preparar el ayahuasca. El consumo del enteógeno se realiza dentro de un ritual fuertemente estructurado y con un sentido sacro y terapéutico al mismo tiempo. Entre todas las iglesias daimistas deben sumar actualmente entre 10 000 y 13 000 adeptos, más una cifra de seguidores irregulares que tal vez sumen 4 000 o 5 000 personas más. (1996: 45)

---

[9] El libro de Fericgla (1996) es un estudio de campo de los rituales chamánicos con ayahuasca de los indios shuar del Amazonas.

Entre la experiencia psicoactiva y el delirio lingüístico

Debe reiterarse aquí que el interés de Perlongher por el trance ritual y las sustancias psicoactivas no surge a raíz de su ingreso en la religión del Santo Daime y de la consiguiente ingestión ritual de la ayahuasca. Como sostiene Osvaldo Baigorria, es más bien el resultado de sus investigaciones antropológicas sobre pueblos y tribus con rituales chamánicos y de la influencia que ejercieron sobre él autores como Antonin Artaud (2009: 35).

Hay diversos aspectos de Artaud que interesan a Perlongher, pero el que quizá esté más relacionado con la experimentación psicoactiva es la relación del tiempo que pasó entre los tarahumara de México, participando de sus ritos. Perlongher busca en los ritos de la Iglesia del Santo Daime ese mismo elemento *sagrado* que Artaud considera desterrado de la sociedad occidental y que lo movió a contactar con los tarahumara. El escritor francés intenta reconectar con una consciencia mágica perdida tras la llegada de la civilización, y piensa que su participación en el ritual del Ciguri (o hikuri) le permitirá resucitar «el recuerdo de esas verdades soberanas, mediante las cuales la conciencia humana [...] recupera la percepción del Infinito, en lugar de perderla» (Artaud 1985: 20)[10].

---

[10] El relato de Artaud sobre su experiencia con los tarahumara no está exento de polémica: el tiempo que pasa en contacto con los nativos es poco representativo respecto a los nueve meses que dura su viaje por México. Además, hay dudas en relación a su competencia lingüística en castellano, lo que –a pesar de ir acompañado de un guía-intérprete– podría haber dificultado la comunicación con un pueblo amerindio que tenía fama de ser extremadamente reservado. Fernando Giobellina sugiere que las palabras que Artaud pone en boca de sus interlocutores indígenas no son siempre las que estos emitieron en realidad (2005: 369-70). Por otro lado, una parte considerable de la información que contienen sus artículos procede de las lecturas que había hecho previamente para preparar su viaje, más que de la investigación de campo. El relato de Artaud, en consecuencia, sería interesante no tanto por su fidelidad o veracidad, sino más bien por tratarse de

Al margen del interés por la obra de autores como Artaud, Perlongher también se interesa por el chamanismo y la capacidad reveladora de las sustancias psicoactivas como resultado de sus propias investigaciones antropológicas sobre el terreno. Él mismo confirma este extremo en una entrevista con Daniel Molina donde refiere que, después de pasar un cierto tiempo concibiendo la poesía como un *dejarse ir*, su interés por lo chamánico se despierta a raíz de un estudio de campo relacionado con el uso de sustancias psicoactivas que llevó a cabo en diversas comunidades indígenas de México (Molina 2004)[11]. Más concretamente, Perlongher habría realizado investigaciones sobre la relación entre las sustancias psicoactivas y el lenguaje en una tribu del norte de México que emplea para sus rituales sustancias enteógenas denominadas *hongos del lenguaje*. En esa misma entrevista, e interrogado sobre la importancia del delirio en el lenguaje poético, el propio Perlongher remarca el papel esencial de la poesía para acceder a un orden alucinante: «Este es el extremo de la intensidad que tiene que ver con el éxtasis. Por eso el lenguaje de la poesía se aparta del orden del discurso convencional. Remitiría, el lenguaje poético, más a un flujo que está circulando por abajo y que tiene que ver con la alucinación» (2004: 317).

En otra entrevista concedida a Diego Vecchio, Perlongher se apoya en los estudios sobre el éxtasis de Georges Lapassade para afirmar que la poesía actual es extática porque no remite a una comprensión: «No se puede encontrar un código de interpretación y hay que navegar por los flujos que la misma obra poética va indicando. A la poesía no le queda bien un saquito, un corsé que la aplaste y la traduzca a otra cosa. Este tipo de prácticas se hacen, pero son infelices y destructivas de la poesía» (Perlongher 2004: 346). La poesía deviene una herramienta de expresión extática cuando es capaz de capturar

---

una interpretación radicalmente distinta, alucinante y subversiva de una cultura hasta entonces ignorada y, a menudo, menospreciada.

[11] La entrevista de Molina se publicó originalmente en el número 8 de la revista *Fin de siglo* (1988).

la intensidad del momento. Pero eso requiere, en primer lugar, jugar con las palabras (mezclándolas y desfigurándolas), para subvertir el orden del discurso, para suspender el sentido prefijado de las palabras que nos mantiene sujetos a una «forma de ver» homogeneizante. Se requiere, puntualiza Perlongher en otro sitio, «una lucha solitaria y atroz: deformar todo, desconfiar siempre de los sentimientos dados, y, simultáneamente, dejarse... dejarse arrastrar por lo que llega, por lo que nos sacude o tremola» (Perlongher 1997: 140).

Los versos no se crean solo para ser comprendidos intelectualmente. La *misión* de esas palabras mezcladas y distorsionadas en la poesía extática es producir resonancias capaces de arrancarnos de nuestro estado de consciencia convencional. Así lo expresa el propio Perlongher en su ensayo «Poesía y éxtasis»:

> El poeta hace versos que no se entienden. Ello porque instala el recurso mágico de su resonancia en otro estado de consciencia, en un estado de consciencia cercano al trance en el que se envuelve el que escribe, en el que [el que] escribe aspira a envolver [a]l que lee, en el que se envuelve (de últimas) el que lee. (1997: 149)

La poesía extática no comunica ideas, más bien produce *chispas*, enciende e ilumina. Las suyas son palabras con poder para desplazar consciencias, para producir intensidades: «No pasa por el plano de la comunicación, sino, primeramente, por esa suerte de chispa interior que da la conexión de las almas en trance» (1997: 151).

No se puede negar que la poesía extática tiene algo de oracular, de mediúmnico. En primer lugar, porque su lengua es «hermética, difícilmente interpretable o aun entendible» (1997: 151). En segundo lugar, porque la inspiración poética es una experiencia en la que uno no es él mismo, ni es quien realmente habla: «vos no sos vos, no sos vos quien habla», dice Perlongher en su entrevista con el antropólogo Edward Mac Rae (2004: 383). Es una idea que reitera también en conversación con Luis Bravo: Perlongher aboga por una poesía más allá del «yo», de una voz que precede al «yo». De ahí que reivindique justamente al chamán de cada poeta: «Una poesía contra-yo, antes del yo, que busca soltar lo que está antes: el ritual, el chamán de cada poeta» (2004: 307). Para Perlongher, lo que uno escribe durante el trance poético no es necesariamente una expresión de la identidad personal, sino de una naturaleza que, si bien nos constituye, precede al ego. En esa misma entrevista con Bravo, Perlongher remacha afirmando que «lo que uno escribe no es expresión de lo personal exactamente. Creo que uno es una especie de médium atravesado por las revoluciones del lenguaje» (2004: 306). Artaud, en «El rito del peyote entre los tarahumara», había defendido una idea similar que, si bien no asocia específicamente con la poesía, sí lo estaría con una actitud cultivada por los tarahumara. Sostenía Artaud que no todo lo que hace, siente y piensa el sujeto le pertenece. Y añadía que los indios tarahumara saben determinar cuándo sus sentimientos, ideas y acciones son propiamente de ellos y cuándo no les pertenecen: «el tarahumara distingue sistemáticamente entre lo que es de él y lo que es del Otro en todo lo que piensa, siente y produce» (1985: 22-23).

Que el lenguaje del trance poético no sea propiedad de quien escribe también lo deja patente el chamanismo mazateco de María Sabina, para quien las palabras vienen durante el éxtasis de arriba, del cielo: «Si suena la música, yo bailo en pareja con los Seres Principales y también veo que el Lenguaje cae, viene de arriba, como si fuesen pequeños objetos luminosos que con fuerza caen del cielo. El Lenguaje cae sobre la mesa sagrada, cae sobre mi cuerpo. Entonces atrapo con mis manos palabra por palabra» (Cussen 2012: 185). Lo mediúmnico en el trance poético nos remite, a su vez, al concepto de glosolalia (o don de lenguas) que Perlongher describe como la capacidad para comunicarse en una «lengua hermética, difícilmente interpretable o aun entendible, transmitida por una potencia superior, celestial o luzbélica, que expresa un estado de conciencia diferente o alterno y zanja su dictamen en ese otro estado, en lo que a la recepción del flujo oracular refiérese» (Perlongher 1997: 151). La glosolalia pone de relieve la necesidad de un lenguaje específico y al margen de lo racional para expresar lo inexpresable, para relatar el fenómeno extático.

Resulta interesante comparar, asimismo, ese «don de lenguas» con la noción chamánica de «palabras de poder», manejada por diversos pueblos amazónicos. Así, por ejemplo, el chamán secoya Fernando Payaguaje refiere en *El bebedor de yajé* que el contacto habitual del curaca[12] con los diferentes espíritus le permite justamente revestir de poder sus palabras: «Las palabras son veraces si están respaldadas por hechos; en este caso la palabra se transforma en poder, obra lo que dice. Eso ocurre con los sabios, pues los grandes curanderos reciben su potencia del habitual contacto con los diferentes espíritus» (Payaguaje 1990: 31). Las palabras de poder tienen la capacidad de modificar la realidad de la misma forma que la palabra poética tiene la potestad de cambiar la forma en que se experimenta dicha realidad.

La poesía de la ayahuasca

Sostiene Perlongher que la inspiración poética ya es por sí misma un «trance leve» (2004: 383); eso no impide que se convierta también en el vehículo ideal tanto para expresar sus visiones extáticas como para tratar de provocarlas en el lector. Perlongher refleja sus experiencias con la ayahuasca en el poemario *Aguas aéreas* (1991) y también parcialmente en *Chorreo de las iluminaciones* (1992)[13]. Y si nos atenemos a lo que Echavarren sostiene en «El azar y la droga», el primero de estos dos poemarios tiene, además, la particularidad de haber sido escrito estando aún bajo la influencia de la planta psicodélica, ingerida en el contexto ritual de la Iglesia del Santo Daime:

---

[12] El pueblo secoya del Amazonas vive a caballo entre Ecuador y Perú. El término *curaca* significa «chamán curador».

[13] Publicado póstumamente, *Chorreo de las iluminaciones* no está íntegramente dedicado a la experiencia de la ayahuasca, como sí lo estaba *Aguas aéreas*. Los poemas de *Chorreo* retoman temas ya presentes en libros anteriores y plantean otros nuevos relacionados con su enfermedad.

«Bajo el efecto de la ayahuasca, a través del rito del Santo Daime, Néstor Perlongher, residente entonces en San Pablo, escribió en 1990 un libro de poemas: *Aguas aéreas*» (Echevarren 2007: 31)[14].

Expresarse desde un estado de consciencia alterado por el brebaje psicoactivo da como resultado «más que un texto una forma», tal como reza uno de los versos del primer poema de *Aguas aéreas*. Lo expuesto no son conceptos, sino más bien trazos o bosquejos de la experiencia; en definitiva, una cartografía que Baigorria define en terminos de «mapa inteligible de las efusiones, los derrames, los escapes de un cuerpo místico que vive, se abre y se disuelve en el mundo» (1996: 35). De ahí también que Perlongher emplee técnicas capaces de comunicar esos desbordes, derrames y excesos. Precisamente, Cussen afirma que «sus estrategias son excesivas: disolución del sujeto, simultaneidad y confusión de planos, sinestesia, paradojas, enumeraciones caóticas, aliteraciones y paranomasias [*sic*], reiteraciones obsesivas y glosolalia» (2012: 180).

Perlongher no busca explicar intelectualmente el significado de su experiencia con el yajé, sino replicar en la mente del lector las percepciones y sensaciones de su viaje psicodélico. *Aguas aéreas* (y su poesía, en general) tiene el cuerpo en el punto de mira[15]. Perlongher busca provocar en el lector el mismo espasmo, la misma contorsión que experimenta en carne propia mientras se encuentra bajo el influjo del brebaje amazónico. El primero de los poemas de *Aguas aéreas* es, en este sentido, una declaración de intenciones. Así rezan los últimos versos de la composición 1:

> En el dejo un espasmo
> Contorsionaba los ligámenes

---

[14] Su interés por la experiencia de la ayahuasca y también por el Santo Daime se refleja igualmente en tres ensayos acerca de la experiencia extática («Poética urbana» (1991), «Poesía y éxtasis» (1991) y «La religión de la ayahuasca»), así como en el inconcluso «Auto Sacramental do Santo Daime» (1992).

[15] El propio título del poemario sugiere tanto volatilización y evaporación como un pasaje, intersticio, o confluencia, entre dos estados.

y transmitía a los encajes
la untuosidad del nylon
rayándolos
en una delicada precipitación. (Perlongher 1991: 12)

El espasmo erosiona los «encajes» con los que hemos articulado nuestra imagen de la realidad. Las fronteras que nos permiten delimitar dónde comienzan y acaban las cosas (o dónde acabo yo y empieza el otro) se vuelven elásticas, se estiran y relativizan hasta quedarse (y quedarnos) al borde de un precipicio. Descubrir las costuras de una realidad construida en la que el texto es (un) tejido («el cuadriculado del mantel –mental» de los versos 8 y 9 de ese mismo poema) puede producir vértigo, mareo o náusea, pero es también oportunidad para la experiencia más intensa.

Por otra parte, la intensidad de esa experiencia se simboliza a través de la luz en sus diversas manifestaciones: ya sea como luz blanca, a través de los diferentes colores, o por medio de reflejos y refracciones en el agua. A la vez, la sensibilidad sinestésica del tomador de yajé se traduce, sobre todo, en un intercambio de cualidades entre los elementos lumínicos y los sonoros. En su introducción a *Papeles insumisos*, Cangi relaciona esta fusión entre las visiones y los sonidos como una reproducción de la experiencia de los cánticos del culto del Santo Daime: «Tocar se confunde con mirar. Durante se mira tocando. ¿Dónde es preciso colocarse para ver? Fuera de sí, en el fluir propio del líquido acre» (2004: 19). Por su parte, Bollig describe así el fenómeno:

> Lights and watery reflections dominate the poem, while non-reflecting surfaces begin to reflect («incrustación del palo») through the play of light on water, and light takes on the quality of water («derretimiento de la luz»). The poem therefore reveals a new sensitivity of the *ayahuasca* user to synaesthesia. (2004: 86)

La cita de Bollig se centra en el poema XX, pero lo cierto es que la luz y la sinestesia son recursos que se hallan presentes a lo largo del libro: «la transparencia de la voz» del poema VIII, «los brillos rítmicos» del poema X o «la cítara pupilar» del poema «Paso de la serpiente», serían algunos ejemplos. Y, cuando la luz se mezcla con el movimiento, se crea un caleidoscopio de imágenes hipnótico. Es el caso del poema VIII: «en cada oscilación el fulgurante despedazamiento de la distancia en glóbulos de laca, en cada glóbulo una luz» (1991: 22).

Al igual que la sinestesia, los otros recursos destinados a transmitir el estado de conmoción que produce el «brebaje divino» se encuentran repartidos por todo el libro. En lo que se refiere a las paradojas, conviene destacar las dos preguntas que aparecen planteadas al final del poema II: «¿Adónde se sale cuando no se está? / ¿Adónde se está cuando se sale? (1991: 13). Son preguntas que remiten a la paradoja que plantea el significado etimológico del éxtasis: salir de uno, disolver la identidad[16]. Estas antilogías recuerdan a las empleadas por místicos cristianos como San Juan de la Cruz o Santa Teresa de Jesús («muero porque no muero») o a los *koan* que el maestro zen plantea a sus discípulos (¿qué sonido produce aplaudir con una sola mano?)[17]. Al igual que sucede en el *koan*, lo que se plantea en la poesía visionaria de Perlongher transciende el sentido literal de las palabras.

Otros recursos «excesivos» como las reiteraciones obsesivas o las aliteraciones y la paronomasia podrían compararse con otros métodos de la tradición hindú como la repetición de mantras, también concebidos para provocar un estado alterado de consciencia. En sánscrito *mantra* significa literalmente «liberación de la mente»; el mantra consiste en una palabra (o frase, sílaba, sonido) que el practicante de yoga debe repetir hasta lograr una concentración absoluta. A su

---

[16] De ahí el juego de reflejos y refracciones acuáticas que proponen los poemas de *Aguas aéreas*. Sin duda, el reflejo en el agua es casi siempre más inestable y fracturado que el reflejo obtenido en el espejo propiamente dicho. Esa imagen cambiante y rizomática dificulta la reapropiación y reterritorialización de la imagen de sí.

[17] El *koan* es un problema ilógico que únicamente puede resolverse suspendiendo el pensamiento racional.

vez, la monotonía de la reiteración y las constantes aliteraciones de *Aguas aéreas* quieren abstraer al lector («Por caños cañerías ventanolas corpúsculos y baños») del flujo constante de pensamientos en el que uno suele estar atrapado (1991: 25).

El conjunto de poemas que conforma *Aguas aéreas* no pretende describir una experiencia con ayahuasca; esa sería tarea de los ensayos antropológicos. El objetivo del poemario es, por el contrario, emprender un viaje que fluye mediante imágenes fugaces reemplazadas rápidamente por otras igualmente sugestivas. Las palabras mutan al igual que la consciencia; podemos fijar nuestra atención en cada una de las palabras, pero también es posible observar en la distancia el movimiento fluido que conforma este constante suceder de vocablos y de imágenes. Se trata de algo que es, a la vez, constante y dinámico. Reynaldo Jiménez, en «Templar», afirma que «Ese es el gesto supremo de la desagitación, del vuelo en el planeador de agua que es la conciencia una vez que se alivia de todo rol en la aceptación del juego inexplicable» (1991: 60)[18]. Nicolás Rosa, en los *Tratados sobre Néstor Perlongher*, interpreta ese flujo en clave de paseo esquizoide, de nomadización que «se opone a los trayectos rutinarios como los trazados distópicos excluyen la centralidad de las topías» (1997: 112-113). A su vez, en su prólogo a los *Poemas Completos* de Perlongher, Echavarren afirma que ese flujo de visiones, sonidos y palabras precisan de «un agua por donde fluyan, como un *perpetuum mobile*, una pantalla líquida que no cesa de brindar lo que no se sabía que estaba allí» (1997b: 10). Los versos de *Aguas aéreas* serían la culminación de una poética de desterritorialización que comienza con el Barroco. Suspender la función de comunicación del texto y jugar en su lugar con sones y sentidos permite romper con las sujecciones del yo lírico y deja fluir, en consecuencia, un torrente de visiones. Así lo sostiene el propio poeta en su ensayo «Caribe Transplatino. Introducción a la

---

[18] Ensayo que acompaña al poemario *Aguas aéreas*, publicado en 1991 por Último Reino.

poesía neobarroca cubana y rioplatense»: «Al desujetar, desubjetiva. Es el deshacimiento o desasimiento de los místicos. No es una poesía del yo, sino de la aniquilación del yo. Libera el florilegio líquido (siempre fluyente) de los versos de la sujeción al imperio romántico de un yo lírico» (1997: 94). Perlongher quiere dejar atrás el «yo lírico», el sujeto cartesiano que se presupone detrás del flujo de visiones. Se trata, en definitiva, de fluir hacia la continuidad superando la discontinuidad.

Receta para disolver el ego

Perlongher sostiene que la ayahuasca licúa y Echavarren añade que su poder de licuefacción afecta tanto a los dogmas religiosos como al «yo» con el que nos identificamos. La identidad que asumimos como propia, sostiene Echavarren, queda arrasada por el torrente de visiones que produce el brebaje amazónico:

> Creemos que nos conocemos, asumimos una identidad –que se derrumba arrasada por el ramalazo de un cielo líquido, una nueva chance de introspección que nos hace ver como extraña nuestra actitud cotidiana y también nuestro sentimiento, abocados a un misterio más hondo que se manifiesta. Nos recorre una fuerza ajena. (Echavarren 2007: 32)

No está de más recordar en este punto al antropólogo Michael Taussig y su descripción de los efectos disociativos del yajé, donde pone de relieve la corriente constante de imágenes de uno mismo que van sucediéndose en la consciencia. En un momento determinado, las identidades dejan de guardar relación unas con otras, y aunque el observador sigue identificándolas como propias, a la vez las siente como si pertenecieran a otros:

> I learn to use dissociation as an advantage as a way of escaping from the horror. I am not the person being got at; rather I am the

disembodied face-presence calmly peering in and watching this other
and unimportant me. I watch my other self, safely now. But then this
second me, this objective and detached observer, succumbs too, and I
have to dissociate into a third and then a fourth as the relation between
my-selves breaks, creating an almost infinite series of fluttering mirrors
of watching selves and feeling others. (1991: 141)

En definitiva, todas estas experiencias –la mirada que se desliza
infinitamente, la fuerza extraña que nos atraviesa, el reconocimiento
de ese elemento ajeno como algo propio– remiten a lo que Baigorria
define como «cuerpo místico». Según él, las sustancias psicoactivas
articulan lo que equivaldría a un «cuerpo sin órganos», empleando la
terminología que Deleuze y Guattari toman prestada de Artaud, o a
un cuerpo desmembrado, siguiendo el mito del origen de Dionisos:

> En las sustancias inductoras del éxtasis se jugaría la construcción de
> un cuerpo místico, asociado al deleuziano «cuerpo sin órganos», donde
> cambia la imagen corporal, el sujeto se percibe a sí mismo desde fuera,
> en un plano cero de pura intensidad que corresponde a las vibraciones,
> los corpúsculos, las ondas, las velocidades, las lentitudes. (Baigorria
> 1996: 35)

En *Mil Mesetas,* Deleuze y Guattari definían ese cuerpo sin órganos como conexión de deseos, conjunción de flujos, *continuum* de intensidades (2002: 166). No es baladí que presten atención a la forma en que Carlos Castaneda –experimentando, entre otras cosas, con el peyote– logra construir «flujo por flujo y segmento por segmento» lo que denominan «líneas de experimentación»: «no puede hablarse de "mi" cuerpo sin órganos, sino de "yo" en él, lo que queda de mí, inalterable y cambiando de forma, franqueando umbrales» (2002: 166). Desaparecen las imágenes fijas, los umbrales permanentes de lo que constituye nuestra identidad. Sigue habiendo una suerte de yo, una mirada, pero es este un «yo» que cambia incesantemente de forma, que se metamorfosea constantemente. El cuerpo sin órganos, al posibilitarnos *devenir-alguna cosa diferente* (devenir-animal, devenir-mujer, devenir-niño, devenir-molécula…), nos permite, al mismo tiempo, ver la realidad con los ojos del otro.

Dos modos de experimentación

Al inicio mencionábamos como nexo de unión entre Perlongher y el renacimiento psicodélico que ambos proponen un uso de los enteógenos alejado de objetivos meramente lúdicos. También remarcábamos la sintonía entre el poeta argentino y Artaud en su compartido interés por las experiencias enteogénicas dentro de un marco ritual. Para Perlongher hay dos maneras de emplear sustancias psicoactivas: la primera implicaría una experimentación descontextualizada y ociosa, en la que existiría un elevado riesgo de autodestrucción. Y pone como ejemplo fallido de este primer modo de experimentación al movimiento psicodélico de los años sesenta, que en su opinión habría fracasado en parte por su incapacidad para liberarse de la filosofía individualista y constituirse en una suerte de religión comunitaria. El segundo modo de experimentación, en tanto que alternativa al primero, consistiría en explorar las sustancias embriagantes bajo el paraguas de un marco ritual y comunitario. El poeta ya había manifestado en su ensayo «Poesía y éxtasis» que, para conservar la lucidez en medio del torbellino dionisíaco que desencadenan las sustancias psicoactivas, hacía falta la forma apolínea o, si se prefiere, dar sentido a la experiencia (1997: 153). Para darle *forma* al éxtasis psicodélico se hace necesario recuperar el espíritu de aquellas sabidurías tradicionales que siempre han entendido el éxtasis como experiencia sagrada: «hay maneras religiosas del trance que, lejos de echar las luminosidades fantasmagóricas por la borda del agujero seductor, disponen el agenciamiento de los brillos como una escalera hacia lo celeste del astral» (1997: 153).

Esa recuperación es posible, según Perlongher, porque han surgido versiones modernas, recicladas y eclécticas de esas religiones, ritos o cultos de antaño. Y es ahí donde entraría la religión de la ayahuasca en su vida, porque sus prácticas combinan la fuerza dionisíaca con la mesura apolínea del ritual. En el Santo Daime lo dionisíaco se concreta no solo en el uso de un brebaje psicoactivo, sino también en los cantos y bailes de los que participan sus adeptos durante toda la noche:

> algún dios me escuchó y me puso en contacto con una religión brasileña, la del Santo Daime, que tiene un ritual absolutamente orgiástico. Beben un líquido que se llama ayahuasca, originario del Amazonas. Después –en medio de visiones potentísimas provocadas por la bebida– cantan y bailan durante toda la noche, sin parar. (Perlongher 2004: 353)

Lo apolíneo, por su parte, estribaría en el carácter «orientador» de los himnos cantados por los iniciados, que actúan –a decir de Perlongher–, como faro de las expediciones visionarias:

> las expediciones visionarias por las infractuosidades transpersonales y los paraísos del más allá, son puntuadas y orientadas por himnos musicales, recibidos por inspiración divina por los correligionarios, que obran como faro y guía en el asombroso arrobamiento de la fuerza, devolviendo así lo divino a la forma del éxtasis que es la poética. (1997: 153)

El problema surge cuando la forma que se ha elegido para contrarrestar lo dionisíaco acaba restringiendo lo que esa fuerza tiene de positivo. Y ello explica en buena parte por qué Perlongher se irá distanciando progresivamente de la Iglesia del Santo Daime hasta que, poco antes de su muerte, se produzca la ruptura definitiva, formalizada por el escritor con una carta oficial de separación (Echavarren 2007: 33).

Tal como adelantábamos, hay diversas razones para esta ruptura final. Echavarren sostiene que muchas de ellas tienen que ver con la estructura jerarquizada de la organización y las batallas internas por el poder, a las que se sumaría la imposibilidad de crear una comunidad homogénea por las abismales diferencias educativas e intelectuales de sus miembros (2007: 33)[19]. A estas habría que añadir otra razón igualmente significativa, que sería la incapacidad de la Iglesia para curar la enfermedad de Perlongher. Durante un tiempo, el poeta argentino depositó su esperanza en el supuesto poder de los *trabajos de cura* conducidos por el Santo Daime, creyendo que estos le permitirían superar el SIDA. Las evidencias de su empeoramiento físico, sin embargo, acabarán con tales expectativas. Así lo confirma Bollig, quien sostiene que «prior to Perlongher's death, he had broken with the Santo Daime religion as he felt that it could not offer the medical help that the latter stages of AIDS required» (2004: 81)[20].

En cualquier caso, a las razones para explicar el distanciamiento de Perlongher con respecto al Santo Daime habría que sumar una última, relacionada con el papel territorializador que ejercen los himnos del Santo Daime: no solo deben ser recitados por los adeptos de la Iglesia mientras experimentan los efectos del brebaje psicoactivo, sino que imponen una determinada lectura de la experiencia psicotrópica y, en consecuencia, no dejan espacio al individuo para arti-

---

[19] Al respecto de las batallas internas, es necesario clarificar que los grupos daimistas que surgen después de la muerte del Mestre Irineu enfrentan visiones contrapuestas de cómo debe ser continuado el legado de su fundador y dichas divergencias crearán numerosas tensiones. Como señala Edward MacRae, «Nesse ambiente é difícil evitar sectarismos e alegações de determinadas doutrinas de que seriam mais "puras" ou "autênticas" que outras» (2008: 292). Para Luis Eduardo Luna, esas luchas serían la constatación de que controlar o monopolizar el uso de la ayahuasca es para algunos una cuestión de poder (2016: 282).

[20] El interés de Perlongher por las terapias no convencionales para curarse del SIDA no se restringe, pese a todo, al Santo Daime; también frecuentará curanderos con el mismo propósito. En una carta a Beba Eguía que recoge Gustavo Vargas, Perlongher comenta: «Mi entrevista con la médica que me trata no fue muy tranquilizadora que digamos… Al mismo tiempo me quiero volver (lo he decidido haciendo el pedido de un pasaje) para hacer un trabajo de cura en el Santo Daime y también ir con vos a ver al Padre Mario al Bajo Flores» (Vargas 2021: 133).

cular libremente sus propias interpretaciones. Y si bien es cierto que el poeta remarca en numerosas ocasiones que es necesario darle una *forma* o sentido al arrebato dionisiaco, esa forma de ninguna manera puede ser impuesta. La deriva autoritaria que Perlongher percibió en esos cultos lo alejó definitivamente de ellos y constituye, en última instancia, un aviso sobre lo que cualquier navegante embarcado en el resurgir psicodélico del siglo XXI debe evitar a toda costa.

Bibliografía

Artaud, Antonin (1985): *Los tarahumara*. Barcelona: Tusquets.
Baigorria, Osvaldo (1996): «La Rosa Mística de Luxemburgo». En Cangi, Adrián & Siganevich, Paula (eds.): *Lúmpenes peregrinaciones. Ensayos sobre Néstor Perlongher*. Rosario: Beatriz Viterbo, 175-180.
— (2009): «Néstor Perlongher, un cartógrafo del éxtasis». En *Paseo esquizo*: <https://osvaldobaigorria.com/2010/08/31/un-antropologo-del-extasis/>.
Balletta, Edoardo (2012): «Paraísos "barrosos": el éxtasis como foco central de la poética de Néstor Perlongher». En *Altre Modernità* 7: 139-158.
Bravo, Luis (2004): «Un diamante de lodo en la garganta». En Perlongher, Néstor: *Papeles insumisos*. Buenos Aires: Santiago Arcos, 301-307.
Bollig, Ben (2004): «Néstor Perlongher and mysticism: Towards a critical reappraisal». En *Modern Language Review* 99 (1): 77-93.
Cangi, Adrián (2004): «Prólogo». En Perlongher, Néstor: *Papeles insumisos*. Buenos Aires: Santiago Arcos, 7-32.
Cussen, Felipe (2012): «Éxtasis líquido: Néstor Perlongher y la poesía visionaria en Latinoamérica». En *Revista de Crítica Literaria Latinoamericana* 38 (76): 173-190.
Deleuze, Gilles & Guattari, Felix (2002): *Mil mesetas. Capitalismo y esquizofrenia*. Valencia: Pre-Textos.
Echavarren, Roberto (1997): «Prólogo». En Perlongher, Néstor: *Poemas completos*. Buenos Aires: Seix Barral, 5-13.
— (2007): «El azar y la droga (sobre Néstor Perlongher)». En *Revista Plebellas* 11: 27-34.
Epps, Brad (2005): «La ética de la promiscuidad: Reflexiones en torno a Néstor Perlongher». En *Iberoamericana* 5 (18): 145-164.

FERICGLA, Josep M.ª (1996): *Al trasluz de la ayahuasca*. Quito: Abya Yala.
FLORES, Enrique (2011): «Chamanismo y neobarroso: poética de la ayahuasca». En *Revista Laboratorio* 5: <https://revistalaboratorio.udp.cl/index.php/laboratorio/article/view/124/118>.
GIOBELLINA BRUMANA, Fernando (2005): *Soñando con los dogon. En los orígenes de la etnografía francesa*. Madrid: CSIC.
GOULART, Sandra Lucia (2008): «Estigma de grupos ayahuasqueiros». En Caiuby Labate, Beatriz & Goulart, Sandra & Fiore, Mauricio & MacRae, Edward & Carneiro, Henrique (eds.): *Drogas e culturas: novas perspectivas*. Salvador: Edufba / MINC, 251-288.
IRIBAS RUDÍN, Ana (2000): «En busca de la alteridad: autoexperimentaciones de Henri Michaux». En *Arte, Individuo y Sociedad* 12: 171-184.
JIMÉNEZ, Reynaldo (1991): «Templar». En Perlongher, Néstor: *Aguas aéreas*. Buenos Aires: Último Reino, 59-62.
LUNA, Luis Eduardo (2016): «Some observations on the phenomenology of the ayahuasca experience». En Luna, Luis Eduardo & White, Steven F. (eds.): *Ayahuasca reader. Encounters with the Amazon's sacred vine*. Santa Fe: Synergetic Press, 258-285.
MAC RAE, Edward (2004): «Recibir los himnos, pero celebrar el vacío»: En Perlongher, Néstor: *Papeles insumisos*. Buenos Aires: Santiago Arcos editor, 382-394.
— (2008): «A elaboração das políticas públicas brasileiras em relação ao uso religioso da ayahuasca». En Labate, Beatriz Caiuby & Goulart, Sandra Lucia & Fiore, Mauricio & MacRae, Edward & Carneiro, Henrique (eds.): *Drogas e culturas. Novas perspectivas*. Salvador: Edufba / MINC, 289-314.
MOLINA, Daniel (2004): «Paseando por los mil sexos». En Perlongher, Néstor: *Papeles insumisos*. Buenos Aires: Santiago Arcos, 316-320.
NARBY, Jeremy (2016): «Ayahuasca as antidote». En Luna, Luis Eduardo & White, Steven F. (eds.): *Ayahuasca reader. Encounters with the Amazon's sacred vine*. Santa Fe: Synergetic Press, 280-285.
PAYAGUAJÉ, Fernando (1990): *El bebedor de yajé*. Río Aguarico: CICAME.
PAZ, Octavio (1994): *Obras completas, 2: Excursiones / Incursiones: Dominio extranjero*. Barcelona / México: Círculo de Lectores / Fondo de Cultura Económica.

Perlongher, Néstor (1991): *Aguas aéreas*. Buenos Aires: Último Reino.
— (1993): *Chorreo de las iluminaciones*. Caracas: Pequeña Venecia.
— (1997): *Prosa plebeya. Ensayos 1980-1992*. Buenos Aires: Colihue.
— (2004): *Papeles insumisos*. Buenos Aires: Santiago Arcos editor.
Rosa, Nicolás (1997): *Tratados sobre Néstor Perlongher*. Buenos Aires: Ars.
Ruck, Carl A. P. & Bigwood, Jeremy & Staples, Danny & Ott, Jonathan & Wasson, R. Gordon (1979): «Entheogens». En *Journal of Psychoactive Drugs* 11 (1-2): 145-146.
Schneider, Luis Mario (1984): «Artaud y México». En Artaud, Antonin: *México y Viaje al país de los tarahumaras*. México: Fondo de Cultura Económica.
Suárez Álvarez, Carlos (2023): «Ayahuasca, consumo global y muertes difundidas en los medios». En ICEERS: <https://www.iceers.org/es/ayahuasca-consumo-global-muertes/>.
Taussig, Michael T. (1991): *Shamanism, colonialism, and the wild man. A study in terror and healing*. Chicago: The University of Chicago Press.
Vargas, Gustavo (2021): «Intimidad, memoria y revelación: Representaciones del HIV/SIDA en la escritura epistolar de Néstor Perlongher y Caio Fernando Abreu». En *Letral* 26: 145-176.
Vecchio, Diego (2004): «Las formas del éxtasis». En Perlongher, Néstor: *Papeles insumisos*. Buenos Aires: Santiago Arcos, 344-346.
Wasson, Robert Gordon & Hofmann, Albert & Ruck, Carl Anton Paul (1978): *The road to Eleusis. Unveiling the secret of the Mysteries*. New York / London: Harcourt Brace Jovanovich / H. and K. Wolff Book.

Las promesas y los peligros de la ayahuasca en el ecocine sobre la Amazonia

Lauren Mehfoud
University of Virginia

¿Qué pasaría de existir una sustancia que hiciera que la gente adoptara un comportamiento medioambiental sostenible? Recientemente, varios investigadores han llevado a cabo estudios que sugieren que el sentido de conexión con la naturaleza producido por los psicodélicos contribuye a un aumento en la conducta proambiental de sus usuarios (Sagioglou & Forstmann 2022, Paterniti & Bright & Gringart 2022). Una sustancia psicoactiva que ha recibido bastante atención en estos estudios es la ayahuasca, el brebaje psicoactivo usado como medicina tradicional por varios pueblos indígenas de la Amazonia que en las últimas décadas se ha popularizado, fuera de su contexto tradicional, como remedio para varias enfermedades físicas y mentales. Su supuesta cualidad de fomentar el comportamiento proambiental la ha hecho también de interés para los movimientos ecologistas. Algunas figuras del llamado «renacimiento psicodélico» han caracterizado la ayahuasca como «una influencia catalítica para cambiar la consciencia ambiental global» (McKenna 2016)[1]. Si esta medicina tradicional realmente cultiva en sus usuarios un sentido de interconexión con el medio ambiente y, en consecuencia, fomenta o propicia una conducta proambiental, ¿podría ser una estrategia eficaz en la lucha contra el extractivismo y el cambio climático? O dicho de otro modo, ¿podría la ayahuasca ayudar a salvar la Amazonia?

---

[1] Véase también Metzner 2005.

La ayahuasca, al mismo tiempo, se ha convertido en el centro de una industria turística en desarrollo que ha tenido impactos negativos tanto para el medioambiente como para las comunidades indígenas cuyo conocimiento ha comercializado. Se estima que en 2019 más de 60 000 turistas viajaron a la Amazonia y Costa Rica para participar en ceremonias de ayahuasca, generando más de sesenta millones de dólares (Álvarez 2024). El fenómeno del turismo de la ayahuasca requiere la provisión continua de las plantas usadas en la preparación del brebaje y la construcción de centros de retiro, lo que ha agravado la privatización de la tierra en los territorios indígenas y ha limitado el acceso indígena a las plantas medicinales (Gómez-Barris 2021: 53 y Celidwen 2020: 2, 7). De modo que la ayahuasca y su consumo suponen una paradoja: es celebrada como un posible catalizador para el movimiento conservacionista, al tiempo que es centro de una industria turística que depende de la explotación de las comunidades indígenas y de la biodiversidad de la Amazonia.

En lo que sigue, me ocupo de las promesas y los peligros de la presencia de la ayahuasca en la producción cultural contemporánea sobre temas ecológicos. Un ejemplo temprano de este fenómeno aparece en *La vorágine*, la conocida novela de José Eustasio Rivera, publicada en 1924, cuando el conocimiento general sobre la ayahuasca —también conocida como yagé— aún se limitaba a las zonas rurales de la Amazonia. En la novela, un personaje mestizo, el Pipa, consume el yagé, lo que le permite oír las voces de los animales y las plantas en la selva, incluso los gritos escalofriantes de los árboles siendo derribados. *La vorágine* se ha interpretado como una crítica temprana al extractivismo en la Amazonia (Rogers 2019, Hoyos 2019 y Fornoff 2023), y esta escena parece generar en el lector una conexión empática con la vida no humana de la selva[2]. Hoy, un siglo después de la aparición de la novela, el extractivismo en la Amazonia se ha visto intensificado

---

[2] Lesley Wylie (2013: 195-201) analiza *La vorágine* en su discusión de la estética del yagé, pero no con respecto a la relación entre esta escena y el mensaje ecológico de la novela.

por el capitalismo neoliberal y sus efectos desastrosos agravados por el cambio climático. La ayahuasca, a su vez, ha pasado de ser un brebaje amazónico desconocido a un psicodélico de prestigio global. La difusión del conocimiento sobre la ayahuasca se debe, en gran parte, al auge de estudios científicos y publicaciones literarias sobre el tema durante la segunda mitad del siglo XX, que contribuirían décadas después al fenómeno cultural conocido como «renacimiento psicodélico»[3]. La presente popularidad de la ayahuasca, alimentada por los testimonios de celebridades e *influencers*, ha llevado a un aumento en la producción audiovisual sobre el tema[4]. Al mismo tiempo, desde 2010, el cine se ha convertido en un medio privilegiado para explorar los asuntos medioambientales en América Latina[5]. No sorprende, entonces, que estas tendencias hayan convergido y que el cine sobre el medioambiente, o ecocine, esté haciendo uso de la popularidad global de la ayahuasca para llamar la atención hacia los problemas ecológicos que afronta la Amazonia.

---

[3] La investigación del etnobotánico estadounidense Richard Evans Schultes influyó en el trabajo de los autores de la generación beat. Allen Ginsberg y William S. Burroughs publicaron en 1963 su correspondencia sobre sus experiencias con la ayahuasca, *The Yage letters*. Otras publicaciones que contribuyeron a la popularización de la ayahuasca son *Plants of the Gods* (1979), de Richard Evans Schultes, *Las tres mitades de Ino Moxo y otros brujos de la Amazonía* (1981), del autor peruano César Calvo, *True Hallucinations* (1989), del etnobotánico estadounidense Terence McKenna, y *One River* (1996) de Wade Davis, etnobotánico canadiense y estudiante de Schultes.

[4] De la ayahuasca se ocupan documentales recientes como *Ayahuasca: vine of the soul* (2010), *Ayahuasca* (2014), *The last shaman* (2016) y *The reality of truth* (2016), entre otros. Las películas de ficción sobre la ayahuasca incluyen las películas peruanas *Planta madre* (2014) e *Icaros: a vision* (2016) y la colombiana *El abrazo de la serpiente* (2015). *El viento de la ayahuasca* (1982), de la directora peruana Nora de Izcue, es un ejemplo temprano en el tratamiento del tema.

[5] Carolyn Fornoff y Gisela Heffes atribuyen el auge del ecocine latinoamericano desde 2010 al precio decreciente de producción, la preocupación cultural con el ambiente y la abundancia de festivales de cine dedicados a los temas ecológicos (2021: 9-10).

Un ejemplo reconocido de esta tendencia es *El abrazo de la serpiente* (2015), el tercer largometraje del director colombiano Ciro Guerra y la primera película colombiana en recibir una nominación al Oscar. Situada en la Amazonia durante la primera mitad del siglo XX, la película cuenta la historia de Karamakate, un chamán indígena que acompaña en dos momentos distintos a dos extranjeros que viajan por la selva en busca de una planta psicoactiva. *El abrazo* ha sido objeto de varios estudios académicos, algunos de los cuales han celebrado su mensaje decolonial y ecológico (Jaramillo 2019, D'Argenio 2018, Mutis 2018), mientras que otros han analizado su representación de las poblaciones indígenas de la Amazonia (Berghahn 2017, Gleghorn 2020, Carey-Webb 2024). La trama gira en torno a la búsqueda de una planta sagrada imaginaria, la yakruna, lo que se ha interpretado como una adaptación decolonial de la narrativa del viaje hacia el interior de la Amazonia (Carey-Webb 2024: 165). Ahora bien, la yakruna le da a la película mucho más que un toque decolonial. La yakruna remite a una planta real usada en la preparación de la ayahuasca, conocida como chacruna (*Psychotria viridis*), lo cual pone de relieve el rol de las plantas psicotrópicas en el discurso medioambiental contemporáneo. Mi análisis se enfoca en la representación narrativa y estética de la yakruna en *El abrazo de la serpiente* para explorar cómo la película critica —o perpetúa— los impactos negativos ecológicos del «renacimiento psicodélico» en la región. Como veremos al final, un breve examen de la película peruana *Río verde: el tiempo de los Yakurunas* (2017) muestra una variante menos conocida de la representación de la ayahuasca en el ecocine sobre la Amazonia, y servirá de contraste sobre las posibilidades y los límites de estos distintos acercamientos.

Extractivismo y bioprospección psicodélica

El abrazo de la serpiente, como se ha dicho, se centra en un maestro indígena llamado Karamakate, quien acompaña a dos viajeros blancos por la selva amazónica en busca de la yakruna. El primero de ellos, un etnógrafo alemán llamado Theo, pide la ayuda de Karamakate después de contraer una enfermedad que solo puede curarse con la planta. La trama tiene lugar en 1909, pero se entreteje durante la película con una trama paralela en la década del cuarenta, cuando Evan, un botánico estadounidense, va en busca de la yakruna en compañía del ya envejecido Karamakate. Aunque Evan recurre al pretexto de una transformación espiritual, explicándole al chamán que nunca ha soñado, al final se revela que su verdadera motivación para obtener la yakruna es facilitar la producción de caucho y apoyar así los esfuerzos militares del gobierno estadounidense. Los viajes de Theo y Evan siguen caminos paralelos por la selva y la película salta entre las dos tramas; una termina con la muerte de uno de los viajeros y la otra con una experiencia psicodélica transformadora para el otro.

El abrazo tiene lugar dentro del contexto histórico de la «fiebre del caucho», el periodo de extracción y exportación masiva de caucho en la Amazonia entre finales del siglo XIX y comienzos del XX. Para la extracción del látex de los árboles de caucho (*Hevea brasiliensis*), las compañías dependían de la explotación y en ocasiones de la esclavitud de las poblaciones indígenas de la región. *El abrazo* se filmó en los departamentos de Vaupés y Guainía, que forman parte de la región amazónica de Colombia donde se concentró, en su mayoría, la extracción de caucho. En el departamento cercano del Putumayo, ubicado en la misma región, las atrocidades cometidas por las compañías caucheras fueron tan brutales que esa época se conoce como el «genocidio del Putumayo». Antonio Bolívar, el actor que encarna al viejo Karamakate, era antes de su muerte en 2020 uno de los últimos miembros vivos del pueblo Ocaina, una de las comunidades indígenas más afectadas por la industria cauchera en el Putumayo. Así, en más de un sentido, la extracción del caucho está siempre presente en *El abrazo*, lo que confiere un nuevo significado a la búsqueda de la yakruna que impulsa la trama.

El análisis ecocrítico de *El abrazo* se ha enfocado sobre todo en la representación de la industria del caucho (Mutis 2018, Jaramillo

2019, Whitfield 2020 y Carey-Webb 2024), con menos énfasis en la representación de la yakruna como materia prima en peligro de extracción. Esta omisión se debe al hecho de que la yakruna, a diferencia del caucho, no se representa como una materia prima en sí, sino como un repositorio del conocimiento indígena. El enfoque crítico sobre la vulnerabilidad del conocimiento indígena a la extracción es valioso, pero también minimiza la materialidad de la yakruna; como resultado, se pierde la crítica implícita en la película sobre el impacto ecológico del turismo chamánico y de la bioprospección psicodélica, o la búsqueda sistemática de biodiversidad para fines comerciales. Amanda Smith ha demostrado que las narrativas del siglo XX sobre la ayahuasca ocultan el hecho de que el extractivismo del caucho facilitó la mercantilización temprana del chamanismo de la ayahuasca en la Amazonia (2017). Si bien comparto aquí esa preocupación sobre la lógica extractivista del turismo de la ayahuasca, también me interesa considerar cómo el ecocine latinoamericano contemporáneo está utilizando la ayahuasca para subrayar, en vez de ocultar, estas conexiones. *El abrazo* demuestra que esta estrategia cultural es un arma de doble filo, capaz de revelar la dinámica extractivista del turismo de la ayahuasca y, al mismo tiempo, de reforzar los mitos coloniales y raciales que lo sostienen.

El abrazo establece varias conexiones entre la ayahuasca y el caucho, algunas de las cuales se basan en las experiencias de las figuras históricas sobre las que se inspiraran los protagonistas Theo y Evan. El etnólogo alemán Theodor Koch-Grünberg (1872-1924) y el etnobotánico estadounidense Richard Evans Schultes (1915-2001) compartían el interés por la ayahuasca y sus usos tradicionales en la Amazonia. Aunque nunca se conocieron –Koch-Grünberg murió de malaria en Brasil en 1924, décadas antes de que Schultes iniciara su trabajo de campo en el sureste de Colombia en 1941–, ambos fueron testigos de la fiebre del caucho. Koch-Grünberg coincidió con el periodo más violento de esta economía extractivista a inicios del siglo XX, un hecho al que alude la película cuando Theo, su compañero Manduca y Karamakate encuentran a un hombre indígena mutilado que ha sido esclavizado por una compañía cauchera. Por otro lado, la relación de Schultes con la industria del caucho era más directa. Al inicio de la Segunda Guerra Mundial, después de perder acceso a las plantaciones de caucho en el sureste asiático, el gobierno estadounidense contrató a Schultes para identificar los árboles amazónicos que fueran resistentes a las enfermedades y pudieran servir como fuente de caucho alternativa. *El abrazo* presenta este aspecto del trabajo de Schultes en la trama de Evan, cuyo supuesto intento de localizar la yakruna forma parte de un plan para apoyar los esfuerzos del ejército estadounidense durante la guerra. Además de incorporar estos detalles históricos en la trama, su director Ciro Guerra se esfuerza aún más por establecer una conexión fuerte entre el caucho y la ayahuasca.

La yakruna, la planta ficcional que buscan los protagonistas de *El abrazo*, es una referencia apenas disimulada a una planta amazónica conocida como chacruna (*Psychotria viridis*), un arbusto floreciente que se usa en la preparación de la ayahuasca. Cuando se combina con la liana caapi (*Banisteriopsis caapi*), el DMT presente en la chacruna produce alucinaciones intensas[6]. Desde hace siglos, varios pueblos indígenas de la Amazonia han usado este brebaje como medicina tradicional. Muchos han interpretado el uso de una planta imaginaria en *El abrazo* como un gesto de respeto cultural, pero a pesar de que la planta en la película tiene una apariencia distinta a la de la chacruna, la diferencia de solo un fonema entre sus nombres apunta claramente a la chacruna como el referente real de la yakruna[7]. Es posible que la decisión de Guerra de optar por una planta imaginaria

---

[6] Las betacarbolinas presentes en *B. caapi* inhiben la enzima monoamino oxidasa A (MAO-A), lo que hace que el cuerpo metabolice más lentamente la dimetiltriptamina (DMT) presente en *P. viridis*, produciendo efectos psicoactivos.

[7] D'Argenio sostiene que «no se emplean en esta película los nombres de plantas o seres considerados sagrados por las comunidades nativas», lo que describe como «un ejemplo de la rigurosidad de la película y su respeto intercultural hacia las culturas nativas» (2018: 139). Gleghorn, sin embargo, ha observado que la pelí-

haya tenido que ver con la libertad que le daría al director de atribuirle otras características, como la capacidad de purificar el caucho. En su primera interacción con Karamakate, Evan describe la yakruna como «una planta sagrada que cura enfermedades, que crece en el caucho y aumenta su nivel de pureza» (0:12:47). Si bien esa función doble de la yakruna como agente de curación y purificador del caucho es pura ficción, le permite a Guerra entretejer aún más los hilos de la ayahuasca y el caucho.

Sean históricas o imaginadas, las conexiones que *El abrazo* establece entre la ayahuasca y el caucho ponen de relieve la dinámica colonial y extractivista de la bioprospección de psicodélicos en la Amazonia. Como una derivación de la etnobotánica, la bioprospección se caracteriza por la extracción del conocimiento de los informantes indígenas a fin de mercantilizar la biodiversidad (Schiebinger 2007: 16). Esta práctica tiene sus orígenes en la era colonial pero continúa viva hasta hoy, particularmente en el contexto del llamado «renacimiento psicodélico» y la exploración de la industria farmacéutica para aprovecharse de los beneficios de medicinas indígenas tradicionales como el peyote, los hongos psilocibios y la ayahuasca. En *El abrazo*, Karamakate es consciente de su posición como mediador entre el protagonista europeo, el estadounidense y la yakruna, que describe como «el mayor conocimiento de mi pueblo» (1:38:56). Para Karamakate la yakruna no es un mero contenedor del conocimiento de su pueblo sino una entidad viva, inextricable de este conocimiento.

Las interacciones entre el chamán Karamakate y los viajeros, Theo y Evan, enfatizan la preocupación de aquel por las condiciones materiales de la yakruna. En su primer encuentro con Evan, Karamakate lo observa masticando hojas de coca y le pregunta sospechosamente: «¿Le gusta nuestra coca? ¿También quieres la yakruna?» (0:13:13). En el cambio del siglo XIX al XX, la coca —una medicina tradicional de

---

cula hace referencia a otras plantas usadas en la preparación de la ayahuasca como el caapi y el chiricaspi, lo que contradice el argumento de D'Argenio (2020: 41).

los pueblos indígenas de la Amazonia– se integró al mercado global como materia prima en la producción de drogas como la cocaína y tónicos como la Coca-Cola y el Vin Mariani. La asociación que hace Karamakate entre la coca y la yakruna subraya su condición compartida de plantas medicinales y sagradas vulnerables a la extracción. Esta conexión se reafirma cuando el joven Karamakate cuestiona los motivos de Theo: «¿Qué más estás robando? ¿Coca? ¿Quinina? ¿Caucho? ¿También quieres robar la yakruna? ¿Qué más convertirás en muerte?» (0:39:48). Al asimilar la yakruna a la coca, el caucho y la quinina –plantas o sus derivados que se extraían y exportaban de la Amazonia–, Karamakate muestra su preocupación con la posible mercantilización de la yakruna.

Las preocupaciones de Karamakate prefiguran la explotación de la ayahuasca a finales del siglo XX. En 1986, Loren Miller, un empresario estadounidense y el fundador del International Plant Medicine Corporation en California, llegó a patentar una variedad del caapi (*Banisteriopsis caapi*), la liana usada en la preparación de la ayahuasca, que había adquirido durante un viaje a Ecuador. En 1999, un grupo de organizaciones indígenas y agencias de derecho ambiental solicitó que la Oficina de Patentes y Marcas Registradas (PTO) de los Estados Unidos revocara la patente de Miller. El PTO la revocó, no por la larga historia del conocimiento y uso de esta planta por pueblos indígenas en la Amazonia, sino por el hecho de que ya existía documentación de la misma planta en varios museos botánicos de los Estados Unidos, lo que invalidaba la supuesta novedad de la patente de Miller. Sin embargo, Miller apeló la decisión y en 2001 el PTO restauró su patente hasta 2003, su fecha de vencimiento original. Este caso pone de manifiesto la vulnerabilidad de las plantas medicinales y sagradas a la biopiratería, esto es, la apropiación y la privatización de la biodiversidad y del conocimiento indígena con fines de lucro (Press 2021: 331-332). Aunque las tramas entrelazadas de *El abrazo* se desarrollan décadas antes de este caso y de la explosión del turismo de la ayahuasca en el siglo XXI, la película dialoga con estos fenómenos al subrayar la posición precaria de la ayahuasca frente al capitalismo.

Consciente de cómo el capital global podría poner en riesgo a la yakruna, Karamakate navega con cuidado su rol como intermediario entre Theo y el poder curativo de la yakruna. Antes de conocer a Theo y Manduca, Karamakate se creía el último sobreviviente del pueblo cohiuano —un pueblo ficticio—, pero aquellos le informan que ha sobrevivido una pequeña comunidad y salen juntos a localizarla, con la idea de que allá también encontrarán la yakruna. Cuando llegan, Karamakate encuentra un grupo de hombres cohiuanos, algunos vestidos con ropa europea, emborrachándose con la yakruna sin consideración alguna a los ritos tradicionales. También descubre hileras de yakruna sembradas bajo un árbol, lo que lo lleva a exclamar que «la yakruna no debe cultivarse» (1:37:55). Indignado, Karamakate prende fuego a las plantas; mirando a Theo y Manduca, grita «¡Aquí está la yakruna! ¡El mayor conocimiento de mi pueblo! No voy a dejar que la lleves. ¡Nunca!» (1:38:56). Mientras las llamas consumen las flores de la yakruna, se dan cuenta de que está destruyendo la única esperanza de curar a Theo, condenándolo efectivamente a muerte. Si bien Theo no tenía intenciones de usar la yakruna con fines económicos, Karamakate anticipa correctamente las posibles consecuencias de compartir sus conocimientos sobre la planta con alguien ajeno a su cultura. Y en efecto, luego sabremos que tras la muerte de Theo, Manduca envió sus diarios a Alemania para ser publicados: será por ellos que Evan descubra la existencia de la yakruna, y que décadas después decida buscarla.

Cabría esperar que la película representara la decisión de proteger la yakruna como un acto presciente, aunque complicado, de Karamakate, que está en sus derechos como protector del conocimiento de la planta. Sin embargo, *El abrazo* presenta esta decisión como un error, que traerá consecuencias negativas no solo para Theo, sino también para el chamán indígena. En su primer encuentro con Evan, décadas después de su última interacción con Theo, Karamakate ha perdido mucho de su conocimiento a causa de su aislamiento cultural. Lo subraya un pasaje en el que Evan saca unas hojas de coca y Karamakate admite que ya no sabe cómo preparar el mambe, un polvo preparado con hojas de coca. Es Evan quien le muestra cómo hacerlo, en una representación del científico estadounidense como conservador del conocimiento indígena. No obstante, el fondo histórico de la fiebre del caucho sugiere que la apropiación del conocimiento indígena sobre las plantas de la Amazonia es un factor que contribuye al desplazamiento y la desaparición de las poblaciones autóctonas. Esta lógica engendraría un ciclo vicioso en el que la desaparición del conocimiento indígena sirve como justificación de su extracción, que pone en riesgo la supervivencia de las culturas locales y perpetúa esas prácticas como un acto benévolo de preservación.

Mientras *El abrazo* desarrolla la relación entre Karamakate y Evan, su crítica de la bioprospección psicodélica se empieza a derrumbar. Al final de la película, después de encontrar la última yakruna, Karamakate decide prepararla para Evan en un acto que se presenta como redención de su decisión anterior de negarle el poder curativo de la yakruna a Theo. Karamakate explica que percibe a Evan y a Theo como la misma persona, lo que lo lleva a interpretar la llegada de Evan como una segunda oportunidad de preservar su conocimiento cultural. Su propósito verdadero, le explica el chamán a Evan, «no era para enseñarle a mi pueblo. Fue para enseñarte a ti» (1:54:50). Esta escena se ha criticado por reforzar la idea de que es responsabilidad de los pueblos indígenas educar a los extranjeros y compartir su conocimiento para probar su valor (Gleghorn 2020: 4, Carey-Webb 2024: 179). Karamakate comparte su conocimiento con Evan en un contexto más etnográfico que turístico; el hecho de que sea la yakruna la que facilite esta transmisión de saberes subraya la vulnerabilidad de las plantas sagradas ante la extracción. Hoy por hoy estas plantas se comercializan como objetos de cuyo consumo se espera la adquisición de los beneficios del conocimiento indígena sin proximidad relacional alguna. Entendida en el contexto contemporáneo, la película señalaría el tránsito de las plantas sagradas desde objetos de interés etnográfico y científico a objetos de mercantilización y turismo global.

La escena de la preparación de la yakruna para Evan refuerza varias fantasías coloniales que sustentan la industria del turismo chamánico. Al lado de una fogata, Karamakate pinta la espalda de Evan y le da a beber el brebaje preparado con la yakruna. La cámara asume la perspectiva de Evan por primera vez, lo que hace que la audiencia se identifique con su posición como receptor del conocimiento de Karamakate. El chamán se acerca a la cámara y le dice a Evan de «darles más de lo que pidieron. Llevarles una canción. Cuéntales todo lo que viste, todo lo que sientes. Vuelve como un hombre íntegro» (1:55:26). Entonces se acerca aún más, sopla un polvo en la nariz de Evan y declara: «Eres un cohiuano»[8]. Macarena Gómez-Barris ha criticado el turismo contemporáneo, incluyendo el turismo de la ayahuasca, como una forma de «colonialismo de colonos de la Nueva Era», que describe como

> una cruda condición resultante de la interacción entre visitantes extranjeros y pueblos Indígenas que reproduce la condición colonial, al extraer al chamán para el consumo de los sujetos del capitalismo tardío, en su deseo de estar «completos nuevamente», lejos del capitalismo de consumo y su alienación. (2021: 100)

La observación se hace eco de las palabras de Karamakate cuando le dice a Evan de volver «como un hombre íntegro», lo que reproduciría la idea de la medicina indígena como remedio para las aflicciones de la sociedad capitalista. La escena, además, satisface el deseo colonial de «jugar a ser indio» cuando Karamakate le imparte a Evan una identidad indígena durante el ritual de la yakruna. Más inquietante es el hecho de que sean esas las palabras finales del chamán, quien desaparece justo después de facilitar esa experiencia para Evan.

---

[8] El polvo no se nombra en la película, pero se parece al rapé, un polvo hecho con tabaco y otras plantas secadas y molidas que se puede administrar durante las ceremonias de ayahuasca.

Un número sorprendente de estudios académicos han interpretado esta escena como una vindicación del conocimiento indígena, que supuestamente ha transformado a Evan (Albites 2020, Deman 2021, Makas 2023, Mutis 2018, Jaramillo 2019), aunque otros han hecho notar cómo la desaparición de Karamakate refuerza el mito de origen colonial de la inevitabilidad de la desaparición indígena (Pare 2022, Swanson 2022, Whitfield 2020, Carey-Webb 2024). Sin embargo, las implicaciones ecológicas de la escena han recibido poca atención. Por ejemplo, Whitfield lamenta que «el clímax transcendente de la película, la transmisión del conocimiento de la civilización entera de Karamakate, se reduce a la resolución de la depresión occidental» (2018: 38). La película, sin embargo, deja claro que los efectos de la visión de Evan no se limitan al mundo interior de un individuo. Ana María Mutis nota que «Karamakate comprende que solamente mediante la transmisión de sus conocimientos al hombre blanco, este podrá entender la importancia del Amazonas y de su gente, y así evitar su destrucción» (2018: 38).

La elección de Karamakate de preparar el brebaje para el consumo de Evan se representa como un acto que transforma la lógica capitalista y extractivista de Evan, y subvierte así sus planes de usar la yakruna para apoyar la producción de caucho del ejército estadounidense. En efecto, la conclusión de la película se ha interpretado como el triunfo de un «conocimiento que aumente nuestra sensibilidad ética ante la naturaleza que nos rodea, no en uno que la consuma» (Jaramillo 2019: 599). Durante el viaje que precede a la escena final, Evan y Karamakate han conversado en detalle sobre el conocimiento indígena y han observado los impactos tremendos del colonialismo y el extractivismo en los pueblos autóctonos. No obstante, estas experiencias no han sido lo bastante impactantes para alterar los planes de Evan de procurar la yakruna por motivos bélicos y económicos. Así, cuando finalmente ubican la última planta de yakruna y Karamakate declara su intención de prepararla para el consumo ritual, Evan lo amenaza con un cuchillo e insiste en que guarde el espécimen para la investigación científica. Solo después de un enfrentamiento físico en que Karamakate lo reta a que lo mate es que Evan cede al plan del chamán. A fin de cuentas, la visión de la yakruna que sigue a esta interacción se representa como la experiencia que altera la perspectiva occidental de Evan de manera definitiva.

Las visiones psicodélicas y la mirada extractivista

Una de las escenas más llamativas de *El abrazo de la serpiente* es el montaje audiovisual con que se representa la visión de la yakruna, el único momento en la película que se desvía de su estética realista en blanco y negro. La secuencia, de casi tres minutos, comienza con una sucesión de tomas aéreas en blanco y negro de la selva, que se ven interrumpidas por una imagen del joven Karamakate. Cuando abre los ojos y la boca sale una luz cegadora que consume la pantalla y luego colapsa en una estrella, iniciando una serie de imágenes en blanco y negro del espacio, poblado por infinidad de galaxias y constelaciones. De repente, ocurre una transición dramática a una serie de imágenes abstractas y geométricas de colores fluorescentes y pulsantes. Aunque esta parte intencionalmente ambigua de la visión de Evan ha sido objeto de debate académico —hay quienes sostienen que esta estética indicaría la entrada a «la lógica del conocimiento indígena» (Jaramillo 2019: 589), mientras otros proponen que se deriva de «la estética psicodélica del neo-chamanismo» (Whitfield 2020: 196)—, el aspecto de esta visión relevante para lo que aquí nos ocupa no es la transición dramática al color, sino lo que viene antes. Las tomas aéreas de la selva amazónica, que constituyen la primera parte de la experiencia, generalmente se ven como una representación de la ampliación de la perspectiva de Evan. Sin embargo, las tomas aéreas grabadas con un dron suponen un cambio notable en el lenguaje visual de la película, que complica la idea de que esta experiencia subvertiría la lógica occidental de Evan.

Se ha notado que, de acuerdo con su mensaje y estética decolonial, *El abrazo* suele evitar las tomas panorámicas y aéreas, optando en su lugar por las tomas de ángulo contrapicado y al nivel del río, lo que tiene el efecto de hacer que el espectador se identifique más con la perspectiva de Karamakate que con la mirada colonial de Theo y Evan (Mutis 2018: 35-36, D'Argenio 2019: 133-134 y Carey-Webb 2024: 173). Pero hay excepciones notables a este código visual, como la escena culminante de la película en la que Evan consume la yakruna que Karamakate le ha preparado y experimenta una visión reveladora. La escena transcurre en la cima de los Cerros de Mavecure, un sitio sagrado ubicado en el resguardo Puinave en el departamento de Guainía. Cuando Karamakate y Evan llegan a la base de esta formación de piedras, la cámara está situada detrás de ellos y lentamente empieza a moverse hacia arriba, mostrando la altitud y la presencia dominante de las montañas sobre la selva amazónica. Cuando llegan a la cima, Evan se sienta y una toma panorámica lo muestra observando la enormidad de la selva debajo de él (figura 1).

Aunque esta escena presenta una excepción al «régimen visual dominante de la película», D'Argenio nota que tomas como esta reproducen una estética colonial de lo sublime que representa la Amazonia como «un paisaje extraordinario, de enormidad y grandeza y sin límites» (2018: 147). Entonces, es cuando menos curioso que el sitio de la supuesta adquisición del conocimiento indígena de Evan se

Figura 1. *El abrazo de la serpiente* (1:49:56).

caracterice por el cambio a una perspectiva jerárquica, que se desvía totalmente del punto de vista que prevalece en el resto de la película.

La visión de la yakruna sigue una trayectoria vertical parecida. Empieza con tomas aéreas de la selva mientras la cámara vuela sobre el río y los árboles a una velocidad vertiginosa. La cámara se estabiliza conforme vuela más alto, eventualmente llegando a una altitud desde la que se puede observar la forma serpentina de un río (figura 2). Este vuelo visionario está acompañado por el sonido de ícaros, que son canciones chamánicas cantadas durante las ceremonias de la ayahuasca. Las tomas de la selva son interrumpidas, a su vez, por una imagen del joven Karamakate, seguida por una secuencia de imágenes del espacio que sigue también el patrón de movimiento vertical, que se asocia con la adquisición de perspectiva que facilita la iluminación de Evan.

Si bien la visión representa la manera en que el conocimiento indígena es transmitido de Karamakate a Evan, se emplea un lenguaje visual que reproduce la estética colonial antes mencionada. Mientras que la vista aérea no es colonial por naturaleza –varias representaciones literarias y orales indígenas de las visiones del yagé también describen la experiencia de volar (Wylie 2013: 186)–, el uso exclusivo de este punto de vista para representar la supuesta transformación de Evan vendría a complicar el mensaje ecológico de la película. En años

Figura 2. *El abrazo de la serpiente* (1:57:10-20).

recientes, los drones y los satélites han sido utilizados por compañías transnacionales para identificar las zonas de la Amazonia más aptas para la minería. Con respecto a estas tecnologías visuales que han facilitado el extractivismo en la región, Gómez-Barris comenta que «el punto de vista extractivo tiene éxito justamente al convertirse en la forma normativa en que vemos y universalizamos lo planetario» (2021: 159). En efecto, el hecho de que este punto de vista extractivo hoy día se haya convertido en la forma normativa de expresar una visión comprensiva del mundo lo convierte en una estrategia fácil para poner en imágenes la alucinación transformativa de Evan para una audiencia internacional contemporánea. En lugar de subvertir esta perspectiva normativa –tanto de Evan como de la audiencia en el Norte global–, la secuencia refuerza un punto de vista extractivo que mantiene distancia de la vida humana y no humana de la selva, ya oculta bajo los árboles. Esa decisión estética contradice la representación de la visión de Evan como algo que ha transformado su perspectiva occidental al punto de hacerle abandonar su plan de extraer la yakruna.

El presente análisis no se limita a evaluar el éxito de esta película en criticar el extractivismo, sino que también se propone identificar las promesas y los peligros de aprovechar plantas sagradas como la ayahuasca para criticar la explotación de la Amazonia. Por un lado, *El abrazo* establece una comparación generativa entre la extracción del caucho y la bioprospección psicodélica, en una crítica al modo en que el «renacimiento psicodélico» ha contribuido a la apropiación de las medicinas indígenas. Sin embargo, su representación de la ayahuasca como medio eficaz de transformar la conciencia ecológica occidental –y, por consiguiente, proteger así la Amazonia– desplaza la responsabilidad de contener el extractivismo a las mismas comunidades que se ven más afectadas por él. Aunque la ayahuasca se ha celebrado por su potencial transformador de la conciencia ecológica, esos efectos todavía no se han realizado. Mientras tanto, el interés global en la ayahuasca está alimentando el desarrollo de una industria turística explotadora y no sostenible, y las compañías farmacéuticas siguen explorando cómo aprovechar los beneficios terapéuticos de estas plantas medicinales. *El abrazo* se encuentra en medio de esta paradoja, y pone en duda si es posible hacer uso de la popularidad actual de la ayahuasca para generar una respuesta sensible a los problemas ambientales urgentes enfrentados por la Amazonia. En lo que sigue se examinan las posibilidades y los límites de un acercamiento distinto a la representación de la ayahuasca en el ecocine latinoamericano.

La perspectiva sumergida de la ayahuasca en *Río verde*

Río verde: el tiempo de los Yakurunas (2017), el primer largometraje de los directores peruanos Álvaro y Diego Sarmiento, adopta una estrategia distinta para incorporar la ayahuasca en una película comprometida con la defensa de la Amazonia y sus habitantes[9]. Aunque ellos mismos no son indígenas, el trabajo de los hermanos Sarmiento se ha enfocado sobre todo en la justicia medioambiental y la defensa de los derechos de los pueblos autóctonos del Perú, con iniciativas como la fundación del colectivo HDPERÚ para promover el cine indígena. *Río verde* se concibió como una película experimental, «inspirada por las visiones de la ayahuasca», y explora las vidas cotidianas de tres familias quechua-lamistas que los directores conocieron en la Amazonia peruana en 2012 (Berlinale 2017: 101). Grabada poco a poco entre 2014 y 2016, *Río verde* se estrenó en el 67 Festival de Cine de Berlín de 2017 y en el Doc Fortnight del MoMA de 2018 en Nueva York, y luego se proyectó en más de cuarenta festivales internacionales de cine, más de la mitad fuera de América Latina. La película es un híbrido entre documental y arte audiovisual: en vez de desarrollar una trama lineal, apuesta por un montaje lento de momentos cotidianos y escenas comunes para captar el ritmo de

---

[9] El término yakuruna nombra a los seres míticos que viven en ciudades acuáticas en la Amazonia –no hay ningún vínculo con la yakruna imaginaria de *El abrazo de la serpiente*.

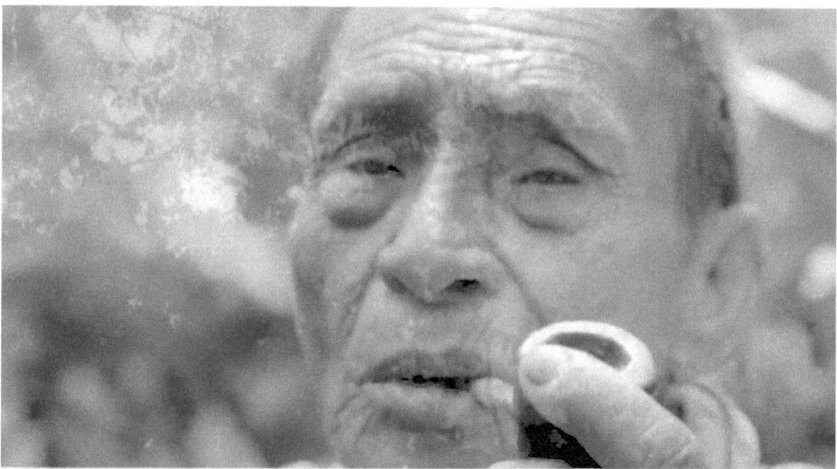

Figura 3. *Río verde: el tiempo de los Yakurunas* (0:00:55).

la vida y la perspectiva del tiempo en esta parte de la Amazonia. A diferencia de lo que ocurre en *El abrazo*, la ayahuasca no tiene una función protagónica en *Río verde*; más bien, sirve como un marco poético que deja que la audiencia internacional entre al espacio de la selva explorada en la película.

Río verde comienza con el sonido de un ícaro que acompaña una toma de primerísimo plano de un anciano fumando en pipa. Mientras exhala el humo de su boca arrugada, la cámara se mueve hacia arriba, mostrando sus ojos. La toma se empieza a fundir con otra toma de las copas de los árboles y por unos segundos las dos imágenes quedan superpuestas (figura 3). La imagen del hombre entonces se funde con la de los árboles, sumergiendo a la audiencia en la selva mientras continúa la canción chamánica.

Si bien *Río verde* no muestra la preparación ni el consumo del brebaje psicoactivo, los ícaros marcan la entrada visual y poética a una visión de la ayahuasca. Sin embargo, el contenido y la estética de esta visión marcan un contraste dramático con la visión con la que concluye *El abrazo*. La mayor parte de *Río verde* se compone de escenas de las tres familias quechua-lamistas en actividades cotidianas como pescar, cazar, buscar comida, cocinar, comer y descansar, acompañadas por los sonidos de la selva —del agua, los pájaros y los insectos—, ocasionalmente puntuadas por la conversación. Las tomas largas contribuyen al ritmo lento de la película; la escasez de diálogos y la estructura no lineal subrayan que no es la trama lo que importa, sino la relación simbiótica entre estas familias y el medioambiente.

Mientras la visión de la yakruna en *El abrazo* incluye tomas y cortes rápidos que suben hacia arriba hasta explotar en una secuencia de imágenes fluorescentes y abstractas, la perspectiva audiovisual introducida por la ayahuasca en *Río verde* se mueve lentamente por la selva, cerca de la tierra y al nivel del río, dirigiendo su atención a pequeños detalles, como las gotas de lluvia cayendo al suelo o las hormigas caminando sobre el tronco de un árbol. En lugar de ascender por encima de los árboles para ganar una perspectiva trascendente, la cámara se mantiene atenta a movimientos mínimos y a la cotidianeidad de la vida en la selva. En este sentido, la representación de la ayahuasca en *Río verde* se acercaría a lo que Gómez-Barris ha llamado una «perspectiva sumergida», que percibe dentro de las zonas impactadas por la extracción «fuentes del conocimiento, vitalidad y habitabilidad» (2021: 23). Si el argumento ecológico de *El abrazo* depende del consumo de la yakruna para transformar la lógica extractivista del sujeto occidental y supuestamente preservar el conocimiento indígena de la extinción, *Río verde* utiliza la ayahuasca para subrayar el «conocimiento, vitalidad y habitabilidad» de las poblaciones indígenas aún presentes en la Amazonia a pesar del extractivismo. La ayahuasca no se visualiza explícitamente y mucho menos en relación con un sujeto occidental, lo que evita la mercantilización de la planta y hace que el enfoque se centre en las formas de vida sostenibles con las que se conecta.

De todos modos, la recepción de *Río verde* pone en duda que esta estrategia sea capaz de resistir la narrativa global sobre la ayahuasca como alucinógeno exótico. Durante un coloquio tras una proyección de *Río verde* en Madrid en 2019, la audiencia dirigió varias preguntas sobre la ayahuasca al director Diego Sarmiento. Este respondió que la película no se acercaba a la ayahuasca desde un punto de vista antropológico, sino que la utilizaba de manera poética para «abrir y cerrar dentro de este mundo amazónico, para que el público entre» (11:38)[10]. En lo que parece un intento de no exotizar la ayahuasca, también explicó a la audiencia que se trata de una entre muchas otras plantas medicinales de la Amazonia, y enfatizó que no todas las personas indígenas de la región la consumen. Finalmente, después de que el público insistiera con más preguntas, el director comentó que prefería no seguir hablando del tema, porque la cinta «no es un documental sobre la ayahuasca» (24:26). Aunque este evento representa solo una muestra de la recepción de *Río verde*, revela la poderosa fascinación cultural con la ayahuasca y la dificultad de cambiar las expectativas de las audiencias internacionales.

Conclusión

Las dos películas analizadas en este capítulo dirigen sus argumentos ecológicos a una audiencia internacional, recurriendo al interés global en plantas sagradas como la ayahuasca para llamar la atención sobre el impacto del extractivismo en la Amazonia. Esta estrategia resulta ser un arma de doble filo: valoriza una relación sostenible entre la vida humana y la no humana, pero al mismo tiempo suele someter estas plantas a una lógica extractivista. Esta estrategia retórica también se ha extendido al discurso político, evidente en el primer discurso del presidente colombiano Gustavo Petro a la Organización de las Naciones Unidas en 2022. En su discurso, Petro declaraba que la guerra contra las drogas y la lucha contra la crisis climática habían fracasado, y criticaba cómo la represión militarizada ha dañado «la selva, a sus plantas, a sus gentes». En su petición a los líderes globales para abandonar la guerra contra las drogas y, en su lugar, invertir en la

---

[10] El coloquio tuvo lugar en Casa de América y puede seguirse en <https://www.youtube.com/watch?v=R7s3qYbg7MM>.

protección de la selva de las amenazas del extractivismo, Petro enfatizaba la biodiversidad de la Amazonia y aludía a «los secretos libertarios de la selva». Aunque su intervención no hacía referencia explícita a la ayahuasca, la idea seductora de una planta que contiene el secreto del poder libertador resuena con los discursos sobre la ayahuasca y otras plantas medicinales. Aun cuando sea una estrategia retórica eficaz para generar apoyo a los esfuerzos conservacionistas, existe el peligro de que el interés en preservar la biodiversidad de la Amazonia dependa de —y se limite a— sus beneficios económicos para las industrias turísticas y la investigación psicodélica en el Norte global.

Bibliografía

Albites, Enrique Bernales (2020): «Indigenous narratives of creation and origin in *Embrace of the Serpent* by Ciro Guerra». En *English Language Notes* 58 (1): 200-213.

Álvarez, Carlos Suárez (2024): «De curandera de pueblo a chamana global de ayahuasca: el inesperado éxito de la maestra Justina». En *El Diario AR*, 26 de marzo: <https://www.eldiarioar.com/sociedad/curandera-pueblo-chamana-global-ayahuasca-inesperado-exito-maestra-justina_1_11242934.html>.

Berghahn, Daniela (2017): «Encounters with cultural difference: cosmopolitanism and exoticism in *Tanna* (Martin Butler and Bentley Dean, 2015) and *Embrace of the Serpent* (Ciro Guerra, 2015)». En *Alphaville: Journal of Film and Screen Media* 14: 16-40.

Carey-Webb, Jessica (2024): *Eyes on Amazonia. Transnational perspectives on the rubber boom frontier.* Nashville: Vanderbilt University Press.

Celidwen, Yuria (2022): «Ethical principles of traditional Indigenous medicine to guide western psychedelic research and practice». En *The Lancet Regional Health – Americas* 18: 1-9.

D'Argenio, María Chiara (2018): «Decolonial encounters in Ciro Guerra's *El abrazo de la serpiente*: indigeneity, coevalness and intercultural dialogue». En *Postcolonial Studies* 21 (2): 131-153.

Deman, Isaak (2021): «Religious elements in *Embrace of the Serpent* (2015): transforming the dichotomies between an Amazonian payé and western expeditioners in the wake of the rubber industry». En *Religions* 12 (6): 391-409.

FORNOFF, Carolyn (2023): «Extractivism». En Anderman, Jens & Giorgi, Gabriel & Saramago, Victoria (eds.): *Handbook of Latin American environmental aesthetics*. Berlin: De Gruyter, 54-66.

FORNOFF, Carolyn & HEFFES, Gisela (2021): *Pushing past the human in Latin American cinema*. Albany: SUNY Press.

GLEGHORN, Charlotte (2020): «Filmic disciples and indigenous knowledges: the pedagogical imperative in *El abrazo de la serpiente* (Ciro Guerra, 2015)». En *Diálogo* 23 (1): 31-45.

GÓMEZ-BARRIS, Macarena (2021): *La zona extractiva. Ecologías sociales y perspectivas decoloniales*. Santiago de Chile: Metales Pesados.

GUERRA, Ciro (dir.) (2015): *El abrazo de la serpiente*. Ciudad Lunar.

HOYOS, Héctor (2019): *Things with a history. Transcultural materialism and the literatures of extraction in contemporary Latin America*. New York: Columbia University Press.

JARAMILLO CASTRILLÓN, Camilo (2019): «La sensatez del conocimiento: saber, poscolonialidad y crítica ambiental en *El abrazo de la serpiente* de Ciro Guerra». En *Revista Canadiense de Estudios Hispánicos* 43 (3): 579-601.

MAKAS, Rebecca (2023): «"Knowledge belongs to all, but you don't understand that because you're nothing but a white": the mystical philosophy of *Embrace of the Serpent*». En *Journal of Religion and Film* 27 (1): 1-19.

MCKENNA, Dennis (2016): «"Ayahuasca is changing global environmental consciousness". Interview with US scientist Dennis McKenna on powerful Amazon hallucinogen, plant intelligence and environmental crises». En *The Guardian*, 30 de julio: <https://www.theguardian.com/environment/andes-to-the-amazon/2016/jul/30/ayahuasca-changing-global-environmental-consciousness>.

METZNER, Ralph (2005): *Sacred vine of spirits. Ayahuasca*. Rochester: Park Street Press.

MUTIS, Ana María (2018): «*El abrazo de la serpiente* o la re-escritura del Amazonas dentro de una ética ecológica y poscolonial». En *Hispanic Research Journal* 19 (1): 29-40.

PARE, Gwendolen (2022): «*El abrazo de la serpiente*: ecología de saberes y mundo *chullachaqui*». En *A Contracorriente* 20 (1): 172-201.

Paterniti, Kelly & Bright, Stephen & Gringart, Eyal (2022): «The relationship between psychedelic use, mystical experiences, and pro-environmental behaviors». En *Journal of Humanistic Psychology* 0 (0): 1-29.

Petro, Gustavo (2022): «Discurso ante la 77ª Asamblea General de las Naciones Unidas». En *Youtube*: <https://www.youtube.com/watch?v=1T46oAkrydg>.

Press, Sara V. (2021): «Ayahuasca on trial: biocolonialism, biopiracy, and the commodification of the sacred». En *History of Pharmacy and Pharmaceuticals* 63 (2): 328-353.

Rivera, José Eustasio (1995): *La vorágine*. Madrid: Cátedra.

Rogers, Charlotte (2019): *Mourning El Dorado. Literature and extractivism in the contemporary American tropics*. Charlottesville: University of Virginia Press.

Sagioglou, Christina & Forstmann, Matthias (2022): «Lifetime experience with (classic) psychedelics predicts pro-environmental behavior through an increase in nature relatedness». En *Journal of Psychopharmacology* 31 (8): 975-988.

Sarmiento, Álvaro & Sarmiento, Diego (dirs.) (2017): *Río verde: el tiempo de los Yakurunas*. HDPeru.

Schiebinger, Londa (2007): *Plants and empire. Colonial bioprospecting in the Atlantic world*. Cambridge: Harvard University Press.

Smith, Amanda Mignonne (2017): «From the rubber boom to *ayawaskha* tourism: shamanic initiation narratives and the commodification of Amazonia». En *A Contracorriente* 14 (3): 1-22.

Smith, Amanda & Macheski, Alexandra (2023): «Sensing Shipibo aesthetics beyond the Peruvian Amazon: kené design in *Icaros: A Vision* (2016)». En *Journal of Latin American Cultural Studies* 32 (2): 333-360.

Swanson, Ross (2022): «Archive and authenticity: cinematic tourism in *El abrazo de la serpiente* (2015) by Ciro Guerra». En *Bulletin of Hispanic Studies* 99 (9): 903-926.

Whitfield, Joey (2020): «Communicating beyond the human: posthumanism, neo-shamanism, and Ciro Guerra's *El abrazo de la serpiente*». En Bollington, Lucy & Merchant, Paul (eds.): *Latin American culture and the limits of the human*. Gainesville: University of Florida Press, 177-200.

Wylie, Lesley (2013): *Colombia's forgotten frontier. A literary geography of the Putumayo*. Liverpool: Liverpool University Press.

De «raíz diabólica» a planta sagrada
El peyote en las prácticas ceremoniales contemporáneas

Alfonso Romaniello
*Centro de Investigaciones y Estudios Superiores
en Antropología Social, Guadalajara*

Peyote. El Cactus Divino: el título de Edward Anderson no podía ser más acertado para expresar las diferentes dimensiones que coexisten en torno a la planta. Para entender el porqué del calificativo de «divino» para un cactus aparentemente «insignificante», es oportuno empezar por las características biológicas y fisiológicas que, a partir del siglo XIX, han convertido el peyote en objeto de investigación de botánicos, químicos y médicos.

El peyote, o *Lophophora williamsii*, es un pequeño cactus globular de color verde azulado, nativo del norte de América. Crece en zonas áridas del altiplano mexicano entre 1000 y 2200 metros sobre el nivel del mar, en estados como Chihuahua, Coahuila, Querétaro y San Luis Potosí. La cactácea también es nativa del sur de Texas. Se reconocen sus propiedades particulares por la presencia de más de sesenta alcaloides, entre los que destaca la mescalina –responsable del efecto psicoactivo– y la peyocactina, reconocida por su acción antiséptica. Evidencias arqueológicas en Nuevo León y Texas sugieren que el consumo del peyote tiene entre 6000 y 8500 años de antigüedad, lo que confirmaría su uso ancestral entre los habitantes de esas regiones.

Endémico de México, el peyote se considera actualmente en peligro de extinción debido al consumo masivo que se ha registrado en las últimas décadas, a la actividad empresarial de granjas avícolas y cultivos intensivos de jitomates, y también a su comercio entre botánicos y coleccionistas. Desde 2010, el cactus se encuentra listado como especie sujeta a protección especial por la norma oficial mexicana[1].

Los componentes químicos del cactus se relacionan, por un lado, con el aspecto visionario que proporciona su ingestión y, por el otro, con las supuestas propiedades medicinales y terapéuticas que se derivan del consumo del peyote en sus distintas formas: fresco, seco, té, brebaje o ungüento. A finales del siglo XIX el peyote, a través de la síntesis química de la mescalina[2], fue estudiado por científicos que destacaron sus efectos visuales intensos, su lucidez y sus propiedades analgésicas. En los años cincuenta, durante el primer auge psicodélico, se investigó exitosamente su potencial terapéutico junto a otras sustancias como el LSD. Sin embargo, la prohibición global de estas sustancias en 1971 interrumpió las investigaciones.

Los relatos de los misioneros del siglo XVI ya describían el uso medicinal (ungüento para quemaduras, mordeduras y dolores articulares) y ritual del peyote entre grupos indígenas, lo cual explica por qué Anderson utilizó el calificativo de *divino* para su investigación. Hablar de la mescalina o de algún otro alcaloide extraído del cactus no es lo mismo que hablar del peyote. En el primer caso se trataría de una visión médico-científica que considera la planta solo por sus propiedades fisiológicas; en la segunda acepción, el peyote, a partir de sus propiedades, es considerado como un «sujeto», esto es, como un ser, una entidad. Ese, por lo menos, es el sentido que le atribuyen los grupos originarios del occidente mexicano, como los wixaritari y los coras, que hasta la fecha lo veneran y consumen. Para esos pueblos originarios, su empleo ritual y sus efectos son el vehículo para acceder a lo *divino*, entendido como un plano trascendental en el que

---

[1] La NOM-059-2010 de SEMARNAT identifica especies en riesgo para su protección, entre ellas el peyote. Además, está incluido en el Apéndice II de CITES, un tratado internacional que regula el comercio de especies amenazadas, del cual México es parte.

[2] La mescalina fue aislada en el 1897 por el farmacólogo alemán Arthur Heffter.

moran deidades con las cuales comunicarse y negociar para que les otorguen algún beneficio.

De esa dimensión ritual, colectiva y *divina* se dieron cuenta los religiosos españoles a su llegada a México en el siglo XVI. Sin embargo, los colonizadores encontraron en las creencias y ceremonias indígenas, y particularmente en el uso del peyote, una amenaza a su proyecto evangelizador. La doctrina católica concebía cualquier forma de adoración que estuviera fuera de sus cánones como idolatría, y vinculaba el consumo de plantas psicoactivas a la influencia del demonio. Las propiedades alucinógenas del peyote se consideraban una prueba tangible de esta conexión. Muestra de eso es el «Edicto del Peyote» de 1620, que prohibió el uso de la cactácea en todo el territorio novohispano con la clara intención de extirpar el consumo comunitario indígena, en torno al cual se cimentaban prácticas y creencias que obstaculizaban la misión evangelizadora. Bajo estas premisas, no sorprende que en 1754 el jesuita Ortega se refiriera al peyote con el epíteto de «raíz diabólica» (1887: 23).

En la actualidad asistimos a una proliferación de ceremonias con peyote; al igual que otras sustancias como la ayahuasca y los hongos, el cactus se ha incorporado al mercado global de consumo. El turismo místico-espiritual ha contribuido notablemente a la mercantilización de prácticas rituales con el cactus, convirtiendo a México en una meca para los buscadores espirituales. Los testimonios de los usuarios y los carteles promocionales que anuncian en las redes las ceremonias de peyote vehiculan narrativas y representaciones que dan cuenta de nuevas maneras de pensar al peyote: de ser considerado una «raíz diabólica», hoy el peyote se ha convertido en una «raíz divina», una herramienta para la sanación psicoemocional y el crecimiento espiritual.

Aquí analizaremos comparativamente dos consumos diferentes de peyote, el tradicional que atañe a los indígenas wixaritari y el comercial, que se inserta dentro del heterogéneo mercado espiritual contemporáneo. Para la cultura wixarika el consumo de la cactácea, así como los mitos y las prácticas rituales asociadas a él, se inscriben en un complejo ciclo agrícola-ceremonial que tiene como objetivo principal procurar la lluvia. Por otro lado, el uso del peyote en prácticas ceremoniales encabezadas por *mara'akate* (chamanes wixarika) y dirigidas a un público mestizo[3], articula símbolos, elementos y discursos que son resignificados por los consumidores a partir de sus códigos de referencia, que se nutren de tópicos relacionados con la sanación, el chamanismo y la espiritualidad. La combinación entre la performatividad ritual y dichos tópicos promete beneficios físicos, emocionales y espirituales. Estos consumos tan diferentes revelan un contraste muy marcado entre un propósito comunitario (el de los wixarika) y otro individualista (no indígena).

Al respecto, como ya observaron Arriaga y Negrín, «las interpretaciones de grupos neo indígenas tienden a centrarse en el consumo del peyote para obtener beneficios psíquicos, dejando a un lado el complejo agrario, la noción comunitaria y los sacrificios correspondientes» (2018: 46). El contraste entre las prácticas rituales wixaritari y las «ceremonias inventadas» pone de relieve las diferencias ontológicas y muestra, más que reciprocidad, una apropiación diferencial a partir de una serie de intercambios que se orientan al asignarle agencia al peyote desde intereses de distinto tipo. Es importante tener presentes las estrategias de los agentes involucrados, quienes «acuden a una fuente indígena para establecer un punto de legitimación en sus prácticas, pero también es cierto que los chamanes indígenas se encuentran involucrados en un intenso proceso dialógico para resignificar y traducir los significados ante públicos diversos que hoy demandan sus servicios» (Guzmán & Labate 2018: 131).

En el imaginario no indígena y de la cultura occidental, los tópicos de la sanación, de la espiritualidad y del chamanismo representan los

---

[3] Los wixaritari utilizan la palabra *teiwari* (pl. *teiwarixi*) que significa literalmente: «vecino», «distante», «mestizo». A lo largo del texto utilizaré el término mestizo desde la perspectiva wixarika como sinónimo de no indígena.

elementos rectores de un código de referencia por medio del cual los participantes resignifican las prácticas indígenas y generan nuevas representaciones del cactus. Dichos tópicos pueden observarse en el acto ritual, cuya performatividad, como mostraré más adelante, articula los diferentes elementos, símbolos y discursos procedentes de diferentes contextos culturales. Por sus propriedades psicotrópicas, el peyote es parte de una más amplia oferta de sustancias como la ayahuasca, los hongos psilocibios y el bufo alvarius, a las que acude la sociedad occidental para satisfacer sus necesidades. Con respecto a la cactácea, se ha generado un modelo chamánico wixarika[4] de consumo que resulta de un proceso histórico esencialista y que, hoy en día, está redescubriendo su auge en la globalización del mercado espiritual.

Además del evento ritual, es posible identificar los elementos de ese código de referencia en los anuncios promocionales de las ceremonias, los cuales adquieren una doble función. Por un lado, brindan datos e informaciones específicas (fecha, hora, lugar, recomendaciones y listado de objetos necesarios); por otro lado, mediante su lenguaje narrativo e iconográfico, vehiculan ese código de referencia y producen un discurso dominante que se propaga entre un público cosmopolita y que incide en las experiencias subjetivas de resignificación.

El análisis se fundamenta sobre un marco teórico y metodológico diacrónico, lo cual combina un enfoque etnográfico con una perspectiva histórica y documental. El apartado se divide en tres secciones. En la primera expondré algunos principios que enmarcan el consumo tradicional y la concepción del peyote entre los wixaritari. En la segunda parte, a través de la descripción de una ceremonia oficiada por un *mara'akame* (maestro wixarika) para un público no

---

[4] Con modelo chamánico wixarika me refiero a un conjunto de prácticas, símbolos y discursos relacionados con el peyote que parte de la sociedad occidental y de los no indígenas han seleccionado, transformado y asumido como representativo de la cultura wixarika.

indígena, mostraré el panorama heterogéneo de consumo contemporáneo. Dicho contexto, que analizaré más detenidamente en la tercera sección, se caracteriza por dinámicas mercantilistas, por nuevas representaciones del cactus que generan narrativas dominantes y por resaltar una relación interétnica peculiar. En esta los no indígenas se han convertido en una «plataforma comercial» que contribuye al sostenimiento de las prácticas religiosas y ceremoniales de la cultura wixarika.

El peyote en la cultura wixarika

Los wixaritari, también comúnmente conocidos como huicholes[5], son parte de los cuatro grupos indígenas que habitan la región del Gran Nayar; viven en rancherías dispersas en el vasto territorio montañoso de la Sierra Madre Occidental y abarcan cuatro estados de la república mexicana: Jalisco, Nayarit, Durango y Zacatecas. El último censo estima la existencia de alrededor de 30 000 wixaritari de lengua wixarika, que pertenece al tronco yuto-azteca. El territorio en el que habitan no coincide con su geografía sagrada, la cual se extiende mucho más allá de sus comunidades. Dicho territorio está delimitado por algunos de los más importantes lugares sagrados y destinos de largas peregrinaciones que, al observarlos en el mapa, marcan un quincunce, una cruz romboide[6].

Los cinco puntos cardinales son los extremos que delimitan su geografía sagrada. Al oriente se ubica el Cerro del Quemado, el lugar en el desierto de Wirikuta donde, mitológicamente, nació el Sol y se encuentra el peyote. En el poniente, cerca de San Blas (Nayarit), está *Haramara*, el punto de partida del viaje iniciático de los dioses

---

[5] Huicholes es la forma castellanizada y más común en México para referirse a este pueblo; la expresión, sin embargo, tiene connotaciones peyorativas. Ellos se autodefinen como wixarika (singular) o wixaritari (plural).

[6] Sobre la geografía sagrada de los huicholes, véase <https://pueblosoriginarios.com/meso/occidente/huichol/sagrado.html>.

que cumplieron la primera peregrinación hacia el oriente (Wirikuta). El norte está marcado por el *Hauxamanaka*, el Cerro Gordo en Durango, y el sur, en el medio del lago de Chapala en Jalisco, se encuentra en *Xapawiyeme*, la Isla de los Alacranes. El centro del mundo se ubica en *Te'akata*, una cueva y centro ceremonial ubicada en las cercanías del municipio de Mezquitic (Jalisco); mitológicamente es el lugar donde nació el «Abuelo fuego», *Tatewari*.

Las actividades rituales de los wixaritari reflejan un principio dual que asocia y opone categorías como luz y oscuridad, día y noche, masculino y femenino. Estas oposiciones se manifiestan en las ceremonias, vinculadas al entorno natural. Los ciclos ceremoniales se dividen entre la época de secas (mundo de arriba, diurno, masculino) y la época lluviosa (inframundo, nocturno, femenino). Las acciones rituales conectan el pasado mítico con el presente solar y masculino, y adquieren significado dentro del complejo ceremonial wixarika, estableciendo una jerarquía entre los opuestos.

Las ceremonias *neixa* (danzas o mitotes) escenifican el drama cósmico-ritual donde lo que acontece en la celebración está estrictamente vinculado con los cambios estacionales y sirve para asegurar las transiciones entre la temporada de «secas» y la de «lluvias», o viceversa. Dichas ceremonias se ejecutan en los templos denominados *tukipa* y las celebraciones que aseguran las transiciones climáticas son *Tatei Neixa*, la peregrinación a Wirikuta para recolectar el peyote, el *Hikuri Neixa* y *Namawita Neixa* (Neurath 2002). Entre ellas, las que están directamente relacionadas con el peyote son la peregrinación y el *Hikuri Neixa* (Danza del Peyote).

El peregrinaje a Wirikuta para recolectar peyote y obtener visiones iniciáticas (*nierika*) se realiza entre noviembre y marzo. Antes se hacía a pie, pero hoy los peregrinos viajan en camión. Aunque el objetivo es recolectar peyote, la peregrinación abarca prácticas ceremoniales que incluyen visitar los lugares que conforman su geografía sagrada u otros que se encuentran en la ruta de peregrinación, identificados con los ancestros (montañas, manantiales, peñascos y cuevas). En este sentido, no se trata de una simple representación, sino de un acto que recrea el universo, en una acción mitopoyética.

Estamos aquí ante una inversión ontológica porque, como evidencia Neurath, «los peregrinos se transforman en personas-peyote y perciben el mundo luminosamente desde la perspectiva del peyote» (2017: 39-40). Para la cultura wixarika, la identificación de los elementos naturales, que conforman el paisaje ritual con la comunidad de dioses ancestrales y sus hazañas, es real y no meramente referencial. A través del estado onírico y visionario que provoca el peyote, los peregrinos perciben estos elementos naturales en su «humanidad» (sus ancestros), estableciendo un intercambio y una relación que también puede ser conflictiva, por lo que se necesita una negociación. Es por eso que en cada lugar sagrado deben dejar ofrendas (jícaras, flechas y velas, entre otras cosas), ejecutar sacrificios y cumplir con precisas acciones rituales, de las cuales –junto a severas prácticas de ayuno, abstinencia sexual y confesiones– dependerá la eficacia de este gran rito. Con el conjunto de estos actos buscan obtener salud y bienestar para cada participante y sus familiares, así como pedir lluvias y llevarlas a sus comunidades en la sierra.

Cuando los peregrinos regresan a sus comunidades con las canastas de peyote, se reincorporan gradualmente porque están regresando también de su condición no «humana» al haber encarnado a los antepasados. Para superar esta delicada fase liminal se ejecutan una serie de actos rituales, entre ellos algunos sacrificios y la imprescindible cacería del venado, el dios tutelar del peyote. Su completa reintegración se cumple con la festividad del *Hikuri Neixa*, que coincide aproximadamente con el solsticio de verano en junio, momento en el que se celebra el ocaso del sol. Dicha festividad celebra una doble transición: por una parte, es la definitiva reintegración de los peyoteros (peregrinos) a la vida cotidiana, puesto que con esta celebración quedarán libres de obligaciones rituales. Por otra parte, por ser la última fiesta de las «secas», marca el comienzo de la transición a la temporada de lluvias. La celebración, en la que participa toda la comunidad, se extiende a lo largo de cinco días al compás de cantos, danzas y una sucesión de prácticas rituales que finalizan cuando se reciben las lluvias, de las que depende el crecimiento del maíz, el sustento principal de las comunidades. Durante la celebración, para sostener el esfuerzo físico y las veladas, se consume el peyote molido diluido con agua.

De lo anterior se desprende que la peregrinación del peyote a Wirikuta, la cacería del venado a la vuelta de los peregrinos y la ceremonia del *Hikuri Neixa* son parte de un conjunto festivo y mitológico cuyo objetivo es pedir la lluvia, cumplir con los compromisos de la «costumbre» y obtener salud, prosperidad y buena cosecha para toda la comunidad. Un aspecto, este último, que es relevante resaltar: todas las actividades relacionadas con el peyote constituyen un acto colectivo; seguir correctamente las prescripciones garantiza bienestar para toda la comunidad en términos de salud, cosecha y cumplimiento de los demás rituales. De ahí se deduce también que la salud y el bienestar individual coinciden con el beneficio colectivo, lo cual solo se logra al cumplir rígidamente las prescripciones; de no hacerlo así, serán castigados por los dioses.

En ese marco relacional, el peyote aparece en sus rasgos divinos: es parte del panteón de deidades cuya trascendencia se hace inmanente por medio de prácticas rituales que establecen una comunicación fundada sobre el intercambio y la negociación. Las dimensiones humanas y no humanas se intersectan, y ambas tienen un espectro de agencia recíproca que incide en la esfera social, política y religiosa. Quien intercede en esos intercambios y negociaciones es el *mara'akame*, cuyo aprendizaje revela otro tipo de relación con el peyote, indispensable para su oficio. La iniciación del *mara'akame* es prevalentemente hereditaria, pero la manifestación del «don» debe revelarse desde temprana edad, mostrando un particular interés en las ceremonias que puntúan la vida religiosa de la comunidad. Su iniciación dura alrededor de veinte años, en los que deberá desarrollar sus habilidades oníricas y someterse a severas prácticas de abstinencias, penitencias y sacrificios.

Una etapa fundamental de su aprendizaje es la peregrinación a Wirikuta por cinco años seguidos. Allí comerá peyote y tomará contacto con todas las deidades, con sus antepasados y con las fuerzas sobrenaturales que le enseñarán los secretos de su oficio. En Wirikuta, por medio de la intercesión del peyote, se les revela el *nierika*[7], el «don de ver», que supone ampliar la percepción y adquirir «la visión de los dioses ancestrales» para aprender la estructura de su cosmovisión. Cuando termina su aprendizaje y el *mara'akame* se revela como tal frente a su comunidad, deberá oficiar todas las etapas de la vida religiosa; será a través de sus cantos que demostrará su poder de comunicarse y negociar con los dioses para obtener lo que la comunidad necesita. En ese sentido, su oficio y su aprendizaje nunca terminan, y su profesionalización dependerá siempre del éxito de sus cantos. El canto adquiere una doble acepción: en su verticalidad, es el vehículo para dialogar con los dioses; en su horizontalidad, es una herramienta pedagógica y formativa que instruye a la comunidad sobre las hazañas y la epopeya de sus antepasados. Ese aspecto es bastante relevante, considerando que la cultura wixarika se sostiene sobre una tradición oral.

Ese trasfondo que caracteriza al peyote para los wixaritari es fundamental para comprender la lógica y las dinámicas que orientan el consumo contemporáneo del cactus.

Consumos contemporáneos del peyote

El peyote es parte de la oferta del mercado espiritual contemporáneo de plantas sagradas. Ahora bien, tiene sus propias especificidades en cuanto a difusión, imaginario, modos de empleo y prácticas

---

[7] El *nierika* es un concepto central, polisémico y transversal del pensamiento wixarika. En su materialidad es un pequeño espejo que refleja la presencia divina, un objeto que permite a los iniciados, a los *mara'akate*, el acceso a los planos espirituales. En su significado metafórico se refiere a la percepción espiritual que desempeña un papel fundamental en la vida ceremonial y religiosa de los wixaritari.

ceremoniales. Durante mis investigaciones he bosquejado una «ruta peyotera» en México, una configuración inestable y permeable a la hora de identificar lugares, actores y formas de consumo, que a menudo se conectan con otros circuitos espirituales. A pesar de la extensa heterogeneidad del fenómeno, he identificado tres formas principales de consumo, todas relacionadas, implícita o explícitamente, con la cultura wixarika. Se trata del consumo individual, del consumo ceremonial esporádico y del Camino Huicholero del Peyote. Esta clasificación no contempla los rituales de la Native American Church (NAC), la Iglesia Nativa Americana, que se fundó en 1918 a partir del movimiento panindigenista que había surgido a finales del siglo XIX, y que combina elementos del cristianismo con prácticas espirituales indígenas, en particular el uso ceremonial del peyote[8].

Las experiencias de consumo individuales, en la mayoría de los casos, prevén el desplazamiento hacia el desierto de Wirikuta, lugar sagrado para los wixaritari donde crece el peyote, y que se ha convertido ya en una meca para los buscadores espirituales. Con respecto a ese tipo de consumo, como ya ha sido investigado por Basset, parece existir un protocolo ceremonial común a la mayoría de los visitantes del desierto, que se funda sobre ciertos principios básicos. Esos consisten en dejar una ofrenda de comida al cactus antes de consumirlo, para agradecer al espíritu protector; delimitar el espacio del consumo con un círculo de piedras, lo cual invoca una protección;

---

[8] La *Native American Church* (NAC), fundada en 1918 por el comanche Quanah Parker, se basa en las tradiciones del peyotismo de los indígenas del suroeste de Estados Unidos (Mescaleros, Lipan, Tonkawa, Karinkawa, Comanche, entre otras), después de que el peyote fuera introducido en la zona a través de los grupos Tamulipecan-Carrizo que habitaban la actual zona oriental de la frontera entre México y Estados Unidos, delimitada por el curso del Río Grande. El movimiento fue una forma de resistencia cultural ante la asimilación forzada. El peyote, considerado un sacramento sagrado en sus ceremonias dentro de tipis, se utiliza para la sanación, la oración y la conexión espiritual, y su uso por la NAC está autorizado por la ley estadounidense.

armar un pequeño altar con objetos personales de valor simbólico; acompañar la velada nocturna con cantos o con la música de algún aparato reproductor; y esperar el amanecer para dar por terminado el ritual. Las intenciones que acompañan estas prácticas son las de buscar alguna experiencia peculiar y las referencias proceden de distintos contextos culturales, conformando una compleja estructura de significados (Basset 2016: 198-202). El investigador francés, además, divide en dos categorías a los participantes de este turismo místico-espiritual: los psiconautas y los peregrinos. A los primeros los define como «viajeros del espíritu, una persona que se sirve de estados de conciencia alterados con el fin de explorar su psiquis y su espíritu» (2012: 253); el peregrino, en cambio, sería aquel que

> posee un conocimiento previo de los espacios que visita, pero no sigue ningún programa o itinerario prestablecido; reúne más bien estos lugares llamados «de poder» o «de energía», dejándose guiar por «las señales»; su destino está, según él, «en las manos de los dioses» […] el peregrino cultiva generalmente una inmensa admiración por los pueblos autóctonos. (2012: 254-255)

Otro tipo de consumo de peyote es el que defino como propio de ceremonias esporádicas. Se trata de eventos que no siguen ningún calendario ritual programado: su organización es el resultado de coyunturas determinadas por las relaciones, las intenciones y la disponibilidad de los agentes involucrados, que suelen ser un *mara'akame* wixarika y uno o más mestizos. Dichos eventos rituales conforman una particular configuración, una red que trasciende los límites geográficos y culturales y que permite la circulación y reproducción de prácticas, símbolos y significados en torno al peyote. Sin embargo, a pesar de su intrínseca condición efímera, la estructura ceremonial de las velaciones y las vivencias de los participantes producen significados y discursos que contribuyen a su difusión, generando y alimentando una metanarrativa. Esta se centra en las propiedades sanadoras del cactus, particularmente en el plano emotivo y espiritual, en una idealización de los agentes wixaritari como chamanes y garantes indígenas de autenticidad, y en nuevas prácticas mágico-religiosas. En esa tipología de ceremonias también se inscriben las que dirigen los no-indígenas, desempeñando el papel de facilitadores, neochamanes o chamanes urbanos.

La tercera modalidad de consumo del cactus es la que he llamado el «Camino Huicholero[9] del Peyote»: aunque esta vertiente forma parte de los circuitos de ceremonias esporádicas, estas trayectorias conllevan un cierto grado de compromiso por parte de un mestizo, o grupos de ellos, con la cultura wixarika bajo la conducción del *mara'akame* de referencia. En distintas formas, los huicholeros intentan integrarse a la cultura wixarika participando en las peregrinaciones hacia los lugares sagrados, en los festejos en la sierra huichola y en la reproducción del ciclo agrícola (siembra de la milpa, cacería del venado, fiesta del tambor, fiesta del peyote, etcétera). Estos aspectos de la cultura son resignificados dependiendo de las expectativas personales, que en la mayoría de los casos coinciden con aspiraciones chamánicas o sanadoras, o persiguen el ascenso de nivel en el campo místico y espiritual. Además, subyace una forma particular de interacción entre no indígena y wixarika, caracterizada por múltiples y recíprocas estrategias, aspiraciones y representaciones. Se trata de una espiritualidad emergente en torno al cactus y a algunos elementos de la cosmovisión wixarika, como resultado de un constante proceso de interacción y co-construcción[10].

El ritual contemporáneo con peyote entre no indígenas puede definirse como «inventado», en el sentido de fabricado, como resultado de influencias recíprocas y diferentes interacciones mediadas por imaginarios artístico-literarios. Se trata de un *bricolage* que, en el sentido de Levi-Strauss, corresponde a la estrategia de recurrir a un

---

[9] Así se designa a los simpatizantes de la cultura wixarika.
[10] Los términos interacción y co-construcción remiten a un proceso dialógico constante en el que todas las partes involucradas participan activamente, desde sus especificidades sociales y culturales, a la conformación del Camino Huicholero.

amplio acervo compuesto por elementos heterogéneos procedentes de distintos contextos culturales, cuya combinación, orientada por una lógica que responde a deseos, propósitos y objetivos, genera un código cultural compartido que resulta flexible, transportable y desarmable. En ese sentido, los rituales representan espacios intersticiales, son lugares geográficos y culturales en los que, simbólica y performativamente, se reproducen y representan imaginarios que influyen en el ámbito nacional y global (Aguilar Ros 2012: 388).

Para comprender mejor los elementos que conforman dichos imaginarios, veamos la narrativa que acompañaba el anuncio en las redes sociales de una ceremonia con peyote, parte de la modalidad de consumo esporádico que he mencionado. Luego se analizarán las fases del ritual en el que participé en las afueras de la ciudad de Guadalajara, en México.

El texto que anunciaba la ceremonia, públicamente visible en redes sociales, señalaba que «para los huicholes, el *hikuri* es el espíritu del venado, una planta ritual que representa los lazos espirituales con la tierra y el universo; [...] el cactus es un abuelo de sabiduría, un libro de conocimiento y un médico del alma». A esto le seguía una explicación sobre las virtudes sanadoras del peyote, resaltando su valor como «medicina que permite a la persona adquirir conciencia de sus problemas en su verdadera significación; [...] permite desentrañar y solucionar conflictos ocultos u olvidados de nuestro pasado, proporcionando así una restructuración y cura de la personalidad [...]; además de proporcionar vitalidad, energía, salud y bienestar en general [...]». Más adelante advertía que «durante el proceso pueden manifestarse algunas funciones cerebrales cotidianamente adormecidas, como la agudización de los sentidos, el desarrollo de la intuición, la manifestación de facultades extrasensoriales cuales la telepatía y la clarividencia». Posteriormente se resaltaban los beneficios emotivos y sentimentales, destacando la «posibilidad de superar las dificultades interpersonales a través de una expansión de la conciencia y la comprensión vivida [*sic*] de la tolerancia, de la aceptación, del respeto, del perdón, del agradecimiento, de la amabilidad y de la empatía». Por último, el texto caracterizaba la ceremonia como una experiencia mágico-religiosa, que podría definirse como «una ascensión al cielo (a lo divino) a través de un reconocimiento espiritual; una experiencia trascendental que incrementa la receptividad y la comunión mística con todo el universo [...]. Un viaje astral en el que la transmigración del cuerpo permite la conexión con la conciencia cósmica».

Convocados por ese anuncio, se reunió un grupo de 25 participantes, entre los cuales había 18 mexicanos y 7 extranjeros, incluido yo. Poco a poco las personas se acomodaron alrededor de la gran fogata que prendió Luis (pseudónimo), un joven de Guadalajara acompañante del *mara'akame* don Felipe (pseudónimo), procedente de una comunidad de la Sierra Madre Occidental. Me comentó que llevaba nueve años siguiendo a Felipe y que fue «rescatado» de una severa época de alcoholismo por el *mara'akame*, quien lo llevó a la peregrinación a Wirikuta y a los demás lugares sagrados de los wixaritari. También había presenciado ceremonias en la sierra, en distintas ocasiones, cumpliendo con lo que él consideraba un «compromiso cultural». Su relación con el *mara'akame* era muy estrecha, Luis lo llamaba «papá». Me comentó también que lo acompañaba en todas las ceremonias a lo largo de la República. Durante el ritual me di cuenta de que desempeñaba un papel fundamental como mediador cultural, contextualizaba las diferentes fases de la ceremonia y explicaba los símbolos que la componían, recurriendo también al inglés para que todos los presentes pudieran comprender. Además, así como ocurre entre los festejos de los wixaritari, Luis era el encargado del fuego; a él le tocaba alimentarlo y cuidarlo durante la velada.

Dentro del círculo, don Felipe se sentaba en un equipal mirando hacia el oriente, el lugar del amanecer. A sus pies dispuso un altar sobre una piel de venado, compuesto por el *takuatsi*[11], una veladora,

---

[11] El *takuatsi* es un estuche de palma trenzada usado para guardar el *muwieri* y otro objetos rituales. Véase también la nota 13.

una bolsa de peyote en polvo, unos peyotes frescos, una foto de su familia y unos cuernos de venado. A su lado derecho estaba sentado Luis, que mientras tanto armó un tambor de agua de tradición lakota[12], compuesto por un cuenco en el cual puso agua y unas piedritas traídas del desierto de Wirikuta. La parte superior del cuenco la cubrió con un trozo de piel de res, la cual amarró con una cuerda en torno a unas fisuras formando unos entramados de forma triangular.

Después de armar el tambor, Luis nos entregó a todos un hilo y un palito de madera, dándonos instrucciones de formar un nudo por cada transgresión sexual cometida. También nos dio un puñado de tabaco y de pinole de maíz. Antes de esto, don Felipe nos limpió con su *muwieri*[13]. Arrojamos al fuego el hilo, el palito de madera con el cual nos habíamos frotado el cuerpo y el puñado de tabaco y pinole, estos últimos como parte de una ofrenda al fuego, al cual teníamos que comunicarle nuestras intenciones para la ceremonia[14].

Luego de haber encendido nuestras veladoras, colocadas delante del lugar que cada quien ocupaba, Luis introdujo la ceremonia diciendo que se trataba de una auténtica muestra de la cultura wixarika, que los

---

[12] El Camino Rojo es un movimiento espiritual que se deriva de las tradiciones culturales de las tribus de las Grandes Llanuras de Estados Unidos. En su difusión en México por medio de intercambios culturales y ceremoniales, el Camino Rojo ha recuperado y readaptado algunas prácticas siuox y lakota, particularmente la Búsqueda de Visión, la Danza del Sol y los temazcales (purificación ritual en los *inipi*, también conocidos como cabañas de sudor). En esos eventos ceremoniales se utiliza el tambor de agua, y de ahí que muchas personas que han transitado por esos circuitos integren el instrumento y los cantos temazcaleros en los rituales con peyote.

[13] El *muwieri* es una vara de madera con plumas de águila o de halcón colgadas en una extremidad. Es usado exclusivamente por los *mara'akate*, tratándose de un instrumento ritual para comunicarse con los dioses y dirigirles las plegarias. También viene utilizado para ejecutar curaciones a las personas.

[14] Este conjunto de actos procede de la peregrinación a Wirkuta que los wixaritari cumplen anualmente. Antes de recolectar el peyote, ejecutan una confesión pública de sus pecados sexuales delante del fuego, a fin de recibir el peyote en un estado de pureza.

wixaritari habían accedido a compartir su sagrada medicina para que también nosotros, los mestizos, pudiéramos beneficiarnos. Aseguró que se trataba de una medicina sagrada que nos ayudaría a expandir nuestra conciencia y a conectarnos con nuestro ser profundo, para así poder reflexionar y solucionar nuestros trastornos psíquicos y emocionales.

Nos invitó a poner una intención o deseo personal en el vaso con peyote al momento de tomarlo, pidiendo al espíritu del venado que nos sanara. Recomendó que intentáramos ser lo más directos y específicos en la petición para que el venado proporcionara su ayuda. Aclaró que, a lo largo de la ceremonia, estaba prohibido arrojar cosas al fuego, incluso leña, de la cual se ocupaba él mismo.

También especificó que estaba prohibido alejarse del círculo, en cuanto este estaba protegido por los rezos y la presencia del *mara'akame* para evitar la manifestación e intrusión de espíritus malignos. Recomendó evitar interponerse entre el altar y el *mara'akame*, ya que tenía una conexión directa con el fuego. También reiteró su disponibilidad y la del *mara'akame* en atender cualquier necesidad a lo largo de la ceremonia.

Algunos participantes llevaban, junto con la veladora, algunas imágenes de santos católicos, inciensos y algún objeto personal, que dispusieron delante de ellos. Alrededor de las 10 de la noche, don Felipe entonó unas plegarias dirigiéndose a los cinco rumbos cardinales, invocando a las deidades pertenecientes a cada dirección (*Haramara*: oeste; *Xapawiyemeta*: sur; *Wirikuta*: este; *Huaxamanaka*: norte) y luego dirigiéndose directamente hacia el abuelo fuego, *Tatewari*).

Posteriormente, Luis se acercó a cada uno de los participantes con una jícara que contenía gajos de peyote previamente cortados y rezados por don Felipe. Al momento de acercarse, pedía a cada asistente que se arrodillara. Luis se ponía de frente en la misma posición, tocaba con un gajo de peyote la mano, la frente, las mejillas y el corazón de la persona de turno, y después recitaba: «recibas con amor el corazón del venado».

Terminada la ronda, siguió la repartición del peyote en polvo (una o dos cucharadas) diluido en agua o jugo. La bebida se dio alrededor de las 10.30 de la noche, momento en el que don Felipe autorizó a Luis para empezar los cantos. El joven se puso un sombrero emplumado al estilo wixarika, ajustó su collar de chaquiras que representaba un venado y agarró el tambor de agua.

Antes de tocar, Luis explicó que «los hermanos del norte, los lakota, utilizan también la medicina del peyote y que acompañan las veladas en el tipi al ritmo del tambor, para ayudar a los participantes a conectarse con el espíritu de la planta. El tambor y su sonido es una herramienta ancestral utilizada por todas las culturas y nosotros, hoy, aprendemos y heredamos los vínculos con nuestros abuelos indígenas que marcaron las sendas del camino espiritual».

Empezó a tocar el tambor entonando un ritmo frenético, cuya intensidad variaba según la inclinación que le daba al instrumento; debido a la presencia del agua en el cuenco, producía así diferentes sonidos y vibraciones. El canto en español era una invocación al venado azul *Kauyumarie*; siguieron otros en lengua náhuatl de tradición temazcalera. Cantó cinco canciones y al final de cada una exclamaba *pamparius* (una expresión de agradecimiento en idioma wixarika), recibiendo la misma respuesta por parte de don Felipe y de algunos participantes, muchos de los cuales ya se habían acostado en su saco de dormir.

En un momento de absoluto silencio, don Felipe empezó su canto en lengua wixarika. Su voz aguda y la armoniosa letanía despertaron la atención de quienes dormitaban; atentos, algunos empezaron a llorar mientras que otros vomitaron, síntoma de que los efectos del peyote habían empezado. Durante el canto del *mara'akame* había absoluto silencio. Luis recomendó escuchar los cantos, aunque no los entendiéramos, en tanto que, a otro nivel, don Felipe estaba comunicándose con los dioses y con el espíritu de la planta que habíamos ingerido. El canto duró más de media hora.

A partir de este momento se alternaron constantemente los cantos del *mara'akame* con los de Luis, quien, acompañado por su tambor, ejecutaba canciones pertenecientes al repertorio de las «canciones de medicina». Algunas eran dedicadas al peyote, al venado, otras al corazón, al fuego (*Tatewari*) y a los demás elementos naturales. Durante los intervalos había momentos en los que Luis platicaba con don Felipe en voz alta, se contaban chistes, anécdotas de alguna ceremonia, compartían risas con todos los demás, creando una atmósfera alegre, a pesar de que la mayor parte del grupo se había quedado dormida o, mejor dicho, dormitando.

Luis también estaba atento a los efectos del peyote en cada participante, y de vez en cuando se asomaba para ver cómo estábamos y si necesitábamos algo. Esta dinámica se prolongó durante toda la noche. Don Felipe cantó cinco veces a lo largo de la velada, Luis aprovechaba las pausas para recordarnos que la ceremonia era una «muestra cultural» de la cultura huichola y que era oportuno contextualizar algunos detalles.

Nos platicó acerca de la peregrinación de los wixaritari para recolectar el peyote, su medicina sagrada, a la cual le tributan una gran fiesta en la sierra (*Hikuri Neixa*) que dura tres o cuatros días, en los que toda la comunidad goza de los beneficios de la planta. También nos habló acerca del *muwieri*, puesto que él tenía uno. Dijo que no todos pueden usarlo, el *mara'akame* es quien debe entregarlo y presentarlo para que se activen sus poderes. Las plumas que lo componen, de águila o de halcón, son como las «antenas del universo», porque captan y transmiten los mensajes de los espíritus. Cuando se usan para limpiar, las plumas absorben las «malas vibras» del paciente.

En un momento dado, Luis, sirviéndose de algunos pedazos de carbón extraídos del fuego, prendió un sahumerio y empezó a sahumar a cada participante con la ayuda de una pluma. Decía que este proceso servía para limpiar el aura de las personas y para tranquilizar los estados emocionales y mentales producidos por los efectos del peyote.

Cuando ya estaba amaneciendo, alrededor de las 4.30, Luis pidió que todos nos despertáramos y levantáramos. Don Felipe agarró su *muwieri* y empezó a cantar. Saludó hacia los cinco rumbos cardinales y nos pidió imitarlo en sus movimientos, levantando las manos hacia el cielo y hacia el rumbo que él indicaba.

Terminada esta parte, Luis nos explicó que el trabajo del *mara'akame* ya había terminado. El saludo a los cinco rumbos representó la despedida a *Kauyumarie*, el Venado Azul, y a los demás espíritus que nos habían acompañado. Al mismo tiempo, esperamos y saludamos la salida del sol tocando todos los instrumentos musicales que se utilizaron en la ceremonia: tambores, sonajas y guitarras. Muchos se despertaron y se acercaron al fuego, al que entregamos algunas ofrendas (fruta, galletas, chocolate, etcétera).

Alrededor de las 7 de la mañana pusieron una olla sobre el fuego para preparar el café. Luis invitó a todos a compartir la comida que habían traído, disponiéndola sobre una manta al lado del fuego. La comida fue bendecida por el *mara'akame* antes de ser consumida. Aprovechando el momento de distensión, don Felipe exhibió sus artesanías sobre un pequeño banco y también ofreció «limpias energéticas» (150 pesos). La cuota de aportación para la ceremonia fue de 400 pesos mexicanos, alrededor de 20 dólares[15].

El peyote en el mercado global

En su hábitat endémico, el peyote se reproduce mediante dos dinámicas interrelacionadas con el entorno natural. Por un lado, durante el verano, las paredes del fruto se rompen y liberan numerosas semillas negras. Las lluvias de la temporada arrastran estas semillas,

---

[15] En otras ceremonias a las que he asistido en diferentes lugares, la cuota de participación oscila entre los 400 y los 1 900 pesos mexicanos (entre 20 y 100 dólares). El número de participantes también es variable –me ha tocado presenciar ceremonias con hasta 100 personas.

dispersándolas, lo que facilita su propagación y reproducción. Por otro lado, las semillas del peyote tienen un apéndice dulce llamado funículo. Las hormigas recolectan estas semillas junto con el apéndice azucarado y las transportan hacia su colonia, mordiéndolas en el trayecto. Sin embargo, su interés está únicamente en el azúcar del funículo, ya que no pueden aprovechar las semillas, que quedan libres o almacenadas en el hormiguero, y así contribuyen también a la dispersión y reproducción del peyote.

¿Cuáles son las dinámicas y los factores que determinan la realización, proliferación y difusión de los eventos ceremoniales esporádicos con peyote? Las hormigas ofrecen una interesante metáfora con poder explicativo: atraídas por el azúcar, mueven, dispersan y esparcen las semillas del cactus; crean las condiciones que favorecen su reproducción en otras áreas. Asimismo, los consumidores contemporáneos no indígenas, atraídos por las propiedades psicoactivas y por el discurso chamánico-curativo que rodea al peyote, acceden a su consumo y desencadenan una serie de dinámicas que contribuyen a que las ceremonias proliferen en otras áreas, aunque sean de diferentes matices geográficos y culturales. Se trata de dos dimensiones intrínsecamente relacionadas e interdependientes: la primera se conforma por los aspectos simbólico-narrativos, es decir, por el atractivo imaginario construido en torno al peyote, cuyo origen y conformación radica en procesos, elementos y fragmentos históricamente dispersos, como la literatura (la *Beat Generation*, los libros de Carlos Castaneda, etcétera), el arte, la academia, el cine o los movimientos contraculturales, entre otros. En ese sentido, y como se deduce del ritual descrito en el párrafo anterior, la performatividad de las ceremonias contemporáneas articula los símbolos, los elementos y los discursos que son reinterpretados por los participantes a partir de sus códigos de referencia. Los elementos regidores de esos códigos heterogéneos son la sanación, el chamanismo y el alcance espiritual.

La dimensión simbólico-narrativa va de la mano con la dimensión material, es decir, aquellas condiciones estructurales determinadas por los procesos de la globalización: medios de comunicación, turismo, transnacionalización y mercantilización permiten la difusión a gran escala. En ellas es posible detectar las redes, los actores involucrados y los principios de mercadotecnia que se remiten a una cierta lógica de intercambio. Al respecto, el anuncio de una ceremonia en las redes decía lo siguiente: «¿Te gustaría apoyar a la comunidad wixarika a través de tu sanación?». La frase reúne de manera elocuente algunos aspectos de las dos dimensiones del fenómeno de las ceremonias esporádicas con peyote.

En primera instancia, cabe destacar que la promoción masiva de esos eventos rituales por medio de las redes incita a la ilegalidad, puesto que el consumo de peyote en México está prohibido por la Norma Oficial Mexicana NOM-028-SSA2-2009 y por el artículo 248 de la Ley General de Salud (LGS). Con su poder normativo, el campo jurídico es parte de la dimensión material. La misma ley permite el consumo del cactus, con fines religiosos y ceremoniales, para los grupos indígenas que puedan demostrar su uso tradicional, entre los cuales destacan los wixaritari, junto a los coras, los tepehuanes y los mexicaneros. Sin embargo, existe una «zona gris» de la ley: si un representante indígena organiza una ceremonia con peyote entre no indígenas, estos pueden pasar como «invitados» de un ritual «tradicional».

La prohibición del consumo de peyote por parte de la ley es justificada por su «nulo valor terapéutico». He aquí una paradoja: si por un lado impedir el consumo del cactus se justifica para resguardar la «salud pública», por el otro los consumidores contemporáneos recurren a su uso para beneficiarse, precisamente, de sus supuestas propiedades sanadoras, y este dispendio se piensa como un acto filantrópico. De tal manera, el usuario accede a un doble beneficio: uno individual, que coincide con una cierta idea de sanación, y otro colectivo, que avala la posibilidad de contribuir a la salvaguarda y la «supervivencia» de las tradiciones de la cultura wixarika.

La palabra «apoyar», que a menudo en otros anuncios promocionales se sustituye con «aportar» o «contribuir», encubre la lógica mercantilista de intercambio mediada por el dinero y por la experiencia. A través del pago en dinero, y por medio del evento ritual con peyote, se busca adquirir el conocimiento espiritual y chamánico que se les atribuye a los wixaritari por su estatus indígena. Dicha percepción procede de una distorsión histórica, cuyo proceso esencialista ha seleccionado solamente sus rasgos chamánicos, espirituales y artísticos. Elementos que, abstraídos de sus contextos e historicidad, no coinciden con la manera en que los wixaritari piensan y consumen el peyote en sus comunidades, como he mostrado antes. Tratándose de un intercambio, cabe destacar que también los wixaritari han creado sus representaciones de la alteridad, logrando insertarse en los nuevos circuitos de consumo para satisfacer deseos, gustos y aspiraciones de los usuarios foráneos.

Algunos wixaritari, al percatarse de las necesidades de la alteridad, han fabricado un «paquete ritual» que, como he mostrado en la descripción de la ceremonia, retoma algunos elementos y símbolos de su cosmovisión, adaptados a la medida de los nuevos usuarios. Se trata de un modelo de exochamanismo que «centra sus prácticas rituales en lo práctico-benéfico más que en lo cosmológico-mítico, y por ello el neochamán suele ver su actividad como un negocio y cobrar por su servicio» (Peña 2018: 71).

La interdependencia entre la dimensión material y simbólico-narrativa se hace evidente en los anuncios promocionales. Vimos cómo, en el caso de la ceremonia antes descrita, esta fue anunciada resaltando una cierta representación del peyote, cuyo énfasis recaía en los tópicos de la sanación y del desarrollo espiritual. Bajo esta perspectiva, la función de los anuncios no es solamente proporcionar datos e informaciones, sino también vehicular, por medio de un lenguaje narrativo e iconográfico, un código de referencia que sea accesible para un consumidor cosmopolita, al tiempo que procura movilizar e influir sus decisiones dentro de esta cuota del mercado espiritual.

Esa concepción terapéutica del cactus será desmentida, confirmada o reforzada por medio de la experiencia subjetiva de los usuarios, cuyos testimonios son fundamentales para la reproducción y proliferación de las ceremonias. La manera en la que se presentan el peyote y sus beneficios en los carteles promocionales parece coincidir con las experiencias de los usuarios:

> Sí, definitivamente el peyote sana. He visto tantas cosas de mí que nunca había visto. He pasado muchos años en terapia, pero muchas cosas que aprendí y solté fue con el peyote, sobre todo con respecto a la relación con mi mamá[16].

> Por ser una planta alucinógena, el peyote te desconecta de la racionalidad, del aquí y del ahora, esto permite que salgan tus emociones, tus vibras sutiles. La razón ya no trabaja tanto y esto permite darte cuenta de tu esencia o de tu carencia; así la veo, como una planta de poder[17].

> Sanar fue mi principal motivación para que accediera a una ceremonia de peyote. Lo que había escuchado y leído me llamó mucho la atención, sobre todo la posibilidad de poder sanar tu plano físico, espiritual y, como dicen, la vida de tus descendientes. Entonces se me hace muy bonita la posibilidad de poder sanar a mí y a todas las mujeres que me antecedieron y, al mismo tiempo, poder proteger a todas aquellas que me sucederán. Esa fue mi motivación: por mí, por mi hija, por mi mamá, por mi abuela, por mi bisabuela. Me platicaron que la medicina ayuda a trabajar estos planos además de ayudarte con las enfermedades, pero sobre todo me llamó la atención el poder sanar mi linaje femenino[18].

En esa misma línea, muchos conciben al peyote de la siguiente manera:

---

[16] Sido Surkiz, en conversación del 1 de junio de 2019 en Café Tal, Guanajuato.
[17] Heréndira Cervantes, en conversación del 31 de mayo de 2019 en Café Tal, Guanajuato.
[18] Ilzen Terrones, en conversación del 31 de mayo de 2019 en La Cafetería, Guadalajara.

Es el medio para encontrar mi luz interior y un puente para aprender de la cultura wixarika[19].

Es mi protector, es mi medicina espiritual y también natural para mi diabetes[20].

Es una planta milenaria que permite incrementar tu percepción de la realidad[21].

Es una planta sagrada que ayuda a encontrarte, a conectarte, te ayuda a sanar. Te da la oportunidad de creer en ti[22].

Es el cirujano y nosotros los pacientes[23].

El conjunto de estas concepciones resalta la existencia de unos principios compartidos que contribuyen a la reproducción del discurso, mutable y adaptable, a diferentes circunstancias, pero también de las prácticas ceremoniales asociadas. Se exaltan y relacionan las propiedades terapéuticas al peyote y, al constituir un lenguaje habitual entre los consumidores, se termina por generar un «efecto de verdad» (Foucault 2001). El lenguaje opera como una matriz que universaliza: al neutralizar las características históricas y culturales de prácticas tradicionales, el filtro de la experiencia subjetiva las deslocaliza y las convierte en un código que es universalmente reconocido por un individuo cosmopolita.

---

[19] Simón Aceves, en conversación del 8 de junio de 2020 en Café Bossanova, Guanajuato.

[20] Alejandra Martínez Vargas, en conversación del 15 de julio de 2020 en Pueblito de la Rocha, Guanajuato.

[21] Nikan Ashkan, en conversación del 4 de junio de 2020 en Temazcal Venado Azul, León, Guanajuato.

[22] Bernardo Alan Rosas Montes, en conversación del 20 de mayo de 2019 en La Cafetería, Guadalajara.

[23] Andrea Santoyo Juárez, en conversación del 3 de junio de 2020 en el Parque Natural Santa Rosa, Guanajuato.

La metanarrativa que acompaña las prácticas rituales actúa como un imaginario, que debe ser considerado como un espacio inmaterial con capacidad de influir sobre el plano material. Ese imaginario, permeable y mutable, actúa como un mapa capaz de orientar y movilizar a las personas en sus decisiones, acciones y conductas que, con sus prácticas, resignifican espacios y territorios. Se trata, en cierto sentido, de algo parecido al concepto de *ideoscape* acuñado por Appadurai (2001), quien con este término se refería al flujo global de ideas, conceptos, imágenes, símbolos y narrativas dentro de la multidimensionalidad de la globalización y a su capacidad de definir y estructurar las identidades individuales y colectivas.

Los rituales, como el que he descrito antes, resultan momentos claves para observar cómo las redes de relaciones se sitúan y se interconectan, y permiten también identificar los discursos que las rodean. Las ceremonias no deben entenderse simplemente como eventos que ocurren en un lugar físico específico, sino como momentos que forman parte de una red más amplia de interacciones y conexiones que «sitúa un conocimiento». Por dicha razón es indispensable dirigir la mirada hacia los actores que habitan esa red.

Luis, el ayudante del *mara'akame* don Felipe, así como otros muchos que he conocido en otros eventos ceremoniales, se perfila como un actor nodo o mediador cultural. Generalmente, los intermediarios son mestizos que, a lo largo de su vida, han tejido una relación de confianza con algún *mara'akame* y que han interpretado alguna experiencia sanadora o mágico-religiosa como un sello iniciático (Luis se recuperó de su alcoholismo participando en las actividades tradicionales con el *mara'akame*). El actor nodo resulta relevante por su doble capacidad de organizar ceremonias, mover y convocar grupos de personas, crear redes, y tener además la capacidad de amalgamar y traducir distintos códigos culturales. Recordemos el esfuerzo de Luis para articular de manera inteligible, y traduciendo al inglés, las diferentes fases del ritual, los símbolos y los elementos de la cultura wixarika. Por esas características, los actores nodos pueden definirse como *marakamanagers*; la expresión no quiere ser despectiva, más bien busca resaltar el aspecto organizativo y comercial de las ceremonias esporádicas —que a su vez, por su capacidad de llegar a lugares tan distintos y distantes, y de convocar grupos heterogéneos de personas, pueden definirse como *peyotours*.

Esos aspectos mercantilistas, que rigen y orientan el modo en que circulan las prácticas ceremoniales del peyote, a menudo se ven eclipsados por el predominio de la narrativa de la sanación y del alcance espiritual. En esa interdependencia, el peyote puede considerarse un fetiche en su doble acepción: desde la perspectiva antropológica, al cactus se le atribuyen poderes sobrenaturales capaces de influenciar la dimensión espiritual y otorgar un cierto tipo de sanación; es considerado por sus rasgos «divinos». Desde un punto de vista mercantilista y desde un enfoque marxista, el peyote es un fetiche que oculta las dinámicas y las relaciones sociales. Esa última perspectiva da pie a una interesante reflexión.

En los eventos ceremoniales encabezados por *mara'akate*, la relación de los consumidores no se da exclusivamente con el peyote, sino con todo el capital simbólico de la cultura wixarika que lo acompaña. En México, los wixaritari son parte de los 68 pueblos originarios; a pesar de su consolidada visibilidad en diferentes circuitos, han sido y son discriminados por parte de la sociedad mestiza, y han sido objeto de aculturación por parte de las políticas del Estado. En las nuevas prácticas ceremoniales con peyote asistimos a una revisitación del mito del «buen salvaje» y a la inversión de las jerarquías sociales en términos interétnicos. El *mara'akame*, durante el tiempo efímero de una ceremonia, es idealizado como el sujeto de un tiempo arcaico olvidado: se convierte en el depositario de un conocimiento auténtico, de una sabiduría genuina y ancestral ajena a los efectos temporales, o sea, históricos. En un proceso depurativo y reduccionista, se han seleccionado solamente las cualidades chamánicas y espirituales que conforman buena parte del capital simbólico que la alteridad ha construido sobre la cultura wixarika, mientras se dejan de lado los desafíos sociales, educativos, políticos, económicos y territoriales que incumben al presente de los wixaritari.

Durante la época colonial, la «salvación de las almas» era parte del programa de la conquista espiritual por parte de los misioneros católicos; hoy en día se asiste a una inversión. Los no indígenas remiten sus «almas», sus padecimientos emotivos y espirituales, a los nuevos rituales de consumo de peyote dirigidos por el *mara'akate*. La misma cactácea, que en la época colonial era tachada como planta diabólica, hoy en día se ha convertido en herramienta de «salvación».

Las ceremonias esporádicas contemporáneas pueden alcanzar, en algunos casos, hasta los 80-100 participantes, lo cual nos habla de un acto colectivo. Sin embargo, el carácter efímero del evento ritual lo convierte en la suma de diferentes propósitos y objetivos individuales. Es decir, que el consumo contemporáneo de peyote entre no indígenas, a pesar de darse en un contexto ceremonial, resulta ser finalmente un consumo individualista, orientado por los propósitos de sanación, de autoconocimiento y transformación personal. Más bien podríamos hablar de la manera en que dichos eventos, por su dispositivo performativo, generan una comunidad afectiva. En ella, las relaciones interpersonales se caracterizan por un fuerte sentido de empatía, solidaridad y apoyo mutuo, donde los sentimientos y afectos, amplificados por los efectos del peyote, juegan un papel central en la cohesión del grupo. No obstante, la forma efímera y esporádica del contexto hace que dicha cohesión se disuelva al terminar el evento. Las diferencias con los propósitos comunitarios que orientan el consumo del cactus dentro de la cultura wixarika son flagrantes.

A manera de epílogo

Ritual, medicina y sanación constituyen los tres elementos que estructuran el discurso contemporáneo entre los nuevos consumidores de peyote. Los aciertos científicos respecto a las sustancias y sus efectos, el protocolo ceremonial certificado por la presencia indígena milenaria y el trasfondo mitológico-religioso en torno al cactus conforman parte del heterogéneo imaginario de los nuevos consumidores. A eso hay que añadir, además, algunos elementos de matiz identitario. El consumo contemporáneo de peyote y de las demás plantas sagradas fuera de sus contextos originarios por parte de personas no indígenas, motivadas por una búsqueda espiritual, parece contribuir a un cierto «reencantamiento del mundo». Un fenómeno que Amselle define como retroevolución, o sea, «la búsqueda, en un pasado arcaico, real o imaginario, de las respuestas que puedan servir como remedios para la modernidad» (2020: 8). Estas experiencias ceremoniales, que adoptan y abrazan elementos de las culturas indígenas, se convierten en un medio para restaurar la relación individuo-naturaleza y resignificar el sentido de su entorno cotidiano.

Se trata de una apropiación cultural en la que los «neoindios», como los define Galinier (2013), ven en las prácticas y en los elementos de algunos pueblos originarios una supuesta continuidad con el pasado indígena, que se contempla como auténtico, puro y ahistórico, cargado de una sabiduría ancestral no contaminada, certificada por la presencia misma de representantes indígenas. Sin embargo, el acercamiento a las plantas sagradas y, por ende, al peyote, no es solo una cuestión de «sustancias» y efectos químicos: ellas vienen acompañadas por cosmovisiones específicas, por otras ontologías, prácticas y creencias. Más allá de la exotización, relacionarse con ellas significa también enfrentarse a una serie de implicaciones que afectan a las realidades sociales, económicas, culturales y políticas de sus contextos originarios. La difusión transnacional del peyote y de las demás plantas sagradas, sin embargo, tiende a invisibilizar todos estos factores. Las formas de distorsionar y romantizar a los pueblos originarios, cuya reinterpretación es consumida en contextos urbanos y globalizados, revela las complejidades del contacto intercultural. A pesar de sus rasgos divinos, el peyote se encuentra solapado en cuestiones humanas y económicas.

Bibliografía

Aguilar Ros, Alejandra (2021): «Extractivismo epistémico: el neochamanismo translocalizado y la ritualidad wixarika/huichol». En *Revista Pueblos y fronteras digital* 16: 1-35.

Amselle, Jean-Loup (2020): *Psicotropici. La febbre dell'ayahuasca nella foresta amazzonica*. Milano: Meltemi.

Anderson, Edward Frederick (2007): *Peyote: El cactus divino*. Barcelona: Laertes.

Appadurai, Arjun (2001): *La modernidad desbordada*. Buenos Aires: Trilce.

Arriaga, Ingrid & Negrín, Diana (2018): «Artes y procesos creativos en la circulación de la espiritualidad wixarika». En Steil, Carlos Alberto & Torre, Renée de la & Toniol, Rodrigo (eds.): *Entre trópicos. Diálogos de estudios Nueva Era entre México y Brasil*. México: CIESAS-COLSAN, 414-441.

Basset, Vincent (2012): «Del turismo al neochamanismo: ejemplo de la reserva sagrada de Wirikuta en México». En *Cuicuilco* 19 (55): 245-266.

Foucault, Michel (2001): *La verdad y las formas jurídicas*. Barcelona: Gedisa.

Galinier, Jacques (2013): *Los neo-indios. Una religión del tercer milenio*. Quito: Abya-Yala.

Guzmán, Mauricio & Labate, Beatriz (2018): «Notas sobre el uso de ayahuasca y peyote en México: un campo enteogénico emergente». En Steil, Carlos Alberto & Torre, Renée de la & Toniol, Rodrigo (eds.): *Entre trópicos. Diálogos de estudios Nueva Era entre México y Brasil*. México: CIESAS-COLSAN, 115-139.

Ingold, Tim (2000): *The perception of the environment. Essays in livelihood, dwelling and skill*. London: Routdledge.

Neurath, Johannes (2002): *Las fiestas de la Casa Grande. Procesos rituales, cosmovisión y estructura social en una comunidad huichol*. México: Conaculta-INAH.

— (2017): «Ser más que uno». En *Revista de la Universidad de México* 828: 34-41.

Ortega, José de (1887): *Historia del Nayarit, Sonora, Sinaloa y ambas Californias. Que con el titulo de «Apostólicos afanes de la Compañia de*

Jesus, en la America Septentrional» se publicó anónima en Barcelona el año de 1754. México: Tipografía de E. Abadiano.

Peña, Francisco de la (2018): «Nueva Era, neochamanismo y utopía psicodélica». En Steil, Carlos Alberto & Torre, Renée de la & Toniol, Rodrigo (eds.): *Entre trópicos. Diálogos de estudios Nueva Era entre México y Brasil*. México: CIESAS-COLSAN, 61-81.

Romaniello, Alfonso (2023): *Quimeras ceremoniales: antropología histórica de las relaciones entre wixaritari y mestizos en torno al peyote*. Tesis doctoral, CIESAS Occidente: <https://ciesas.repositorioinstitucional.mx/jspui/handle/1015/1595>.

MESCALINA MI AMOR
LA REPRESENTACIÓN DEL PEYOTE Y LA CONSTRUCCIÓN DE LO INDÍGENA EN «LEJOS DE LA CIUDAD» DE MUERDO

Ana Luengo
San Francisco State University

En 2015, España parecía ir saliendo de la crisis económica que había llevado a la organización del movimiento del 15M en 2011 y al final de un sistema bipartidista. En Cataluña el proceso soberanista iba ganando protagonismo y se pactó la «hoja de ruta unitaria del proceso soberanista catalán». En las grandes alcaldías irrumpieron candidaturas de unidad popular y se aprobó la propuesta de Alberto Garzón (Izquierda Unida) de converger con otras fuerzas de izquierdas. En diciembre se celebraron las duodécimas elecciones de la democracia. Aunque Rajoy (Partido Popular) volvió a ser nombrado presidente, entró en el parlamento un nuevo partido de izquierdas, Unidas-Podemos, que desestabilizaba el orden de los dos partidos nacionales mayoritarios que habían gobernado España desde la Transición[1]. Sin embargo, los trabajos para la recuperación de las víctimas de los crímenes franquistas eran ninguneados por el gobierno de Rajoy, a pesar de la aprobación de la Ley 52/2007, conocida popularmente como Ley de Memoria Histórica. En este contexto aparece la canción de Muerdo «Lejos de la ciudad», cuyo videoclip ofrece una visión romantizada y lúdica de la vuelta a unas raíces inciertas, acompañada de una ceremonia de peyote, planta

---

[1] Para un análisis más detallado, véase Luengo 2023: 11-12.

nativa y psicoactiva del norte de México y el sur de Texas, con una larga historia de tensiones legales y prohibiciones en su haber, ya desde la colonización española. Me propongo indagar aquí qué propone, y con qué intención, la representación visual del peyote, cactácea central para las tradiciones e identidad de los wixaritari[2] y otros pueblos originarios de México, en un contexto ibérico rural y estilizado.

El videoclip de Muerdo es de hace ya una década, y muestra el germen de una actitud hoy prevalente con relación al consumo de plantas medicinales de los pueblos originarios del continente americano desde España, donde las relaciones con América Latina siguen siendo el resultado de tensiones colonialistas y jerárquicas de poder. Es por eso que trataremos los contextos legales de tres países –España, México y Estados Unidos– con diversas cosmovisiones, memorias y también prácticas de sanación social, aunque nos lleven a espacios sorprendentemente paradójicos. Además, teniendo en cuenta que México fue colonia de España y que actualmente vive una compleja y equívoca relación con su vecino del norte, recordar la posición que ocupa el peyote en esta relación transnacional no es baladí[3].

El llamado renacimiento psicodélico y el interés por las plantas medicinales en el Norte global

Desde hace unas dos décadas, ha habido un resurgimiento del interés por las plantas medicinales y el uso de sustancias psicodé-

---

[2] Sobre el peyote y los wixaritari, véase el artículo de Alfonso Romaniello en este mismo volumen (189-219).

[3] Nájera explica que el agronegocio en la zona ha afectado de forma fatal al peyote: «El peyote ya estaba amenazado por la sobreexplotación y el tráfico ilegal, pero en los últimos diez años se han perdido cientos de hectáreas de este ecosistema desértico único, debido a la expansión de invernaderos agrícolas industriales y monocultivos para la producción de miles de toneladas de tomates y pimientos para el mercado estadounidense, afirma el consultor en agroecología Gerardo Ruiz Smith, que ha realizado investigaciones independientes en la zona» (2022: en línea).

licas y empatógenas para la investigación terapéutica en el Norte global, lo que se ha venido a llamar el «renacimiento psicodélico». El concepto, acuñado en un artículo de Steven Kotler y publicado en *Playboy* en 2010, construye un puente con los estudios sobre psilocibina, MDMA y LSD llevados a cabo en los últimos años de la década de los cincuenta y los primeros de la siguiente, pero prohibidos luego por la política antidrogas de la administración Nixon. La política criminalizadora de Nixon alcanzó en 1971 el estatus de guerra contra lo que él llamaba «el enemigo público número uno» (Grillo 2020). Mientras tanto, la guerra de Vietnam estaba llegando a su fin y la joven generación mostraba cada vez mayor desconfianza hacia la política exterior del país. Acabar con el uso de ciertas sustancias que fomentaban una conciencia crítica tanto individual como comunitaria se volvió, entonces, objetivo prioritario de los Estados Unidos. Crear mecanismos de desensibilización moral a partir del miedo a un enemigo común –y en este caso, interior: las drogas no regularizadas– servía también como mecanismo disciplinario en el contexto de la lucha por los derechos civiles y la oposición a la presencia norteamericana en Vietnam. Otro tanto ocurrió en otros países occidentales que seguían los pasos del gobierno norteamericano en su diseño social y económico; todo ello condujo a una demonización mediática de psicoactivos que, a diferencia del alcohol o el tabaco, no tenían un uso socialmente normalizado. Psicodélicos como el LSD o la mescalina y empatógenos como el MDMA fueron relegados a la ilegalidad, lo que propició el crecimiento del narcotráfico y, a partir de los años setenta, la sustitución –por razones de rentabilidad– de la marihuana por la cocaína en los países productores, con toda la violencia que ello trajo consigo.

Si bien en el siglo XXI comenzaron a llevarse a cabo investigaciones terapéuticas con psicoactivos en varios países, entre ellos España, todavía muchas de ellas se vieron truncadas por presiones políticas. Por ejemplo, en la página de *Energy control* se puede leer cómo un estudio de José Carlos Bouso para tratar con MDMA el estrés postraumático de mujeres que habían sufrido violaciones, «fue abruptamente suspendido antes de su finalización por presiones políticas en el año 2002» (Gómez-Escolar Sanz 2021: en línea). Varios intentos de legalizar el uso terapéutico de este empatógeno han sido suspendidos desde entonces, el último en junio de 2024, cuando un panel de once expertos del FDA de Estados Unidos votó en contra de su uso en pacientes con trastorno de estrés postraumático (Seisdedos 2024).

En cualquier caso, las políticas y economías concernientes a algunas de las sustancias psicodélicas, disociativas o empatógenas han seguido creando ciertas dinámicas jerárquicas a diferentes niveles. No todos los psicoactivos han tenido complejos procesos de sintetización en laboratorio, por ejemplo, y además otros provienen directamente de la tierra. Este tipo de sustancias o de plantas medicinales no fueron inventadas en el Norte global, sino que se venían consumiendo desde antes de la conquista de América, y eran y son parte de la vida, la espiritualidad y las tradiciones de comunidades originarias en el continente. Aunque el primer encuentro de los europeos con algunas de estas plantas tuvo lugar durante la conquista, no fue hasta los años cincuenta del siglo XX cuando se comenzó a mostrar interés por ellas desde los países del Norte global, algo que cambiaría la historia de los psicodélicos orgánicos y, por ende, de América Latina.

En 1953, William S. Burroughs visitó la selva amazónica en busca del yagé, brebaje alucinógeno, y esa búsqueda dio origen a sus conocidas *Cartas del Yagé* (1971). En 1954, Aldous Huxley publicó su ensayo *Las puertas de la percepción*, donde explicaba su experiencia al consumir mescalina, la sustancia psicoactiva del peyote. En 1955, el matrimonio formado por el estadounidense Robert Gordon Wasson y su esposa Valentina visitó a la sanadora María Sabina en Huautla de Jiménez en la Sierra Mazateca, donde presenciaron el uso de los hongos psilocibios y llevaron algunas esporas a los Estados Unidos[4].

---

[4] Años antes, el suizo Albert Hoffman ya había estudiado los alcaloides del cornezuelo del centeno y, casi por casualidad, produjo y probó la dietilamida de

De modo que a partir de la década de los cincuenta el interés por las plantas medicinales de América Latina creció en Norteamérica y Europa, y comenzaron a aparecer grupos de turistas que llegaban a lugares remotos en busca de una experiencia mística, lúdica, creativa o espiritual. Esta intromisión afectó de diversas formas a las comunidades que habían convivido con las plantas medicinales por siglos, volviéndolas de repente atractivas y visibles a los ojos de la opinión pública. Esto produjo también libros que fueron a un tiempo icónicos y un éxito de ventas, como es el caso de *The teachings of Don Juan: A Yaqui way of knowledge* (1968), del entonces estudiante de antropología en UCLA Carlos Castaneda[5], o inspiró gran parte de la música psicodélica de grupos de rock anglosajones como The Doors o The Beatles, Grateful Dead o Pink Floyd. No es de extrañar que precisamente en esta década se pusieran de moda estampados de vivos colores recreando mandalas, formas geométricas, elementos fantásticos, ojos que se multiplicaban y otros patrones visionarios. La cultura psicodélica cambió radicalmente la manera en que vemos y representamos artísticamente el mundo.

La pasión por estas plantas, que provienen evidentemente de la tierra y que para su procesamiento solo requieren de tratamientos naturales, ha sido un continuo desde entonces en el Norte global. Durante las tres décadas siguientes a la criminalización de las sustancias psicodélicas, era una minoría contracultural la que se interesaba o se aventuraba en su búsqueda. Sin embargo, en las dos últimas décadas ha comenzado a proliferar un interés por ellas desde organismos oficiales y centros de investigación de prestigio, encabezados más visiblemente por el Hospital Johns Hopkins de Baltimore, el Imperial College de Londres o Sant Joan de Déu en Barcelona. Al

---

ácido lisérgico, el LSD, en 1943. Una década después, el LSD llegaba a Berkeley, California, donde se convertía en objeto de estudios y también en sujeto contracultural contra la militarización del gobierno estadounidense.

[5] *Las enseñanzas de Don Juan* fue el primer libro de una serie de cuatro, a la que posteriormente siguió una segunda saga de otros nueve títulos.

respecto, apunta Casasayas: «El resurgimiento de la investigación institucional con psicodélicos ha ido acompañado por una popularización a pie de calle. Lo buscan personas con condiciones mentales diagnosticadas, pero renuentes a seguir tratamientos con antidepresivos, o que no pueden o no quieren participar en tratamientos experimentales» (2023: 21). Esta nueva fijación se ha dado tanto en las regiones de donde las plantas son oriundas como fuera de ellas, cruzando océanos y fronteras y produciendo cambios en los espacios de donde provienen, muchas veces de formas no sostenibles. Algunas de estas plantas requieren de condiciones climáticas específicas y tardan mucho tiempo en crecer, lo que las hace muy vulnerables al consumo indiscriminado. Entre ellas, se pueden nombrar la liana caapi –base para el brebaje de ayahuasca–, la chacruna, la huachuma y el peyote. Precisamente por eso llama tanto la atención que un videoclip español como el de Muerdo, rodado en un entorno ibérico, use el peyote como centro de la representación y de la narrativa visual, cuando en España no crece peyote de forma silvestre ni hay, por ende, tradiciones ancestrales relacionadas con su consumo. Aunque pueda ser un terreno pantanoso, reflexionar sobre el uso y la representación del peyote hoy en día me parece necesario a nivel transnacional, porque se trata de una planta medicinal en peligro de extinción por diversos motivos. Y esto afecta, sobre todo, a comunidades indígenas de varios estados del norte de México que lo han cuidado, honrado y consumido desde hace miles de años.

Después de comentar algunos dilemas morales, sociales y económicos que provoca el consumo de peyote, analizaré cómo se lo representa en el videoclip «Lejos de la ciudad» (2015), del cantante español Muerdo. Es interesante que, aunque la letra de la canción parece contar una historia que no está relacionada con la experiencia enteogénica, las imágenes y las voces en *off* del videoclip sí la muestren. Esta disonancia me lleva a preguntarme cuál podría ser la razón para la representación de lo indígena mexicano y del peyote, qué finalidad tendría este objeto cultural y a qué público está destinado.

Dilemas y polémicas legales en torno al consumo de peyote

Antes de entrar en materia, hay que entender en primer lugar que el peyote es endémico de una zona limitada del norte de México y del sur de Texas. Además, es fundamental para las tradiciones milenarias de los pueblos wixarika, rarámuri, nayeeris y o'dham, quienes han cuidado y consumido el peyote de forma ceremonial y sanadora; así se lo describe en la primera referencia escrita, cuando el fraile franciscano Bernardino de Sahagún en 1560 escribió sobre él y sobre los hongos psilocibios entre los aztecas, considerándolos cosa del diablo (Stewart 1987). La evidencia arqueológica indica que el peyote viene usándose en esta zona desde hace 5 500 años (El-Seedi *et al.* 2005). En segundo lugar, es necesario entender que es una especie considerada vulnerable por cuatro razones: por el consumo masivo, la política federal antidrogas, el agronegocio y la minería. Además, hay que tener en cuenta que el peyote salvaje tarda muchísimo tiempo en crecer y necesita un hábitat particular[6]. Por último, hay una polémica legal en los Estados Unidos sobre su consumo que afecta también a su existencia en México, lo que de nuevo pone de manifiesto la relación asimétrica entre ambos países, partidos por una frontera como una herida abierta, al decir de Gloria Anzaldúa en *Borderlands* (1987).

Aunque el peyote salvaje crece solo en este hábitat, la Native American Church comenzó a usarlo de forma sacramental en sus ceremonias, volviéndolo uno de sus elementos fundamentales. Se trata de una iglesia sincrética monoteísta que combina creencias cristianas con indígenas de diferente raigambre, fundada en 1918 en Oklahoma, a unos 1 500 kilómetros del desierto donde crece el peyote; en contraste, el pueblo wixarika está a poco más de 500 kilómetros y lleva siglos peregrinando anualmente hasta Real de Catorce. Según el historiador Alexander Dawson en *The Peyote Effect* (2018), el uso del

---

[6] «Si su territorio sagrado sigue bajo amenaza –por el turismo de drogas, la minería y la usurpación agrícola– entonces también estará en peligro un aspecto fundamental de la identidad huichol» (Huang 2021: en línea).

peyote se conectó a principios del siglo XX con otros iconos, como el tipi o la pluma de águila, como una forma de panindigeneidad, y cuando la Native American Church creció por todos los Estados Unidos y Canadá, los conversos podían identificarse con esos objetos como significantes identitarios para entrar a la iglesia (Dawson 2018: 56). Gracias al Religious Freedom Restoration Act firmado por Bill Clinton en 1993, el uso del peyote para los miembros del Native American Church no está penalizado desde 1990[7] (Labaté & Cavnar 2016). En México, la norma NOM-059-SEMARNAT-2010 lista al peyote como especie sujeta a protección especial, y solo el pueblo wixarika tiene derecho a su uso[8].

Actualmente, en la época del llamado renacimiento psicodélico, la organización comunitaria Decriminalize Nature, fundada en Oakland en 2018, aboga por despenalizar su consumo y tenencia, en la línea de lo conseguido por la organización respecto a otras especies psicoactivas como los hongos psilocibios, ya despenalizadas en ciudades como Denver, Oakland, Ann Arbor o San Francisco. En octubre de 2021, como respuesta a los intentos de esta asociación, el National Congress of American Indians publicó un largo informe donde se oponía a cualquier forma permisiva del uso de peyote por «by non-American Indian and Alaska Native (AI/ANs) Peoples», porque pondría en riesgo su uso religioso y exclusivo. Si se lee el informe, cabe preguntarse si se refieren únicamente a los miembros de su congregación, ya que el consumo de peyote se ve como un sacramento[9]. Entonces, ¿qué pasa con los wixaritari y otras

---

[7] Desde 1990, tras la decisión de la Corte Suprema de Estados Unidos en el caso *Employment Division vs Smith,* el amparo legal para los consumidores religiosos del peyote se ha expandido en los Estados Unidos. Algunos detalles legales pueden consultarse aquí: <https://www.law.cornell.edu/uscode/text/42/1996a>.

[8] Para la legislación mexicana, véase <https://www.profepa.gob.mx/innovaportal/file/435/1/NOM_059_SEMARNAT_2010.pdf>.

[9] En el último episodio de la serie *How to change your mind* de Michael Pollan, en Netflix, se narra cómo un hombre de la tribu Lakota, de Dakota, conseguía

comunidades indígenas americanas que, si bien no forman parte de la iglesia fundada en Oklahoma, han consumido peyote desde tiempos inmemoriales, sin mezclarlo con prácticas cristianas[10]?

Tradicionalmente, los wixaritari peregrinan anualmente, en una marcha de entre 350 y 500 kilómetros, guiados por el mark'amé o marakame desde la Sierra Huichola hasta el desierto de Real de Catorce para cosechar el peyote, que es su forma de conectar con sus ancestros y regenerar el espíritu. El peregrinaje, que puede durar varios días, es en sí mismo ceremonial y vocacional. Sin embargo, el grupo que más peyote consume al año es el de la Native American Church, al norte del Río Grande, adonde se transportan grandes cantidades del peyote mexicano[11]. En un artículo del periodista Víctor Rivera, el etnohistoriador Pedro Nájera calcula que «cada año los grupos de Fuego Sagrado y Camino Rojo consumen hasta 180 000 peyotes, la Native American Church alcanza como máximo los 156 millones de peyotes, los wixaritari 405 000 y los coras solo entre 20 y 50 peyotes al año» (Rivera 2022). La desproporción entre las cifras salta a la vista.

---

curarse de su alcoholismo y volver a integrarse en la comunidad gracias al consumo de peyote. En el documental el peyote aparece en total conexión con la Native American Church, incluso en el norte de los Estados Unidos, donde el peyote salvaje no podría crecer por las condiciones naturales —obviando a los wixaritari, lo que revelaría una visión sesgada y *US-centered*. Véase una crítica más a fondo en Casasayas 2022.

[10] Según Casasayas, este es «uno de los pueblos originarios con uso continuado de esta planta desde tiempos precolombinos, con la particularidad de que, a diferencia de otros pueblos, han tendido a conservar la forma de sus prácticas originarias, sin demasiada sincretización con la hegemonía cristiana» (2022: en línea).

[11] Véase el detallado artículo de Rivera sobre la sobreextracción y el tráfico transnacional del peyote mexicano y las funestas consecuencias para el pueblo Wixarika. Felipe Frías, entrevistado por Rivera, indica: «*Todos los que vienen a vivir la experiencia del peyote, lo hacen pisoteando la religión de esta cultura*; lo que para un católico simboliza una hostia, para el Wixa lo es el peyote. Los jóvenes solamente quieren momentos de éxtasis» (2022: en línea; énfasis en el original).

La representación del peyote en «Lejos de la ciudad»

Antes de seguir reconstruyendo la historia en torno al consumo y el comercio del peyote, es necesario ver cómo se relaciona esta polémica sobre el cactus en el continente americano con el videoclip de la canción «Lejos de la ciudad» de Muerdo, producido y grabado en España en 2015. La letra de la canción toca tres temas que estaban muy presentes en la discusión pública en España en ese momento, a raíz de la crisis de 2009 y del crecimiento de los movimientos sociales en 2011 como respuesta: la España vaciada, la crítica al capitalismo y la memoria histórica. Escuchar la letra de la canción, para un público español, significaba conectar o no con esos tres elementos claves en el discurso de la izquierda y de los movimientos sociales. El videoclip, sin embargo, sorprende porque visualmente cuenta una historia que no parece tener nada que ver con la letra, la de un viaje psicodélico con peyote y una conexión con otras raíces, otras tierras y el niño interior, que se representa curiosamente como «indígena» americano, aunque el adulto que lo visualiza –el mismo Muerdo– no lo sea.

El video comienza con una hoguera mientras suenan los primeros acordes, y vemos el inicio de la preparación de una ceremonia

Videoclip de «Lejos de la ciudad» (01:01).

de consumo de peyote (00:13). Se oye entonces una voz en *off* que dice «Seguimos adelante con nuestra lucha», y vemos el mural de una Virgen con los ojos cerrados. «No descansaremos hasta lograr la democracia», se escucha mientras aparece un hombre con pasamontañas en primerísimo plano (00:16), obvia referencia pop al Ejército Zapatista de Liberación Nacional, a lo que sigue otro primerísimo plano del mural con el rostro de un niño también embozado (00:28).

A estas dos isotopías semánticas de la ceremonia wixarika y la lucha, se une una tercera cuando aparece el rostro maquillado de Muerdo con multitud de ojos, como motivos psicodélicos, mientras suenan las primeras palabras de la canción: «Vengo del aire caliente que mueve el cañaveral». A partir de aquí, se muestra la ceremonia y la preparación de un niño con atuendo ostensiblemente indígena para un viaje, cuando suenan los versos: «traigo el olor a mi gente de limón y azahar» (00:40). Cuando el *marakame* le pone al niño el penacho indígena, el personaje de Muerdo cierra los ojos, lo que marca el principio de la experiencia visionaria. El niño es bendecido ritualmente y comienza su camino solo por un monte agreste. Al final el niño va al encuentro del personaje de Muerdo, que está sentado y meditando con los ojos cerrados. Cuando Muerdo siente la presencia del niño, abre los ojos y se miran, conectando entre sí –no olvidemos que el encuentro con el niño interior es uno de los motivos iniciáticos del viaje psicodélico y del psicoanálisis–. El niño entonces bendice a Muerdo como mismo fue bendecido él por un *marakame* un rato antes. Se ven flores de peyote flotando y girando sobre aguas claras y otros símbolos indígenas. Esta es la primera referencia a la planta. La canción dice «no sabe de dónde viene y menos adónde va», apuntando a la necesidad de búsqueda de espiritualidad y creatividad. Entonces aparece una escena con un hombre de tez y pelo claros pintando el mural de una Virgen que medita con los ojos cerrados, reproduciendo la misma posición en la que estaba el personaje de Muerdo segundos antes. Cuando acaba el mural, el hombre del pasamontañas, que ya apareció en la primera escena, se lo quita y aparece la cara de Muerdo

(2:27). Seguramente esta escena pretende mostrar alguna forma de sanación usando elementos comunitarios, o incluso «revolucionarios», como el uso de pasamontañas, que se relaciona directamente con la indumentaria característica del Subcomandante Marcos y otros miembros del movimiento zapatista. En cualquier caso, poco tienen que ver estos elementos con el peyote, porque no hay peyote en Chiapas, al sur de México, que es donde surgió el Ejército Zapatista de Liberación Nacional en 1994. Además, lo que en el caso del subcomandante Marcos sería un elemento para borrar su individualidad en medio de una revolución anticapitalista y anticolonialista, en el videoclip sería una forma de descubrimiento de la individualidad de una sola persona, el protagonista de la canción y del video, quien busca su sanación personal ocupando una posición privilegiada, como se verá, por diferentes razones.

La escena siguiente comienza mientras suena el estribillo de «Lejos de la ciudad». El paisaje podría ser el de la Sierra Madre mexicana, aunque no sabemos exactamente dónde transcurre la historia. Sabemos únicamente que se trata del campo: el niño lleva a Muerdo de la mano (2:44), guiándolo en su camino, para acabar abrazándose (2:51) en lo que podría ser la culminación de su encuentro con su niño interior, mientras suena: «Soy camino de tierras, de calles sin asfaltar, / mi abuela no fue a la escuela, pero aprendió a luchar». Estos versos en mi opinión son muy importantes, porque sirven de nexo entre ambos discursos, el textual y el visual; es precisamente aquí cuando aparecen algunas imágenes rápidas de peyotes en estado salvaje. La experiencia de la pobreza, del trabajo en el campo y de la precariedad une a todas las personas que aparecen en el videoclip, es decir, a Muerdo y sus ancestros con las personas indígenas que están preparando su propia ceremonia sagrada con peyote. Incluso cuando canta que su abuela «fue una niña de la guerra» (3:14) asistimos al grito desgarrado de una de las participantes de la ceremonia, no se sabe exactamente de dónde. Aun a riesgo de hacerle la integración psicodélica a Muerdo, diría yo que ese encuentro con su niño interior ataviado como un niño aparentemente indígena le sirve para conectar consigo mismo y con la tierra, y por ende con el peyote[12]. En este caso, la experiencia en la historia del videoclip lo convierte a él mismo, cantautor murciano, en un cantautor también indígena. ¿En un cantautor íbero indígena? Cuidado, detengámonos aquí por un momento.

A partir de este plano, las escenas se suceden de prisa, y acaban tomando mayor protagonismo los jóvenes que pintan murales con ayuda de niños indígenas joviales, a quienes les pintan las caras con colores. Parece el anuncio de una ONG, que cierra con el plano medio de una muchacha, aparentemente de la comunidad, que escucha música con auriculares y ríe (4:25). Qué mejor que acercar la la música española a las comunidades indígenas de las Américas para afianzar ciertas alianzas, pero me pregunto de qué forma podrá eso ayudar eso a los pueblos indígenas y, en concreto, a los wixaritari, que basan su existencia como pueblo en la preservación de una planta sagrada, el *hikuri*, y una cultura en peligro constante de extinción. Cuando acaba la canción y vuelve la voz en *off*, escuchamos lo siguiente: «En un mundo nuevo estamos todos para vivir» (4:32). Si relacionamos esto con las escenas de cooperación desarrollista del video, cabría preguntarse para vivir cómo. ¿Con qué propósitos? ¿Con qué sostenibilidad del medio ambiente y de la diversidad cultural? No deja de llamar la atención que el videoclip confronte dos experiencias: una supuestamente enteogénica e individual de un sujeto europeo, que posiciona su experiencia en el centro de la narración, y otra de cooperación internacional, cuyas consecuencias a veces funestas para la comunidad receptora de la supuesta ayuda ya se han investigado. En esta línea, a partir del análisis de películas españolas sobre la

---

[12] Decía Joseph Campbell: «nos sorprendemos de lo que soñamos, aunque el sueño somos nosotros mismos. Uno como sujeto se sorprende por ser uno mismo como objeto. Uno parece ser dos, uno y su sueño, pero en realidad es uno» (Glockner 2016: 106).

migración, Jorge Pérez (2015: 218-219) ha acuñado el concepto de «NGOFilms», que me parece muy pertinente aquí. En su artículo, Pérez indica «NGOs function with a hierarchical disposition, with urban-based elite on top» y estas películas «have not delved into all the root causes of migratory displacements». Del mismo modo, aunque seguramente hay buenas intenciones en el video de Muerdo —mostrar un mensaje de paz y color, o representar una comunidad imprecisamente indígena de forma positiva,— el tratamiento ingenuo del medio acaba construyendo un artefacto cultural muy problemático, que reproduce dinámicas neocoloniales y extractivistas.

La globalización de lo ancestral

En el caso de «Lejos de la ciudad», llama la atención que el videoclip termine con una yuxtaposición de escenas de Muerdo meditando, las ceremonias de los wixaritari, el niño interior, personas visiblemente racializadas festejando y riendo, la niña sonriente con los audífonos, que a su vez se intercalan con imágenes de jóvenes de apariencia europea que pintan murales de motivos psicodélicos con los niños indígenas, y que incluso les maquillan los rostros con dibujos florales y de animales de colores brillantes, que recuerdan más bien un carnaval o una feria en el Norte global. De fondo vuelve a aparecer el mural de la Virgen con las manos unidas en posición de orar o meditar, con los ojos cerrados, y panorámicas de bellos paisajes que podrían ser de cualquier lugar de la tierra. Ese collage abigarrado vendría a representar la experiencia visual psicodélica; sin embargo, la isotopía principal de lo visionario está marcada por una mirada europeizante, que romantiza la tradición indígena sin tener en cuenta ninguno de los rasgos de la expresión wixarika propiamente dicha, y que se materializa en la actividad de los jóvenes con los niños mientras les enseñan a pintar los murales. No deja de llamar la atención este elemento pedagógico, ya que en la cultura wixarika la música y el arte son centrales; en la escena del videoclip, en cambio, pareciera que los niños fueran *tabula rasa* a los que enseñar algo totalmente nuevo, desconocido para ellos. En esa lectura, ese elemento pedagógico pasaría a convertirse, en combinación con la imagen mural de la Virgen, en un acto evangelizador. Anguiano y Hernández Ramírez (2023) han estudiado, a partir del papel de las mujeres wixaritari, cómo las artes del tejido y la creación de figuras o joyas de chaquiras están totalmente relacionadas con el mito fundacional de su religión; en contraste, estas escenas risueñas de manualidad parvularia resultan, además de ingenuas, jerarquizantes. Lo mismo ocurre con la música que la niña escucha con sus audífonos, y que de forma extradiegética parecería ser la canción misma de Muerdo. ¿Qué sentido tendría llevar la música española a esa comunidad, sin entrar en una conversación al mismo nivel, cuando la música wixarika[13] es central en sus celebraciones, rituales y festividades? En el largometraje *Voices of the Wixarika* (2023), un proyecto de Wirikuta Preservation Project, Miguel Carrillo, músico y jicarero, explica su tradición y el peligro de extinción del peyote salvaje. Durante toda la película presenciamos melodías extra e intradiegéticas, y asimismo se pueden apreciar los diferentes instrumentos con la voz de Carrillo que los acompaña, y los bailes rituales de toda la comunidad.

La voz en *off* al principio y al final del videoclip de «Lejos de la ciudad» es la voz del Otakame Rogelio Carrillo, de San Andrés Cohamitra, Jalisco. Este parece todavía bastante activo en la comunidad psicodélica internacional, ya que en 2024 fue uno de los ponentes de la Conferencia ICPR[14], en el panel de «The (de)colonization of psychedelics». En el mismo año también ofició, entre otras tantas por Europa, una ceremonia en el retiro barcelonés Circle of Word[15], en colaboración

---

[13] Al respecto, véase <https://artesaniahuichol.com/en/musica-tradicional-huichol-wixarika/>.

[14] Véase <https://www.icpr-conference.com/speakers/rogelio-carillo>.

[15] Véase <https://weareavalon.love/event/circle-of-word-w-marakame-otakame-and-rape-ceremony-w-paula-lopez-in-barcelona-on-jul-13-2024> y <https://www.youtube.com/watch?v=rVfe2WcoDjU>.

con The Festival of Consciousness y Laura López, «medicine woman and guardian», quien además es «a custodian of a sacred fire and ancestral traditions from different parts of the planet»[16]. Todo ello resulta importante para entender mejor la conexión que hay entre el videoclip y el momento en que nos encontramos ahora, y sobre todo, para entender qué consecuencias puede tener la globalización de lo ancestral para la protección de las plantas medicinales y las tradiciones de una comunidad indígena como la wixarika. No deja de llamar la atención que el propio Rogelio Carrillo participara en 2015 en este videoclip de música comercial, una mezcla de publicidad pop y vagas pretensiones de solidaridad intercultural. En una entrevista en el canal de Facebook de Colores de la Tierra, explicaba Carrillo ya entonces: «Me han invitado los hermanos de Europa a compartir la tradición, los cantos, los rezos. Es como un intercambio cultural en este lugar, en Barcelona» —entonces, el paisaje no era el de la Sierra Madre, sino, probablemente, la Sierra de Collserola. Y acababa añadiendo: «He aprendido algo de los hermanos indígenas catalanes también[17]».

Conclusión: la construcción de lo indígena

Como catalana, no puedo reprimir un respingo. ¿Indígenas catalanes? ¿A qué me suena? Sin embargo, la precaria situación actual del peyote en estado salvaje en México es, sobre todo, el resultado de varias coyunturas que comienzan con la colonización del continente americano en 1492 por parte de los españoles, con la consiguiente explotación de los recursos naturales, y con la opresión, la aculturación y la evangelización de las comunidades indígenas que sirvió para demonizar sus propias prácticas espirituales[18]. La participación

---

[16] Véase <https://weareavalon.love/the-family/paula-lopez>.

[17] Véase en <https://www.facebook.com/centroholisticomayayoga/posts/336401744950326/>.]

[18] «Las Américas son territorios colonizados, con una brutal historia de violencia que incluye, por supuesto, la supresión de las prácticas rituales de sus pueblos

y enriquecimiento de catalanes en la colonización es un hecho, así como la vergonzosa responsabilidad de la clase burguesa catalana en el comercio de personas secuestradas en África para ser esclavizadas (Alharilla & Chaviano Pérez 2017). Si pienso en todo eso, ese «indígenas catalanes» me chirría. ¿A qué se refiere, a qué intereses sirve?

Si saltamos de nuevo a los Estados Unidos podremos entender algunos de los mecanismos que esa construcción de lo «indígena» ha suscitado y cuyo testigo parece haberse tomado desde la otra orilla, como justificación perfecta para el uso de plantas medicinales americanas en estado de extinción. En los Estados Unidos, la Native American Church ha multiplicado sus feligreses, y se calcula que cuenta actualmente con unos 400 000 miembros. Cada tribu tiene sus propias reglas para ser considerado «Native American», pero la página oficial del U.S. Department of Interior, indica estos criterios generales:

> Two common requirements for membership are lineal decendency from someone named on the tribe's base roll or relationship to a tribal member who descended from someone named on the base roll. (A «base roll» is the original list of members as designated in a tribal constitution or other document specifying enrollment criteria.) Other conditions such as tribal blood quantum, tribal residency, or continued contact with the tribe are common.[19]

Como puede verse, los criterios son laxos, y prácticamente cualquiera que tenga voluntad y contacto con alguna tribu puede solicitar su entrada en la NAC. Además, los miembros de las tribus desde Canadá hasta la frontera con México pueden invitar a personas ajenas

---

nativos. El eco de esta violencia histórica reverbera a día de hoy en diversas formas de degradación social, económica, cultural y psicológica a la que hacen frente con más o menos recursos y capacidad» (Casasayas 2022: en línea).

[19] Véase en <https://www.doi.gov/tribes/enrollment>.

a la iglesia a sus ceremonias con peyote, multiplicando entonces el consumo de la planta hasta niveles insostenibles.

La lenta extinción del peyote salvaje, entonces, obedece a diferentes factores que desgraciadamente confluyen en un posible final del pueblo wixarika. Es el resultado de la legislación antidrogas de Estados Unidos, de políticas neocolonialistas como la minería, la explotación agrícola (Nájera 2022) y la extracción ilegal de los bulbos, y en el caso de la zona Wirikuta, también del comercio y extracción del peyote mexicano por parte de la Native American Church para abastecer a sus feligreses. Como sostienen Labate y Feeney, «In the United States, peyote is a Native issue, and Native voices should be allowed to lead on the questions that most impact their lives, communities, prayers, and families» (2022: en línea).

Entonces, en esta discusión entre sectores de la sociedad estadounidense y canadiense sobre el consumo y el derecho al peyote, ¿qué significa ser «Native American», si casi cualquiera con voluntad y un poco de esfuerzo puede serlo? Y sobre todo, ¿dónde queda el derecho del pueblo wixarika, que es el pueblo que cuida y protege las zonas de mayor concentración del cactus en estado silvestre desde tiempos inmemoriales, pero que está en el lado menos privilegiado de la frontera?

En este sentido, y volviendo al videoclip que nos ocupa, la identificación de Muerdo con el pueblo indígena pretende trascender fronteras y océanos, igualando las experiencias de México y España, como si España o Catalunya nunca hubieran sido una potencia colonizadora allende los mares. Quiero pensar que todo esto tiene muy buenas intenciones, como el trabajo de una ONG caritativa que acaba generando a veces más desequilibrios e injusticias de las que imaginó posibles. También podría ser ingenuo, porque es el resultado de una educación sesgada que invisibiliza un momento clave en la historia como fue la invasión y explotación de las Américas, pero que ha beneficiado geopolítica y económicamente a España y sigue haciéndolo.

No hay que olvidar que cuando los misioneros españoles encontraron las plantas visionarias estas fueron prohibidas como parte del proyecto evangelizador: «El rechazo a las plantas visionarias como el ololiuhqui, el peyote o los hongos psilocibios durante el virreinato respondían, por un lado, a una consideración metafísica, pues se trataba de plantas con las que el Maligno pretendía simular la comunión cristiana» (Glockner 2016: 81). Actualmente, además de los desastres ecológicos, su extracción por parte de la Native American Church y de turistas psiconautas sin conciencia va a seguir creciendo. Entonces, su desaparición en estado silvestre podría ser inminente –y devastadora para el pueblo wixarika, cuya existencia comunitaria depende intrínsecamente de la planta.

El videoclip de «Lejos de la ciudad» acaba con un rótulo que destaca la solidaridad de Muerdo y de Colores de la tierra para con los pueblos indígenas mexicanos en general. Cuando por curiosidad investigué qué tipo de organización era esta, me di cuenta de que más bien era una empresa de tintes artesanales de tejidos, y entendí mejor esa estética de anuncio que me había llamado la atención. ¿Y qué decir sobre Muerdo? En una entrevista con *El Tiempo*, el cantante murciano comentaba así su éxito en América Latina y su propósito de llegar a los Estados Unidos: «Es un público potencial brutal porque en Estados Unidos hay muchísima población que habla castellano y yo creo que el castellano me da la posibilidad como herramienta de abrirme a un montón de sitios»[20]. No hace falta que reconstruya cómo llegó el castellano a América Latina, ni cómo llega la música española ahora hasta los Grammy latinos, ocupando un espacio que puede ser muy lucrativo. Si conseguimos que la española sea la música más escuchada por las comunidades indígenas, habremos dado un paso decisivo en la colonización.

Volviendo al derecho al consumo del peyote, lo cierto es que resulta difícil salir de esa encrucijada sin enlodarse toda. El problema

---

[20] Muerdo: «Mi música se ha ido coloreando. Se ha vestido con más matices» (2021): <https://crazyminds.es/entrevistas/entrevista-muerdo-2021>.

es la premisa de creer que el peyote solo puede ser consumido como una planta sagrada por indígenas puede llevar a callejones sin salida que provoquen falacias como las de la canción de Muerdo: como yo soy del campo, también soy indígena; como yo he sufrido, yo soy indígena. Esto recuerda la declaración de indigeneidad de Decriminalize Nature para justificar la despenalización del peyote en Estados Unidos[21]. ¿Todos podemos ser indígenas y tener así derecho al peyote? ¿Soy yo también una catalana indígena? ¿Una indígena extremeña si voy a mis orígenes?

Este tipo de generalizaciones borra siglos de colonización y explotación, y diluye las reivindicaciones de resistencia, reparación y dignidad de las comunidades indígenas de las Américas. No se trata de algo esencialista, aunque pueda parecerlo, sino de algo fundamental en cuanto a justicia social e histórica. Socializarse en una comunidad indígena y haber sufrido los abusos racistas y colonizadores de agentes hegemónicos violentos toda la vida no es lo mismo que sentirse indígena por una visión o un sueño en la edad adulta, o por una prueba genética que determine cierto porcentaje de etnicidad que no conocíamos, lo que nos permitiría entrar en la NAC y poder consumir peyote para tener una sanación individual. Nájera, más concretamente sobre el uso del peyote, reflexiona:

> Es un hecho que en nuestras venas hay sangre indígena, pero si no se forma parte de esos grupos originarios y socialmente diferenciados y diferenciables por su lengua, sus tradiciones, sus usos y costumbres, la autoadscripción es una usurpación utilitaria de una esencia original; esta diferenciación entre lo autoadscrito y la realidad de una cultura busca frenar y revertir situaciones históricas perjudiciales, y debe entenderse como un mecanismo para garantizar el derecho humano a la igualdad sin imponer la colonización ni la apropiación de lo ajeno. (2021: en línea)

---

[21] Véase <https://decriminalizenature.org/dn-statement-on-indigeneity-sacred-plant-medicines-and-sustainability/>.

Al respecto, vale subrayar la importancia del concepto de «street race» (López *et al.* 2018), que sirve para diferenciar entre etnicidad y raza, ya que esta última es la construcción social que nos sitúa en una posición más o menos favorable frente al poder. Su formulación es simple, pero necesaria: si caminaras por la calle, de qué raza crees que asumirían las personas extrañas que eres por cómo te ves. Por otra parte, en una sociedad neoliberal tan competitiva y desigual, exigente y violenta como la estadounidense, los problemas de salud mental son alarmantes y endémicos al sistema mismo (Pérez del Río 2013: 66); convertir el sello de indigeneidad, al que casi cualquiera puede acceder, en la única forma de poder consumir una planta medicinal es muy problemático, porque banaliza lo que significa haberse socializado como parte de comunidades indígenas o ser visiblemente indígena. De la misma forma, seguir extrayendo el peyote silvestre del norte de México para su comercialización en Estados Unidos y Europa —sea por las razones que sea— es, a mi parecer, la última forma de abuso colonial, neocolonial y transnacional contra los wixaritari y otros pueblos indígenas, que llevan miles de años peregrinando para cosecharlo como parte fundamental de su cultura, su espiritualidad y su supervivencia.

En 2015, un momento en que los movimientos sociales en España estaban necesitados de narrativas que representaran sus necesarias reivindicaciones más transversales —la memoria histórica, la España vaciada, la precariedad—, crear un artefacto cultural que se apropiaba de una identidad «panindígena» a fin de poder tener un viaje interior y éxito comercial, gracias a la lengua compartida, no deja de parecer otro de tantos actos interesados de apropiación cultural, de funestas consecuencias para los pueblos originarios de América Latina, que han sido los guardianes del conocimiento asociado a ciertas plantas medicinales hasta que llegó el turismo psicodélico, ahora ya en todo su apogeo. Como ejemplo sobre el turismo para el consumo de ayahuasca, Suárez Álvarez indicaba que, en 2019, «los 232 centros de retiro de la Amazonia y Costa Rica habrían recibido a 62 000 personas, proporcionando alrededor de 210 000 experiencias ese año» (2023: en línea), con unos ingresos que rondarían los 62 millones de dólares, la mayoría recaudados por empresas del Norte global. Quizás estas cifran sirvan como índice de adónde va y a quién beneficia el turismo psicodélico en América Latina y cuál podría ser el destino del *hikuri* si no lo protegemos.

Bibliografía

Alharilla, Martín Rodrigo & Chaviano Pérez, Lizbeth (2017): *Negreros y esclavos. Barcelona y la esclavitud atlántica (siglos XVI-XIX)*. Barcelona: Icaria.

Anguiano, Marina & Hernández Ramírez, Claudia (2023): «Las mujeres artistas del pueblo wixarika o huichol de México». En *Narrativas Antropológicas* 5 (9): 28-43.

Busby, Martha & Virdi, Jasmine (2022): «Big business could wipe out Mexico's sacred psychedelic peyote cactus». En *Wixarika Research Center*, 28 de junio: <https://www.wixarika.org/big-business-could-wipe-out-mexicos-sacred-psychedelic-peyote-cactus>.

Casasayas, Albert (2022): «Psicodélicos para principiantes. Sobre el documental *Cómo cambiar tu mente*». En *Ulises*: <https://www.ulises.online/articulo/psicodelicos-para-principiantes-sobre-el-documental-como-cambiar-tu-mente/>.

— (2023): *Luces y sombras del renacimiento psicodélico*. Tortosa: Ulises Ediciones Expansivas.

Dawson, Alexander (2018): *The Peyote effect. From the Inquisition to the War on Drugs*. Oakland: California University Press.

El-Seedi, Hesham R. & Smet, Peter A. G. M. de & Beck, Olof & Possnert, Göran & Bruhn, Jan G. (2005): «Prehistoric peyote use: Alkaloid analysis and radiocarbon dating of archaeological specimens of Lophophora from Texas». En *Journal of Ethnopharmacology* 101 (1): 238-242.

Glockner, Julio (2016): *La mirada interior. Plantas sagradas del mundo amerindio*. Madrid: Debate.

Gómez-Escolar Sanz, Antón (2021): «El renacimiento psicodélico: ¿qué es, de dónde viene y hacia dónde va?». En *Energy Control*, 1 de junio:

<https://energycontrol.org/el-renacimiento-psicodelico-que-es-de-donde-viene-y-a-donde-ira/>.

GRILLO, Ioan (2020): «La guerra contra las drogas debe terminar ahora». En *New York Times*, 20 de noviembre: <https://www.nytimes.com/es/2020/11/20/espanol/opinion/guerra-drogas-mexico.html>.

HUANG, Robyn (2021): «La ruta sagrada del peyote». En *New York Times*, 6 de julio: <https://www.nytimes.com/es/2021/07/06/espanol/mexico-peyote-real-de-catorce.html>.

KOTLER, Steven (2010): «The New Psychedelic Renaissance». En *Playboy*, marzo: <https://thousandplateaus.files.wordpress.com/2010/03/playboy_the_psychedelic_renaissanc e_ct_0.pdf>.

LABATE, Beatriz Caiuby & FEENEY, Kevin (2022): «Decriminalize nature targets peyote: drug reform or settler colonialism?». En *Chacruna*, 1 de julio: <https://chacruna.net/decriminalize_nature_drug_reform_settler_colonialism/>.

LÓPEZ, Nancy & VARGAS, Edward & JUÁREZ, Melina & CACARI-STONE, Lisa & BETTEZ, Sonia (2018): «What's your "Street Race"? Leveraging multidimensional measures of race and intersectionality for examining physical and mental health status among Latinxs». En *Sociology of Race and Ethnicity* 4 (1): 49-66.

LUENGO, Ana (2023): *Arqueología del esencialismo español. Leyes, genealogías y herencias*. Granada: Comares.

NÁJERA, Pedro (2021): «Apropiación cultural vs. realidad indígena: neocolonialismo y otros vicios». En *Peyote Noticias*, 24 de agosto: <https://hablemosdehikuri.com/wp-content/uploads/2021/08/Peyote-News--1-2021-en-Espanol.pdf>.

— (2022): «El peyote, cactus sagrado psicodélico de México, amenazado por el agronegocio». En *Open Democracy*, 13 de julio: <https://www.opendemocracy.net/es/peyote-cactus-psicod%C3%A9lico-m%C3%A9xico-wirikuta-amenazado-agronegocio-/>.

PÉREZ, Jorge (2015): «Reframing accountability in Spanish immigration cinema: Mediterranean Modernity and the shortcomings of NGO-films». En *Journal of Mediterranean Studies* 24 (2): 215-229.

PÉREZ DEL RÍO, Fernando (2013): «Desigualdad económica y enfermedad mental». En *Norte de salud mental* XI (45): 66-74.

Rivera, Víctor (2022): «Saqueado: el incierto destino del peyote mexicano». En *El Economista*, 12 de marzo: <https://www.eleconomista.com.mx/politica/Saqueado-el-incierto-destino-del-peyote-mexicano-20220311-0064.html>.

Seisdedos, Iker (2024): «Un panel de expertos de la agencia del medicamento de Estados Unidos vota en contra del uso terapéutico del MDMA». En *El País*, 4 de junio: <https://elpais.com/ciencia/2024-06-04/un-panel-de-expertos-de-la-agencia-del-medicamento-de-estados-unidos-vota-en-contra-del-uso-terapeutico-del-mdma.html>.

Suárez Álvarez, Carlos (2023): «El turismo de la ayahuasca: quién, cómo y dónde». En *ICEERS*: <https://www.iceers.org/es/turismo-ayahuasca-quien-como-donde/>.

Stewart, Omer Call (1987): *Peyote Religion. A History*. Norman: University of Oklahoma Press.

Estéticas psicoactivas
en la narrativa contemporánea

Circa 94 de Fran Ilich
El acto contracultural en la época del éxtasis y el uso del MDMA como herramienta terapéutica para el trauma neoliberal

Iván Eusebio Aguirre Darancou
University of California-Riverside

Raving

Caminas de noche por la calle de un antiguo barrio industrial cerca del centro de la ciudad, alrededor se levantan los muros viejos, pintarrajeados y metálicos de almacenes y naves industriales. La ciudad podría ser Tijuana, Los Ángeles, Detroit, Bogotá, Chicago, CDMX o Nueva York. Las calles oscuras están desiertas de automóviles, nadie se quiere detener por mucho tiempo en estas zonas donde los únicos habitantes permanentes parecen ser las personas en situación de calle, sus pequeños campamentos levantándose aquí y allá. El miedo que la ciudad genera a lo desconocido y lo abyecto se percibe en el aire y esta calle, sin embargo, la sientes más segura que aquella donde las patrullas de policía rondan continuamente, esas calles de vecindarios protegidos por vallas donde los vecinos te miran con desconfianza cuando caminas de noche o de día, principalmente porque no vas en auto. Pero aquí te sientes con seguridad, sabes que no te sucederá nada. Llegas a tu destino, una puerta sin marcas, tocas, te abren. Pasas por un guardia de seguridad que está ahí para cerciorarse que estás en el lugar correcto más que para revisar tu persona y, al dar el siguiente paso para que te tomen el boleto, empiezas a sentir la música. No la escuchas aún, la sientes en tu estómago, en tus huesos retumbando levemente, en tu tórax resonando. Tu boleto ya escaneado por alguno de los organizadores que desborda afecto y te recibe con una sonrisa, pasas por la cortina y te encuentras de pronto en otro mundo. Ya dentro, observas el espacio para sentirte seguro y consumes discretamente la pequeña pastilla que tu amigo te había regalado unos días atrás, cuando te avisó de este evento, y miras a tu alrededor. Luces de colores brillan y se reflejan en las paredes del gran almacén, los techos metálicos y descubiertos de pronto vislumbrándose y dejando ver el esqueleto cuasi-fósil de lo que quizá hubiera sido un gran centro de distribución de mercancías, o quizá alguna fábrica ahora vacía de maquinaria, pero con cadenas aún colgando del techo. Al fondo, las bocinas de donde emanan pulsos de sonido están acomodadas en su mayoría alrededor de un puesto improvisado donde una persona mantiene sus manos sobre una mesa que te parece control de nave espacial con luces y manecillas y botones y discos girando. Ahora sí escuchas la música con todo tu cuerpo y tus oídos y tus huesos y sobre todo tu estómago y te encuentras en un pequeño mar de gente que baila y se mueve al ritmo que cada cual percibe, vestidas y vestidos y vestides todes de formas singulares y sorprendentes, incluso quienes en su cotidianidad parecen haber salido de una reunión de negocios o una clase de universidad, y otros con brillantina y maquillaje y ropas que descubren sensualidad más que cubrir corporalidad. Te mueves con ellos y te das cuenta que la música es quien los mueve, que no eres tú quien controla tus movimientos como tampoco tus pensamientos, tú solo eres un vehículo de la música, una resonancia que no puede más que ser y moverse al ritmo, y te das cuenta también que todos se mueven pero nadie se toca, todos estamos en la intimidad de un momento compartido que dura un segundo y toda la noche. Cierras los ojos y te mueves, los abres y miras de pronto en el rostro extático de una persona que baila a tu lado y se mueve de formas que no sabías se podía mover el cuerpo, pisoteas el piso para expulsar un ritmo ajeno que no era tuyo, un ritmo extraño que entró en tu cuerpo hace años y sonríes al sentirlo salir, un nuevo ritmo entrando por tus pies y recorriendo todo tu cuerpo como una oleada eléctrica hasta salir por tus manos y la coronilla de tu cabeza sacudiéndose. La persona de al lado te mira y atestigua tu exorcismo y tu rebautizo y tu consagración y juntos comparten un ritmo que dura una respiración o quizá diez, o quizá más. Cierras los ojos de nuevo y bailas. Cuando por fin deja de sonar la música y sales, el sol mañanero brilla en tu cara reluciente con capas de sudor, tu sonrisa un reflejo de las tantas sonrisas y risas que viviste, tu corazón latiendo a ritmo todavía y tus pies caminando con una ligereza concatenada que no tenías anoche. Es un día distinto y tú eres una persona distinta, y eres la misma. Mañana al recordar el momento te darás cuenta que había muchas otras personas en ese almacén que no bailaban o que rondaban la pista sin participar y te preguntarás qué será de ellas y qué habrá sido de su experiencia esa noche... pero hoy sonríes y eres.

Introducción

En las sociedades capital-nacionalistas actuales —o neoliberales si se prefiere— que nos rodean cotidianamente es difícil imaginar otros mundos y otras formas de ser. El extractivismo de recursos naturales, sociales, emocionales y laborales reina constantemente y ordena nuestras formas de ser y relacionarnos con nosotros mismos y con otros, al punto que imaginar otras relaciones donde el consumo (desigual) no sea la única manera de relacionarme con el mundo resulta difícil[1]. Frente a Estados-nación que continúan prometiendo ciudadanía y un lugar en la sociedad con la condición de dejar atrás formas culturales autónomas y adscribirse a regímenes de violencia

---

[1] Entiendo por neoliberalismo un modo de organización socioeconómica donde la función del Estado es principalmente la de proteger el mercado y sus condiciones de existencia, es decir, «the State does not manage markets much directly, except through monetary policy, but it takes a very active role in creating, maintaining, and protecting the preconditions of market self-regulation» (Connolly 2013: 21).

organizada alrededor del Estado y sus leyes (especialmente relacionadas con inmigración y racializadas), y por el otro lado un Mercado que ofrece experiencias extáticas en cualquier variante que uno pueda desear a precios asequibles (y siempre está el crédito para quienes no tienen), es difícil pensar que se puede estar de otra forma que no sea sometiendo cuerpo, mente y espíritu a este orden socioecónomico. Y sobre todo cuando nos asomamos al interior psicológico-psíquico-subjetivo de nuestras corporalidades, aparentemente atrapadas en relaciones económicas y sociales de violencia y explotación, donde la depresión, la ansiedad, las adicciones y otras aflicciones mentales son más comunes de lo que pareciera y todes compartimos al menos algunos síntomas, es difícil imaginar que otras formas de ser puedan existir. Y sin embargo las hay, y no hay que recurrir a modelos de lo *antiguo*, lo *shamánico* o lo *tradicional* ni mucho menos lo *extraterrestre* para encontrarlas. En las entrañas de la decadencia post-industrial y las urbes devastadas por estos cambios económicos, que dejan poblaciones en el desamparo sociocultural, han aparecido espacios y sustancias que —aunque efímeras y fugaces— ofrecen momentos poderosos de resubjetivación y formación de otras corporalidades que no se pueden subestimar por su potencial liberatorio y comunitario.

Me acerco aquí a la novela *Circa 94* (2010), del escritor tijuanense Fran Ilich, para problematizar el acto contracultural del *rave* y del consumo de sustancias psicoactivas en el momento del éxtasis neoliberal, donde nuestra realidad cada vez más globalizada, mediatizada y virtualizada parecería ser un flujo continuo de estímulos sensoriales que sobrecargan nuestras corporalidades con dopamina, serotonina y adrenalina sin que podamos hacer mucho para evitarlo (o, al menos, eso parece). Me pregunto qué podemos aprender del uso del MDMA (éxtasis, X, molly) en su modalidad terapéutica para entender el trauma que un sistema económico fundamentado en la violencia extrema, la extracción de recursos, energía y emociones, y la ganancia como fin último impone sobre nuestras corporalidades. Me pregunto, ¿qué significa el *rave* como un espacio de liberación y cuáles son sus límites? ¿Para quién es espacio de liberación y para quién de consumo capitalista... y podemos separarlos? ¿Cómo interactúa el *rave* con el consumo neoliberal y cómo se distancia del mismo? En un contexto donde el éxtasis místico está al alcance de mis dedos/lengua (y mi cartera) ¿qué significa el éxtasis como un estado afectivo catalizado por una sustancia? ¿Qué puede un cuerpo en éxtasis, sobre todo cuando el éxtasis parece ser uno de los modos con los que el neoliberalismo como modo afectivo penetra nuestros cuerpos, a través de vender experiencias que sobrecargan nuestras corporalidades?

Desde una lectura de *Circa 94*, propongo primero que el éxtasis como sustancia y como modo afectivo se convierte en una estrategia de captura neoliberal que alinea corporalidades en una sociedad basada en el consumo y aliena corporalidades al mismo tiempo que las reúne. Y también propongo que el éxtasis, como sustancia y como contexto de consumo, es un modo de liberación individual y colectiva a través del acercamiento al trauma colectivo que el neoliberalismo impone, sobre todo en y desde corporalidades minorizadas en un orden social colonial estriado por órdenes raciales, sexuales y de género. En lo que resta, exploraré estas dos situaciones contradictorias que coexisten en el espacio del *rave* y en el consumo de una sustancia que libera al tiempo que permite alinear. Exploraré un acercamiento político al éxtasis místico y psicofarmacológico siguiendo de lejos a Walter Benjamin, para quien el *Rausch* como éxtasis contiene la posibilidad de generar una iluminación profana que politice en vez de aislar al sujeto[2]. Si bien Benjamin escribe en los albores del siglo

---

[2] «Nothing distinguished the ancient from the modern man so much as the former's absorption in a cosmic experience scarcely known to later periods. Its waning is marked by the flowering of astronomy at the beginning of the modern age. Kepler, Copernicus, and Tycho Brahe were certainly not driven by scientific impulses alone. All the same, the exclusive emphasis on an optical connection to the universe, to which astronomy very quickly led, contained a portent of what was to come. The ancients' intercourse with the cosmos had been different: the ecstatic trance [*Rausch*]. *For it is in this experience alone that we assure ourselves*

XX, a la sombra de la violencia de las guerras mundiales, las subjetividades actuales nos encontramos igualmente rodeadas de violencia –ambiental, económica, racial, de Estado, de género y más–, y encima capturadas en oleadas aparentemente infinitas de pseudo-placer y pseudo-goce que el neoliberalismo promete y ofrece con sus escaparates de consumo. Esta captura de placeres ya la ha observado Paul Preciado en sus textos, especialmente a través del concepto del régimen farmacopornográfico, y quiero ahora usarlo para entender el uso de sustancias dentro de (y a veces transgrediendo) regímenes sensoriales normativos.

Ganadora del Premio Binacional de Novela Joven Frontera de Palabras / Border of Words (2010), *Circa 94* es una novela que retoma elementos temáticos de un texto anterior de su autor, *Metro-Pop* (1997), pero reescritos a más de una década de distancia crítica, afectiva y política. Entre estos dos textos tiene lugar la caída del PRI (Partido Revolucionario Institucional), que rigió México durante 71 años, así como el inicio de la llamada Guerra Contra las Drogas que el presidente Felipe Calderón inició en 2006, estableciendo un régimen de violencia y sangre que sigue marcando el país en todo su territorio[3]. En el mismo periodo tiene lugar la reacción popular

---

of what is nearest to us and what is remotest from us, and never of one without the other» (Benjamin 2006: 129; énfasis mío).

[3] A la fecha, esta estrategia de prohibición y control del tráfico de sustancias y personas ha generado cientos de miles de muertos y desaparecidos en México, con regiones del país bajo total control de grupos criminales y una inseguridad que afecta sobre todo a las poblaciones más vulnerables (pueblos indígenas, comunidades rurales, mujeres y adolescentes) como víctimas colaterales en las luchas de poder. La realidad del crimen organizado y el tráfico es compleja, y sin embargo la política de prohibición que la sustenta como política pública puede ser reducida a una «guerra contra las plantas», ya que depende de la criminalización de plantas que se permita que la violencia estatal se desate en contra de supuestos grupos criminales imbricados densamente con individuos en el gobierno o las instituciones internacionales. Esta violencia –que históricamente ha servido como herramienta de control social, como en el caso del tráfico de *crack* en barrios afroa-

y estatal al levantamiento zapatista en Chiapas, resultando en una conexión del movimiento con otros movimientos insurrectos del mundo y en el establecimiento de los Caracoles (centros autónomos de educación rural). En la vida personal de Fran Ilich, este publica el ensayo «Otra narrativa es posible» informado por sus experiencias con el movimiento zapatista y las redes cibernéticas de los tempranos 2000. En *Circa 94,* es precisamente esta reescritura de eventos que ya había narrado en *Metro-pop* la que me llama la atención, por su semejanza con las modalidades terapéuticas del MDMA y porque son indicativos de lo que Dave Boothroyd (2006) describe como la capacidad de la sustancia de ser una herramienta para la crítica y transformación de la modernidad al generar otros estados de conciencia. Es decir, para que una iluminación profana suceda, debe llevarse a cabo una apropiación cultural específica de la experiencia, «it is about the relationship between thinking about the experience and the experience itself and about critical practice» (2006: 118). Por lo mismo, el acto contracultural que *Circa 94* presenta no es solo la experiencia del *rave* en sí y el consumo de MDMA y LSD, sino el mismo acto de escritura crítica, de lectura de sí mismo y de su entorno político-social, y de la generación de otras sociabilidades que se textualizan y que desbordan el texto a través de los cambios subjetivos que los personajes experimentan.

 La novela se convierte en testimonio de las experiencias desconcertantes y traumáticas del neoliberalismo, volviendo a 1994 para recontar la violencia económica (la caída del peso y sus subsecuentes impactos y reformas), la violencia política (el asesinato de Colosio y la respuesta armada del Estado mexicano al zapatismo), y la violencia social que el capitalismo de consumo impone con la entrada de

---

mericanos en los setenta y ochenta a manos de la CIA y muchas otras instancias donde instituciones del Estado se alían con organizaciones criminales– termina afectando a la población general como daño colateral, con altas fatalidades e impactos intergeneracionales que aún no dimensionamos en su totalidad, sobre todo en dimensiones afectivo/psicológicas a nivel sistémico y sistemático.

comida rápida, los productos de consumo y la reorganización de una economía. El personaje central, Orión (fatídico cazador enviado a los astros), cumple 18 años, convirtiéndose en sujeto político legítimo, y pasa el año en aventuras que lo llevan de un enamoramiento fallido y tormentoso con su novia Carola a viajes a *raves* en ambos lados de la frontera y tocadas con su hermana Venus, su novio Astro y sus amigos Jaime y Leonel, y a la escritura de una novela donde se autoficcionaliza a través del personaje de Omar. Esta metanovela aparece en capítulos en itálicas, el espacio metaficcional donde la distancia est-ética permite una cercanía política a lo narrado, especialmente la violencia física del narco y los efectos psicosomáticos de las sustancias que ingieren los personajes. En este ordenamiento del régimen sensorial, político y social que irrumpe en el tejido social mexicano, el acto contracultural se define entonces como un modo de consumo que desestabiliza el orden existente más que generar un nuevo orden cultural alterno y/o escapista con nuevas subjetividades, ahora legitimadas por el orden absoluto del mercado a través del consumo; o sea, volver a 1994 permite mostrar el desarrollo de estas subjetividades neoliberales y globales en su momento de ensamblaje con la música electrónica y las sustancias psicodélicas. Sin desestimar el potencial del consumo y la experiencia individual del éxtasis del MDMA, quiero señalar cómo en el éxtasis colectivo y comunal que la novela explora en el espacio del *rave* se genera un modo contracultural donde se desestabiliza un orden subjetivo, y las corporalidades se reconectan con otras a su alrededor, a veces a pesar suyo. En este sentido, los efectos neurocorporales del MDMA se vuelven catalizadores de una liberación contracultural, que no sucede automáticamente con el consumo, pero que tiende a ello con base en las amplias investigaciones sobre su uso en contextos de música y vida nocturna, y que depende de su *modo de consumo* y su entorno específico[4]. Esto no es

---

[4] Véase por ejemplo el trabajo de Newson, Khurana, Cazorla y van Mulukom (2021), donde se estudia la *rave* como un contexto donde hay baile, tambores,

más que una atención precisa a lo que se conoce como *set and setting* (estado psicológico y entorno) que los estudios psicodélicos desde Timothy Leary llevan décadas planteando como el pilar central de las experiencias psicodélicas transformativas, pero que se ve ahora complementado por las particularidades del MDMA y con una relectura crítica que empieza a reconocer la existencia de estos modelos de consumo («terapéutico» o «shamánico» o como queramos llamarle, pero formas de consumir sustancias) en sociedades no occidentales, especialmente amerindias.

Contexto farmacopolítico

Primero, unas breves palabras sobre el MDMA y la música electrónica contemporánea. La sustancia conocida como MDMA (3,4-Methylenedioxymethamphetamine) fue sintetizada por primera vez en 1912 por la compañía farmacéutica alemana Merck, y olvidada por décadas salvo por pequeñísimos esbozos de investigación por distintos aparatos militares, cuya historia es bastante tenebrosa y no cabe en estas páginas[5]. Fue realmente redescubierta por el químico

---

falta de sueño y a veces drogas (las cuatro Ds, por sus siglas en inglés: Dance, Drums, sleep Deprivation and Drugs) y donde estas condiciones pueden generar espacios liminales que con el potencial de generar sentimientos de asombro y lazos sociales más fuertes. Este «liminal state gives group members an opportunity to transcend the boundaries between self and group» (2001: 2), y por lo mismo puede promover comportamientos prosociales que se manifiestan fuera del espacio de la *rave* en sí, y que impactan las comunidades en las que se mueven estas personas.

[5] Rachel Nuwer menciona cómo «from 1953 to 1973, at least eighty-six universities and institutions were involved in top-secret psychochemical and behavioral warfare programs. Hundreds of drugs were tested on some seven thousand soldiers and one thousand citizens» (2023: 21). Conocido como MK-ULTRA, estas pruebas son solo la variante estadounidense del uso militar de sustancias psicoactivas, con el nazismo y el uso de mescalina como otro ejemplo, o el South African Chemical and Biological Warfare Program durante el régimen del apartheid.

psicodélico Alexander Shulgin (verdadero explorador y mago de la química, a quien le debemos, junto a su pareja Ann Shulgin, una cantidad de compuestos cuyos alcances médicos y terapéuticos apenas se empiezan a explorar) en 1975. Fueron los Shulgin, inmersos en el contexto de terapia radical de los setenta en la costa oeste de Estados Unidos y conectados con una red global de psiconautas y pioneros de tratamientos terapéuticos (o, más bien, personas reconectándose con una serie de tradiciones milenarias que se ocupan de aliarse con plantas y sustancias psicoactivas en la sanación y tratamiento de distintas afectaciones de esto que llamamos ser humano), quienes expandieron con estas redes el uso de esta sustancia como tratamiento médico[6]. Hoy, una comunidad global de terapeutas está reemergiendo y explorando el uso del MDMA como tratamiento específico para el trastorno de estrés post-traumático (PTSD), así como para la depresión crónica, la adicción y otras aflicciones relacionadas con modos de (sobre)vivir con traumas[7]. De acuerdo con los cambios propuestos, el MDMA generalmente va acompañado de sesiones previas sin consumo de la sustancia, donde cliente y terapeuta exploran y hablan

---

[6] Remito al lector a la historia del desarrollo y uso del LSD y otras sustancias psicoactivas en el tratamiento de afliciones mentales sobre todo durante las décadas de los cuarenta a los sesenta, antes de la firma del Controlled Substance Act en 1970, iniciando la Guerra contra las drogas y deteniendo abruptamente todos los tratamientos con LSD y psilocibina que prometían (y prometen) cambiar radical y positivamente el panorama de salud mental. El MDMA fue regulado en 1985, por lo que tuvo unas décadas de uso terapéutico sumergido antes de caer bajo el control de la FDA.

[7] Ann Shulgin en particular subraya cómo la terapia con MDMA se asemeja estructuralmente a una terapia de herencia jungiana, donde el cliente aprende a reconocer el arquetipo de la sombra y negociar con él para integrarlo a una subjetividad más plena, «as the client learns to accept and understand his Shadow and its primary goal, a transformation will begin. Ultimately, the Shadow will take its place as a devoted ally and protector, available when needed to the whole Self, respected and validated by the conscious minds, even though it will never be entirely housebroken or have good table manners. In other words, the final is identical to that of the Jungians» (2020: 233).

de dinámicas que afectan al cliente; luego, tiene lugar una sesión de una duración media de entre cuatro y seis horas, donde se ingiere la sustancia en un contexto cómodo y cálido (una sala decorada o un parque/espacio natural sin gente y no un cuarto frío de hospital, por ejemplo), donde el cliente experimenta su mente comunicando lo que tiene que comunicar a través de imágenes, sonidos o pensamientos, con posible interacción verbal entre cliente y terapeuta, y una serie de sesiones de integración posteriores a la sesión psicodélica. Estas últimas son la verdadera clave del proceso de sanación con terapias psicodélicas; la integración que puede suceder de manera individual (con reflexiones, a través de un diario o conversaciones, etcétera) pero que se estructura mejor con apoyo del terapeuta[8]. Además de estas modalidades estrictamente terapéuticas, también hay una historia paralela del MDMA en el *underground* o la clandestinidad como sustancia de automedicación y autoterapia, donde comunidades globales e individuos (sobre todo minorizados o con acceso limitado a la salud mental) la han explorado y siguen explorando como sustancia re-creativa cuyos efectos no solo realzan el placer de ciertas experiencias sensoriales, sino que también impactan profundamente en su bienestar psíquico-emocional[9].

En contraste con sustancias psicoactivas más conocidas como el LSD (que se origina en el hongo del ergot), la psilocibina o la mescalina, el MDMA presenta una sustancia que, aunque tiene afinidad con plantas (el sasafrás principalmente, y la flor de loto azul del Nilo), se caracteriza por su origen particular en el laboratorio moderno; es decir, sin laboratorio no hay sustancia similar en los reinos vegetales

---

[8] Para más información sobre estos protocolos terapéuticos, véase Ot'alora *et al.* 2018, donde se explicita cómo se estructura un cuarto de terapia que dé prioridad al cuidado y la comodidad, y la importancia de las sesiones posteriores de integración.

[9] En este sentido, véase Lwendo *et al.* 2011 como ejemplo de muchos estudios que están emergiendo recientemente, y sobre la presencia del uso de MDMA en comunidades afroamericanas en los Estados Unidos.

o fungi, al menos en cuanto a su potencia particular. Señalo esta característica porque observo, junto con otras sustancias sintéticas como la ketamina, una coincidencia temporal entre la sustancia y las espacialidades contraculturales particulares del neoliberalismo, especialmente aquellas que hoy conocemos bajo el nombre de *rave* o *EDM* (electronic dance music). Bajo el nombre de *éxtasis*, *e*, *x* y más comúnmente hoy *molly*, la sustancia se volvió famosa en el mundo entero al hacerse compañera de la extraña música electrónica proveniente de los contextos post-apocalípticos de Detroit, Chicago y otras ciudades post-industriales (en su mayoría centros históricos de vida y cultura afroamericana) en decadencia, cuyas variantes rítmicas del *techno* y el *house* se hicieron globales en los ochenta y noventa, particularmente en Berlín y otras ciudades europeas[10]. Nótese la particularidad de los espacios urbanos de donde emana esta música en tanto espacios profundamente afectados por los primeros efectos de las distintas políticas neoliberales que buscan globalizar la economía, dejando de lado centros de producción material (fábricas de automóviles y demás material industrial), en búsqueda de una ganancia económica basada en la explotación a nivel global, es decir, subcontratando/*outsourcing* la mano de obra más barata donde sea que esté.

En estos contextos, las comunidades afroamericanas y *queer* produjeron (y siguen produciendo) una música rítmica, electrónica, sintética e innovadora que sirviera para comprender lo que sucedía a su alrededor y al mismo tiempo para generar otras realidades, otras posibilidades de vida que no estuvieran contenidas en las grandes narrativas del Capital, la Familia y el Estado. Y el MDMA se volvió una de las llaves químicas para abrir las puertas de estas otras realidades. Hay que subrayar que en los orígenes del *house* (la vida *queer* afroamericana de Chicago principalmente) y el *techno* (la vida post-industrial de Detroit donde, de pronto, familias enteras se quedaron

---

[10] Se ha argumentado que el *techno* y el *house* específicamente son la variante tecnológica y electrónica del jazz.

sin empleo o convivían con robots en las nuevas fábricas automovilísticas) no están asociados al consumo de sustancias. Será luego, con la emergencia del mundo del *rave* en los ochenta tardíos y los noventa en Europa –Londres, Berlín, Ibiza– y en otras zonas globales –el sur de California, Dallas, Nueva York o Goa, en la India– donde se establecen las conexiones con el uso de sustancias, cuando DJs y otros organizadores de eventos se dan cuenta de que hacer bailar durante noches enteras resulta más fácil con algo de ayuda química. Es importante también recalcar que esto no es un fenómeno particularmente «nuevo», ya que culturas en todo el mundo llevan milenios organizando noches de baile extático mantenidas por sustancias psicoactivas, sean hongos con psilocibina, sapos u otros anfibios (bufos), cannabis, flor de loto, ibogaína, cafeína u otras. En realidad, es solo en la llamada «modernidad» que la cultura occidental ha dejado estas prácticas culturales de lado, y el *rave* y otros espacios de baile extático constituyen más un retorno al pasado que un fenómeno aislado o «moderno», pero esa es otra historia para otro momento.

A diferencia del cannabis, el LSD, la psilocibina y otras sustancias psicoactivas, el MDMA no ha tenido tantas tematizaciones literarias, quizá por su asociación tan cercana a una serie de sociabilidades *underground* que descansan en la secrecía. Y quizá también porque, a diferencia de los efectos más fácilmente trazables de los psicodélicos clásicos (alucinaciones visuales y epifanías, además de los efectos físicos), el MDMA es un empatógeno y sus efectos son más afectivo-emocionales. Es decir, un cuerpo bajo influencia de MDMA no necesariamente ve afectada la capacidad de razonar, pensar, hablar o moverse de forma «normal», sino que más bien todas estas cualidades son realzadas por una hipersensibilidad física y afectiva que permite la re-comprensión del cuerpo en su espacio físico, social y emocional. Las oleadas de dopamina y serotonina, entre otras hormonas asociadas con la apertura afectiva, permiten que una persona pueda sentirse –física y afectivamente– más plenamente en su contexto, y en esa singularidad/ensamblaje bioquímico se puede acceder a memorias y recuerdos dolorosos o traumáticos, difíciles de afrontar a no ser que el cuerpo esté afectivamente abierto a ello. Por lo mismo, es una sustancia especialmente efectiva para el tratamiento del trauma. Y qué más traumático para México que el año de 1994.

¿Qué puede un cuerpo en éxtasis en el México neoliberal?

En *Circa 94*, el consumo de MDMA, LSD y otras drogas sintéticas en espacios de música electrónica se convierte, en retrospectiva, en un acto contracultural; es su renarrativización desde la distancia lo que activa el potencial liberador, más que las experiencias concretas narradas. Por lo mismo, la distancia est-ética que Ilich/Orión toma con respecto de Omar, el personaje de su novela metaficcional, es importante para revelar cómo esas experiencias lo marcan. La estructura misma del texto se desdobla en múltiples temporalidades que van desde un ahora de la escritura muy posterior a 1994, el año de 1994 en sí, y las temporalidades metaficcionales insertas en esos recuerdos. Esta multiplicidad se ancla en el mismo espacio geopolítico del norte de México/sur de California, pero se desborda en páginas de internet, mixtapes y zonas urbanas que podrían ser otra ciudad y otras playas. La modalidad del recuerdo es lo que llamo un acto contracultural, y me parece que se asemeja a la modalidad terapéutica, generando otros modos de lecto-escritura desestabilizantes del orden narrativo-subjetivo de la modernidad neoliberal. En contra de una escritura «ilustrada», donde un autor «revela» la «verdad» de una sustancia o una escena musical o la violencia misma, *Circa 94* plantea una escritura reflexivamente nostálgica mediada por una sustancia empatógena. En vez de re-presentar el éxtasis, la escritura textualiza algunos de sus efectos a través del caos organizacional (aunque cronológico) y la multitud de personajes, contextos, momentos y espacios musicales que abruman, y que en su apabullamiento remiten a la violencia cotidiana y estructural de 1994 y del México contemporáneo en plena guerra contra las drogas. Así, la novela redefine un modo de consumo (cultural, literario y farmacológico) planteándolo como un posicionamiento ético-político y no como consumible en sí; esto me parece particularmente importante de subrayar en el contexto de la creciente industria del turismo de drogas (ayahuasca, hongos, bufo y demás, así como los espacios de música electrónica como consumo acrítico y «escapista»), ya que ambas prácticas mercantilizan sustancias y tradiciones milenarias.

Situada en el momento nacionalmente traumático de 1994 (el EZLN y la militarización como respuesta, el TLC, el asesinato de Colosio), pero también resituada en el México de los últimos años de la primera década del siglo XXI, con cientos de miles de muertos en la guerra contra el narcotráfico, *Circa 94* genera instancias disruptivas al mismo tiempo que hace explícitas las estrategias subjetivas del neoliberalismo como orden social. Textualiza la generación de una multitud alienada e hipersingularizada, cuyo ordenamiento social precisa y paradójicamente depende de flujos desterritorializantes (económicos, políticos, sociales, culturales) donde la acción política se subyuga totalmente a un orden senso-afectivo, ejemplificado en los circuitos de producción y de consumo objetificantes de sustancias como el MDMA o el LSD[11]. Así, unos *marines* bailando en un

---

[11] Aclaro aquí que me resisto a usar términos como «escapismo» o «recreativo», en tanto tales propósitos no tendrían por qué ser motivo de juicio moral, sino más bien la acción de objetificar y hacer de la experiencia, sustancia o persona un objeto de mercancía a consumir y desechar. En este sentido, *Circa 94* critica y autocritica esa generación de «jóvenes confundidos y muchachos sin esperanza alguna [...] que consumíamos la cultura pop en dosis que nuestros padres pagaban; acostumbrábamos a hacer todo lo que nuestras conciencias expandidas por alguna inolvidable gota de LSD nos permitían. Esa era la vida, un terrible intento de vivirlo todo» (Ilich 2010: 213). De igual manera, al criticar un *rave* que se organizó en una reserva nativa en el lado de Estados Unidos, comenta cómo «la tribu estaba bastante ofendida, los *ravers* no habían usado su hogar con fines espirituales (como lo habían dicho al pedirlo prestado), sino para estar a salvo de la policía mientras consumían sustancias alucinógenas y prohibidas, y con su actitud insultaban a los dioses y profanaban a la Tierra ... aún con tantas buenas

evento en Tijuana se convierten en la encarnación del turismo de drogas y de experiencias latentes de violencia, golpeando a las demás personas en la pista de baile mientras se mueven con los ritmos del techno belga hi-tech de Front 242: «estaban enojados, tenían mucha furia para regalar. Y más contra los chaparritos de México. ¿Qué era eso? ¿Competencia desleal? Y más para mí. Pero lo mío en verdad era la liberación» (Ilich 2010: 13). En este contexto de recordar el trauma de 1994 y de su propio desarrollo generacional como adolescente que vivió los noventa en México, Ilich recupera una de las propiedades terapéuticas del MDMA en el tratamiento exitoso del trastorno de estrés postraumático (PTSD por sus siglas en inglés): la reconfiguración emocional de un pasado traumático que impide la vivencia plena en un presente psicosomático[12]. Como ejemplo de este efecto que permea la novela, Orión empieza recordando difusamente su experiencia en el servicio militar al que entró por cumplir 18 años, imagen crucial además en el contexto del 2010, con la creciente militarización del país: «*no sé* cómo sobrevivimos Astro y yo, pero sobrevivimos (el sorteo) y al salir, nuestros amigos hippies granjeros nos invitaron a fumar pasto a su combie, cosa que *creo* hicimos. El tipo de cambio del peso *era como de* tres treinta contra el dólar» (2010: 11; énfasis mío). Junto con la metaficcionalización, esta incertidumbre del recuerdo se convierte en una estrategia afectiva de volver al trauma personal y colectivo desde la memoria, para

---

intenciones de activismo y demás, los *raves* producían demasiada basura: *material, emocional y demás*» (Ilich 2010: 210; énfasis mío).

[12] Entre la muy diversa y cada vez más rica producción científica, médica, terapeútica y crítica sobre el uso de MDMA y otras sustancias psicodélicas como tratamiento e incluso automedicación, subrayo cómo esta «shows that the use of MDMA under controlled conditions can do more than simply help one numb or forget his/her problems, and that with the appropriate guidance, Ecstasy may facilitate treatment for PTSD and other trauma-related mental health problems by lowering anxiety and fear, thereby allowing individuals to revisit and gain new perspectives on traumatic experiences without eliciting the strong negative emotions associated with them» (Moonzwe & Schensul & Kostick 2011: 208).

generar el espacio reflexivo desde el cual el evento traumático para la nación puede ser aproximado[13].

Considerando el MDMA como producto, metáfora y metonimia del neoliberalismo, con potencial liberador pero también cautivador, creo que la sustancia permite comprender el ordenamiento económico y afectivo que se impone en México en ese año y que permanece aún en vigor. Descritos por Ilich como «juventud en éxtasis», los personajes recorren espacios a ambos lados de la frontera cada vez más lisos en términos lingüísticos, culturales y de mercado conforme sus cuerpos se ven progresivamente más estriados, inscritos tanto por sus decisiones de consumo como por las distintas ideologías que los rodean:

> La ciudad manifestándose ante nuestros ojos: carros, luces y primer mundo en todos los sentidos. Dólares deslizándose entre cuentas bares aviones máquinas videojuegos discotecas. Y de repente la locación. Niños suburbanos vestidos en colores llamativos probando el ecstasy por primera vez, solo para formar parte de ese algo; el futuro, la cyber cultura, los ruidos infinitos: caos propagándose en el multiverse como la radiación cósmica más fina e invisible. (Ilich 2010: 223)

A través del consumo de sustancias por una juventud que está por entrar a los mercados laborales y artísticos, la novela revela las fuerzas epitimogenéticas del neoliberalismo. La epitimogénesis se refiere al proceso por el cual autoridades (de gobierno o de mercado) estructuran y dan forma a los deseos de sus súbditos o empleados. Según Frédéric Lordon,

---

[13] A propósito de la novela *Las batallas en el desierto* (1981) de José Emilio Pacheco, que también se escribe desde un momento de crisis económico-política para regresar a un momento donde esta crisis se origina con reformas económicas, Elsa Treviño Ramírez comenta cómo «the body and personal memory are privileged literary prisms through which to interpret a confusing and conflict-burdened way of being-in-the-world» (2014: 4).

the process of epithumogenesis has the effect, and in fact the intention, of fixing the enlistees' desire to a certain number of objects to the exclusion of others. [...] the very function of hierarchical subordination is to assign each individual to a defined task according to the division of labor, namely to an activity object that each must convert into an object of desire. (2014: 106)

Estas fuerzas epitimogéneticas literalmente generan deseos despolitizantes en sus corporalidades y subjetividades; la juventud experimenta y se deja afectar por la apertura política del zapatismo y el resquebrajamiento del PRI, pero no halla más salida que el espacio del *rave* como elemento clave en la solidificación de esta nueva sociabilidad neoliberal fundamentada ahora en el éxtasis como estado afectivo deseable y normativo. Tijuana, el laboratorio de la (post) modernidad según la conocida formulación de Néstor García Canclini, se expande y se une con California, productor de sueños, para construir este orden afectivo y diseminarlo[14]. Así, la incertidumbre del recuerdo que el MDMA abre se complejiza con la indecisión que el estado extático experimenta ante la oleada de opciones que el neoliberalismo impone; la ilusión de elecciones en la singularización del consumo como única acción permitida.

Contra el consumo romántico como acto de ingreso a una nueva realidad alterna —incluso construida por esta juventud, como sucedió con algo de la contracultura de los sesenta, que se convirtió en un

---

[14] Las dinámicas y tensiones actuales entre la música EDM (electronic dance music) que se organiza en festivales legales con permisos de gobierno y del mercado a través de corporaciones que patrocinan y promocionan, y los *raves* como espacios clandestinos y reuniones técnicamente ilegales que sirven como instancias de construcción de comunidad y resistencia social, revelan este potencial liberador y esta solidificación de un orden afectivo despolitizante a través del consumo. Los precios en los eventos de EDM tienden a ser más altos, así como las entradas en clubes y discotecas, mientras que los eventos clandestinos se caracterizan por precios mucho más accesibles y a veces hasta entradas gratis para individuos de bajos recursos.

mundo de *yuppies* con el paso de los años y que ahora vemos manifestarse nuevamente en el fenómeno Burning Man, inicialmente experimento anticapitalista y ahora festival de alto consumo, extracción y gasto de recursos–, esta indecisión revela la característica central de esta juventud en desarrollo. La mirada reflexiva de Ilich ahonda en el panorama abrumador de opciones como una ilusión que termina determinando sus posiciones subjetivas como consumidores. Cada día de la novela está marcado por el consumo literal de productos neoliberales cuya ingestión es el acto clave de subjetivación, alineando sus corpo-ciudadanías en un sistema económico en transición y permitiendo que esta tenga lugar sin mayores pérdidas. Por eso Orión dice «busqué Coca-Colas y compré una para refrescar mi vida. *Creo que lo hizo*» (Ilich 2010: 79; énfasis mío) una y otra vez, bebiéndose cientos de botellas a lo largo del texto. La «sed de vivir» que estos personajes tienen en 1994 se sacia con este consumo, que convierte incluso el *rave* y las sustancias asociadas a él en elementos de la maquinaria de subjetivación neoliberal mediadas por una inserción plena, y sobre todo, voluntaria, en un orden económico-social. Así, incluso el epónimo *rave* Circa 94 que tiene lugar en el verano, donde «mi ADN había mutado», se activa con unas «ganas de unas *seasoned curly fries* y de un *breakfast Jack*, así que mejor fuimos a Jack in the Box. Comimos mucho y respiramos el momento. Éramos felices y el tiempo no existía, ya habíamos completado la vida, podíamos morir sabiendo que todo estaba bien» (2010: 120). La experiencia extática, mediada por la sustancia del éxtasis, aparece como el otro lado de la realidad neoliberal, una heterotopía donde la liberación catártica mejora al individuo consumidor[15]. Los mecanismos de explotación (el boleto como privilegio de exclusión al controlar el acceso a ciertos

---

[15] De igual forma, el consumo de sustancias se convierte en el acceso a este estado extático donde la sustancia en sí depende de la posición socioeconómica del individuo, pero el consumo como acto subjetivante se mantiene: «pronto, todo tomó una nueva dirección predecible: drogas prohibidas sin prescripción médica: Prozac 20 (felicidad para todos), Halcyon (noches y días vividos en la atmósfera de

espacios, no toda la *rave* es gratis) y desposesión (tomar el espacio público) revelan la ilusión de esta aparente separación, dejando al individuo salir mejor alineado con la realidad económica de la cual surgió. Así, la sustancia se vuelve una herramienta más en la maquinaria del neoliberalismo individualizado; sus efectos bioquímicos pueden aislar al sujeto momentáneamente y prometer un escape, pero solo para devolverlo a un entorno socioeconómico donde las relaciones sociales están cada vez más rotas y mediadas por el consumo, dejándolo aún más aislado, solitario y en peligro de experimentar el trauma de la violencia una vez más[16].

Conclusiones: war is over... if you want it

Y sin embargo, queda la realidad de que, históricamente, los espacios de música *techno* y *house* han servido como espacios de liberación para personas minorizadas y oprimidas cuyos cuerpos cargan con los efectos de traumas intergeneracionales y sociales; afroamericanos en Detroit y Chicago, jóvenes de clase trabajadora en Inglaterra y una sociedad alemana reunificada después de décadas de guerra fría, por mencionar solo algunos de estos espacios. Y con la estrecha relación entre estos espacios y sustancias psicoactivas como el MDMA, el LSD o la psilocibina, que solo se ha incrementado con el paso de las

---

un sueño), guaraná (energía para continuar la vida a la hora de dormir), Piracetam (sinapsis neuronal al instante)» (Ilich 2010: 49).

[16] En este sentido, Rachel Nuwer subraya a partir de las recientes investigaciones terapéuticas del MDMA que, a pesar de su potencial transformativo, volver al espacio que generó el trauma después de una sesión con la sustancia puede ser aún más peligroso, ya que «in the worst case, the people who return to an abusive environment while their critical period is still open could be retraumatized and have those negative memories become even more entrenched than they were prior to therapy» (2023: 182). Debido al efecto de esta sustancia de abrir de nuevo una ventana neurológica de plasticidad y desarrollo crítico, este cuidado es imperativo y podemos deducir que, en contextos de consumo recreacional y acrítico, puede ocasionar más daño que bienestar.

décadas, no puedo dejar de pensar en cómo estos espacios intervienen las sociabilidades neoliberales. Si el poder liberador del *Rausch*, como lo describe Benjamin, radica en una euforia (el buen portar) y un éxtasis (estar fuera de sí) que paradójicamente reincorpora al cuerpo con el cosmos, ¿cómo aproximarnos a lo que sucede en un *rave* o una pista de baile rodeado de otros cuerpos (minorizados) en éxtasis?[17] Y en un contexto de violencia neoliberal, que levante la mano quien no cargue con algún trauma en su corporalidad. Reconozco los peligros de sobreutilizar el marco conceptual del trauma como experiencia universalizable, sobre todo considerando el trauma como la respuesta somatizada a una situación y no una situación en concreto. Sin embargo, considero que su uso es valioso para entender los efectos sociales de políticas públicas y dinámicas grupales que afectan a individuos de formas específicas en grupos particulares (mujeres, cuerpos racializados, cuerpos sexo-disidentes, cuerpos no-normativos). Sobre todo pensando desde la opresión interseccional, el *rave* se convierte entonces en un potencial espacio donde cuerpos minorizados por estructuras políticas y económicas se pueden reunir —muchas veces por un precio módico y accesible, en contraste con los altos precios de festivales más conocidos o clubes más privados y exclusivos— para reencontrarse, individual y colectivamente[18]. En

---

[17] Desde una perspectiva crítica que recupera la historia de la sustancia del laboratorio al sofá de terapia, Nuwer hace notar cómo en la pista de baile el MDMA se reinserta en una tradición que se remonta a tiempos antiguos y que apenas ha sido cortada en la modernidad más reciente: «raves are just a modern version of what humans have been doing for at least tens of thousands of years: coming together for ritualized, nocturnal dancing and drug taking to promote social bonding» (2023: 283).

[18] El *rave* puede ser «a chance for weekend warriors to briefly escape the constraints of the nine-to-five crunch and express themselves on the dance floor. But raves can also serve more hallowed roles, including as spaces where oppression is lifted and where people who do not count themselves among the majority can find belonging. For some, the dance floor can also satisfy a craving for spirituality and ritual that's largely lacking in contemporary times» (Nuwer 2023: 282).

Circa 94, el *rave* primero aparece como un evento desensamblado de espacios estratificados en el tejido urbano, desconectado de estructuras simbólicas nacionales e incluso de subjetivaciones occidentales ancladas en el logocentrismo mediante la primacía del sentido de la vista y el símbolo de la letra:

> el *rave* no era una cosa que una persona pudiera narrar y que pudiera tener sentido para cualquier otra persona que hubiera ido a él, como los conciertos, donde siempre hay anclas atándote a la realidad, donde puedes recordar canciones o frases dentro de tanta literalidad. De entrada, en un *rave* apenas hay palabras o imágenes e incluso estas mismas están diseñadas para disolver su sentido y prestarse a cualquier lectura. (Ilich 2010: 113)

En este espacio al que Orión y otros personajes entran a lo largo de la novela se desdibujan sus subjetividades y corporalidades en el encuentro consigo mismos y con otros. Luis Manuel García-Mispireta (2023) y Mackenzie Wark (2023) han estudiado cómo la pista de baile es un espacio que, particularmente para cuerpos minorizados (mujeres, personas de color y culturas *queers* y trans, migrantes, personas de/con corporalidades divergentes), se convierte en un espacio de exploración, euforia de género y ontológica, y de conexión con otras personas. Para acceder a esta potencialidad del evento en el espacio caótico que Ilich describe y que recreo en la viñeta inicial, lo más fácil es acompañarse de alguna guía, una mediación subjetiva a la que es más fácil acceder con la ayuda de una sustancia química que promueve la conexión social, el relajamiento del ego sin disolverlo y la disminución de la respuesta del miedo a nivel neuroquímico[19]. Esta

---

[19] Mackenzie Wark señala cómo esta mediación del *rave* se caracteriza también por una participación paradójicamente anticonsumista, «sort of the whole deal. Take over space. Take over machines. Take over chemistry. Play from inside the signs, the tech, the real estate. At least for a bit. There's no outside anymore, but maybe we can find some fractal world on the inside. Now that's a good rave.

posición subjetiva mediadora puede ser ocupada por el terapeuta en el salón, por el DJ que controla la pista de baile (*feeling the vibes*), por alguna amistad iniciada en la sustancia o por uno mismo desde una posición crítica, es decir, separada de sí mismo; es desde esta posición que se da forma a la experiencia y, sobre todo, se rompe con la hiperindividualización que la experiencia extática-mística puede suscitar[20]. *Circa 94* presenta no solo a los DJs, sino sobre todo a la hermana menor de Orión, Venus, como una especie de guía cuya subjetividad está siempre fuera del acceso del narrador en varios niveles, pero cuya mera presencia física en el espacio compartido es suficiente para generar un camino a seguir durante la experiencia extática: «Venus me tomaba del brazo y me obligaba sutilmente (muy a la manera *the medium is the message*) a ejercitar mis músculos al ritmo de la música que no se puede vencer» (Ilich 2010: 131).

Así, aunque la subjetividad de Ilich/Orión/Omar está navegando el espacio extático una vez más para sanar sus traumas nacionales y heteronormativos –una línea narrativa constante es su relación tormentosa con Carol, con quien desea establecer una relación normativa a pesar de que ella se resiste–, la novela presenta a los personajes secundarios de Venus, Lionel y Jaime como subjetividades que se encuentran, desdoblan y desarrollan *en* el espacio del *rave*. Jaime explora y acepta su sexualidad después de un *rave* masivo en el desierto surcaliforniano, mientras que Venus continuamente guía

---

On a good night, everything at a good rave comes together with just the right tension of invention and intention. Everyone has to be a part of it… *but it's not fun for anyone if you just come to consume their labor*» (2023: 2; énfasis mío).

[20] La superposición de los mundos de la psicodelia y de los movimientos de extrema derecha es el testamento de este ensimismamiento posible que puede surgir en estos espacios místico-extáticos, así como el traslape de movimientos espirituales *new-age* y la extrema derecha. El trabajo de Pace y Devenot (2021) empieza a trazar estas historias materiales donde las sustancias psicodélicas son usadas por grupos de extrema derecha con fines de mejoramiento del individuo moderno, divorciando estas sustancias de sus orígenes indígenas e incluso de sus usos recreativos/contraculturales.

a Orión y otros en sus aventuras, cuidándolos del exceso afectivo que las sustancias podrían ocasionar. Esta reconexión social no se debe subestimar, sobre todo considerada desde el momento de la reescritura del 2010 en una sociedad mexicana y global aún más marcada por la alienación del mercado y la violencia de Estado, que disrumpe espacios y conexiones sociales.

El espacio del *rave* permite una reincorporación subjetiva a una existencia espiritual y psicológica que vaya más allá de un individuo alienado en una posición de consumidor. Así, las redes que en la novela Orión va descubriendo y tejiendo durante ese año superan su posición como consumidor y lo convierten en un nodo más en un rizoma electrónico que va cruzando ambos lados de la frontera; sus interacciones con las chicanas con las que se topa en Tijuana y San Diego y el *rave* en la reserva son una manifestación de estas redes. De esta manera, la novela presenta y construye una representación del potencial liberador del éxtasis en función de su alineamiento con una comunidad, de su mecanismo como construcción de redes y no tanto en función de su acceso como producto de consumo (compro boleto, compro sustancia y ya está).

Las características de liberación en *Circa 94* dependen de estas redes rizomáticas que, si bien pasan por Orión, no se reducen a su singularidad/corporalidad; la lectura misma se ve desbordada en la metaficción, en las reflexiones críticas sobre los *rave* desde la mentalidad mucho más madura que reescribe, y en los espacios mismos del *rave*, donde la narración se desestabiliza con el sobrestímulo sensorial. El *rave* y la pista de baile son entonces espacios extáticos construidos en comunidad, donde devenir cuerpo se vuelve un proceso colectivo que depende de otros cuerpos y un espacio accesible y seguro para el consumo de sustancias; la pista de baile se conecta con las pistas en el mundo entero donde las subjetividades minorizadas se ensamblan con otras desde su existencia eufórica. Espacios contradictorios, problemáticos y liberadores en un mundo en transformación.

BIBLIOGRAFÍA

BENJAMIN, Walter (2006): *On hashish.* Cambridge: Harvard University Press.
BOOTHROYD, Dave (2006): *Culture on drugs. Narco-cultural studies of high modernity.* Manchester: Manchester University Press.
CONNOLLY, William E. (2013): *The fragility of things. Self-organizing processes, neoliberal fantasies, and democratic activism.* Durham: Duke University Press.
GARCÍA-MISPIRETA, Luis Manuel (2023): *Together, somehow: music, affect, and intimacy on the dancefloor.* Durham: Duke University Press.
ILICH, Fran (2010): *Circa 94. Una novela de tinta e internet.* México DF: Tierra Adentro.
— (2011): *Otra narrativa es posible: imaginación política en la era del internet.* Córdoba: Recovecos.
LORDON, Frédéric (2014): *Willing slaves of capital. Spinoza and Marx on desire.* London: Verso.
MOONZWE, Lwendo S. & SCHENSUL, Jean J. & KOSTICK, Kristin M. (2001): «The role of MDMA (ecstasy) in coping with negative life situations among urban young adults». En *Journal of Psychoactive Drugs* 43 (3): 199-210.
NEWSON, Martha & KHURANA, Ragini & CAZORLA, Freya & MULUKOM, Valerie van (2021): «"I get high with a little help from my friends" – How raves can invoke identity fusion and lasting co-operation via transformative experiences». En *Frontiers in Psychology* 12: <https://doi.org/10.3389/fpsyg.2021.719596>.
NUWER, Rachel (2023): *I feel love. MDMA and the quest for connection in a fractured world.* New York: Bloomsbury.
OT'ALORA G, Marcela & GRISBY, Jim & POULTER, Bruce & DERVEER, Joseph W. van & GAEL GIRON, Sara & JEROME, Lisa & FEDUCCIA, Allison A. & HAMILTON, Scott & YAZAR-KLOSINKI, Berra & EMERSON, Amy & MITHOEFER, Michael C. & DOBLIN, Rick (2018): «3,4-Methylenedioxymethamphetamine-assisted psychotherapy for treatment of chronic posttraumatic stress disorder: A randomized phase 2 controlled trial». En *Journal of Psychopharmacology* 32 (12): 1295-1307.

Pace, Brian A & Devenot, Neşe (2021): «Right-Wing psychedelia: case studies in cultural plasticity and political pluripotency». En *Frontiers in psychology* 12: <https://doi.org/10.3389/fpsyg.2021.733185>.

Shulgin, Ann (2020): «The new psychotherapy. MDMA and the shadow». En Roberts, Thomas B. (ed.): *Psychedelics and spirituality. The sacred use of LSD, psylocibin, and MDMA for human transformation*. Vermont: Park Street Press.

Treviño Ramírez, Elsa (2014): «*Me acuerdo... ¿te acuerdas?* Memory, space and the individualizing transformation of the subject in twenty-first-century Mexican fiction». En *Modern Languages Open* 0 (0): <https://doi.org/10.3828/mlo.v0i0.10>.

Wark, Mackenzie (2023): *Raving*. Durham: Duke University Press.

Una utopía pampeana-psicodélica
Las aventuras de la China Iron de Gabriela Cabezón Cámara

Bárbara Xavier França
Virginia Military Institute

> Como la paz a nuestra saciedad, le brotaron los hongos a la tierra mojada y se siguió ondulando la pampa y supe así que lo ondulado parece mecerse aunque esté quieto y que tiene más colores que lo llano: era el modo de un perro desperezándose la tierra entera y la pelambre de sus alturas desparejas se parecía al agua cuando el viento le agita los reflejos. Si antes la vida del camino me había sido celestial, ahora variaba del violeta intenso al pálido, al amarillo y al naranja, al blanco, al verde claro y al oscuro para dejar ver, de a ratos, los marrones, que eran pocos. Era como si la pata que le faltaba al arco iris hubiera estado derramándose en el suelo y así siguió, cada vez con más fuerza, con más precisión, como si los colores se definieran a medida que avanzábamos y la tierra misma volara ya no hecha polvo sino flores en el aire. (2017: 146)

Al ingresar a «Tierra Adentro», la tercera parte de *Las aventuras de la China Iron* (2017), la intensidad de la luz, la diversidad de los colores en el espacio y la variación de la topografía se intensifican en el relato de las peripecias de Josephine Star Iron y Tararira. Este es el nombre asumido por la narradora de la novela de Gabriela Cabezón Cámara (San Isidro, 1968), que imagina a la mujer que vivía con

Martín Fierro cuando sale a explorar el mundo tras el reclutamiento de su marido por la ley de Leva[1]. El término «china» –que aparece en el título de la novela– significa en quechua «muchacha» o «hembra», y es muy popular en el universo literario decimonónico argentino para referirse a las mujeres en general. Las pocas figuras femeninas que aparecen en las dos partes del poema de José Hernández (1834-1886), *El gaucho Martín Fierro* (1872) y *La vuelta de Martín Fierro* (1879), solo se hacen presentes por medio de menciones a los términos impersonales «mujer» o «china». Cabezón Cámara le da una historia y una identidad a esta china a quien el gaucho nunca llama por un nombre propio[2].

Las aventuras de la China Iron empieza justo en el momento siguiente a la partida de Fierro hacia el fortín donde, en el poema de Hernández, habría de sufrir los malos tratos de los oficiales del ejército contra los gauchos reclutados para expandir las fronteras en las tierras indígenas. Sintiéndose libre como nunca había imaginado ser, la China de Cabezón Cámara deja a sus dos hijos bajo los cuidados de unos «peones viejos» (2017: 13) que habían quedado en la estancia y, junto a su perro Estreya, decide ir tras el brillo de la llanura. Se

---

[1] La Ley de Leva vigente durante el siglo XIX en Argentina consistía en un conjunto de normativas destinadas a establecer un marco legal para la posesión y el uso de tierras por los gauchos. Por medio de la Ley de Leva, «se trató de combatir el nomadismo, el vagabundeo y la delincuencia rural estableciendo que todo varón entre 18 y 40 años que no tuviera propiedad, careciera de domicilio fijo, que no pudiera demostrar ocupación alguna (los gauchos podían demostrar su ocupación a través de un documento, denominado papeleta de conchabo, emitido por el patrón y que certificaba su relación de dependencia), sería detenido, puesto a disposición de las autoridades y destinado al desarrollo de obras públicas o a cumplir servicio militar en la frontera con el indio» (Dirección General de Cultura y Educación (2023). Día de la Tradición - 10 de noviembre. Disponible en <http://servicios2.abc.gov.ar/docentes/efemerides/10denoviembre/soldado.html>.

[2] Gabriela Cabezón Cámara también es autora de *La Virgen Cabeza* (2009), *Le viste la cara a Dios* (2011), *Romance de la Negra Rubia* (2014) y *Las niñas del naranjel* (2023).

atraviesa en su camino la inglesa Elizabeth, quien pasa por el pueblo buscando a su marido, posiblemente también reclutado por la Leva. «Liz» —el apodo de la europea— despierta el interés de la China por tener la piel blanca como la suya, una característica que le sugiere la posibilidad de desvelar alguna pista sobre su origen, del cual poco ha sabido en sus catorce años de vida. Salen juntas de expedición en una carreta tirada por bueyes, cargada con una variedad de mercancías traficadas por el imperio inglés —entre ellas, barriles inagotables de whiskey. Mientras que la británica viaja para encontrar a su pareja, quien persigue en las pampas el objetivo de obtener tierras salvajes y llevar el ferrocarril al sur, la China lo hace para conocer el espacio y el tiempo que la involucran.

Las aventuras de la China Iron construye una trayectoria para la China que va en paralelo al avance espacial de una nación en pleno proceso de formación. La novela está dividida en tres partes, tituladas a partir de los espacios fundamentales en el proceso de constitución política, económica e identitaria de Argentina tras las guerras de Independencia (1810-1824): el «Desierto» de los gauchos, el «Fortín» de los criollos y la «Tierra Adentro» de los indígenas. Durante el viaje hacia este tercer espacio, donde reencuentra a Fierro vistiendo plumas de flamenco y abierto a hablar de su relación romántica con el sargento Cruz, la protagonista se alfabetiza, aprende sobre la ciencia del hierro y del vapor, disfruta del licor, goza del placer homoerótico y experimenta la extensa farmacopea vegetal que orienta el modo de vida de los llamados Iñchiñ. Se trata de un término mapudungún que significa «nosotros» y que, en la novela, designa un pueblo imaginado a partir de la mezcla de los selk'nam con los tehuelches y «bastante winca» (2017: 152)[3]. Ellos habitan las orillas e islas del río Paraná y, a pesar de su origen diverso, han elegido recordar a «los abuelos más australes que tenían» (2017: 152). Sin raíces claras y habiendo sido

---

[3] «Winca» o «huinca» es un término de origen mapudungún usado para referirse a los conquistadores blancos.

regalada al gaucho Fierro tras un partido de truco, la China pasa a considerar a los Iñchiñ como su propia nación.

Este artículo analiza cómo *Las aventuras de la China Iron* narra las experiencias de alteración sensorial que tienen lugar en «Tierra Adentro» y discute el rol que cumplen en la reescritura de la obra cumbre de la gauchesca. En *La vuelta de Martín Fierro* (1879), tras vivenciar las violencias de los indígenas como cautivo, el gaucho de Hernández regresa al territorio de los cristianos dispuesto a regenerar su carácter matrero y alcohólico. En cambio, la China de Cabezón Cámara no considera nunca volver a la tapera. Al contrario, se queda permanentemente en «Tierra Adentro» y comparte con los nativos un modo de vida nómada, adaptado a los niveles de inundación del río, consciente de la subjetividad de los cuerpos de agua y donde la variedad de plantas cultivadas no son solo fuente de nutrición, sino también de risa, sabiduría e iluminaciones. Con el pueblo Iñchiñ, cuyo nombre siempre aparece escrito con letra mayúscula, participa de ceremonias de hongos que, además de estimular la visión, agudizan su tacto, alteran su punto de vista y su aparato cognitivo y diversifican sus posibilidades de ser y habitar el mundo. La palabra «tararira», por ejemplo, que la China elige para componer su nombre propio, alude a un pez de la cuenca del Paraná en el que ella se transforma cuando está bajo los efectos de los hongos.

En un estudio sobre la representación de lo posthumano en la novela de Cabezón Cámara, Paula Fleisner (2020) comenta cómo *Las aventuras de la China Iron* desborda la noción de desierto como un espacio vacío, popular en el siglo XIX argentino para justificar la extracción de sus riquezas naturales y el exterminio de sus poblaciones originarias. La China reinventa este espacio al considerar habitantes no solo a los gauchos y los indígenas, sino también los ombúes, los pastizales, las vacas e incluso el polvo. Cristina Rivera Garza (2022), interesada en el regocijo manifiesto por la protagonista en interacción con la materialidad del mundo, analiza cómo la novela despliega una escritura geológica por medio de una «aventura que avanza despacio y que se deja afectar, incluso asimilar, por las condiciones del terreno y los deseos materiales de sus habitantes» (2022: 107). También indagando en el espacio creado por Cabezón Cámara, Marcela Croce (2020) subraya cómo la novela subvierte la pampa, tradicionalmente considerada un escenario masculino de violencia, al convertirla en terreno de exploración erótica, afectiva y comunitaria donde surgen nuevas configuraciones de género, tanto en términos identitarios como literarios. Según Croce, la novela construye una utopía que desterritorializa la importancia de un lugar fijo e idealizado para plantar raíces en los flujos migratorios. Aquí se verá cómo las experiencias con hongos y demás plantas psicoactivas están intrínsecamente conectadas a la reinvención de la relación con el territorio que la crítica ha destacado sobre la novela: las experiencias psicodélicas reivindican una relación con el ambiente en los términos de un «volver a la tierra» (González Romero *et al.* 2022) lejos de la dicotomía de civilización y barbarie que está en la base de los proyectos modernizadores de la Argentina del siglo XIX y que tiene reverberaciones hasta el presente. Como se verá, la novela imagina una utopía en la que las experiencias de alteración sensorial despliegan una sensación ecodélica (Doyle 2011) que deshace los límites de la nación y manifiesta el goce de percibirse a sí misma «de las entrañas de la tierra de donde sale el hierro y apura el movimiento del planeta» (Cabezón Cámara 2017: 170). En el marco del llamado renacimiento psicodélico en el debate cultural latinoamericano, también se verá cómo la novela explora las experiencias con hongos y otras plantas maestras fuera del enfoque médico-legal que comienza a volverse hegemónico en el siglo XIX, junto con la mercantilización de la farmacología (Doyle 2011, Contreras & Ramos 2023).

Experimentar con el pueblo Iñchiń

Luego de salir del fortín comandado por el coronel Hernández, la China, Liz, el perro Estreya y el gaucho Rosa —quien se suma a la carreta a mitad del camino– empiezan a dirigirse hacia «Tierra Adentro». Antes de dejar ver sus cuerpos, los nativos primero se hacen notar por el sonido y el olor. Las ondas sonoras de la música que cantan y el aroma del asado que preparan llegan hasta la carreta, aguzando los sentidos de los viajeros. De repente, aparecen los indígenas en un campo de flores. La China los describe como «hermosos: eran altos y tenían espaldas anchas y mandíbulas fuertes, los ojos como rayas». Tenían «la piel muy oscura, destellante, se untaban de grasa, y pintada con dibujos blancos como fantasmas –de polvo de huesos hacían la pintura– con tocados de flores o de plumas y algunos de las dos cosas y no parecían elegir los adornos según el sexo como hacíamos nosotros» (2017: 150). La China advierte que los dientes de los nativos eran muy blancos, similares a la pintura que recubría sus cuerpos, y esto le es posible percibirlo porque sonreían con frecuencia. La alegría de los nativos tenía que ver con la llegada del verano, que los llevaba a celebrar la belleza de las flores y de los animales y «la generosidad de la tierra que prodigaba sus frutos» (2017: 150) durante todos los meses que dura la estación.

El encuentro entre la tripulación de la carreta y los Iñchiñ en un día de fiesta rubrica una diferencia fundamental entre la novela de Cabezón Cámara y la descripción del primer contacto de Fierro con los «salvajes» en el comienzo de La vuelta (1879). En el poema de Hernández, se cuenta que la llegada del gaucho con el sargento Cruz a la toldería de los nativos había caído «en mal momento» (verso 206). Según Fierro, los indígenas estaban en parlamento, lidiando con una invasión, y por eso estaban muy recelosos ante cualquier presencia ajena. Cuando ven a los dos amigos acercarse a las tolderías, los nativos colocan las lanzas en posición de ataque y arman un tremendo alboroto[4]. Después de

---

[4] En La vuelta de Martín Fierro, el gaucho cuenta que los nativos les «quitaron los caballos / a los muy pocos minutos; / estaban irresolutos, / quién sabe qué pretendían; / por los ojos nos metían / las lanzas aquellos brutos» (versos 217-222). De noche «formaban cerco / y en el centro nos ponían; / para mostrar que querían / quitarnos toda esperanza, / ocho o diez filas de lanzas / al rededor nos

este primer encuentro hostil, Fierro y Cruz son tomados cautivos. El poema de Hernández describe el primer contacto entre los forasteros y los nativos desde una profunda separación entre las partes, tanto en distancia física como en costumbres y valores. El gaucho está siempre sometido a los nativos y las tolderías de los indígenas son presentadas como un infierno del cual uno debe escapar cuanto antes.

En cambio, *Las aventuras de la China Iron* narra el primer contacto con los nativos como un encuentro donde impera la curiosidad mutua. El contacto físico entre los cuerpos precede cualquier intercambio verbal entre los indígenas y los tripulantes de la carreta. Según la China, cuando se dan cuenta unos de la presencia de los otros, hay tiempo para mirarse, hasta que «los desnudos de la punta empezaron a cantar y a caminar: hicimos lo mismo, cantando también, con los brazos abiertos caminamos, hicimos todo lo que ellos y terminamos fundidos con esos indios que parecían hechos de puro resplandor» (2017: 151). Después de admitir un abrazo de Kaukalitrán, la China recibe de la líder Iñchiñ un beso en la boca con «gusto a peperina, a pata de ñandú, a puma, a ombú, a humo de margarita dulce, a caña y a algo amargo que no pude identificar» (2017: 151). La acogida de Kaukalitrán a la China –«Bienvenida a nuestra fiesta, mi querida muchacho inglés» (2017: 151)–, introduce la tripulación de la carreta a la primera ceremonia de toma de hongos en «Tierra Adentro»:

> Nos sentamos los seis sobre un tronco, comieron ellos el sombrero dorado de un hongo de tallo flaco y nos ofrecieron a nosotros. Comimos también esos frutos amargos. Nadie habló por un rato, hasta que Kaukalitrán hizo un gesto que parecía abarcar la laguna entera, los otros dos empezaron a reírse y los flamencos se elevaron como una sola mancha rosa hacia el cielo celeste, dejando al descubierto el agua que no sabía de qué color ser con tanto movimiento. A mí la indecisión

hacían» (295-300). El gaucho concluye que «no hay misericordia / ni esperanza que tener; / el indio es de parecer / que siempre matar se debe, / pues la sangre que no bebe / le gusta verla correr» (229-234).

de la laguna me hizo gracia, primero tímidamente y enseguida a las carcajadas: no sabe Kutral-Có de qué color ser, está viva, la laguna es un animal. (2017: 152)

> Me saqué la ropa y me dejé llevar por Kauka que conocía el barro de su laguna, la Kutral-Có de la fiesta de todos los años, pero no sentí barro; supe que estaba pisando en la lengua de ese animal que hasta entonces no había sabido animal, tiene fondo y borde de lengua la laguna y el agua es su cuerpo y su cuerpo está lleno de piedras y plantas y peces y pedazos de árboles y nosotras cuando nos metimos con Kauka en su cuerpo nos tornamos peces, me puse plateada y larga y fina como un surubí y como un surubí me creció la barba y me la peiné contra el cuerpo de Kauka, que se había hecho chato y ancho y plomizo como el de un pacú y le lamí su vientre dorado de pacú mientras ella flotaba en el agua que ya se había decidido; era violeta entonces. (2017: 153)

Los colores que vienen encantando a la China desde que deja la tapera se hacen sentir ahora con más intensidad. De este relato bajo los efectos psicoactivos de los hongos llama la atención la capacidad de actuar atribuida a los cuerpos de agua. Se trata de una agencia que permite a seres no humanos, como la laguna, no solo hacer o decir algo, sino también decidir *ser* algo. En su trayectoria por el desierto y el fortín, la China adopta el pelo corto y usa chaquetas y pantalones militares con la intención de confundir a las personas que se cruza en el camino, haciéndoles creer que se trata de un hermano menor de su compañera de viaje, Liz. Este modo de existir en clave no binaria se expande tras la toma de hongos. En vez de limitarse a experimentar las convenciones occidentales de lo masculino y lo femenino, la China pasa a poder ver el mundo desde la perspectiva de los peces de agua dulce tararira, surubí o pacú, o desde el cuerpo de un puma.

Después de comer los tallos flacos de los hongos de sombrero dorado por primera vez y luego de nadar en la barriga de Kutral-Có, cuenta la China que «nos revolcamos hasta ser tan sapos como los sapos que nos saltaban alrededor y sapos copulamos ahí en ese barro que parecía el principio del mundo y como habrá sido en el principio nos amamos todos» (2017: 154). También relata la China que ella, la tripulación de la carreta y los Iñchiñ se tiraron «en el pasto alrededor del kutral, se empezaba a hacer de noche y con la noche, se sabe, baja el rocío y nos sentíamos tierra llovida» (2017: 155). Los hongos despliegan, en el relato de la China, un devenir animal y un devenir tierra que rompe con las jerarquías y los límites establecidos entre seres humanos, animales y otras existencias no humanas:

> la veía de lejos a Liz, el rojo de su pelo como un incendio, estaba desnuda también ella, la estaban pintando con pintura marrón, la miré volverse potra alazana, ya la había visto así pero nunca desnuda en manos de otro ni desnuda yo en medio del cuerpo de una laguna y en manos de una tararira, me dio risa esta nueva perspectiva, Kauka se rió también, se deshizo el abrazo sexual como si se hubiera disuelto en el agua, nadamos hacia la orilla, yo también quería ser quien era, quería en la piel el dibujo que me desnudara, era una tararira tigra yo, o era Kauka, me daba lo mismo, resolví, y me tiré en el pasto y me dejé pintar por una machi que me había visto el alma tararira. (2017: 153-54)

El relato de la narradora deja claro que los efectos de los hongos actúan en el ámbito de un descubrimiento, una aceptación y una afirmación de lo que se es; es decir, de lo que uno vino al mundo para ser, en toda su autenticidad, aleatoriedad y extrañeza. La experiencia con los hongos motiva a la China a querer «ser quien era». Este entendimiento de que los hongos llevan a quien los consume a explorar las condiciones y a expandir las posibilidades de su propia existencia tiene eco en la enseñanza que expone la China algunos capítulos adelante: «de los hongos se sale otro, el mismo cambiado» (2017: 180). Comentando las intertextualidades que atraviesan la reescritura de *Martín Fierro* propuesta por Cabezón Cámara, Marcela Croce conecta el «salir otro» presente en el relato de la China con la noción del consumo psicoactivo como «salida de sí», discutida por el poeta argentino Néstor Perlongher (1949-1992) en la colección de ensayos *Prosa Plebeya* (1997).

Croce dice que *Las aventuras de la China Iron* busca dar cuenta de las variantes de la geografía sudamericana «que abundan en ríos» y en la cual «medran los hongos alucinógenos de cuyo consumo "se sale otro" [...] como en las ceremonias del Santo Daime que Perlongher relató con una prosa erizada de estrías deleuzianas para luego ritualizar en auto sacramental» (2023: 97). En el texto «La religión de la ayahuasca», presente en la sección «Antropología del éxtasis» de *Prosa Plebeya*, Perlongher comenta que la palabra éxtasis significa textualmente «salir de sí», y eso implica vivenciar una experiencia que «arrastra el sujeto hasta las más recónditas profundidades del ser y lo hace sentir en presencia de una fuerza superior y cósmica, cuya acción experimenta corporal y mentalmente, en un estado de trance que conlleva el pasaje a otro nivel de consciencia, segundo, superior o alterado» (1997: 166). El poeta está interesado en las situaciones de consumo de sustancias psicoactivas que ocurren en el ámbito urbano y se manifiestan fuera de lo que llama en otros textos como «funcionamiento droga»[5]. Este tipo de funcionamiento opera en los consumos individuales de propósito meramente recreativo, a diferencia del éxtasis, que proyecta un «funcionamiento sagrado», lo que daría a la experiencia psicoactiva una dimensión colectiva y un propósito de transcendencia de la realidad habitual.

Perlongher frecuentó tomas de ayahuasca en ceremonias del Santo Daime, una religión surgida en la década del treinta en Brasil que sincretiza, entre otras referencias, elementos del catolicismo y del

---

[5] En la conferencia «Droga e êxtase», presentada en el III Congreso Internacional sobre Toxicomanías realizado en 1990 en Santos, Brasil, Perlongher habla de modalidades de consumo de drogas en su presente y comenta la diferencia entre un «funcionamiento droga» y un «funcionamiento sagrado». «Se ambos funcionamentos podem ter em comum a micropercepção, a molecularidade, os graus de velocidade e de lentidão de que fala Deleuze, diferem em que, enquanto a experiencia da droga 'perde-se' nessa microscopia (o 'perigo da abstração': as árvores impedem ver o bosque), o transe divino reintegra a vivência da disgregação numa espécie de totalidade transcendente à qual se acede através do ritual» (1990: 14).

chamanismo amazónico[6]. Para el poeta, las situaciones ritualizadas de consumo psicoactivo que se organizan en las ciudades, como las del Santo Daime y la Unión del Vegetal –otra religión centrada en las tomas de ayahuasca–, y la experiencia misma del éxtasis, expresan el deseo de romper con los límites de la individualidad egocéntrica y el hedonismo que estereotiparon los «viajes» psicodélicos de la contracultura en el Norte global, a mediados del siglo XX.

Entre el pueblo Iñchiñ, las tomas solo pueden realizarse en ceremonias colectivas guiadas por una machi, palabra que designa a la líder con la función de «dirigir los viajes de los visitantes menos expertos» (2017: 181). Para las ceremonias, hay rukas y wampos propias para el consumo ritual[7]. En cierto momento de su relato sobre las experiencias de alteración sensorial, la China llega a usar la palabra «éxtasis» para hablar de lo que conoce su cuerpo bajo los efectos de esos llamados «frutos amargos» (2017: 152). Volviendo a una ruka transformada en puma después de una ceremonia más de toma de hongos, la narradora cuenta que «en cuatro patas fui, gruñendo, y ahí estaba y rugí en esa hamaca hasta que se le volaron todas las plumas, había subido rápido y las vi bajar como flotando, muy despacio, cuando el cuerpo ya no me soportaba un solo éxtasis más» (2017: 169). Para entonces ya llevaban meses celebrando el verano y la China expresa el sentimiento de exacerbación en la recta final del período de fiestas, cuando dice haber podido conocer la vida Iñchiñ en su máximo esplendor.

Aunque se trata de propuestas textuales diferentes sobre contextos rituales y sustancias particulares, la relación que establece Croce entre la novela de Cabezón Cámara y el ensayo de Perlongher va más allá del empleo de un vocabulario parecido. Tal como hace el poeta,

---

[6] Al respecto, véase en este mismo volumen el artículo de Sergi Rivero-Navarro (137-163).

[7] La novela usa términos del guaraní y el mapudungún sin traducción, pero por el contexto de la narración de la China se comprende que las rukas son las hamacas donde duermen, y los wampos una especie de islas flotantes.

la narradora de *Las aventuras de la China Iron* también recurre al campo semántico de lo sagrado para dar cuenta del encuentro con las sustancias: «los hongos agregan perspectivas divinas a los hombres y esas perspectivas más allá de la vida y la muerte pueden aterrorizar. O liberar» (2017: 180-181). Según la China, además, «con los hongos pueden aparecer los dioses, puede pasar que se estire el cuerpo y uno no se vea la punta de sus pies y mucho menos pueda tocarlos, puede pasar que se rompa la separación que existe entre cada hombre y todos los demás, puede pasar que el diablo meta la cola y caiga uno en el infierno» (2017: 180). Además de un «salir de sí» / «salir otro» y del éxtasis, la formulación del Caribe Transplatino elaborada por Perlongher para hablar de la región del Río de la Plata como una zona exuberantemente barroca, de mestizaje y sexualidades disidentes, también tiene eco en «Tierra Adentro». En este espacio entre el desierto y las islas —donde lo barroso del fondo de las lagunas se siente como la lengua de un animal—, el relato de las experiencias psicoactivas se nutre del perspectivismo amazónico y también de la farmacopea mesoamericana.

Está documentado el uso de hongos con propiedades psicoactivas entre los nahuas, mayas, mazatecos, chinantecos, mixes, zapotecos, chatinos, matlazincas, colima, purépechas y totonacos, así como en pueblos originarios de Centro y Sudamérica. De acuerdo con Osiris González Romero (2023), en los contextos mesoamericanos los hongos son entidades sagradas personificadas, lo que significa que están dotados de personalidad o voluntad. Con ellos, es posible establecer comunicación a través del lenguaje ritual. Según González Romero *et al.*, «mushrooms are not to be considered a drug or psychoactive substance but rather as sacred beings or entities with whom we can establish reciprocal relationships» (2022: 510). Los hongos psilocibios «allow communication with ancestors and other supernatural or more-than-human (MTH) beings such as the guardians of hills, caves, springs, or forests» (2022: 510). Para estudiar el sentido de las tomas se debe tener en cuenta, según los autores, que en estas ontologías los hongos están inseparablemente vinculados al territorio, pues son parte integral del paisaje sagrado.

Por otra parte, «the place-based ontological immanence associated with Indigenous thought represents a profound challenge to the transcendence that seems to commonly frame the psychedelic experience in Western culture» (2022: 511). El creciente interés de científicos y consumidores del Norte global en las capacidades terapéuticas de los fungi y las plantas maestras ha difundido una perspectiva colonialista en la que plantas y hongos son meros vehículos para llegar a un conocimiento extraíble. Para los autores, «the extraction of knowledge from transcendent realms accessed by vegetal chariot is beside the point, when far more holistic and respectful plant/human relations are possible» (2022: 515). En *Las aventuras de la China Iron*, los relatos de la narradora expresan menos los hallazgos de una experiencia transcendental y más la fenomenología sinestésica de una fusión con los elementos físicos del espacio. El enunciado de la China articula experiencias amazónicas con la ayahuasca, experiencias encontradas en el mundo mesoamericano con los hongos y experiencias mapuches con el tabaco y el floripondio (Olivos Herreros). Esta diversidad de prácticas tradicionales de alteración de la conciencia fundamenta la imaginación de una utopía en «Tierra Adentro».

Una utopía pampeana-psicodélica

La China relata que el pueblo Iñchiñ «cambiaba de jefes constantemente sin mayores conflictos, quiero decir con conflictos menores que dirimían a criterio del consejo de ancianas –o a pura lanza si no alcanzaban los consejos» (2017: 152). Los nativos «no parecían elegir los adornos según el sexo» (2017: 150) y las actividades laborales, según la narradora, son pocas y felices. Las funciones se rotan y «se dividen por el solo criterio de la aptitud, el deseo y la necesidad, si hay» (2017: 156). Los Iñchiñ matan solo lo que comen: «nuestros buenos toros criollos y nuestras buenas vacas son nuestra industria, una industria que apenas necesita de ellos que vayan y vengan como quieran en las islas y que coman y caguen, que son Iñchiñ también ellos» (2017: 172). La vida en «Tierra Adentro» invierte los valores de la productividad y la jerarquía entre las especies. En esta inversión, el interés por el consumo de psicoactivos, que a lo largo del siglo XIX empieza a ser condenado como «vagancia» (Carneiro 2018), en *Las aventuras de la China Iron* gana el estatus de trabajo.

Mientras que las demás actividades del pueblo Iñchiñ son estacionales, dice la China sobre el cultivo de las plantas que beben y fuman: «de eso sí que trabajamos todo el año» (2017: 179). Además de los hongos, el pueblo Iñchiñ cultiva y consume un té cuyos efectos se describen de manera similar a los relatos de experiencias con la ayahuasca. Según la China, «como tenemos un floripondio con gusto a nará y mora, los frutales crecen como yuyos en Y pa'û, un té que primero ciega y enseguida te mete en lo más profundo del alma, un té que te lleva al centro del rayo divino y desde ahí te deja ver cómo el mundo entero es un solo animal» (2017: 179-180). Los nativos también consumen una «hierba que se fuma que tiene gusto a sí misma, a su flor dulce y áspera, y [...] también a pan ahumado y a chipá y mermelada de limón y de nará» (2017: 180), que podría asociarse con el tabaco caribeño. Además, hay «una planta que no queremos mucho pero que cuidamos porque la necesitamos: masticamos sus hojas en los tiempos malos, cuando las mareas o las guerras nos obligan a trabajar todo el día y toda la noche» (2017: 181), descripción que parece referirse a la coca andina.

La extensa farmacopea que manejan los Iñchiñ reivindica una mirada continental hacia el saber botánico indígena. Los diferentes sabores, efectos y protocolos de consumo ponen de manifiesto la biodiversidad de los ecosistemas que componen Abya Yala, el continente «americano» de los pueblos originarios. En la cosmovisión de «Tierra Adentro», de este mundo entero que es «un solo animal» forman parte «las hojas de los ypyra y los surubíes y los chajás y las jirafas y los mamboretá y el mburucuyá y el yaguaretés y los dragones y el micuré y el camuatí y las montañas y los elefantes y el Paraná e incluso los ferrocarriles ingleses y los campos gigantescos que los argentinos arrasan» (2016: 180). Subvirtiendo el imaginario hegemónico sobre los indígenas en la producción textual del siglo XIX, donde se presenta a los nativos como pueblos pasivos, que aceptan las condiciones dadas sin tecnología ni creatividad para intervenir en el espacio natural, los Iñchiñ prueban los sabores de las hierbas, las mezclan e injertan con otras para crear nuevas plantas, que emplean no solo para curación, sino también para pensar, tener fuerza y reír.

Valiéndose de un listado barroco que incluye desde animales y plantas endémicas de otros continentes, los cuerpos de agua y las presencias minerales, hasta la tecnología industrial y las dinámicas de explotación, la narración de la China pone en relación la totalidad de lo que conoce. La perspectiva holística que florece en la tercera parte de la novela crea la atmosfera de la utopía que es «Tierra Adentro», una utopía donde las cautivas inglesas no quieren volver al Norte, los gauchos viriles asumen sus deseos homosexuales y los sistemas taxonómicos de los científicos alemanes son motivo de risa[8]. Una utopía, al fin y al cabo, construida a partir de los efectos del consumo regular de los hongos psicoactivos que pueblan el territorio.

Según Marcus Boon, quien ha estudiado el simbolismo y la representación de las drogas en la literatura de ficción, el consumo de sustancias psicodélicas como el LSD, la mescalina y la psilocibina históricamente ha constituido un tropo para el acceso a reinos imaginarios y a la creación de utopías (Boon 2002: 222). La novela *Island*, de Aldous Huxley, publicada en 1962, resulta emblemática por la representación del consumo psicodélico en relación con la creación de

---

[8] «Los científicos alemanes, que andaban juntando huesos, como quien le arma el cuerpo a la luz mala, y se ensanchan poniéndoles sus nombres propios a los restos de dinosaurios para solaz de los indios, que empezaban a llorar de risa apenas cada uno mostraba los esqueletazos llamados Roth o los rastros de líquenes —esas hojitas delicadas metidas adentro de piedras tan transparentes como el anillo de Liz— llamadas Von Humboldt» (2017: 156).

un proyecto de sociedad. *Island* presenta a un pueblo que habita una isla en el Océano Índico llamada Pala y que consume ritualmente el fármaco *moksha*, nombrado a partir de la palabra en sánscrito para «liberación». La novela es considerada un contrapunto a la distopía de *Brave New World* (1932), donde los individuos se vuelven adictos a la droga *soma*, que los hace más vulnerables al control higienista del Estado. En *Island*, en cambio, la ingesta regular del elemento psicoactivo, que la crítica suele describir como un hongo, es responsable de una visión de mundo basada en la empatía, el respeto, la curiosidad por la alteridad y la atención al espacio-tiempo aquí y ahora.

La novela de Huxley sigue a un periodista que naufraga intencionalmente en la costa de la isla para tener acceso a sus recursos naturales. El reportero necesita encontrar formas de acercarse a la actual gobernante de Pala para convencerla de vender a un barón inglés las reservas de petróleo aún no explotadas del territorio. A medida que convive con los nativos de Pala y aprende de su modo de vida, el periodista nota cómo diferentes religiones y tradiciones filosóficas coexisten en armonía. Los habitantes se interesan por el desarrollo espiritual y eso se refleja en una relación de cooperación con las existencias animales y vegetales. En Pala el consumismo es rechazado y se emplea la tecnología solo en lo que contribuye para el bien colectivo, jamás para la guerra. Cuando el reportero cuenta con la oportunidad de consumir la *moksha*, tiene una epifanía y percibe como terrible su mundo de origen, marcado por valores autodestructivos como la intolerancia religiosa, la artificialidad de las relaciones interpersonales y la extracción de la naturaleza.

La sociedad lúcida de *Island* es el resultado de un experimento civilizatorio iniciado a mediados del siglo xix por un líder budista y un médico escocés, que alimentaban la intención de reunir lo que consideraban lo mejor de los dos mundos: la ciencia de Occidente y la mística de Oriente. *Island* explora los tropos comunes en los relatos de consumo psicodélico, que lo asocian a la intensificación de las capacidades de autoconocimiento y al estrechamiento de los vínculos comunitarios. Para el Huxley de la década del sesenta, que estaba experimentando el mundo de la posguerra en plena expansión territorial de las potencias del Norte y atestiguando el control ideológico de las poblaciones en el contexto de la Guerra Fría, esos eran los valores a seguir. Sin embargo, de acuerdo con Boon, Huxley

> never managed to find a bridge between the individual experience of moksha and the psychedelic utopias he envisaged, which all too easily become rather sinister machines for mass control and hypnosis [...]. What separates the drugged utopia of *Island* from the drugged dystopia of *Brave New World* is more a change of sentiment than anything else. (2002: 253)

Según Boon, el interés de Huxley en el uso social de las drogas, aunque en nombre de «la verdad» y «la liberación», estaría instrumentalizado y serviría a una agenda de regulación de las maneras de pensar, actuar y sentir.

La centralidad del consumo de psicodélicos en la construcción de una sociedad armónica permite acercar la discusión en torno a las utopías/distopías de Huxley al análisis de *Las aventuras de la China Iron*. Las dos novelas, además, ubican sus narrativas en el siglo XIX, convocando una relación entre las experiencias de alteración de la consciencia y el surgimiento de posibilidades de renovación o subversión de los proyectos nacionales. La novela de Cabezón Cámara se ubica en esta tradición de utopías psicodélicas, pero añade una vuelta de tuerca a la perspectiva teleológica del progreso y a la noción individualizada del autoconocimiento. En *Las aventuras de la China Iron* no hay un proyecto de sociedad o de nación ideal previamente determinado, lo que implicaría la exclusión de modos de vida no previstos por dicho proyecto. De acuerdo con Marcela Croce, en la construcción del territorio nativo de la novela, la atracción «indígena por las cautivas blancas en que se solazó el Romanticismo argentino se revierte en el erotismo que despiertan los indios, sin distinción de sexo ni de género, como si la horizontalidad de la utopía tradujera la llanura en uniformidad reacia a jerarquías y distinciones» (2023: 95-96), renunciando a su radicación «para convertirse en un flujo de tránsitos, discontinuidades y, quién sabe, naufragios» (2023: 98). Se trata de una utopía que «centraliza la naturaleza» (2023: 97) al tiempo que, según Croce, toma una dirección contraria al naturalismo.

Sin incurrir en determinismos biológicos, sociales o culturales, la novela esboza un pueblo que va haciéndose y desvaneciéndose, aprendiendo de las existencias que encuentra por el camino, siguiendo el ciclo de las estaciones y adaptándose a los periodos de inundación del río. El consumo de hongos y otras plantas psicodélicas es, al mismo tiempo, una celebración de este modo de vida y su facilitador. En su utopía pampeana-psicodélica, *Las aventuras de la China Iron* sugiere que no hay propuesta de una nueva nación posible que no pase por la reinvención de las relaciones establecidas con los alteradores de la consciencia, los comportamientos y las sensaciones que coexisten en los territorios.

Consideraciones finales

Richard Doyle aporta la expresión «ecodelic insight» en *Darwin's Pharmacy* para describir «the sudden and absolute conviction that the psychonaut is involved in a densely interconnected ecosystem for which contemporary tactics of human identity are insufficient» (2011: 20). Doyle analiza informes de sujetos que han estado en contacto con sustancias psicodélicas —los llamados psiconautas— y reportaron los detalles de sus experiencias de alteración sensorial en informes conocidos como «trip reports» en el marco de los estudios culturales de la droga. La revelación o el síntoma ecodélico, que es como también le llama Doyle, es un tropo común en esos reportes de consumo psicodélico e implica una aprehensión repentina de la inmanencia, y la percepción de estar inmerso en una ecología terrestre y extraterrestre permitida por una conectividad que excede las capacidades retóricas del ego. La noción de ecodelia ayuda a describir cómo *Las aventuras de la China Iron* construye las experiencias bajo efecto de los hongos vividas por la protagonista y sus compañeros de viaje hacia «Tierra Adentro». Pero en la novela de Gabriela Cabezón Cámara, antes que un *insight*, se despliega una suerte de *primeridad* de la ecodelia, es decir, una sensación de interconexión con el espacio antes de someterlo a cualquier proceso de significación e interpretación.

Hablar de *insight* supone una capa de racionalización, ya que el término se refiere a lograr una comprensión profunda de algo, a tener acceso a una percepción repentina que cambia la manera en que uno venía pensando hasta entonces. En el contexto de los *trip reports*, el *ecodelic insight* cumple un rol evolutivo. Para Doyle, el *trip report* funciona como un dispositivo que registra la dimensión retórica de la experiencia psicodélica para que siga siendo atractiva e inspirando nuevas situaciones de consumo. El acto de compartir textualmente la toma de conciencia de que uno está inmanentemente integrado al ambiente que lo rodea permite transferir de generación en generación la posibilidad de establecer una relación menos instrumental con el mundo circundante, algo que se vuelve aún más fundamental en una era de crisis climática y avance indiscriminado de las fronteras agrícolas y ganaderas en el Sur global. En los reportes de psiconautas como Aldous Huxley o Timothy Leary, por ejemplo, el *ecodelic insight* aparece como una ruptura de la racionalización occidental, basada en la separación entre lo humano y lo natural. Los relatos de consumo psicodélico en *Las aventuras de la China Iron*, en cambio, son una intensificación y un desborde del proceso de inmersión en la materialidad del mundo al que se incorpora la China desde que decide dejar la tapera. Sin una intención y un objetivo determinados, la protagonista ingiere los hongos en «Tierra Adentro» en una secuencia de hechos que suceden de manera intuitiva.

Después de percibir que el desierto, a diferencia de la perspectiva sarmientina del vacío cultural que atraviesa el *Martín Fierro*, es diverso en colores, relieves y existencias, y después de aprender que el fortín es un espacio de tiranía y explotación de los cuerpos marginales, del cual es mejor alejarse, experimentar con el pueblo Iñchiñ —su nueva nación— se presenta como una sucesión natural y orgánica. La trayectoria de la China descubre modos de habitar el mundo opuestos a la ley del más fuerte que prima en los versos del gaucho de José Hernández, usados en las décadas posteriores a su publicación —como demostró Josefina Ludmer (1988)— para promover la expansión territorial y la sumisión de minorías poblacionales, propósitos constitutivos de la agenda nacionalista y conservadora de finales del siglo XIX y comienzos del XX en Argentina. Consumir hongos con los indígenas otrora demonizados en la obra cumbre de la gauchesca es la expresión de la apertura de la China a formas de vida alternativas, puesto que el viaje psicodélico —al alterar su manera de sentir, pensar y aprehender el mundo, transformándola en puma, laguna y tierra mojada— instaura otras ontologías en la narrativa.

Los relatos sinestésicos y perspectivistas de la protagonista bajo los efectos psicoactivos ponen en diálogo la tradición literaria de las utopías psicodélicas de mediados del siglo XX de Huxley, las sensaciones del éxtasis elaboradas por el poeta del «neobarroso» Néstor Perlongher[9] en contacto con religiones sincréticas centradas en la toma de ayahuasca, y el archivo amerindio de prácticas con los hongos psilocibios y otras plantas de poder. Estas varias intertextualidades crean en la novela una experiencia ecodélica que subvierte el canon literario y político con la propia potencia de su fenomenología. El proceso de alzamiento del Martín Fierro a la categoría de héroe

---

[9] Perlongher bautiza como «neobarroso» la reconfiguración de la discusión del neobarroco en la literatura para el contexto del Río de la Plata. En Caribe transplatino, el poeta explica: «Cómo entender esto que no es una vanguardia, y ni siquiera un movimiento, sino solo la huella deletérea de un flujo literal que envuelve, en las palabras de Libertella, "aquel movimiento común de la lengua española que tiene sus matices en el Caribe (musicalidad, gracia, alambique, artificio, picaresca que convierten al barroco en una propuesta –"todo para convencer", dice Severo Sarduy) y que tiene sus diferentes matices en el Río de la Plata (¿racionalismo, ironía, ingenio, nostalgia, escepticismo, psicologismo?)"» (Perlongher 2019: 22).

nacional, por medio de la lectura de intelectuales conservadores como Leopoldo Lugones (1874-1938), se basó en el elogio de la masculinidad viril (Fandiño 2019), la noción de progreso como acercamiento a un modo de vida eurocéntrico, en detrimento de las cosmovisiones indígenas (Delfín Guillaumin 2022), o la construcción de la pampa como un desierto bárbaro disponible para la explotación (Fleisner 2020). Narrada por una mujer que en expedición por la pampa expone su cuerpo y su pensamiento a una variedad de experiencias químicamente inducidas, la novela de Cabezón Cámara desafía, además, la razón sobria que se convierte en paradigma en el siglo XIX y se consolida como parámetro para someter a las diferentes existencias que habitan el territorio argentino.

Entre 1805 y 1888, los laboratorios europeos alcanzan el aislamiento químico de sustancias presentes en plantas nativas de otros continentes, como la amapola, la coca, la belladona, el café y el peyote, llevando a las estanterías de las farmacias la morfina, la codeína, la atropina, la cafeína, la heroína y la mescalina (Carneiro 2018: 185). La precisión en la dosificación permitida por esas sustancias aproxima la farmacología al biopoder en el tránsito del siglo XIX al XX (Contreras & Ramos 2023), resultando en la puesta en práctica de políticas higienistas del cuerpo ciudadano basadas en el control de determinadas plantas y/o sustancias y en la patologización de su consumo. En este contexto, que es también el de la formación de los Estados-nación en Latinoamérica, los aparatos legales del Estado y las investigaciones científicas sitúan gran parte de las farmacopeas indígenas más en el terreno del veneno que de la medicina, en su intento de someter los cuerpos y las cosmovisiones de las poblaciones originarias en la lucha por la tierra. *Las aventuras de la China Iron* vuelve al siglo XIX para cuestionar los términos de la consolidación del canon literario y político en Argentina e imaginar otras formas de relacionarse con las plantas y los hongos psicotrópicos en un momento en que las farmacopeas populares empezaban a transformarse en mercancías de la industria farmacéutica y del narcotráfico. Ese período histórico coincide con la emergencia de la noción de adicción como enfermedad y la tipificación del consumo psicoactivo como criminalidad.

La Virgen Cabeza (2009), *Le viste la cara a Dios* (2011) y *Romance de la Negra Rubia* (2014) son novelas donde sustancias como el alcohol y la cocaína anestesian a los personajes femeninos para ayudarlos a sobrellevar las realidades urbanas violentas a las que están sometidos. Esta serie de novelas se inspira en la crisis económica, política y social que asoló el país después de 2001. Tras esta «trilogía oscura» (Maradei 2018: 139), *Las aventuras de la China Iron* permite a su protagonista experimentar el goce de la alteración, ya sea en términos químicos, geográficos, identitarios y ontológicos. En una novela posterior, *Las niñas del naranjel* (2023), Cabezón Cámara profundiza en esa inmersión en la naturaleza, imaginando a Antonio de Erauso, personaje conocido en la España del siglo XVI como la Monja Alférez, recorriendo la selva del Paraná acompañado de dos niñas guaraníes, cuyas preguntas sobre las creencias religiosas del protagonista constantemente desplazan y renuevan su relación con aquel espacio omnipresente e indomable. Se puede decir que *Las aventuras de la China Iron* y sus ceremonias de hongos son la puerta de entrada de la literatura de Cabezón Cámara a diferentes facetas de una «Tierra Adentro» que hoy solo puede existir en clave utópica.

«Sabemos irnos como si nos tragara la nada: imagínense un pueblo que se esfuma, un pueblo del que pueden ver los colores y las casas y los perros y los vestidos y las vacas y los caballos y se va desvaneciendo como un fantasma [...]. Así viajamos» (2017: 185). La última oración de *Las aventuras de la China Iron* explora todos los sentidos que «viaje» puede tener en un contexto conformado por la corriente de los ríos, las canoas en proceso de migración y las sustancias psicoactivas. Si la utopía de Cabezón Cámara, como comentó Croce, es particular porque renuncia a su radicación para convertirse en flujo de tránsitos y discontinuidades, eso se debe en gran parte a la presencia activa y definitoria del consumo de hongos en el modo de vida del pueblo Iñchiñ, atento a los ciclos de cada planta y abierto a la combinación entre especies para generar efectos diversos. Proyectando el destino impuesto por el colonialismo a los pueblos nativos de Sudamérica, el pueblo Iñchiñ se prepara para desvanecerse al final de la novela. Ante la amenaza de que la diversidad de los saberes nativos sobre los hongos y las plantas maestras se reduzcan a las demandas terapéuticas en el marco del renacimiento psicodélico, los relatos de la China bajo efectos psicoactivos preservan la alegría y el regocijo que proporciona la experimentación libre.

Bibliografía

Boon, Marcus (2002): *The road of excess. A history of writers on drugs*. Cambridge: Harvard University Press.

Cabezón Cámara, Gabriela (2009): *La Virgen Cabeza*. Buenos Aires: Eterna Cadencia.

— (2012): *Le viste la cara a dios*. Buenos Aires: La Isla de la Luna.

— (2014): *Romance de la Negra Rubia*. Buenos Aires: Eterna Cadencia.

— (2017): *Las aventuras de la China Iron*. Buenos Aires: Random House.

— (2023): *Las niñas del naranjel*. Buenos Aires: Random House.

Carneiro, Henrique (2018): «La fabricación del vicio». En Herrera, Lizardo & Ramos, Julio (eds.): *Droga, cultura y farmacolonialidad: la alteración narcográfica*. Santiago: Universidad Central de Chile.

Contreras, Álvaro & Ramos, Julio (2023): *Farmacopea literaria latinoamericana. Antología y estudio crítico (1875-1926)*. San Juan: LaCriba / Cuarto Propio.

Croce, Marcela (2021): «Género y espacio en cuestión: gauchesca femenina y utopía pampeana en *Las Aventuras de la China Iron*». En Crespo, Marcela & Lemo, Matías (eds.): *Argentina Transatlántica: el diálogo continúa*. Buenos Aires: Universidad del Salvador, 87-99.

Delfín Guillaumin, Martha (2022): «La visión del indígena de la pampa argentina en la obra *Martín Fierro* de José Hernández». En *Pacarina del Sur* 48: <https://www.pacarinadelsur.com/home/indoamerica/203-la-vision-del-indigena-de-la-pampa-argentina-en-la-obra-martin-fierro-de-jose-hernandez>.

DOYLE, Richard (2011): *Darwin's pharmacy. Sex, plants, and the evolution of the Noosphere.* Seattle: University of Washington Press.

FANDIÑO, Laura (2019): «Canon, espacio y afectos en *Las aventuras de la China Iron*, de Gabriela Cabezón Cámara». En *Hispanófila* 186: 49-66.

FLEISNER, Paula (2020): «El desierto era parecido a un paraíso. Aventuras posthumanas en una novela de G. Cabezón Cámara». En *Veritas* 65 (2): 1-13.

GONZÁLEZ ROMERO, Osiris & WILLIAMS, Keith & BRAUSTEIN, Michelle & BRANT, Suzanne (2022): «Indigenous philosophies and the "psychedelic renaissance"». En *Anthropology of Consciousness* 33 (2): 506-527.

— (2023): «Sabiduría y ritual de los hongos sagrados en Mesoamérica». En *Revista Cultura y Droga* 28 (35): 21-49.

HERNÁNDEZ, José (1962): *Martín Fierro.* New York: Columbia University.

HUXLEY, Aldous (2004): *The Doors of perception.* New York: Harper & Row.

— (1989): *Island.* New York: Harper & Row.

LUDMER, Josefina (1988): *El género gauchesco. Un tratado sobre la patria.* Buenos Aires: Sudamericana.

MARADEI, Guadalupe (2018): «Ficciones posdictadura: la trilogía oscura de Gabriela Cabezón Cámara». En *Eventos del deseo: Sexualidades minoritarias en las culturas/literaturas de España y Latinoamérica a finales del siglo XX.* Biblioteca Ibero-Americana 169: 123-140.

OLIVOS HERREROS, Carmen Gloria (2004): «Plantas psicoactivas de eficacia simbólica: indagaciones en la herbolaria mapuche». En *Revista de Antropología Chilena* 36 (2): 997-1014.

PERLONGHER, Néstor (1990): «Droga e êxtase». Comunicación en III Congresso Internacional sobre Toxicomanias – II Congresso Brasileiro sobre Consumo de Drogas, Santos: <https://www.ifch.unicamp.br/publicacoes/pf-publicacoes/primeira_versao-34.pdf>.

— (1997): *Prosa plebeya.* Buenos Aires: Excursiones.

— (2019): *Caribe Transplatino. Poesía neobarroca y rioplatense.* Richmond: Casa Vacía.

RIVERA GARZA, Cristina (2022): «El regocijo de la materialidad. Una escritura geológica de Gabriela Cabezón Cámara». En *Escrituras geológicas.* Madrid / Frankfurt am Main: Iberoamericana / Vervuert.

Las sustancias ecodélicas como dispositivos biotecnológicos en «La sincronía del tacto» de Gabriela Damián Miravete

Iván Díez de la Pava
Georgetown University

«La sincronía del tacto» (2021) es un relato de la autora mexicana Gabriela Damián Miravete que aborda la relación de los seres humanos con el medio ambiente y los lazos de afectividad que se crean con la naturaleza a través de un viaje psicodélico. En el cuento, un grupo de amigos –Claudia, Ekar y la protagonista– se adentran en la profundidad del bosque con el objetivo de consumir una flor llamada «providencia», que produce efectos psicodélicos al ser inhalada: una «flor [con una] coloración de madreperla cruzada por finas vetas de un azul eléctrico» (Miravete 2021: 55). El cuento comienza con una llamada de Ekar a la protagonista comentándole sobre un nuevo hallazgo que acaba de realizar en San Agustín del Mar, México. Se trata de esta flor que produce efectos psicodélicos y que, según comenta, es especialmente peculiar. La protagonista, que es bióloga y está a punto de graduarse, se dirige junto a su amiga Claudia al encuentro de Ekar. Ambas llegan a una cabaña donde Toribio y Epifanía –los dueños– hospedan a quienes busquen una experiencia psicodélica en un entorno natural privilegiado, aunque no ofrecen rituales ni fomentan el turismo psicodélico. Esa noche duermen en la cabaña y Ekar les enseña la flor, que él mismo ya consumió antes. A la mañana siguiente se encaminan hacia el interior del bosque con hongos psilocibios y, cuando se disponen a tumbarse para consumirlos, dos agentes de la policía aparecen con intención de requisarles los hongos. Se acercan a ellos con una actitud intimidatoria y les roban todo lo que llevan, hasta que una vaca se aproxima a los policías y los embiste, haciendo que huyan. Los tres amigos llegan, entonces, a un árbol que Ekar reconoce como el de la flor psicodélica. Cuando la protagonista se acerca a observarla, las semillas salen disparadas hacia ella e inhala su sustancia. En ese momento, el grupo de amigos comienza su viaje psicodélico, una experiencia en la cual se sienten conectados con todo lo que les rodea y con ellos mismos, y que saca a relucir también un sentimiento de agradecimiento por su existencia y de arrepentimiento por la banalidad de sus vidas. Sienten a la naturaleza como agente activo: hablan con el árbol, ven los colores fraccionarse, bailan con una roca, etcétera. Tras una intensa noche, la protagonista recolecta algunos ejemplares de la flor. A su vuelta, decide cambiar el enfoque de su investigación y hacer de esa flor su objeto de estudio. Se topa sin embargo con muchas trabas dentro de una comunidad científica muy reticente a estudiar los psicodélicos desde un enfoque transcendental. A pesar de la energía con la que la protagonista comienza su exploración de la flor, según pasan los años se siente sumergida en una espiral creciente de preocupaciones y tampoco consigue ser escuchada. Aunque cada uno de los amigos sigue con sus quehaceres, deciden reunirse virtualmente para recordar aquella noche tan especial, en la que sintieron la verdadera sincronía del tacto.

  El cuento aborda la experiencia psicodélica haciéndose eco de la historia y de las tradiciones de consumo comunitario de plantas medicinales de los pueblos originarios de Mesoamérica. En las sociedades de cazadores-recolectores, los miembros de las comunidades establecían una relación personal y colectiva con la naturaleza: «Los cazadores-recolectores sentían, y sienten, un profundo respeto por su entorno, por la tierra y la naturaleza que les rodea, pues de ellas obtenían lo necesario para vivir» (Carrillo 2012: 3). No almacenaban ni comerciaban con la naturaleza, sino que se servían de ella aprovechando lo que el lugar donde estaban les daba. Según los entramados sociales se fueron haciendo más complejos y los pueblos dejaron su estado nómada, los efectos nocivos del ser humano sobre la naturaleza comenzaron a ser devastadores. En su desarrollo histórico el ser humano creó mecanismos de explotación de la naturaleza, hasta que el boom capitalista se consolidó como el peor enemigo del espacio natural, perpetuando un antropocentrismo radical. Jason Moore acuñó el término «Capitaloceno» para referirse a nuestra era actual, que comenzó con la Revolución Industrial: «una era histórica dominada por el capital» (Wedekind & Milanez 2017: 109)[1]. Desde mucho antes, a partir de la colonización de América, los pueblos originarios fueron desplazados y marginados, y sus saberes relegados a la irrelevancia e incluso demonizados. El ser humano –o más bien el ser colonizador– pasó a ser, por tanto, dueño y señor de la naturaleza y de todo el orden natural, incluyendo aquellos pueblos que la habitaban. Val Plumwood –pionera en el desarrollo del ecofeminismo[2]– resalta que «an anthropocentric viewpoint treats nature as radically other and humans as hyperseparated from nature and from animals» (1997: 340). Plumwood resalta, además, que la mujer, la naturaleza y el indígena comparten elementos de opresión en común ejercidos por los grupos hegemónicos, y que el desarrollo colonizador en los tres órdenes es inseparable.

En este contexto toma relevancia el térmico ecodélico. Hasta ahora hemos usado el término psicodélico, adoptado por el psiquiatra Humphry Osmond, que en el debate que tenía lugar en los años cincuenta acerca del término apropiado para nombrar a estas sustancias propuso «psicodélico», declarando que «My choice, because

---

[1] «The Capitalocene does not stand for capitalism as an economic and social system. It is not a radical inflection of Green Arithmetic. Rather, the Capitalocene signifies capitalism as a way of organizing nature – as a multispecies, situated, capitalist world-ecology» (Moore 2016: 6).

[2] «Ecofeminism insists that feminism must address not only the forms of oppression which afflict humans but also those that afflict nature, the extension of feminist insights and models of centrism to illuminate problems in the concept of anthropocentrism is a core concern [of ecofeminism]» (Plumwood 1997: 327).

it is clear, euphonious, and uncontaminated by other associations, is psychedelic, mind-manifesting» (1957: 429). Aquí me referiré a los psicodélicos por el nombre de ecodélicos. En cuanto a su etimología, proviene de la unión de los vocablos griegos οἶκος (*eco*) y δηλόω (*delos*), que pueden traducirse respectivamente como «morada», «hogar» y «revelar», «manifestar». Las sustancias ecodélicas, entonces, serían aquellas que tienen la capacidad de revelar la morada natural en la que habitan seres humanos y no humanos. En este trabajo estas sustancias se entenderán desde la propuesta de Richard Doyle en *Darwin's Pharmacy*, como un reconocimiento de la conexión entre todo lo viviente. Para Doyle, la experiencia ecodélica es «the sudden and absolute conviction that the psychonaut is involved in a densely interconnected ecoystem for which contemporary tactics of human identity are insufficient» (2011: 20). Los ecodélicos, sostiene, suponen una experiencia que rompe con todo esquema objetivo y que hace surgir un estado sin precedentes para quien los consume. Otros términos, como «enteógeno», que aparecerá también en este trabajo, se centran en la dimensión transcendental de los psicodélicos[3]. Aunque dicha dimensión es un eje central de esta investigación, el término ecodélico provee una definición más concisa del objeto de estudio, ya que se centra explícitamente en la dimensión natural: «ecodelics recall ongoing participation with a living ecoystem» (Doyle 2011: 26). En el relato que nos ocupa, los protagonistas experimentan una interconexión a través de los diferentes elementos que conforman la experiencia ecodélica: la aparición de un estado de éxtasis y el tránsito desde un estado de vigilia a una conciencia primigenia, la superación de la visión antropocéntrica hegemónica, un aumento de la sensibilidad ecológica, la comprensión de la multiplicidad de

---

[3] «Entheos is an adjective meaning "full of god", "inspired", or even "possessed" [...] *Genesthai* means "to come into being" or "to come forth". Together, the meaning is that a substance produces a state in which a person experiences a sense of being inspired or transported beyond himself/herself in a way that is identified as distinctly religious or spiritual» (Godlaski 2011: 1217).

vidas, la interconexión de todo lo viviente en el orden natural y la fragmentación de los paradigmas convencionales de tiempo y espacio. Tomando como base la teorización de Doyle, en «La sincronía del tacto» los ecodélicos funcionan como dispositivos biotecnológicos capaces de reconectar al ser humano con el orden natural al que pertenece, entendiendo dichos dispositivos como tecnologías que se encuentran en el medio natural y que pueden ser empleadas para potenciar una conciencia ecológica.

Disolución del ego

En primer lugar, la protagonista de Miravete reconoce que «las culturas prehispánicas desarrollaron verdaderas tecnologías de la conciencia» (2021: 66), definiendo así los ecodélicos como formas de inteligencia ancestral que permiten conectarse con el cosmos. Aunque los tres amigos realizan el viaje sin la mediación de un chamán, tanto Epifanía como Toribio comentan, antes de que los jóvenes se adentren en su experiencia, que «En realidad esto debería hacerse bien, con alguien que sepa [...] Se necesita quien acompañe el alma de uno» (Miravete 2021: 55). La figura del chamán no aparece, pero está en la sombra. Los dueños de la cabaña declaran que para acercarse al consumo de ecodélicos es necesario conocer los pueblos originarios y dirigirse a la persona correcta, a alguien sabio, no a quien ofrece cursos de autoayuda a turistas. Según Chevallier, «con alucinógenos como el peyote, el chamán puede llegar al mundo de los espíritus y sanar al paciente y a su comunidad» (1997: 54). De acuerdo con las creencias de los pueblos nativos, montañas y lagos –y en última instancia, todo el orden natural– son considerados sujetos activos con los que es necesario mantener una relación de reciprocidad. Si esa relación se rompe y el ser humano se disocia de la naturaleza, comienzan los desastres y la comunidad se enferma, porque se ha perdido el equilibrio. Doyle dice que «these encounters with immanence render the ego into a non sequitur, the self-becoming tangibly a gift manifested by a much larger dissipative structure – the planet, the galaxy, the cosmos» (2011: 21). Se trata de la devolución del ser humano a la experiencia más orgánica de la vida en un lugar donde la naturaleza lo confronta; pero no para perpetuar una disociación, sino para potenciar una unión simbiótica, que pasa por una disolución del ego. De hecho, según diversos estudios, el consumo de ecodélicos modifica el temperamento, mediante la excitación de ciertas «áreas que están íntimamente ligadas con la conciencia de sí mismo» (Rodríguez Arce & Quirce Balma 2012: 25). Una de las características más comunes de la experiencia ecodélica es la de este desprendimiento del yo, que posibilita una mayor compenetración con el entorno. El ego es el que mueve a la protagonista a admitir que en un momento del viaje tuvo compasión de sí misma al percatarse que sus sucesivos romances y experiencias sexuales no eran sino fruto de un deseo de aferrarse a la vida por miedo a la muerte (Miravete 2021: 61). Apunta Doyle que «the plants seemed to remind me that we are by no means at the center of planetary telos because there is no center, only the distributed emergence of complexity and its dissolution (cosmos)» (2011: 252). De manera análoga la protagonista, una vez disociada de su yo, es capaz de darse cuenta de la grandeza de su presencia en la tierra y, a la vez, de su pequeñez. No es centro de nada porque no hay centro. Pero, a su vez, es parte del todo que es el cosmos.

En «La sincronía del tacto» los tres amigos están en medio del bosque, en un lugar propicio para acoger la experiencia ecodélica. Como ya dijimos, para los pueblos originarios toda la naturaleza tiene agencia propia. No se trata de un objeto, sino de un sujeto. Los amigos comienzan su excursión reconociendo la agencia de la naturaleza, del mismo árbol que acoge entre sus raíces la planta, para así poder transitar a su otro viaje reconciliados con el espacio concreto en el que se encuentran. Una vez que se inicia la experiencia, sienten una sensación de éxtasis. Para Doyle, vivir estados de éxtasis es una condición indispensable para evolucionar como seres humanos (2011: 35). El éxtasis sirve para acceder al encuentro con lo que McKenna llama «Trascendent Other», en el cual «nature [is] correctly perceived to be alive and intelligent» (1993: 41). La protagonista del cuento describe la ola más fuerte dentro de esa sensación extática, cuando «la luz blanca de las estrellas se descomponía en siete colores» (Miravete 2021: 62). En el estado de conciencia ordinario, el ser humano es capaz de ver la realidad desde una única perspectiva. El viaje ecodélico permite, sin embargo, desintegrar esa realidad. Por tanto, el estado de vigilia pasa a ser una segunda conciencia, mientras que bajo los efectos de los ecodélicos se potencia la conciencia primaria, que se desmaterializa del yo para hacerse uno con todo lo viviente, con «el conjunto de las cosas» (Miravete 2021: 60). Mientras que en un estado ordinario filtramos constantemente la realidad, mediante los ecodélicos se potencian los sentidos y, como apunta Letheby en sus investigaciones con pacientes que han consumido ecodélicos, «Subjects often describe an expansion of consciousness, a heightening of emotional experience, strange visions and insights, and a blurring of boundaries between self and world» (2021: 4). Miravete presenta una experiencia ecodélica mediante la cual podemos volver a un estado más orgánico, a una primera conciencia en la cual estamos ligados a toda la humanidad y a la naturaleza. En el cuento, la dicotomía ser humano/naturaleza se supera. Plumwood sostiene que, para el antropocentrismo, la naturaleza no tiene agencia propia: «is empty of purpose, it is appropriate that the colonizer imposes his own, and nature can only have purpose and value when it is made to serve the human colonizer as a means to his ends» (1997: 341). Los ecodélicos, en este sentido, implican un encuentro que, además de ser una revelación, supone un punto de inflexión que cambia radicalmente a quien los consume y facilita la transformación social hacia una consciencia de la importancia del cuidado de la naturaleza. Esta ruptura con el antropocentrismo suscita que los amigos empiecen a ser conscientes de lo que los rodea. Tiene lugar una ruptura necesaria para centrar la mirada en el entorno y comprender la unicidad de la naturaleza.

Interconexión biosemiótica

En «La sincronía del tacto», además, la multiplicidad de vidas supone una verdadera experiencia transhumana, a través de una transcorporalidad que separa cuerpo y mente. Según Alaimo, la transcorporalidad «insists that the human is never an isolated unit» (2010: 146). En el cuento de Miravete se refiere una interconexión de la vida en un universo limitado para la mente humana. Rodríguez Arce y Quirce Balma afirman que los ecodélicos «afinan la percepción hacia el hecho transhumano de la interconexión biosemiótica» (2011: 11)[4]. Si el transhumanismo es una forma de superar las limitaciones humanas a través de la tecnología, los ecodélicos —que, como proponíamos, son una suerte de dispositivos biotecnológicos— hacen posible esa superación a través de la separación entre materia y esencia. De una persona bajo los efectos de los ecodélicos se dice que está «viajando» porque dota de otra densidad a la realidad, en un viaje en el que percibe una sensación de movimiento y transitoriedad. Doyle, en este sentido, reconoce que en el viaje estamos «aware of our context at much larger —and qualitatively distinct— scales of space and time» (2011: 21). De hecho, cuando la protagonista pone su mano en la mejilla de uno de sus amigos, dice que cabe a la perfección: «no por una cuestión de dimensiones, sino porque era el momento en el tiempo, el instante preciso para que esa forma-mano que habitaba el espacio se encontrara con esa otra forma-mejilla» (Miravete 2021: 60-61). En un desafío a los paradigmas científicos actuales, Miravete relata su salida del cuerpo hasta tornarse transcorporal, carente de materialidad, plenamente dimensional e intrincada con la naturaleza.

---

[4] «Biosemiotics [...] insist[s] that, in the study of biological organization and agency of every kind, it is precisely the naturalistic establishment of sign relations that bridge subject-dependent experience (such as we find both in animal sensations as well as in human "mindedness") with the inescapable subject independent reality of alterity that all organisms have to find some way to successfully perceive and act upon in order to maintain themselves in existence» (Favareau 2008: 8).

Como afirma Fericgla, en el viaje ecodélico uno «es consciente de que forma parte de una red compleja de interacciones que incluyen el universo entero» (1999: 247).

En un momento del relato, en mitad de la noche, los amigos descubren también que la piel es una separación en la experiencia humana, pero que incluso así, «a través de ella, permea la calidez, la esencia de las cosas» (Miravete 2021: 62). El roce de la piel es el que permite la comunicación en una especie de transubstanciación en que la esencia, que no es física, se permea. Para Doyle el cuerpo está encapsulado (2011: 76), pero una vez se transubstancia, esa esencia vuelve a integrarse en el cosmos del que proviene. Los jóvenes entrelazan las manos «con infinita lástima porque los crueles jamás rozarían la paz ni la maravilla» (Miravete 2021: 62). El cruel, aquel que es causante directo o indirecto del daño a todo el orden natural, está completamente desintegrado del cosmos aun cuando forme parte de él. Mientras que la sociedad capitalista valoriza las manos como elementos de productividad, en «La sincronía del tacto» los efectos ecodélicos suponen un giro ecocéntrico, es decir, una mirada integradora a la naturaleza desde su capacidad inherente de aglutinar lo humano y lo no humano. Como dice McKenna: «Because maps of reality are determined by our present circumstances, we tend to lose awareness of the larger patterns of time and space» (1993: 7). Los ecodélicos sirven, entonces, como recordatorio de la relación orgánica que alguna vez tuvimos con la naturaleza y que hemos perdido. Dejándonos de nuevo iluminar por el conocimiento indígena, su cosmología destaca la relevancia de las percepciones humanas y la espiritualidad, priorizando la necesidad de interconexión entre el ser humano y el espacio que habita.

Los ecodélicos activan la conciencia primaria, hacen surgir y estimulan un sentido ecológico que supone una potenciación de la percepción, lo que conduce a una consciencia cósmica y telúrica. Actualmente, nuestros sentidos se hallan, en ocasiones, limitados por el impacto de la cultura digital. Si bien puede parecer que están sobrestimulados, el arte –al menos en sus formas habituales – ha ido perdiendo relevancia, salvo las formas de entretenimiento inmediato que ofrecen las pantallas, grandes y pequeñas. La protagonista, sin embargo, siente una «hipersensitividad» (Miravete 2021: 63). Los amigos, tras inhalar la sustancia ecodélica, experimentan una potenciación de la creatividad[5]. Claudia, Ekar y la protagonista son capaces de ver lo que el arte ve, de ver desde la creatividad. Como apunta Doyle sobre los efectos de los ecodélicos, «their spectrum of effects is wide ranging and extraordinarily sensitive to initial rhetorical conditions» (2011: 114). Este incremento de la percepción a través del consumo de ecodélicos puede estar ligado al aumento de la neuroplasticidad[6], y supondría una mayor capacidad para adaptarse a nuevos funcionamientos y percepciones (Rodríguez Arce & Quirce Balma 2012: 13), lo que explicaría por qué la experiencia natural es bien acogida. Si bien la hipótesis de la neuroplasticidad sigue siendo debatida, un estudio reciente reconoce que, tras el consumo de ecodélicos, «The window of neuroplasticity appears to open within a few hours and may last a few days, although neuroplastic changes occurring during this time may survive for at least a month» (Calder & Hasler 2023: 108). En el cuento, Miravete introduce una vaca que también ha inhalado la flor. Cuando llega la policía, defiende a los amigos porque está en un estado transcorpóreo tras haber inhalado la flor, y ahora existe en una interconexión biosemiótica con los jóvenes. La vaca defiende, en sintonía con la naturaleza, los hongos de los protagonistas. Más adelante, la protagonista se acuesta sobre la hierba y habla con un árbol. En su fluir de conciencia, refiere que «su lenguaje era pausado y susurrante, y como el mío, dependía del aire, del aliento» (Miravete 2021: 60). La autora mexicana incorpora el desarrollo de un sentido ecológico

---

[5] Sobre estos efectos, en un sentido general, véase Sessa 2008: 823 y Prochazkova *et al.* 2018: 3409.

[6] «Potencialidad del sistema nervioso de modificarse para formar conexiones nerviosas en respuesta a la información nueva, la estimulación sensorial, el desarrollo, la disfunción o el daño» (Garcés-Vieira & Suárez-Escudero 2014: 119).

que potencia una mayor relación con la naturaleza en los sujetos que viven la experiencia. De hecho, numerosas investigaciones farmacológicas concluyen que «the more people had experience with classic psychedelics, the more they enjoyed spending time in nature, and the more they constructed their self as being part of nature» (Forstmann & Sagioglou 2017: 983-984). El viaje es una revelación –*delos*– de la unión de todas las cosas que existen en el cosmos y del lugar que cada uno ocupa en él. En palabras de Rivera Garza «todos los seres –humanos, plantas, animales, piedras– tenemos una ubicación [...] todos ocupamos un espacio sobre la Tierra: eso es pertenecer» (2022: 11). El sentido de interconexión que produce el viaje ecodélico le muestra al grupo de amigos cuál es su lugar, no mediante la referencia a una suerte de propósito o fin último al que tengan que responder, sino a través de la certeza de que ocupan un lugar concreto, sea cual sea, en el orden natural; que son parte integral de una naturaleza que es entidad aglutinante de todo lo vivo en el universo.

Desafíos desde la comunidad científica

El relato resalta también la tensión entre la ciencia oficial y propuestas alternativas, como las de quienes consumen ecodélicos. En el cuento, una vez que los amigos vuelven del viaje ecodélico, la protagonista decide cambiar su objeto de estudio. En una conversación con su asesora académica le plantea la posibilidad de explicar la percepción del tiempo bajo los efectos de la flor ecodélica, pero recibe una negativa y una advertencia: «no trates de explicar cómo afecta a la conciencia, nada que no suene a ciencia natural» (Miravete 2021: 65). Conviene analizar, entonces, las dos posibles aproximaciones a la experiencia psicodélica: como alucinación o como revelación. En el cuento, la protagonista dice que se trata de «una ciencia muy valiosa sin resultados cuantificables» (Miravete 2021: 66). La ciencia no puede explicar una revelación ni puede cuantificarla, pero sí puede hacerlo explicándola como una alucinación. La revelación no se puede estudiar empíricamente, ya que apunta a una dimensión transcendental. De hecho, no olvidemos que uno de los términos con el que se conoce a estas sustancias es el de enteógenos. El término, que viene a significar «lo que genera lo divino dentro de mí» (véase Godlaski 2011: 1217), fue acuñado por un grupo de filósofos y etnólogos estadounidenses para hacer referencia a la experiencia extática y espiritual que provocan dichas sustancias. Ante esa dimensión transcendental, la ciencia prefiere la explicación racional de sus efectos como alucinación, y en la mayoría de los reportes clínicos —e incluso divulgativos— aparecen como drogas *alucinógenas*, partiendo de la premisa de que producen percepciones falsas en estados alterados de conciencia. En contraposición, la protagonista, en su investigación sobre la flor, critica que estas sustancias hayan sido silenciadas por su «potencia transformadora y desestabilizadora» (Miravete 2021: 65). Letheby, a partir de sus hallazgos acerca del tratamiento de pacientes con ecodélicos, hace notar que «psychedelic science reveals phenomena of serious philosophical interest» (2021: 3). Asimismo, muchos pueblos nativos han consumido, y aún hoy consumen, ecodélicos como paso previo a algunas decisiones de importancia. Para la protagonista, los ecodélicos no constituyen un peligro por sí mismos, sino por su capacidad de modificar el curso de los individuos y de la historia.

En «La sincronía del tacto» encontramos una segunda afirmación relevante para la concepción de los ecodélicos y que tiene fundamento científico. Miravete señala que «pareciera que nuestro cuerpo está diseñado para vivir esa experiencia» (2021: 65). Arroyo afirma que los ecodélicos «son considerados moléculas fisiológicamente seguras ya que carecen de receptores en los sistemas cardiovascular, renal, hepático u otros centros que regulan funciones vegetativas vitales» (2011: 34). Por tanto, su consumo responsable no supone ningún peligro para el organismo y tampoco existe evidencia de que causen dependencia ni síndrome de abstinencia. La protagonista dice que «no es culpa de la naturaleza ser inmensurable. Es culpa nuestra querer limitarla solo a lo que se puede medir» (Miravete 2021: 67).

Propone, entonces, una dimensión reticente a ser estudiada por el saber científico; una ruptura de la linealidad, una transición de la cronología hacia una sincronía en la que todos los tiempos y lugares de la historia están interconectados.

Aun así, recientemente observamos cierto interés científico hacia alternativas espaciotemporales –en palabras de Grimberg, hacia un «viaje o visita» (1992: 54)–. Christopher Nolan especula, en su largometraje *Interstellar* (2014), que es posible conectar mediante esa cuarta dimensión –o «teseracto»– diferentes tiempos y lugares de la historia y comunicarse a través de ellos. Lo que la ficción actual ha recreado mediante la imaginación, la ciencia oficial lleva décadas intentando explorarlo en un espacio que se antoja cada vez más inalcanzable. Como resalta McKenna, «There are forces [...] But they are quiet and shy; they are to be sought, not in the arrival of alien star fleets in the skies of earth, but nearby, in wilderness solitude, in the ambiance of waterfalls, and yes, in the grasslands and pastures now too rarely beneath our feet» (1993: 13). La experiencia ecodélica choca con los saberes occidentales en tanto que rompe las barreras del espacio-tiempo y acerca al ser humano a una naturaleza ilimitada, incluso a universos dentro de este universo.

A modo de conclusión

En definitiva, el relato contrapone la lógica capitalista que ha convertido al ser humano en máquina y a las grandes corporaciones en dueñas de la naturaleza, a la que pueden explotar a su antojo en beneficio de la productividad, con la innegable simbiosis del ser humano con la naturaleza misma que explota. Cristina Rivera Garza sostiene que existía una conciencia de pertenencia a la tierra desde los orígenes que el ser humano ha olvidado por el mismo capitalismo «sobre el que se fundan los quehaceres y la saña de las economías extractivas que ven al globo terráqueo como un caudal sin fin de recursos naturales dispuestos para la explotación» (2022: 9). En «La sincronía del tacto» la conexión con los otros y con el entorno es catalizadora de una simbiosis mediante la inhalación de una sustancia ecodélica. En medio de la experiencia ecodélica, tras el contacto con una roca, la narradora comenta que «los tres entendimos un poco más sobre el tiempo geológico» (Miravete 2021: 61). Un reciente estudio «suggest[s] that psychedelics could serve as a "master key" for unlocking a broad range of critical periods» (Nardou *et al.* 2023: 797). Cuando los protagonistas del cuento dicen entender sobre el tiempo geológico, creen comprender, gracias al consumo de ecodélicos, la intrahistoria de muchos pueblos nativos, a los cuales ellos están ahora también conectados. Comprenden, por tanto, la relevancia de la tierra como fuente de vida y la necesidad de escuchar a aquellos que les preceden en conocimiento y práctica, de aprender de su concepción del tiempo y el espacio, así como de su historia. Según Rivera Garza, existe un «pasado que nunca se pierde, sino que se conserva en rocas, paisajes, glaciares y ecosistemas varios» (2022: 13)[7]. Los protagonistas se conectan a este pasado a través de la roca, y por eso dicen que «entienden». Claudia, Ekar y la protagonista se alimentan de las fuerzas de la naturaleza y en ese viaje pueden estar transitando al pasado y construyendo, con ello, narraciones para el futuro. En el relato la protagonista siente que sus manos pueden echar raíces y entrelazarse con la tierra: la frontera que separa lo humano de lo no humano se supera y todo coexiste. Mientras que desde la ficción latinoamericana es usualmente la tecnología la que permite transgredir fronteras entre la vida y la muerte[8], Miravete se adentra en el mundo de los ecodélicos como

---

[7] «Escribir geológicamente es […] compartir ese tiempo de residencia: el trabajo de sentarse a convivir con otros para marcar y recordar y honrar las vidas de las personas, animales, plantas y rocas que nos han precedido y también, por qué no, de los que vendrán» (Rivera Garza 2022: 14).

[8] Felisberto Hernández creó muñecas que parecían estar vivas en su cuento «Las hortensias» (1949); en su novela *Los cuerpos del verano* (2012), Martín Castagnet incorporó un protagonista que muere y vuelve a la vida en otro cuerpo; la misma Gabriela Miravete en «Soñarán en el jardín» (2018) ideó hologramas de mujeres

dispositivos biotecnológicos capaces de superar el antropocentrismo, estableciendo una conexión biosemiótica entre el ser humano y la naturaleza. Según Vint, «Technological visions of a post-embodied future are merely fantasies about transcending the material realm of social responsibility» (2007: 8). La escritora mexicana, a diferencia de otros autores, se vale de lo más orgánico, de lo que ya existe de forma natural. De hecho, Ekar explica a Claudia y a la protagonista que donde se encuentran los mejores hongos es en los excrementos de las vacas, en una materia puramente orgánica: «donde las vacas pastan, dejando a su paso abundante excremento» (Miravete 2021: 56).

En conclusión, estamos ante una revelación del orden de la naturaleza, de su esencia verdadera, que en el estado de vigilia no es posible percibir. En esta revelación se da una ruptura del espacio-tiempo y se manifiesta la interconexión del todo. Como afirman Battiste y Youngblood:

> To the Indigenous ways of knowing, the self exists within a world that is subject to flux. The purpose of these ways of knowing is to reunify the world, or at least to reconcile the world to itself. Indigenous knowledge is the way of living within the context of flux, paradox, and tension, respecting the pull of dualism, and reconciling opposing forces. Developing these ways of knowing leads to freedom of consciousness, and to solidarity with the natural world. (2000: 42)

Dice Rivera Garza que, por temerle a la muerte, el ser humano se paraliza y no hace nada (2022: 12). En el cuento el miedo a la muerte, que va unido al ego, se disuelve en esa ola más fuerte en que se sienten conectados los unos con los otros y con todo el medio natural. Ahora bien, es necesario que la experiencia tenga lugar en un entorno y con una disposición propicios. Epifanía –la dueña de la cabaña– dice acerca del turismo psicodélico que «son chingaderas

---

asesinadas por la violencia sexista; y otros como José Luis Zárate en «El viajero» (1987) han tematizado el viaje temporal como manera de superar la muerte.

[…] que no jodan, eso no es sabiduría» (Miravete 2021: 55). El relato aborda una experiencia ecodélica contemporánea que es deudora del pasado y que pone la mirada en el futuro; los ecodélicos potencian una hipersensibilidad que es capaz de captar el sentido propio de la experiencia, que permite volver a un estado orgánico, a una primera conciencia en la que nos sentimos inextricablemente ligados a toda la humanidad y a la naturaleza. El viaje nos hace «recordar de manera súbita que se existe en irremediable imbricación con los otros y con la matriz ecosistémica compleja y enmarañada» (Rodríguez Arce & Quirce Balma 2012: 11). Miravete no centra su mirada únicamente en los efectos clínicos y en lo excitante de la experiencia, sino en lo que esta supone para el ser humano.

En una línea similar, Doyle reconoce que «we must less adapt than evolve, and this evolution begins with the recognition of plants, and the Earth itself, as a power, perhaps a superpower worthy of the name» (2011: 6). El reconocimiento de agencia a la naturaleza no es necesariamente reconfortante, sino que más bien crea un efecto de choque que mueve al ser humano a comprometerse con ella. La protagonista reconoce que, al darse cuenta de que todo está conectado, se sintió sobrecogida (Miravete 2021: 62) y tuvo la certeza de que esa conexión era un regalo que implica comprometerse con ese todo. En «La sincronía del tacto» el consumo de un dispositivo biotecnológico con efectos ecodélicos conduce a un mayor compromiso del ser humano con la naturaleza, de la cual ya no se siente separado, sino intrínsecamente ligado.

Bibliografía

Alaimo, Stacy (2010): *Bodily natures. Science, environment, and the material self*. Bloomington: Indiana University Press.

Arroyo, María Pilar García (2011): «Enteógenos: nuevos usos para viejas drogas». En *Apuntes de Ciencia. Boletín científico de la Gerencia de Atención Integrada de Ciudad Real* 4: 29-37.

BATTISTE, Marie & YOUNGBLOOD, James (2020): *Protecting indigenous knowledge and heritage. A global challenge.* Vancouver: University of British Columbia Press.

CALDER, Abigail E. & HASLER, Gregor (2023): «Towards an understanding of psychedelic-induced neuroplasticity». En *Neuropsychopharmacology* 48 (1): 104-112.

CARRILLO, Raquel (2012): *La vida de los cazadores recolectores.* N/A: Anatomía de la historia.

CHEVALLIER, Andrew (1997): *Enciclopedia de plantas medicinales.* Santo Domingo: Acento.

DOYLE, Richard (2011): *Darwin's pharmacy. Sex, plants, and the evolution of the noosphere.* Seattle: University of Washington Press.

FAVEREAU, Donald (2008): «The biosemiotic turn. Part 1: a brief history of the sign concept in pre-modernist science». En *Biosemiotics* 1 (1): 5-23.

FERICGLA, Josep (1999): «El peso central de los enteógenos en la dinámica cultural». En *Maguaré* 14: 239-263.

FORSTMANN, Matthias & SAGIOGLOU, Christina (2017): «Lifetime experience with (classic) psychedelics predicts pro-environmental behavior through an increase in nature relatedness». En *Journal of Psychopharmacology* 31 (8): 975-988.

GARCÉS-VIEIRA, María Virginia & SUÁREZ-ESCUDERO, Juan Camilo (2014): «Neuroplasticidad: aspectos bioquímicos y neurofisiológicos». En *CES Medicina* 28 (1): 119-132.

GODLASKI, Theodore M. (2011): «The god within». En *Substance Use & Misuse* 46 (10): 1217-1222.

GRINBERG, Jacobo (1992): «El chamanismo en México». En *Revista Mexicana de Ciencias Políticas y Sociales* 37 (147): 53-58.

LETHEBY, Chris (2021): *Philosophy of psychedelics.* Oxford: Oxford University Press.

McKENNA, Terence (1993): *Food of the gods. The search for the original tree of knowledge: a radical history of plants, drugs and human evolution.* Charjah: Bentham.

MIRAVETE, Gabriela Damián (2021): «La sincronía del tacto». En *El tercer mundo después del sol.* Barcelona: Minotauro, 51-69.

MOORE, Jason W (2016): *Anthropocene or capitalocene? Nature, history, and the crisis of capitalism.* Oakland: PM Press.

NARDOU, Romain & SAWYER, Edward & SONG, Young Jun & WILKINSON, Makenzie & PADOVAN-HERNANDEZ, Yasmin & LARA DE DEUS, Júnia & WRIGHT, Noelle & LAMA, Carine & FALTIN, Sehr & GOFF, Loyal A. & STEIN-O'BRIEN, Genevieve L. & DÖLEN, Gül (2023): «Psychedelics reopen the social reward learning critical period». En *Nature* 618: 790-798.

OSMOND, Humphry (1957): «A review of the clinical effects of psychotomimetic agents». En *Annals of the New York Academy of Sciences* 66 (3): 418-434.

PLUMWOOD, Val (1997): *Ecofeminism. Women, culture, nature.* Bloomington: Indiana University Press.

PROCHAZKOVA, Luisa & LIPPELT, Dominique P. & COLZATO, Lorenza S. & KUCHAR, Martin & SJOERDS, Zsuzsika & HOMMEL, Bernhard (2018): «Exploring the effect of microdosing psychedelics on creativity in an open-label natural setting». En *Psychopharmacology* 235 (12): 3401-3413.

RIVERA GARZA, Cristina (2022): *Escrituras geológicas.* Madrid / Frankfurt am Main: Iberoamericana / Vervuert.

RODRÍGUEZ ARCE, José Manuel & QUIRCE BALMA, Carlos Manuel (2012): «Las plantas y los hongos alucinógenos: reflexiones preliminares sobre su rol en la evolución humana». En *Reflexiones* 91 (2): 9-32.

SESSA, Ben (2008): «Is it time to revisit the role of psychedelic drugs in enhancing human creativity?». En *Journal of Psychopharmacology* 22 (8): 821-827.

VINT, Sherryl (2007): *Bodies of tomorrow. Technology, subjectivity, science fiction.* Toronto: University of Toronto Press.

WEDEKIND, Jonah & MILANEZ, Felipe (2017): «Entrevista a Jason Moore: del capitaloceno a una nueva política ontológica». En *Ecología política* 53: 108-110.

Estesis vegetal e imaginación utópica
La mirada de las plantas de Edmundo Paz Soldán

José Emiliano Garibaldi Toledo
Universidad Autónoma de Zacatecas

> Hojas y ramas, troncos y raíces –lo umbrío,
> lo complejo– invadían el viento, el agua,
> la luz del sol, las estrellas.
>
> Ursula K. Le Guin

> No, no, no, no; yo denuncio
> Yo denuncio la conjura
> de estas desiertas oficinas
> que no radian las agonías
> que borran los programas de la selva,
> y me ofrezco a ser comido
> por las vacas estrujadas
> cuando sus gritos llenan el valle
> donde el Hudson se emborracha con aceite
>
> Federico García Lorca

Bioestesis, hacia una radicalidad ética

El reconocimiento de la estética como una experiencia que rebasa la exclusividad humana corresponde a la crítica que desde el centro mismo de la filosofía europea se ha hecho a la configuración individual de los sujetos. A mediados del siglo XX, Jean-Paul Sartre –desde su concepción del sujeto a la deriva sin dios– y Emmanuel Levinas –el rostro del Otro desde una perspectiva religiosa renovadora– ponen en crisis la concepción de un individuo libre y autónomo, constituido como totalidad y como núcleo indiscutible de lo aceptable y lo inaceptable, cuya vara medidora y justiciera se enmarca históricamente en el campo semántico-ideológico de lo civilizado europeo como valor universal.

Este trabajo propone una lectura de *La mirada de las plantas* (2022) desde la estesis vegetal y sus articulaciones con la imaginación utópica. Para delimitar los alcances de la estética y sus relaciones con los sujetos políticos, se retoma la perspectiva de Jacques Rancière, la cual se complementa, al momento de abordar los cuerpos vegetales, con las proposiciones de Katia Mandoki. Respecto a la imaginación utópica se abordan los análisis de Fredric Jameson de textos de ciencia ficción. La estesis vegetal, en este caso, sobrepasa lo meramente material, ya que desde el llamado «renacimiento psicodélico» se pueden identificar una serie de prácticas discursivas y estéticas dirigidas a la renovación radical de las subjetividades humanas y sus relaciones con el mundo natural, un *ethos* vinculado a las nociones de la filosofía posthumanista, que intenta alejarse de la normatividad hegemónica de una ética en cuyo centro se devela la buena/mala voluntad esencial del individuo, y que supone su bondad o maldad en el cumplimiento cabal o no de estas.

En la novela de Paz Soldán, dichas prácticas discursivas y estéticas se muestran en un conjunto de relaciones focalizadas en el personaje principal, un sujeto que sostiene su relación con otros sujetos y con la realidad externa a través de la propia crisis de su subjetividad desbordada. De esta manera, la novela despliega una amplia gama de posibilidades relacionales: el yo con las otredades humanas y no humanas, el yo con la cultura digital, el yo confrontado consigo mismo a partir de la experiencia psicodélica. Desde una perspectiva filosófica, la narración conforma un *continuum* conceptual a partir del cual es posible actualizar algunos elementos del *ethos* radical, que toma distancia del conjunto de normas a seguir con el fin de concretar la idealizada autonomía del sujeto. En este sentido, la novela proyecta un diálogo con las ideas de Emmanuel Levinas, quien reconfigura la experiencia ética al señalar la condición heterónoma de los sujetos. Habría que puntualizar que el filósofo lituano no propone el binomio autonomía-heteronomía como oposición, sino que lo entiende desde el desplazamiento, como bien apunta Silvana Rabinovich: «[...] la heteronomía no se contrapone a la autonomía, solo la interpela, para recordarle su condición de frágil heredera» (2018: 20).

De esta forma, el proyecto de un sujeto autónomo –urdido desde las bases del humanismo europeo–, racional, eficiente y libre de la contaminación de las otredades, se desplaza hacia los márgenes, cuyos alcances son tan múltiples como diversos. Los límites de tal sujeto, necesarios para la autoafirmación o negación de su identidad, aparentemente estable, terminan por difuminarse. En el caso de *La mirada de las plantas*, al delimitar la acción de sus personajes a un espacio recortado de la selva amazónica, se puede percibir –en estos esfuerzos por llevar la experiencia más allá del nicho de lo re-conocible (lo-que-es-posible-de-ser-conocido)– una confrontación entre esta espacialidad salvaje y la racionalidad cientificista de los personajes que trabajan para un ente empresarial. Es en esta tensión de los límites del sujeto, ya que el protagonista se debate entre la autonomía de su placer y la apertura heterónoma que le provoca el alucinógeno, donde es posible observar un atisbo de subversión del *ethos* normativo. Este intento por trastocar el marco experiencial del sujeto a través de la asignación de una agencia a un cuerpo vegetal ficticio, la llamada «alita del cielo» –cuyas cualidades psicoactivas proyectan un desbordamiento del imaginario antropocéntrico, que incluso vislumbra una apropiación de las subjetividades humanas en la narración–, se puede entender como una propuesta política y estética de la novela. En busca de subvertir los límites que la perspectiva cientificista impone a la experiencia psicodélica, Paz Soldán se inscribe también como parte de un proyecto latinoamericano dirigido a desprenderse del entramado ético europeo, que ubica al humano como límite infranqueable de lo estético y de lo político.

En *La mirada de las plantas*, un narrador en tercera persona nos introduce a la experiencia de Rai, recién llegado a un laboratorio asentado en medio de la selva amazónica, propiedad de la empresa Tupí VR, cuya meta es reproducir en realidad virtual la experiencia provocada por la «alita del cielo», una planta psicoactiva usada por los habitantes de la región en sus rituales. Los encuentros de Rai con los miembros del equipo van revelando algunos rasgos de su personalidad, en específico su afición de grabar a las mujeres con su teléfono, para luego hacer *deepfakes* (videos porno en los que sustituye los rostros de las actrices por los de sus compañeras) y subirlos a la *deep web*. El protagonista, además, comienza a consumir la planta, cuyos efectos alucinógenos van en aumento, a tal punto que poco a poco pierde la capacidad de reconocer los límites entre las alucinaciones y la realidad, pero también entre sus propias visiones y las de otros integrantes del experimento.

Conforme avanza la narración, Rai descubre a cuentagotas el secreto del doctor Dunn, jefe del laboratorio, quien ha sido abandonado por su mujer y sus hijos, y quiere recuperarlos a través de la experiencia psicodélica impresa en el videojuego. Al final, ante Rai se evidencia una verdad: el doctor Dunn asesinó al amante de su esposa. Esto sin embargo queda en la ambigüedad, porque el asistente está disociado por el consumo excesivo de la planta, a lo que se suma el declive moral que provoca la exposición pública de su «inofensivo» entusiasmo por los *deep fakes*, por lo cual es despedido del laboratorio. En el epílogo veremos a Rai en una clínica donde se recupera, solo en apariencia, de los efectos de la «alita», ya que las alucinaciones, propias y ajenas, siguen ahí.

Para la estética, entendida como experiencia y no como disciplina, una de las consecuencias de esta puesta en crisis del sujeto es, a su vez, la apertura y la expansión de sus límites. Entender el fenómeno estético como una experiencia ética y por ende política, que sobrepasa los límites de lo humano, conlleva no solo la confrontación directa con aquellas posturas defensoras de la neutralidad o vacuidad ideológica de los productos culturales, sino también con la perspectiva antropocentrista que adjudica al ser humano la exclusividad del mundo pensable y sensible. En lo que corresponde al primer conflicto, el contrapunto será la idea general que sobre la actividad estética plantea Jacques Rancière. A este respecto, señala que la estética y la política se entraman de maneras complejas en el reparto de lo sensible:

> Esa distribución y esa redistribución de los espacios y los tiempos, de los lugares y las identidades, de la palabra y el ruido, de lo visible y lo invisible, conforman lo que llamo el reparto de lo sensible. La actividad política reconfigura el reparto de lo sensible. Pone en escena lo común de los objetos y de los sujetos nuevos. Hace visible lo que era invisible, hace audibles cual seres parlantes a aquellos que no eran oídos sino como animales ruidosos. (Rancière 2001: 115)

Para el caso que nos interesa, añadimos a la distinción de lo visible a los seres vegetales, una vez que forman parte tanto de los sujetos políticos en el entramado de la experiencia específica de los personajes, como de la experiencia a nivel social y estético de la cual se alimenta aquella. Si bien las plantas han sido fundamentales en las configuraciones religiosas y culturales de la inmensa mayoría de las sociedades humanas, ya sea como alimento o como símbolos, emergen como elementos políticos con mucho mayor énfasis a mediados del siglo xx, debido, en parte, a las discusiones legales sobre el consumo de aquellas que contienen sustancias psicoactivas.

Parece necesario señalar, desde una consideración biopolítica, que las discusiones, que en un principio se enfocaron en el uso terapéutico de dichas sustancias, fueran desviadas hacia la legalidad de su producción y consumo. De esta forma, el discurso hegemónico del consumo de «drogas» logra preservar una lógica colonialista, que recae en la constitución de una ética normativa, al crear una falsa disyuntiva en cuyo centro se posiciona la «pureza» o «maldad» moral del sujeto que consume, prescindiendo del contexto en el que lo hace. Resulta paradójico que las investigaciones desde la mirada científica sobre estas sustancias, el llamado renacimiento psicodélico, abonen la crisis del sujeto racional y autónomo imaginado por el humanismo europeo. En este sentido, la novela de Paz Soldán obvia la discusión sobre la legalidad del consumo y logra desplazar el foco narrativo hacia las tensiones entre los usos terapéuticos legitimados por el discurso técnico-científico y el extractivismo material y epistémico que este intenta ocultar bajo la suposición de un beneficio universal.

La literatura latinoamericana se ha constituido históricamente con sus propias estrategias para distribuir lo sensible, ya sea desde el realismo hasta los géneros derivados de lo fantástico y sus diferentes registros, como la ciencia ficción, que a su vez ha explorado desde diferentes vertientes el reparto de un *sensorium* relacionado, necesariamente, con el encuentro o desencuentro de la especie humana con otras formas de vida.

Esta ampliación de lo sensible se convierte, para Katya Mandoki, en uno de los fundamentos en sus investigaciones sobre el fenómeno estético. Al responder afirmativamente a la pregunta sobre la cualidad política de estos otros seres, Mandoki expand los límites del fenómeno est*ético*[9] al desplazar una capacidad pensada exclusivamente para la percepción de los cuerpos humanos, desde la tradición humanista-antropocentrista, hacia otros cuerpos considerados carentes de agencia: animales, plantas, incluso cuerpos no perceptibles para la mirada de nuestra especie, que, asegura en su libro *El indispensable exceso de estética* (2015), integran la compleja red de intercambios que involucra la estesis:

> La emoción es el efecto de la comunicación intercelular, un proceso químico molecular iniciado en las células que pueden desencadenar otras reacciones. El envío de señales moleculares para producir acciones

---

[9] A partir de la argumentación de Mandoki, se utilizan aquí la variante est*ética* y sus derivados para resaltar la inseparable relación entre la dimensión estética, entendida como el intercambio entre dos entidades, y el ineludible posicionamiento ético que dicho intercambio establece.

entre distintos sistemas confirma que la emoción no es solo un proceso individual, sino una resonancia tonal que permite afinarse con otro (célula u organismo) a través de índices corporales hasta los culturales que la evocan como la literatura, la pintura, la música, el teatro. (Mandoki 2015: 120)

Esto, lejos de implicar una reducción materialista del *sensorium*, advierte sobre su función cognitiva; es decir, la est*ética* se posiciona como la forma básica y fundamental de conocimiento de la realidad, y la que establece un primer punto de contacto con las otredades que la pueblan y la conforman, de modo que la experiencia est*ética*, entendida ahora como la apertura del ser individual a la multiplicidad de los otros seres individuales o grupos de seres, asimila la diversidad como *conditio sine qua non*, ya sea al interior de las sociedades humanas o en sus correspondencias con otras sociedades y otros cuerpos.

En su recorrido por la vastedad y complejidad de los fenómenos bioestéticos, y ya que «Toda criatura corporal es emocional, sea su cuerpo un citoplasma o un elefante» (2015: 118), Mandoki señala una serie de parámetros a partir de los cuales se establece la valoración de esos otros cuerpos como simples materialidades, parámetros inscritos en el imaginario antropocéntrico que funcionan como barreras cognitivas para su libre explotación. En el caso de la sensibilidad vegetal o fitoestética, la investigadora subraya la falacia de la pasividad de los cuerpos vegetales como la primera defensa del imaginario antropocéntrico que debemos librar: «Las plantas se prenden a la tierra y pueden ser fijas pero no inmóviles. Emergen sobre los follajes de los árboles compitiendo por la luz como las lianas, y toman a veces formas impredecibles, en contraste a los animales cuya anatomía está totalmente determinada por su especie» (Mandoki 2015: 125). Este primer atisbo a la estesis vegetal nos permitirá, una vez inmersos en el análisis de *La mirada de la plantas*, franquear la adjudicación meramente material de los elementos de la naturaleza, en específico de las plantas, para abordar la constitución narrativa de los cuerpos vegetales como sujetos susceptibles de una estética propia y, por ende, capaces de establecerse como una parte fundamental de las relaciones éticas desde la filosofía del posthumanismo.

Un breve paseo por la imaginación utópica vegetal

El registro en el que se mueven los relatos de ciencia ficción, a decir de Fredric Jameson, es idóneo para indagar en las relaciones entre la estética y la política. A partir de la fantasía utópica, el crítico marxista explora, en su libro *Arqueologías del futuro* (2009), las distinciones entre la utopía como forma narrativa que se agota rápidamente —donde ubica los relatos utópicos desde *Utopía* (1511) de Tomás Moro hasta el *Walden II* (1948) de B. F. Skinner— y las potencialidades de la imaginación y los deseos de una colectividad presente que discurre hacia el futuro, enmarcada, necesariamente, en las fronteras de su propia temporalidad. Para Jameson la ciencia ficción no es un género modelador o predictor de los escenarios futuros, sino que sus textos dibujan o desbordan los límites de los imaginarios sociales del presente:

> volver ahora a la relación de la ciencia ficción con la historia futura y revertir la descripción estereotipada de este género: lo que de hecho hay de auténtico en él, como modo narrativo y como forma de conocimiento, no es en absoluto su capacidad para mantener el futuro vivo, ni siquiera en la imaginación. Por el contrario, su vocación más profunda es demostrar y dramatizar una y otra vez nuestra incapacidad para imaginar el futuro, para personificar por adelantado, mediante representaciones en apariencia completas que en una inspección más profunda demuestran estar estructural y constitutivamente empobrecidas, la atrofia en nuestro tiempo de lo que Marcuse llamó imaginación utópica, la imaginación de la otredad y de la diferencia radical. (Jameson 2009: 287)

En este sentido es que, antes de abocarnos al análisis de la novela de Paz Soldán, haremos un breve recorrido por algunos textos que han ubicado las corporalidades vegetales como un elemento central en la conformación de la imaginación utópica y su representación en el marco narrativo. Algunos de estos relatos son referidos en la nota final de la novela por el escritor boliviano como hipotextos de su narración.

Una de estas referencias hipotextuales es *La vorágine* (1923), novela vanguardista del colombiano José Eustasio Rivera (1888-1928) que, al igual que *La mirada de las plantas*, transcurre en el espacio de la selva amazónica. Se debe resaltar que la similitud no se limita a la descripción de los elementos espaciales, sino que repercute en la historia misma de la explotación de los recursos naturales. En la novela de Rivera la explotación y comercialización del árbol de caucho lleva al personaje principal, Arturo Cova, a enfrentarse con una selva que termina por engullirlo; en el texto de Paz Soldán, Rai llega a trabajar a un laboratorio propiedad de Tupí VR —una clara referencia irónica a la vanguardia antropófaga de Oswald de Andrade: «Tupí or not tupí» (Andrade 2002: 173)–, donde se realizan los experimentos con la «alita del cielo». Es de destacar la forma en que el proceso de explotación de los recursos se desplaza, en un siglo, de un elemento de la industrialización material en *La vorágine* a la afanosa búsqueda por comercializar una «experiencia espiritual» en *La mirada de las plantas* (tal como sucede en la actualidad con los paquetes turísticos que incluyen rituales chamánicos con el peyote, en el caso de México, o la ayahuasca, en el caso de Sudamérica y Centroamérica). Este desplazamiento no es solo un indicio de la búsqueda frenética de otras materias primas, sino que implica la transformación en los modos de operar de un sistema, el «capitalismo psicodélico» (Rebollo 2023), que da un paso más allá de la explotación indiscriminada de recursos naturales al recurrir, a través de la «ciencia empresarial», a nuevas formas de autolegitimación, autoconservación y apropiación de las experiencias. Así, la experiencia, que prescinde de la planta y, por ende, de la sustancia psicoactiva —mediada por el videojuego de realidad virtual (RV)—

se convierte en el producto a consumir, al mismo tiempo que la plataforma para modelar los deseos consumistas:

> El laboratorio es parte de Tupí VR, una compañía brasileña de realidad virtual que ofrece a los usuarios la posibilidad de tener experiencias psicotrópicas sin necesidad de probar alucinógenos: la utopía de drogarse sin drogarse, un delirio tecnológico detrás del delirio neurológico natural, piensa Rai. Uno se pone el casco y el buzo háptico, el usuario escoge si quiere viajar en ácido, hongos o, pronto, alita del cielo, y ya está. Las pruebas de alita del cielo con los voluntarios en el laboratorio intentan atrapar la lógica de la experiencia química, construir una taxonomía de imágenes producidas por la sustancia lisérgica para replicarla luego en un juego de realidad virtual. (Paz Soldán 2022: 13)

Al intentar unir el mundo de las experiencias trascendentales de los pueblos originarios con las posibilidades interactivas de los videojuegos de RV, la investigación científica que emprende Tupí VR en esta novela asimila la propuesta de Stanislaw Lem de involucrar y entrelazar la bioevolución con la tecnoevolución, sin, por supuesto, omitir sus diferencias, sobre todo la que se refiere a la moralidad y la ritualidad: «Es inconmensurable la riqueza de los refinados rituales sociales –a veces complicados hasta ser torturantes, aceptados–, y de las normas de conducta rigurosamente impuestas en la vida familiar, tribal, etcétera; al antropólogo fascinado por las miríadas de estas interrrelaciones intraculturales debería sustituirlo el sociólogo-cibernético» (Lem 2017: 51). El protagonista de *La mirada de las plantas* es consciente, sin embargo, de que esta utopía se fundamenta en el delirio individualista del consumo de sustancias sin el factor ritual, más que en la adquisición de conocimientos a través de nuevas formas de percibir la realidad. Lo anterior se hace evidente una vez que Rai, después de su primera experiencia con el buzo de RV, comienza a recibir en su celular «sugerencias» de ciertos productos que, en un principio, le parecen «extraños», pero que irán adquiriendo coherencia conforme la narración avanza, como un tratamiento para la bipolaridad.

En otro sentido se puede leer el cuento «Los verdes» (1967) del argentino Eduardo Goligorski (1931-2022). Aquí el imaginario del rechazo o del miedo a la naturaleza se focaliza en las estrategias «pasivas» de la estesis vegetal. En el cuento nos encontramos con un narrador en primera persona que va contando cronológicamente la llegada de unos seres verdes, pequeños y afables que, según la perspectiva del narrador, vinieron a invadir la Tierra: «Los verdes no tenían ni medios ni capacidad para defenderse. En realidad esta era una de las características que los habían convertido desde el primer momento en un serio problema: su ineptitud para adaptarse a una sociedad como la nuestra, *vigorosa y competitiva*» (Goligorski 1977: 69; énfasis mío). Destaco los dos últimos adjetivos, ya que sus antónimos son características de la estesis vegetal: la inmovilidad o, mejor dicho, la lentitud, y la cooperación con otros seres vivos. Más que cualquier otro rasgo de su corporalidad, al narrador le repele el contagio y la mezcla –«Lo más lamentable fue la influencia disociadora que los verdes empezaron a ejercer sobre los jóvenes y los niños» (Goligorsky 1977: 73)–, lo que evidencia su postura no solo antropocentrista, sino su defensa de una subjetividad clausurada y, por esto mismo, derrotada: «Hoy nos hemos enterado de que en el pecho de nuestras hijas, como en el de millones de muchachas, ha empezado a brotar el capullo de una flor» (Goligorsky 1977: 77). La estesis particular de este cuerpo vegetal colectivo desemboca en el horror para una –como diría Herbert Marcuse– atrofiada imaginación utópica.

En otro cuento, el mismo autor explora el terror producido por la pérdida de agencia del ser humano y su desplazamiento hacia un objeto de consumo. El protagonista de «Un aroma de flores lascivas» (1980) es el sacerdote Ulises Lem (su nombre conjunta al aventurero homérico Odiseo y al escritor polaco de ciencia ficción Stanislaw Lem), el único sobreviviente de una fallida misión espacial exploratoria. Lem se ve a sí mismo como un elegido de dios, ya que puede respirar sin dificultades en el extraño planeta. Al salir de la nave en llamas, el sacerdote percibe un olor; «alzó la cabeza y sus fosas nasales se dilataron, su actitud era la de un animal que ventea territorios desconocidos» (Goligorsky 1982: 65). Desde este momento, el narrador en tercera persona se focaliza en las sensaciones que se van produciendo en el cuerpo y la memoria de Lem, quien decide seguir el camino que le indica su nariz. Conforme avanza, el olor se hace más intenso e incontrolable, lo que activa un recuerdo bloqueado en la mente del sacerdote: una relación aparentemente incestuosa cuando era adolescente, y que lo llevó a tomar el sacerdocio como profesión.

Lem, turbado por la memoria del aroma femenino y su semejanza con el que lo guía por el insólito planeta, pierde el control de su cuerpo: «Su organismo se había transformado en un ovillo de receptores hipertrofiados sobre los que confluían las llamadas de la genitalidad, y él era un autómata gobernado por ondas que oscilaban en una frecuencia subliminal» (Goligorsky 1982: 73). En este punto de la narración, la pérdida de agencia del personaje se despliega como un principio del terror que lo envolverá a continuación y que lo convertirá en el destinatario del fenómeno mimético vegetal señalado por Mancuso: «Para que haya mímesis, por tanto, es necesario que existan un "modelo" (es decir, un organismo emisor que produce el mensaje auténtico), un "mimo" (que se beneficia de la reproducción de la señal del modelo) y, por último, un "destinatario" (que debe reaccionar al mensaje de una manera que resulte útil al mimo)» (Mancuso 2021: 58).

El aroma se hace más intenso, Lem llega al origen y ve «flores gigantescas del tamaño de un hombre o una mujer [...]. Pero lo más prodigioso era el movimiento del que estaban dotadas» (Goligorsky 1982: 73). El sacerdote duda un momento, piensa en huir, pero es demasiado tarde: su cuerpo se abalanza hacia las flores en un paroxismo incontrolable. Aquí el narrador se detiene a describir e inventar partes del cuerpo vegetal destinadas a la estimulación del placer en el animal humano. Lem ha dejado de ser un siervo de dios, su espíritu se esfuma entre los órganos multicolores de la planta gigante; Lem es solo cuerpo, reacción química, éxtasis biológico que le quita la vida, pero el terror no termina con la muerte de Lem, sino que al final del relato el narrador lo traslada al lector:

> El cadáver de Ulises Lem, al principio intacto, con el obelisco de carne incorruptible apuntando al cielo, se cubrió poco a poco de bubones y excrecencias. Que luego se abrieron y dejaron asomar los retoños del mestén instilado en la materia orgánica fecundante y nutricia. El cuerpo solo desapareció cuando los capullos terminaron de eclosionar. La floración siguió su curso. (Goligorsky 1982: 76)

Goligorsky explora aquí el terror en dos vertientes: la primera es la pérdida de agencia del ser humano, en este caso de alguien que ha decidido poner su voluntad por encima de su cuerpo orgánico, cuya espiritualidad se presume elegida por un ser superior; por otro lado, el final del cuento traslada el terror hacia el lector, al exponer la materialidad del cuerpo humano, reducido a una presa sin posibilidades de trascender más allá del ciclo incansable de la vida.

Subjetividades vegetales, una lectura fitoestética de *La mirada de las plantas* de Edmundo Paz Soldán

Como ya se mencionó, *La mirada de las plantas* se focaliza en Rai, un psiquiatra que llega a trabajar a la selva amazónica, en la frontera que divide Bolivia de Brasil, para la compañía Tupí VR, que ha emprendido la investigación con «alita del cielo», un preparado que tiene como principal sustancia una planta psicotrópica nativa, con la finalidad de comercializar la «experiencia» sin la ingestión. Desde un principio el personaje se presenta como punto focal de la aparente amoralidad del técnico —sabemos que llega huyendo de «algún asunto» o escándalo—, a partir del cual los lectores conocemos a los miembros del equipo de investigación y a los voluntarios. En este personaje también confluyen, se mezclan y confunden los tres espacios de virtualidad en los que se desarrollan las secuencias narrativas de la diégesis, cuyo origen es el consumo indiscriminado de la sustancia, que resulta en alucinaciones.

El primer espacio de virtualidad con el que se confronta el recién llegado es el del videojuego, creado a partir de la experiencia del doctor Dunn, líder del grupo de investigadores, que remite al Morel de Bioy Casares o al Doctor Moreau de H. G. Wells. En este escenario, Rai no solo llega a conocer la historia del doctor, sino que la vive como propia: «Dijo que entendió mi pérdida, Rai. Yo sabía que no. Ahora puede que sí. La encarnación virtual toca partes inconscientes de la mente. No solo sabe lo que ocurrió sino que lo ha vivido» (Paz Soldán 2022: 21). Conforme Rai va usando la encarnación virtual, los lectores vamos descubriendo que la pérdida a la que se refiere el doctor es la huida (debido a la violencia reiterada por parte del doctor) de su esposa y sus dos hijos junto a un empresario maderero. En una de las últimas versiones de la encarnación virtual, Rai toma un camino alterno a la trama principal y experimenta lo que se siente al asesinar a una persona: el empresario.

Las alucinaciones provocadas por la «alita del cielo», tanto en los voluntarios como en los trabajadores del laboratorio, conforman el segundo espacio de virtualidad; como no se puede dejar de lado su origen natural, adopta una espacialidad salvaje, a través de una materialidad profunda, basada en las correspondencias químicas entre la planta y el cerebro humano. Es en este nivel que actúa de manera más directa la estesis vegetal y se desborda la imaginación utópica. Los indicios de la estesis de los cuerpos vegetales aparecen desde el principio de la novela, con la llegada de Rai al laboratorio y sus percepciones de un paisaje prosopopéyico:

> Árboles estirados en torno al patio riegan el suelo con sus flores rosadas, abiertas en forma de estrellas recién explotadas; *sus raíces hacen contorsiones subterráneas, desnivelan el suelo y amenazan con salir a la superficie*; de una rama cuelga un hormiguero. Las abejas zumban, los ciempiés se estiran bajo el sol. La alharaca naturaleza. (Paz Soldán 2022: 15; énfasis mío)

De esta manera se configura el efecto amenazante del mundo vegetal sobre la conciencia del protagonista, sus constantes interacciones con la planta, así como con las historias particulares de los voluntarios y colegas, que provocan una crisis en la «realidad». La «alita del cielo» hace emerger el mundo subterráneo, las raíces se activan para salir a la superficie y lo que antes era silencioso de pronto suena y hace fiesta, no solo al momento del consumo, sino que esa realidad desbordada persiste aun en estado de vigilia; Rai, despierto, ve al Gigante, un monstruo que no pertenece a su subjetividad, pero que, una vez en la realidad traspuesta por la «alita», ya es parte de su experiencia.

Así, las alucinaciones colectivas derivadas del consumo de la planta confluyen en una realidad en la que los personajes van perdiendo sus rasgos de sujetos autónomos para dar paso a un microsistema basado en la heteronomía:

> Todos nos iremos otros. No solo eso. Descubriremos que no hay un yo en el yo. Somos ideaciones creadas por nuestros cerebros. Las plantas y las máquinas nos ayudan a darnos cuenta de eso. A descentrarnos. A sacarnos de nosotros. Estamos regados en los demás. Somos los demás. Podemos ser el que abusamos. Podemos ser el que desapareció. (Paz Soldán 2022: 69)

Si bien la perspectiva del doctor Dunn sobre la constitución heterónoma, descentrada, de los sujetos forma parte de la ilusión utópica que aborda la novela, son los diálogos que Rai tiene con la doctora Valeria Cosulich los que concentran las potencialidades de la estesis vegetal en la construcción de una organización social basada en la otredad radical de las plantas: «No es que nos conecte a la tierra, es que es conexión pura. Y los cupesís a la entrada. De no creer su verde. Podemos crecer como humanos si nos enraizamos con el mundo vegetal» (2022: 26-27). Esta manera de comprender los sistemas vegetales por parte de la doctora se asemeja mucho a las consideraciones que Stefano Mancuso vierte en su libro de divulgación *El futuro es vegetal* (2021), donde plantea las potencialidades que tendrían las formas organizativas humanas si comenzáramos a imitar las estructuras sociales vegetales:

> Las plantas encarnan un modelo mucho más resistente y moderno que el animal; son la representación viviente de cómo la solidez y la flexibilidad pueden conjugarse. Su construcción medular con la quintaesencia de la modernidad: una arquitectura colaborativa, distribuida, sin centros de mando, capaz de resistir sin problemas a sucesos catastróficos sin perder la funcionalidad y con capacidad para adaptarse. (Mancuso 2021: 12)

En este punto la imaginación utópica derivada de la estesis vegetal despliega algunas de sus posibilidades. La colaboración, la descentralización de los recursos, la resistencia y la adaptación son palabras que se inscriben, o deberían hacerlo, en el imaginario utópico de las sociedades del presente, con miras a un futuro que se construye a partir de escenarios poco alentadores, en los que la meta es la supervivencia de la especie.

El tercer espacio de virtualidad en el que actúa el personaje principal se constituye por las redes sociales, cuya relación con el mundo vegetal va más allá de la metáfora, ya que se asimila estructuralmente, a decir del neurólogo italiano: «para utilizar los recursos del entorno, las plantas se valen, entre otras cosas, de una refinada red radical compuesta por ápices en continuo desarrollo, los cuales exploran el suelo de forma activa. No es casual que Internet esté construida en forma de red radical» (Mancuso 2021: 12). No obstante, la constitución colectiva de este espacio virtual no se relaciona, en la novela de Paz Soldán, con lo que Marcuse llamó imaginación de la otredad, en la cual se intuye ya la radicalidad ética de la que hablábamos al principio, sino a su contrario: la subjetividad de Rai se nos presenta clausurada ante cualquier experiencia est*ética*: «Las relaciones son un exceso. De tiempo, de emociones» (Paz Soldán 2022: 97).

El narrador en tercera persona de *La mirada de las plantas* desde un principio nos presenta a Rai, en su subjetividad y sus actos, como un sujeto emergido de la fusión de las diferentes realidades en las que actúa. Desde su llegada al laboratorio, Rai se dedica a grabar videos de sus compañeras y las voluntarias, con el pretexto del registro de la investigación. El protagonista usa las imágenes para crear *deepfakes* –videos porno editados en los que suplanta el rostro de las actrices por el de su preferencia– y subirlos a sitios clandestinos de Internet como *4chan* o *Fakeporn*. La subjetividad del personaje disocia los cuerpos de sus representaciones bajo la lógica de que su incorporeidad y, en consecuencia, su no humanidad, es suficiente para consumir, deglutir, los otros cuerpos. Cuando el doctor Dunn lo confronta después de ser descubierto por compartir los *deepfakes* por *whatsapp*, Rai asegura que no tocó a nadie y que, por lo tanto, no ha hecho ningún daño.

La disociación en el espacio de las redes sociales entre la materialidad corporal y su representación virtual permite al personaje la justificación moral de sus «creaciones», al tiempo que se ubica en el rol de un incomprendido: «piensa: quizás algún día las compañías y las redes acostumbren a la gente a compartir sus datos más íntimos y haya otro concepto de privacidad, en el que hasta los *deepfakes* se hayan normalizado» (Paz Soldán 2022: 237). En la subjetividad de Rai, entonces, confluyen los tres espacios virtuales –el de la máquina, el de la planta y sus estesis, y el de las redes sociales–, pero esta no logra establecer una asociación entre las tres. Es de esta manera que su percepción establece una distancia insalvable entre la representación, el imaginario y su identidad. Diremos que esa distancia es la atrofia de la imaginación de las otredades radicales derivada de la disolución en nuestras sociedades de la experiencia ética, entendida como la posibilidad de aperturar nuestras «membranas» sensoriales a lo que nos resulta «extraño» y por tanto, al reconocimiento de la existencia de lo sensible en otros cuerpos, ya sean estos humanos o no humanos. Una de las ideas latentes en la novela, puesta en voz del personaje de la doctora Valeria, es que este reconocimiento de las estesis alejadas de la esfera humana podría ayudarnos a replantear nuestras formas de consumo, tanto en sus materialidades concretas como en sus implicaciones éticas y psíquicas.

Variaciones interpretativas de una ética radical

Si bien la novela de Paz Soldán no llega a concretarse como una narrativa posthumanista, ya que ningún personaje, ni siquiera el mundo vegetal representado desde la retórica animista, logra subvertir la discontinuidad entre naturaleza y cultura (Braidotti 2015: 12-13), sí propone un desplazamiento en la focalización de las formas de consumo de sustancias psicodélicas. En *La mirada de las plantas* el consumo de psicoactivos se pone en tensión en dos extremos: uno lleva a una transformación radical de la subjetividad humana y, por ende, a establecer nuevas formas éticas de relaciones con las otredades humanas y no humanas; el otro se centra en la individualidad extrema de un sujeto en cuya identidad se dislocan las tres realidades en las que se desenvuelve y que, no obstante, no puede salir de sí mismo. Al ubicar a su protagonista como parte de un proyecto cuyo fin es la comercialización de un videojuego que pretende mediar la experiencia psicotrópica, Paz Soldán explora las articulaciones entre las discursividades técnico-científicas y las perspectivas *new age* de las experiencias trascendentales, que incluso se caricaturizan en el personaje de la doctora Valeria.

En la novela, la especulación alrededor de un aparato de Realidad Virtual que invade las subjetividades —recurso de la narrativa de ciencia ficción— proyecta algunas aristas que podríamos señalar como parte de la reestructuración del discurso ético en el siglo XXI. Una de las que queremos destacar es la vinculación que se establece entre el vaciamiento de las subjetividades y el consumo virtual de los cuerpos; es decir, al momento en que Paz Soldán focaliza la narración en la construcción de la subjetividad de Rai, esta se presenta como un vacío ético, en el cual se relativizan todos y cada uno de los cuerpos a su alrededor: graba con la cámara de su celular a sus compañeras con la intención de manipular su imagen y, al mismo tiempo, tiene experiencias psicotrópicas sin sentido que lo llevan al borde de la locura. Los cuerpos –desde la perspectiva del consumo– se ubican en un espacio indiferenciado, ya sea la explotación de la naturaleza en sus formas vegetales o la de los cuerpos humanos; todos ellos son objetos destinados al placer del individuo nihilista, cuyos límites siguen siendo inflexibles: no están abiertos a otros cuerpos, no son susceptibles de una experiencia est*ética*.

Por otro lado, la confrontación de la subjetividad individual del protagonista con las otredades humanas provoca su aislamiento tanto de la comunidad científica como de los habitantes locales, todos ellos voluntarios del experimento. Esta distancia acarrea que en un momento Rai esté a un paso de fundirse con el espacio salvaje: «Quiere rebelarse pero no es tan fácil. Algo lo succiona hacia el centro de la Tierra. Como si sus pies se hubieran transformado en raíces, le cuesta moverse, tomar decisiones, enfrentarse a los doctores» (Paz Soldán 2022: 168). El proceso, sin embargo, no se concreta, nadie logra sentir lo que sienten las plantas. La narración se desvía hacia los crímenes de Rai y del doctor Dunn: en el primer caso, con tintes morales y simbólicos; en el segundo, con su respectiva carga legal.

Hacia el final de la novela, el narrador parece olvidar que el sujeto de explotación de los cuerpos no es individual, sino que los discursos que justifican el extractivismo psicodélico se construyen desde un sistema que articula las experiencias sociales. Nos aventuramos a decir lo anterior ya que la resolución de la trama se centra en la obsesión del doctor Dunn por vengarse de su esposa y su amante, por lo cual fracasa el proyecto, y en la «enfermedad» de Rai, cuyo proceso de rehabilitación abarca el epílogo. De modo que la compañía Tupí VR queda en el olvido narrativo, y pareciera que el problema político central son los individuos «descompuestos», como Rai o el doctor Dunn, o idealistas, como la doctora Valeria, y no el sistema que sustenta sus enfermedades o que las fomenta incluso para garantizar el consumo. Es en este sentido que podemos afirmar que

La mirada de las plantas expone, a pesar de los matices con mirada crítica de algunos aspectos de la narrativa antropocéntrica, la clausura del sujeto ante las otredades, pero no alcanza a asentarse como un relato donde la imaginación utópica sobrepase los límites impuestos históricamente por la subjetividad humanista. Así, la autonomía de los sujetos persiste en cada uno de los personajes, quienes sobreviven al embate de la salvaje y misteriosa estesis vegetal.

Bibliografía

Andrade, Oswald de (2002): «Manifiesto antropófago». En Schwartz, Jorge (ed.): *Las vanguardias latinoamericanas. Textos programáticos y críticos.* México: Fondo de Cultura Económica.

Braidotti, Rosi (2015): *Lo posthumano.* Barcelona: Gedisa.

Goligorsky, Eduardo (1977): *A la sombra de los bárbaros.* Barcelona: Orbis.

— (1982): «Un aroma de flores lascivas». En Goorden, Bernard & Vogt, A. E. van (eds.): *Lo mejor de la ciencia ficción latinoamericana.* Barcelona: Martínez Roca, 63-76.

Jameson, Frederick (2009): *Arqueologías del futuro: el deseo llamado utopía y otras aproximaciones a la ciencia ficción.* Madrid: Akal.

Lem, Stanislaw (2017): *Summa technologiae.* Buenos Aires: Godot.

Mancuso, Stefano (2021): *El futuro es vegetal.* Barcelona: Galaxia Gutenberg.

Mandoki, Katya (2015): *El indispensable exceso de la estética.* México: Siglo XXI.

Paz Soldán, Edmundo (2022): *La mirada de las plantas.* México: Almadía.

Rabinovich, Silvana (2018): *Interpretaciones de la heteronomía.* México: UNAM.

Rancière, Jacques (2001): *Política de la literatura.* Buenos Aires: Libros del Zorzal.

Rebollo, Natalia (2023): «Los retos de la globalización de los enteógenos» [conferencia], En *YouTube*: <https://youtu.be/oMzkec3iFDY>.

La estética psicodélica de *Opio en las nubes* de Rafael Chaparro Madiedo

Daniella Prieto
Cornell University

Rafael Chaparro Madiedo ganó en 1992 el Premio Nacional de Literatura de Colombia con la novela *Opio en las nubes*. Esta fue su única novela, pues murió de lupus en 1995, a los treinta y un años. Hasta hoy *Opio* sigue siendo una novela extraordinaria en el panorama literario colombiano. Su paralelo más cercano, y también su mayor influencia dentro de la literatura nacional, es *¡Qué viva la música!* (1977), de Andrés Caicedo. Cuando se publicó *Opio* el panorama literario del país se encontraba marcado, por una parte, por la influencia del *boom* latinoamericano y la figura de Gabriel García Márquez, que apenas diez años antes había ganado el Premio Nobel; por otra parte, había un creciente interés literario en la representación de la violencia del narcotráfico, la guerrilla y los paramilitares, que se vivía entonces en el país. Entre las novelas publicadas en la década de los noventa en Colombia se encuentran *La virgen de los sicarios* de Fernando Vallejo (1994) y *Rosario tijeras* de Jorge Franco (1999). En este contexto literario, Rafael Chaparro Madiedo se desliga tanto del interés regional por el realismo mágico como del interés por narrar de manera realista y directa la violencia que atravesaba el país. Se alinea, en cambio, con Caicedo al asumir la narración entrelazada con la música, en este caso con el rock anglófono de The Rolling Stones y Jimi Hendrix, pero además radicaliza el interés por narrar lo urbano atravesado por lo global, deshaciendo cualquier especificidad local.

La novela acontece en una ciudad que se parece a Bogotá. Aunque a Bogotá no se la nombra nunca, se mencionan algunas calles y barrios reconocibles para el lector bogotano, pero también hay referencias que la desfiguran completamente. Se habla de calles que no existen en la realidad, a las que se añade un mar de olas negras, y se puebla la ciudad de bares de rock como el Café del Capitán Nirvana y el Opium Streap Tease. La novela de Chaparro Madiedo no toma ni a la guerrilla ni al paramilitarismo como referentes, ni se desarrolla en un escenario colorido ni tropical que tenga parecido alguno con Macondo. Tampoco se habla de paisajes reconocibles de la geografía colombiana. El escenario es solo una ciudad sucia donde frecuentemente se habla de la tristeza, y los personajes hablan con una belleza poética atravesada por el rock global y, como se verá, por una estética psicodélica.

Opio en las nubes narra de modo fragmentario, no lineal, las historias entrelazadas de Amarilla, su amante Sven, su gato Pink Tomate, y de otros personajes que a su vez interactúan con ellos. Si bien Sven, Amarilla y Pink Tomate son protagonistas de algunas partes de la novela, en otras desaparecen y toman protagonismo otros personajes. Seguir el hilo de lo que sucede es difícil. No siempre se alcanza a saber qué acontece antes o después. No hay una historia reconocible con principio, nudo y desenlace, sino la constante superposición y alternancia de distintas historias de forma asimétrica. Algunas historias ocupan mayor espacio, a veces la narración se concentra en ciertos personajes sin regresar a los otros por varios capítulos, y algunos incluso dejan de aparecer en medio de la novela. A los personajes que nos ocupan aquí, Pink Tomate, Amarilla y Sven, les sucede lo siguiente: Amarilla y Sven se conocen y se involucran románticamente. El vecino de Amarilla muere y su gato Lerner se hace amigo de Pink Tomate. Los personajes recorren la ciudad, a veces salen Pink Tomate y Lerner, a veces Amarilla y Sven, a veces los cuatro juntos. Cuando Sven y Amarilla consumen ácido, Sven percibe que la ciudad empieza a ser destruida por peces negros. Al mismo tiempo, Amarilla decide partir en un bote con Pink Tomate y Lerner, dejando a Sven en la orilla. Sven piensa en Amarilla y es a partir de allí que narra la novela. Este orden se esclarece después de la lectura. Al inicio de la novela Sven menciona que Amarilla ha partido, pero la temporalidad es confusa y es solo en los últimos capítulos que se entiende que lo sucedido con Amarilla es lo que lo ha llevado a narrar. Esta sinopsis, por supuesto, no es exhaustiva: la novela está llena de subtramas y de personajes que, si bien tienen roles menores, se tornan el centro de varios capítulos. Aparte de estos tres personajes principales hay muchos más. La narrativa de la novela es desarticulada y disruptiva.

Opio en las nubes puede leerse como una novela de estética psicodélica. Si bien el título hace mención al opio, y los personajes de la novela se refieren al opio y a la heroína en algunos momentos, es el ácido –el LSD– el que tiene un lugar preponderante sobre las demás drogas que aparecen en la novela. La prosa misma de la novela, al igual que los acontecimientos que viven los personajes, son psicodélicos: están marcados por la alucinación, la disrupción y la desarticulación de la subjetividad. El uso del ácido determina la trama: marca el momento de la separación de Amarilla y Sven que lleva a la narración de la novela. De modo que el ácido no solo determina la trama, sino también la narración misma y su lenguaje. Sven y Pink Tomate son dos narradores de la novela que se reconocen como personajes. Sven narra a partir de un hecho crucial, que es la separación de Amarilla, después de que ambos han consumido ácido. Pink Tomate narra varios capítulos, incluyendo el primero, donde introduce a la novela, desde el primer párrafo, la frase «trip trip trip», que se repite como *ritornello* a lo largo de toda la narración. El trip está relacionado con el viaje psicodélico y las experiencias que los personajes viven solo son comprensibles en ese viaje. El trip y el LSD son nombrados en la novela muchas más veces que el opio o la heroína. El LSD aparece como uno de los caballos que corren en el hipódromo donde Sven y Amarilla se conocen. LSD, el caballo, está relacionado en la narración misma con los psicodélicos: «Carril número tres. LSD. Puro veneno en sus patas. Es como los hongos. Como peyote del desierto» (Chaparro Madiedo 1992: 48). Sven cuenta sobre la tarde en que conoce a Amarilla en el hipódromo, «La tarde estaba hecha de un poco de LSD, de un tanto de Heineken, de tabaco rubio de Virginia, de crin de Capitán Berlín» (Chaparro Madiedo 1992: 48). Esta descripción genera ambigüedad: ¿la tarde está hecha de LSD el caballo, o de LSD la droga? El LSD aparece antes de otras sustancias como la cerveza y el tabaco, y cuando se menciona a otro caballo, Capitán Berlín, se menciona específicamente su crin. Cuando Sven conoce a Amarilla esa ambigüedad se repite: «La miré a la cara y en sus ojos vi a Púrpura Profunda, a LSD y me dieron ganas de decirle muñeca no quiero problemas» (1992: 49). Púrpura Profunda es otro caballo, de modo que de nuevo se podría estar hablando de LSD el caballo o de LSD la droga, y Chaparro Madiedo juega con esa ambigüedad.

Leo, entonces, *Opio en las nubes* como una novela de estética psicodélica, compuesta de una prosa poética y una visión del mundo atravesadas por el viaje de ácido. En su artículo «A declaration of Psychedelic Studies» Neşe Devenot propone pensar la psicodelia con relación a la performatividad. Lo performático, dice, introduce nuevos marcos simbólicos e identidades colectivas (Devenot 2014: 193). En ese sentido, considero que *Opio en las nubes* articula una estética impactada por la psicodelia, e impacta la cultura desde la psicodelia. Si como propone Devenot «psychedelia is a "queer" deviation from dominant cultural norms» (2014: 185), *Opio en las nubes* se desliga de las normas culturales dominantes no solo temáticamente, sino también en la estética misma con que se asume la representación. Tanto en el contenido como en la forma la novela rompe con las expectativas culturales del momento: se desliga por completo tanto de la estética dominante del realismo mágico como del realismo referencial de la narrativa sobre el conflicto armado colombiano y el narcotráfico, que comenzaba a consolidarse entonces como la nueva cultura artística dominante en el país. *Opio* no se interesa en el narcotráfico y en la novela ni siquiera se menciona la cocaína. Dice Devenot: «Performative works create their own temporalities and perspectives. They create worlds and ways of seeing; performances in and of context» (2014: 192-193). *Opio en las nubes* obliga a una manera de leer que es también experiencia psicodélica, y que ha sido determinante en una juventud bogotana donde la novela encuentra siempre a sus lectores.

En su análisis de estudios literarios psicodélicos, Devenot y Erving (2023) proponen como ejemplo de poética psicodélica la obra de William Blake, que se articula sobre lo que llaman *poetics of disruption*. Se trata, sostienen, de una poética que diluye la oposición binaria entre yo y otro y entre sujeto y objeto. En el caso de Blake, según esta lectura, la estética es liberadora en tanto incluye una superación de lo binario en una relación con lo eterno, lo infinito y lo creativo. En esa línea, considero que *Opio en las nubes* articula su propia poética psicodélica, que es también una poética de la disrupción. Ahora bien, la poética de Chaparro Madiedo, aun cuando se libera de las oposiciones binarias de comprensión del sujeto y del mundo, no conlleva una unidad con el todo. Sus personajes, desencantados con el entorno, son incapaces de encajar en la sociedad, pero no llegan a encontrar una unidad entre ellos mismos ni con la naturaleza. La novela insiste en la fragmentación del sujeto individual, pero también en la fragmentación de una sociedad rota e irreparable. Chaparro Madiedo representa la alucinación de las drogas en la estructura misma de *Opio en las nubes*, transformando la percepción del mundo a través de una escritura que sabe de poesía y de una belleza urbana y sucia. A través de una poética psicodélica y disruptiva, de un lenguaje alterado y que altera, la novela ofrece al lector una experiencia estética que obliga a otra forma de percibir.

En «Literary Theory on Acid», Ramzi Fawaz explica que los efectos generados por los psicodélicos, que alteran la mente y expanden la consciencia, se localizan en una experiencia cualitativa del usuario (2022: 126). Si bien cuando propone pensar los posibles efectos psicodélicos de los estudios literarios Fawaz no se refiere necesariamente a novelas que traten el tema, considero que en *Opio* estamos ante esa particular experiencia cualitativa de la psicodelia a través de las narraciones de Sven y de Pink Tomate, que discurren en una manera alterada de la percepción. Desde su performatividad psicodélica, la novela empuja al lector a experimentar la percepción, la temporalidad y la narración misma de una manera distinta. *Opio en las nubes* sería entonces un texto literario que se revela como «a site for exploring, refining, and retuning the sensorium, thereby enriching one's perceptual and imaginative capacities» (Fawaz 2022: 127). Si toda experiencia estética leída a través del marco psicodélico de los estudios literarios que propone Fawaz puede desorganizar y reorganizar las subjetividades y colectividades (2022: 129), *Opio en las nubes*, por su propia estética psicodélica, es un sitio privilegiado para esto. En la novela se difuminan constantemente los límites de la subjetividad y los personajes constantemente perciben el mundo de una manera inusual, lo que fuerza la creatividad del lector y su plasticidad mental. De manera similar a Fawaz, Nicolas Langlitz señala que las humanidades psicodélicas generan una «mind-loosening quality», maneras distintas de pensar y actuar (Langlitz 2023: 4). La lectura de *Opio* y su estética psicodélica propiciarían también esa flexibilidad.

La performatividad de la novela opera desde el lenguaje mismo en la poética psicodélica que las voces de los narradores articulan. Pink Tomate se refiere en varios momentos de la novela a su «lógica», que define más ampliamente en el capítulo «Una lógica pequeña». El capítulo tiene tres subtítulos: whisky, vodka y cerveza. En la definición de su lógica, Pink Tomate se refiere constantemente al «trip trip trip», además de la difuminación manifiesta de los límites de la subjetividad propia del estado psicodélico. Aunque se refiera explícitamente al consumo de alcohol, lo que experimenta no procede de su consumo. Su voz a lo largo de toda la novela está definida por el uso de la expresión «trip trip trip». Cuando aparece por primera vez, Pink Tomate asocia ese «trip trip trip» con una canción. Hablando de Amarilla, dice «empieza a cantar alguna canción triste, algo así como I want a trip trip trip como para poder resistir la mañana o para terminar de joderla trip trip trip» (1992: 9). No se sabe a qué canción se refiera Pink Tomate; puede que, como señala Juan Manuel Espinosa (2012: 222), sea a la canción «10:15 Saturday Night», de The Cure. Ahora bien, en la canción de The Cure no aparece la frase «I want a trip trip trip», y en todo caso Chaparro habría sustituido el drip drip drip –que sí aparece allí– con el «trip trip trip» que usa el gato, y habría añadido además el «I want». El uso del «trip trip trip» sugiere una experiencia psicodélica relacionada con LSD o ácido.

A lo largo de la narración de Pink Tomate hay una ambigüedad ontológica, una despersonalización que es común a la experiencia psicodélica. La novela comienza con Pink Tomate diciendo: «Soy Pink Tomate, el gato de Amarilla. A veces no sé si soy tomate o gato. En todo caso a veces me parece que soy un gato que le gustan los tomates o más bien un tomate con cara de gato. O algo así» (1992: 9). Cuando se refiere a su lógica, dice:

> Mi lógica es vagabundear por los techos y decir trip trip trip soy el dueño de mi pequeña soledad alquilada, qué cosa tan seria, es sentir la lluvia en mi rostro, es ser la lluvia, ser la desolación, ser el viento nocturno, ser la contaminación, ser una botella de whisky, ser las nueve de la noche, ser un árbol, un pez… (1992: 161-162)

A lo largo de la novela, Pink Tomate dice salir de sí no solo para ser otros seres, como un árbol o un pez, sino también objetos –una botella de whisky– o incluso sensaciones –la desolación–. En ese proceso de devenir algo más se borran las fronteras de la individualidad de Pink Tomate, que puede ser tanto gato como tomate o pez, y que puede ser, también, parte de otro individuo: «ser el olor de esas mujeres que van a los bares y dicen vamos o no vamos, ser su boca, sus dientes, sus nalgas, sus manos trip trip trip» (1992: 162).

Los límites de la subjetividad se borran desde las sensaciones que los personajes experimentan. Pink Tomate explica cómo aquello que Amarilla siente también se le pega a él:

yo me digo, mierda esta Amarilla es cosa seria, nunca duerme, nunca come, nunca descansa, qué vaina, qué cosa tan seria. Claro que a veces me desespera cuando llega con la noche entre sus manos, con la desesperación en su boca y entonces se sienta en el sofá, me riega un poco de ceniza de cigarrillo en el pelo, qué cosa tan seria. (1992: 9)

Sus afectos se entrelazan: Pink Tomate se desespera ante la desesperación que Amarilla siente. Además, mientras Amarilla le habla, Pink Tomate piensa eróticamente en ella —«Pienso en sus nalguitas rosaditas trip trip trip» (1992: 14)–; como ha dicho antes, a veces es él mismo las nalgas de las mujeres, y se desplaza a ese sitio de deseo.

Ese desplazamiento de la subjetividad hacia lo otro, otro objeto u otro ser vivo, opera también como una desorientación al interior mismo del cuerpo. Dice Pink Tomate: «Los gatos no sentimos con el corazón. Sentimos con el hígado. Le digo a Lerner que nosotros los gatos somos puro hígado y Lerner me responde, claro Pink, los gatos somos puro hígado» (1992: 162). El gato no solo *siente* con el hígado, sino que *es* el hígado. No es el corazón y ni siquiera el cerebro el que siente, sino el hígado, al que además Pink Tomate no define como órgano físico, sino diciendo «Hígado es un día de lluvia. Hígado es la lluvia que moja las calles. Hígado es el sonido de la lluvia sobre los techos de los autos» (1992: 162). Y no es el hígado el que tiene que soportar el whisky, sino que, al contrario, «para soportar el hígado lo mejor es el whisky» (1992: 162). La sensación misma está desorientada o Pink Tomate, al menos, juega con esa desorientación.

Ese desplazamiento de la subjetividad lo encontramos no solo en Pink Tomate, sino también en otros personajes. Sven, por ejemplo, dice: «Tranquila muñeca, los dos estaremos presentes en el leve perfume de los árboles en las mañanas, seremos árboles, seremos hojas, seremos el viento, tranquila muñeca, nos desmoronaremos lentamente en las mañanas de lluvia, en las mañanas de sol» (1992: 24). Sven apunta al desplazamiento de la subjetividad que se concretiza en ese desmoronamiento, que no consiste en dejar de ser por completo, sino en ser siendo algo más.

Aunque Pink Tomate diga que «En el fondo toda lógica es solitaria y sobre todo la de los gatos» (1992: 161), su lógica es en realidad la lógica de la novela, y es compartida además por el resto de los personajes, también descritos como solitarios, aunque estén juntos. Pink Tomate define el mundo de la novela: en tanto primer narrador, su visión enmarca toda la narración. En su lectura de *Opio en las nubes* como texto-ciudad, Alejandra Jaramillo sostiene a propósito de la relación entre la ciudad y Pink Tomate que, incluso más que los demás personajes, «el gato es el *voyeur* de las historias que en ella ocurren y es a su vez el que la vive desde más cerca, más a flor de piel» (2000: 307). Jaramillo además relaciona esto con la fusión de los sentidos que se presenta en la novela. En su lectura, Pink Tomate en su ebriedad narra también una ciudad ebria (2000: 308); en esa línea, podríamos decir que desde su estado alucinante narra también una ciudad alucinada. Pink Tomate se diluye en la ciudad, siente a través de ella, y los lectores sienten la ciudad a través de él. Puesto que Pink Tomate narra desde una lógica psicodélica y con una prosa alucinada, la novela está enmarcada en una estética psicodélica que obliga al lector a la flexibilidad en su lectura y a atender no solo a lo que Pink Tomate cuenta, sino también al lenguaje poético y psicodélico con que lo narra.

En *Darwin's Pharmacy*, al hablar del psicólogo americano Stanley Krippner, Richard Doyle se refiere a una alteración lingüística propia del consumo de LSD. Doyle relaciona esa alteración con una escucha del *logos* de la naturaleza (Doyle 2011: 115) y con una visión ecodélica común en los estudios del renacimiento psicodélico. En *Opio en las nubes* no encontramos una propuesta de este tipo respecto a la naturaleza —no hay una relación ecodélica—, pero sí hay una alteración lingüística y poética que también proviene del LSD, una atención particular al lenguaje y a la narración de la experiencia sensorial que está atravesada por un estado de consciencia alterado. En tanto toda la narración está atravesada por el consumo de ácido, la experiencia sensorial y el lenguaje son alucinados. El lenguaje de la novela, entonces, se construye de manera poética y psicodélica a partir de la percepción alterada de los personajes.

El lenguaje mismo de la narración está afectado. En algunos momentos esta afectación se da a través de frases muy cortas: «Levantarse. Acostarse. La sangre. El whisky. La Luz. El humo. Los días. Sus mejores días» (1992: 27). En otros, esa afectación lingüística se manifiesta en el abandono de la puntuación, en una prosa completamente frenética, como en el momento que describe Sven después de consumir ácido con Amarilla:

> Las luces violetas rompían el cielo negro de la noche y a nuestro alrededor los cuerpos de los muertos se zambullían con todo su hola hola más nirvana azul sobre nuestras cabezas por favor no salten tanto me ahogo mierda se me perdió la cabeza hola hola huele a sangre joven hola hola torre de descontrol los niños perdidos a la salida hola hola torre de descontrol se me perdió mi león carpa arena no me joda payaso borracho alcohol carpa triste deje ver vete a casa rompe los huesos métete todo el ruido que puedas riega la paranoia riega la sangre fango fango fango no puedo obtener satisfacción me duele el cerebro me quemo los pulmones las manos los dedos los dientes necesito alguien que me muestre el camino de la sangre no puedo obtener satisfacción. (1992: 181)

El pasaje, como otros de la novela, opera con estructuras que se repiten en varios momentos, aunque sin la insistencia que tiene el «trip trip trip» de Pink Tomate. En este caso la frase «no puedo obtener satisfacción» emparenta la toma de ácido del final de la novela con el inicio, donde también aparece varias veces la frase, que además proviene de la canción de The Rolling Stones. La falta de puntuación del pasaje genera extrañeza en el lenguaje. Por momentos se pierde completamente el hilo narrativo, y el lector no puede más que atenerse a las palabras en tanto palabras y a la experiencia que esas palabras generan. Ese extrañamiento hace percibir el lenguaje mismo de otra manera, puesto que ese lenguaje está apuntando a otra manera de percibir. Como dice Doyle sobre Krippner, «Psychedelics in Krippner's analysis seem to affect language function through an intensification of sensory attention on and through language» (Doyle 2011: 117-118). Ese extrañamiento, esa alteración del lenguaje de la novela resulta poética, y las frases se dejan leer como versos. Se experimenta esa «delicacy of language» que menciona Doyle a propósito de Krippner (2011: 118), una atención al lenguaje que tiene que ver con la experimentación poética de la prosa. La novela opera desde un lenguaje afectado por la psicodelia y reproduce esa afectación, produciéndola también en el lector. La experiencia que se narra y que se lee se ve afectada por la psicodelia puesto que el lenguaje con que se percibe en la novela y con el que los personajes narran ya está, de antemano, afectado por esta.

Me concentraré ahora en el momento en que Sven y Amarilla consumen ácido al final de la narración. El consumo de ácido coincide con la destrucción de la ciudad por unos pájaros negros que lanzan bombas y con la partida de Amarilla. Es precisamente cuando se consume ácido que aparecen los pájaros y que Amarilla anuncia que quiere irse. Si bien esto tiene lugar al final de la novela, está conectado con su inicio: es en este pasaje que se entiende que Sven ha estado narrando tras la partida de Amarilla. Cerca del comienzo Sven había dicho «Pensé en Amarilla, que se había ido una semana atrás» (1992: 23), pero la partida de Amarilla ocurre casi al final de la novela. Pareciera que Sven nos ha estado contando lo que vive en presente, pero se trata de sus recuerdos. La novela altera la percepción del tiempo y la partida de Amarilla se pierde de vista ante la insistencia de Sven en lo que aparece como presente. Solo al final, en el pasaje mencionado, se entiende que Sven ha estado hablando de recuerdos.

Al inicio de la novela Sven cuenta de una hospitalización, aparentemente a causa de una sobredosis algunos días tras la partida de Amarilla. En el hospital, los médicos le dicen: «quédese tranquilo, relájese, piense en un cielo azul, en una ciudad con edificios blancos, sueñe con un potrero lleno de naranjas, con una mañana con una lluvia de aves negras, piense lo que se le dé la gana» (1992: 19). Al final de la novela se menciona más de una vez que «los peces negros volaban» (1992: 174), o que «los peces negros [...] continuaban volando» (1992: 179). Así, los peces son como pájaros en tanto que vuelan y atraviesan la ciudad, y la lluvia es de peces o es de pájaros, que son los unos como los otros. Ya no se trata solo de ambigüedad del sujeto ante lo que es, sino también ante lo que observa: los peces pueden ser peces o pueden ser también pájaros o ser como pájaros. Además, es solo Sven quien ve los pájaros negros sobrevolando y destruyendo la ciudad: «Creo que los peces negros estaban cercenando el cielo de la ciudad y nadie se daba cuenta. Abajo todo el mundo continuaba su vida normal» (1992: 180). Aunque los peces negros habían sido mencionados antes e incluso otros personajes aluden a ellos, es solo cuando se nombra explícitamente el consumo de ácido que aparece la destrucción de la ciudad por los peces negros. Sven cuenta que «Amarilla estaba eufórica y me dijo, perrito quiero un ácido y yo le dije, claro preciosa ya voy», y continúa: «Luego Amarilla se sintió mal. Si no estoy mal desde esa noche empezaron los vuelos de los peces negros sobre la ciudad. Como nunca. Iban y venían. De sus bocas salían lenguas de fuego que preñaban las nubes con veneno» (1992: 180). Hay una paradoja temporal: si bien el vuelo de los pájaros comienza ahora, ese «como nunca» implicaría que ya había ocurrido antes –o genera, cuando menos, un extrañamiento del lenguaje que afecta también la verosimilitud narrativa–. Los peces, además de soltar bombas, también lanzan fuego, no como peces sino como dragones. Tanto esa ambivalencia temporal como la percepción alterada son constitutivas de la estética psicodélica de la novela.

Cuando Amarilla le pide a Sven el ácido, resulta evidente la familiaridad de ambos personajes con la droga. Sven no se sorprende de lo que Amarilla le pide, y sabe además dónde conseguirlo. Cuando va por él, pide específicamente un *sunshine*, demostrando aun mayor familiaridad[1]. En otro momento, Sven dice: «Ese día, Amarilla te

---

[1] *Sunshine* hace referencia al *Orange Sunshine*, una forma de ácido sintetizada en California durante los años sesenta: «the orange-colored, barrel-shaped pill that produced an especially powerful psychedelic trip» (Mason 2017: en línea).

llevé al parque de diversiones. Era domingo y estabas un poco como todos los domingos. Un poco triste, rota, alucinada» (1992: 119). Nótese que era usual que Amarilla estuviera alucinada. No es algo que suceda únicamente al final de la novela, aunque sea solo entonces que Sven mencione explícitamente el momento de consumir ácido. El lector puede pensar que ya antes de consumir ácido Amarilla se encontraba en un estado alucinado disociativo, independiente del consumo, pero también cabe la posibilidad de que Amarilla consumiera ácido de manera regular, y por eso su condición alucinada habitual. En cualquier caso, y de seguir el pasaje que comentamos al final de la novela, no parece que sea la primera vez que Amarilla y Sven lo consumen.

Dado que la destrucción de la ciudad se empieza a percibir solo cuando se consume ácido, es posible que se trate de una alucinación de Sven. Estos eventos coinciden con la partida de Amarilla, que pudo haber provocado el colapso del mundo de Sven y que este lo experimente como el colapso de la ciudad. Y como el consumo de ácido determina este momento de la novela, determina toda la narración, pues Sven narra desde la partida de Amarilla. En algunos capítulos Sven se dirige a Amarilla, es a ella a quien le habla. En el capítulo «Helga, la ardiente bestia de las nieves», Sven primero recuerda a Amarilla y dice «Yo me senté en la esquina de la barra donde solíamos sentarnos con Amarilla cada vez que veníamos al puerto a ver los barcos blancos los domingos» (1992: 80). Y luego, después de varias páginas, comienza a dirigirse directamente a ella:

> Amarilla mira que esto es importante Amarilla mira Amarilla que los olores son ese tejido invisible que conectan todos los recuerdos y los días mira Amarilla que cuanto tú no estés más junto a mí yo te recordaré más por tu sudor que por tus palabras es muy importante esto que te estoy diciendo mi querida Amarilla y entonces ella me miraba. (1992: 87)

En las palabras de Sven se trastocan el presente y el pasado: es imposible precisar si le habla a Amarilla en pasado o en el ahora en que está recordando. Este colapso temporal es determinante para la estética psicodélica de la novela.

Aunque en un momento Sven afirma que los peces que destruyen la ciudad aparecen cuando se consume ácido, antes ya los había mencionado: «Nuestra conversación a veces era interrumpida por la sirena y por el ruido de los peces negros que continuaban volando sobre la ciudad dejando caer bombas» (1992: 179). La temporalidad no se comprende del todo, se deshace o se diluye en la narración. En ese mismo momento, que es del día en que Amarilla le pide el ácido, Sven dice: «quiero otro cigarrillo es el conteo final mesero otro vodka por favor paren esta mierda me siento mareado no me he confesado rápido un cura un ácido aunque sea para que me estalle en la boca del estómago» (1992: 179). Con esas palabras se anticipa tanto al consumo del ácido como al encuentro con la muerte, que tendrá lugar en su hospitalización. Una vez que lo han consumido, Sven dice hablando de Amarilla: «ya la veía por entre el ruido, por entre el humo, por entre el ácido» (1992: 181). Sven percibe entre y a través del ácido. Así como antes Sven había dicho que todos los domingos Amarilla estaba alucinada, ahora dice: «Creo, que como siempre estábamos rotos, vueltos mierda, alucinados, descompensados por la noche, por el ruido, por la electricidad, por el silencio que se instauraba entre nosotros» (1992: 181). De nuevo se deja ver que el consumo de ácido era habitual o al menos frecuente, pues Sven describe ese estado como el de siempre.

Ese «estar rotos» del que habla Sven permite insistir no solo en la disrupción del sujeto que ocurre en la novela por el borramiento de los límites de la subjetividad, sino también en una fractura social y generacional. En la confrontación con ese mundo y con los demás personajes que lo habitan se genera una fractura que los personajes solo pueden experimentar desde los fragmentos. Sven dice que «todo parece feliz pero todo es infeliz» (1992: 87), y afirma: «somos islas que nos vemos intermitentemente cuando las olas bajan y entonces nos saludamos de isla a isla nos decimos hola observamos los rostros y luego cada cual se sumerge en su pequeña isla» (1992: 87). *Opio* no propone una conexión del individuo con la comunidad, con la sociedad en general o con el medio ambiente. Las conexiones entre los individuos quedan frustradas. Amarilla se va sin razón aparente y Sven sufre por su partida. Amarilla se lleva a Lerner y a Pink Tomate cuando se va, demostrando así su afecto hacia ellos –aun cuando sabemos que a veces era cruel con Pink Tomate y le dejaba caer ceniza de cigarrillo en el pelo o le cortaba los bigotes–. El mundo de *Opio* es un mundo desencantado, que no se reencanta tampoco con la psicodelia ni con el consumo de otras drogas. La tristeza de los personajes los acompaña siempre, aunque conviva con sus otras sensaciones y estados de ánimo. Sin apuntar a ninguna transformación política o social necesaria, la novela pone de manifiesto el desencanto de los jóvenes ante el mundo que habitan. Chaparro Madiedo construye un universo marcado por la violencia y la desesperanza. Los personajes viven experiencias liminales, y la prosa de la novela lleva también al lector a esa liminalidad y a ese vértigo.

Nicolas Langlitz propone pensar las humanidades psicodélicas como medio de complejizar la investigación sobre psicodélicos en lugar de moralizar o normativizar su uso (Langlitz 2023: 3). Leer *Opio* desde esta perspectiva permite acercarse mejor a la complejidad de la novela; si bien puede leérsela, desde su propia estética, como crítica contracultural, no presenta un programa político y ni siquiera una guía ética. Si en la construcción y en la performatividad de la estética psicodélica hay algo de esto radica en la insistencia en alterar el lenguaje y el tiempo, en percibir de otra manera y, sobre todo, en atestiguar una fractura del sujeto y de la sociedad. La estética psicodélica propicia no solo la afectación del lenguaje y la atención a otra forma de percibir, sino también un posicionamiento decisivo ante el panorama literario nacional y en relación con una cultura urbana y global. *Opio* no solo insiste en formas de percibir y de alterar el lenguaje o de concebir el arte, sino también, en un sentido más amplio, en la plasticidad y la potencia cultural de la estética psicodélica. Atravesada por la psicodelia, la novela permite al lector no solo el contacto con un lenguaje alucinado, sino toda una experiencia estética que permite repensar la subjetividad, la temporalidad y la ética misma de las relaciones que allí se generan.

Bibliografía

Chaparro Madiedo, Rafael (1992): *Opio en las nubes*. Bogotá: Colcultura.

Devenot, Neşe (2014): «A declaration of Psychedelic Studies». En Adams, Cameron & Luke, David & Waldstein, Anna & Sessa, Ben & King, David: *Breaking convention. Essays on psychedelic consciousness*. Berkeley: North Atlantic Books, 187-198.

Devenot, Neşe & Erving, George (2023): «Psychedelic literary studies and the poetics of disruption». En *Frontiers in Psychology* 14: <https://www.frontiersin.org/journals/psychology/articles/10.3389/fpsyg.2023.1155908>.

Doyle, Richard (2011): *Darwin's Pharmacy. Sex, plants, and the evolution of the Noösphere*. Seattle: University of Washington Press.

Espinosa, Juan Manuel (2012): «*Opio en las nubes*' liquid world. Colombia's Generation X reads without a net». En Henseler, Christine (ed.): *Generation X goes global. Mapping a Youth Culture in Motion*. New York: Routledge, 212-229.

Fawaz, Ramzi (2022): «Literary Theory on Acid». En *American Literary History* 34 (1): 126-141.

Jaramillo Morales, Alejandra (2000): «La escritura del espacio: la simbolización de la ciudad en *Opio en las nubes* y *Ese último paseo*». En Jaramillo, María Mercedes & Osorio de Negret, Betty & Robledo, Ángela Inés (eds.): *Literatura y cultura. Narrativa colombiana en el siglo XX*. Bogotá: Ministerio de Cultura, 301-318.

Langlitz, Nicolas (2023): «What good are psychedelic humanities?». En *Frontiers in Psychology* 14: <https://www.frontiersin.org/journals/psychology/articles/10.3389/fpsyg.2023.1082933>.

Mason, Clark (2017): «In heyday of LSD, secret Windsor lab produced millions of Orange Sunshine pills». En *The Press Democrat*, 20 de mayo: <https://www.pressdemocrat.com/article/news/in-heyday-of-lsd-secret-windsor-lab-produced-millions-of-orange-sunshine-p/>.

Informe territorial
La nación de los venenos

Andrés Cota Hiriart

> El primer trance me ha hecho conocer el mariposeo de la duda; dudar era como una indiferencia creadora en mi interior. Pero la segunda experiencia ha hecho que los propios objetos aparecieran bajo la perspectiva de la duda.
>
> Walter Benjamin, *Sobre el hachís*

La vena narrativa que explora los estados alterados de la conciencia ha estado especialmente efervescente en los últimos tiempos. No solo desde la academia y el llamado renacimiento de las sustancias que abren las puertas de la percepción –y su parcial revalidación ante el consenso científico–, sino también con la aparición de un par de libros que exploran el asunto en el contexto mexicano, contados por voces locales y dirigidos a un público extenso: *El planeta de los hongos, una historia cultural de los hongos psicodélicos*, de Naief Yehya (2024), e *Historias de ciencia psicodélica*, de Alejandra Ortiz Medrano (2024). Ambas obras, que he tenido el placer de presentar recientemente, se adentran en profundidad en el tema manteniendo una postura crítica, y su lectura o escucha (el de Ortiz Medrano es un audiolibro) me han llevado a revisitar algunos de mis intereses más duraderos, tanto en mi faceta de usuario como en mi rol de autor y comunicador de la ciencia. Solo diré que, gracias a ello, llegué a un par de reflexiones reveladoras que me parece pertinente compartir aquí.

Y es que, pensando en México como un territorio en extremo diverso, me percaté de algo curioso: somos la nación de los venenos. Porque, tal como figuramos como el país con la mayor diversidad de serpientes a nivel mundial −especialmente de vipéridos: cascabeles, cantiles y nauyacas, ofidios en general letales−, también destacamos por nuestra abundancia de alacranes y escorpiones −ocupando, además del primer puesto en diversidad de tales arácnidos, el primer lugar en accidentes anuales por su picadura−, y somos el país de las arañas violinistas −género Loxosceles, consideradas de importancia médica y cuyas 42 especies se distribuyen por todos los estados de la República−, de los helodermas o lagartos enchaquirados −de las pocas lagartijas venenosas que existen y que, con cuatro especies presentes, registran su mayor área de distribución en México−, de las chinches besuconas −triatominos, vectores de la temible enfermedad de Chagas o tripanosomiasis− y de las cactáceas −que, aunque no todas tóxicas en términos estrictos, sí se defienden por medio de espinas−. Además de todo eso, México es también el país con mayor diversidad en materia de organismos con propiedades psicoactivas. Es decir, plantas, hongos y animales cuyas secreciones contienen sustancias capaces de llevar nuestra psique de viaje transitorio, licuando, en ocasiones, a ese yo que se construye dentro del cráneo y desplazándonos hacia dimensiones insospechadas de la mente, todo sin tener que abandonar nuestra posición en el sillón.

Digamos que, al menos bajo su acepción bioquímica, un poco eso son los psicodélicos: alcaloides, metabolitos secundarios, toxinas o, simple y llanamente, venenos que han evolucionado como mecanismo de defensa, y que tienen la delicadeza de juguetear con las sinapsis del sujeto consciente para sacudir su funcionamiento y trastocar las certidumbres a las que se aferra. ¿Por qué? Por una larga historia compartida de prueba y error biológico, a la luz de la selección natural y de las encrucijadas fisiológicas que se van estableciendo generación tras generación, en respuesta a la perenne fricción entre comer y ser comido. En este caso, dichas sustancias pertenecen a la misma familia química que la serotonina —neurotransmisor central para el funcionamiento del cerebro humano, clave en la motivación, la toma de decisiones, los procesos cognitivos y la creatividad—, a saber, el grupo de las triptaminas: un conjunto de compuestos que también incluye otros neurotransmisores importantes como la melatonina o el triptófano, así como varias sustancias icónicas del grupo de los psicodélicos, capaces de mandar a la conciencia de vacaciones por un buen rato, tales como la psilocibina (sustancia activa presente en los llamados «hongos mágicos», cuya estructura es prácticamente idéntica a la de la serotonina), la mescalina (presente en cactus como el peyote y el San Pedro), el LSD o ácido lisérgico (derivado del hongo conocido como «cornezuelo del centeno») y la DMT o dimetiltriptamina (uno de las compuestos del brebaje llamado «ayahuasca», y que también está presente en múltiples plantas y algunos anfibios).

Sea como sea, el punto es que México no solo alberga una cantidad sorprendente de estos organismos psicotrópicos, sino que su intricada historia evolutiva y biogeográfica condujo a que probablemente nos destaquemos como uno de sus centros de diversidad. Tan solo de hongos, México cuenta con 53 especies psicodélicas, que reciben diferentes nombres: derrumbes, pajaritos, maestros, San Isidros; *Psilocybe caerulescens, P. mexicana, P. cubensis, P. aztecorum*; Teonanácatl (la carne de los dioses, para los mexicas). Y esto ha hecho posible que sea uno de los pocos lugares en el mundo donde el empleo ritual y medicinal de hongos psicoactivos —una práctica antaño extendida por casi todas las regiones del planeta— no se haya visto interrumpido desde las eras precolombinas. Al contrario, se mantiene como una práctica viva y activa en al menos cinco culturas ancestrales, y ello a pesar de la conquista, de tres siglos de colonización y de la persecución religiosa que trajo consigo, del prohibicionismo gubernamental y del embate constante de hippies e internautas forasteros que llegan en busca de los abismos luminosos que abren ante nosotros los «niños santos», que es como llaman a los hongos en la Sierra Mazateca.

Claro que también somos la tierra prometida del peyote (*Lophophora williamsii*), cactus endémico de los suelos desertícolas del altiplano mexicano, donde se despliega formando tapetes bajo las matas de gobernadora, y que es sagrado para los wixarika o huicholes. De igual modo, esta es la tierra de la hierba de la pastora (*Salvia divinorum*), que provoca fuertes alucinaciones y que es endémica de las montañas de Oaxaca; del ololiuqui, manto de la virgen (*Turbina corymbosa*), cuyas semillas contienen amida de ácido lisérgico, hidroxietilamida de ácido lisérgico y ergonovina; e incluso del singular sapo del desierto de Sonora (*Incilius alvarius*), cuyas glándulas parotoides secretan la droga más potente que se conozca. Un estudio publicado en *Journal of Analytical Toxicology* en 2021, que analizó los componentes triptamínicos presentes en la secreción de dicho anfibio, encontró, además del conocido 5-MeO-DMT, varias otras sustancias activas como 5-MeO-NMT, 5-MeO-triptofol, ácido 5-metoxindolacético, bufotenina, DMT y triptófano. Los usuarios reportan profundos cambios en su perspectiva ontológica, experimentando el vacío o los confines del universo, fuerzas aterradoras y todopoderosas, cambios completos en la percepción y en la identidad, seguidos por un abrupto regreso al estado ordinario de conciencia. La experiencia de su inhalación –al contrario de lo que dicta el imaginario popular, la toxina se fuma una vez que el espeso líquido se cristaliza– resulta en un evento de carácter transcendental para el consumidor, que invariablemente llega a considerarlo como lo más intenso que haya experimentado en la vida.

Por si no bastara con ese catálogo de entes psicodélicos, en estas tierras mesoamericanas también abunda otra clase de plantas psicotrópicas, como el floripondio (*Brugmansia arborea*) y el toloache (*Datura stramonium*), ricas en escopolamina, un alcaloide potente que roba la voluntad a aquellos que son expuestos a sus mieles agridulces. Tampoco faltan los arbustos con cualidades narcotizantes, como la amapola mexicana o xicólotl (*Argemone mexicana*) y la hoja de dios o hierba de los sueños (*Calea zacatechichi*), cuyos alcaloides son empleados para catalizar sueños conscientes. Y no se diga de amplios campos de especies introducidas, como el *cannabis* o marihuana y la amapola real o adormidera (*Papaver somniferum*), de la que se extrae el opio que más tarde da lugar a la problemática heroína y a una serie de tropiezos que no corresponde tratar en estas páginas. Imagino que, a estas alturas, ya debería quedar claro por qué digo que, para bien o para mal, México es la tierra de los venenos. Un paraje donde coexisten criaturas delirantes, hongos locos y botánicas desquiciantes; panteón de seres ponzoñosos que hemos venerado a través de los siglos, tanto aquellos que nos intimidan —como los ofidios—, como los que cuentan en sus tejidos con la gracia de poder desdoblarnos por dentro, y que probablemente encuentren un punto de convergencia en aquellas serpientes emplumadas, Quetzalcóatl y Kukulkán, adoradas en esta región de talante francamente animista y proclive al ritual aderezado por plantas y hongos sagrados.

Meditándolo un poco, quizás no debería sorprender la correspondencia entre las estructuras químicas de esas toxinas luminosas con las de nuestros propios neurotransmisores; a fin de cuentas, únicamente aquellas sustancias que se parecen de algún modo a las que generamos internamente (esto es, que sean análogas a las endógenas), y para las que contamos con alguna clase de receptor apropiado en las membranas celulares, pueden llegar a interactuar con las células que nos constituyen. El término «psicodélico» —formado a partir de las palabras griegas ψυχή, «alma», y δηλείν, «manifestar»; es decir, sustancia que manifiesta el alma— alude precisamente a esa cualidad. Algo similar ocurre con el otro término que se emplea para denominar a este grupo de psicoactivos, «enteógeno»: «aquello que hace surgir a dios dentro del individuo». Puede que tales construcciones lingüísticas despierten cierto resquemor ante raciocinios ateos o de nulo misticismo, pero reto a cualquiera que se haya entregado a los poderosos influjos de las secreciones del sapo de Sonora, a una dosis heroica de derrumbes o a siete cabezas de peyote, a que venga con una definición mejor.

La similitud molecular, decía, quizá no debería sorprendernos. Sin embargo, lo que sí parece contradecir las preconcepciones predominantes en el imaginario popular sobre los estados alterados es que, bajo el influjo de, por ejemplo, la psilocibina (o del psicodélico de su gusto), el cerebro, lejos de sumergirse en un periodo de actividad desaforada –iluminado por esos fuegos artificiales que detona la sustancia–, entra más bien en un periodo de calma relativa. Durante ese estado (hipotético por el momento, pues aún falta consenso pleno entre los grupos de expertos) se relaja la actividad sináptica en ciertas regiones y se acalla, en consecuencia, el perenne soliloquio que da lugar a la fantasía de la identidad: ese *yo* que nos habla sin cesar desde adentro del cráneo.

Se trata del llamado «modo automático de la conciencia humana», ese que entra en funciones nada más nos distraemos un segundo: cuando perdemos la atención de lo que sea que nos rodea y nos fugamos en ensoñaciones sobre nosotros mismos, anegados por un caudal de recuerdos autoafirmativos, pendientes cotidianos, recriminaciones sin sentido y maquinaciones sobre lo que nos depara el camino. El discurso interior que construye nuestra personalidad, encargado de fijar los rasgos de carácter que consideramos inamovibles de nuestra persona y de, entre otras cosas, cimentar los apegos que desarrollamos hacia los diversos estímulos. Es justamente ese diálogo ensimismado e involuntario lo que los psicodélicos parecen desvanecer de manera excepcional, aunque, por suerte, transitoria. De ahí su tremendo potencial terapéutico para tratar la depresión, el síndrome de estrés postraumático, las adicciones y el acomodo psicológico en los cuidados paliativos. Todo lo que está llevando, en suma, al renacimiento psicodélico dentro de la psiquiatría. Pero eso a lo mejor ustedes ya lo saben y en cualquier caso queda a discusión, ya que se trata solo de un modelo entre varios. Así que, para empezar a aterrizar, desviemos el rumbo hacia un tono más personal.

Supongo que como todo adolescente semiferalizado, educado en escuelas activas del sur de la megalópolis, aficionado a la música electrónica y asiduo a retozar con su química cerebral a la menor oportunidad, y que tuvo encima la dicha de florecer durante las interminables noches de libertinaje chilango de finales del siglo XX, por muchos años di por sentado lo privilegiadas que eran estas tierras para quienes se sentían tentados a navegar por las aguas alteradas de la mente. No es que no valorara la amplia oferta de experiencias psicodélicas y antropológicas que aguardaban al consumidor versado; al contrario, vaya si les saqué jugo, y mucho. De hecho, antes de cumplir la mayoría de edad ya había experimentado con buena parte de la farmacopea disponible. Corrían otros tiempos, más agrestes y quizás también un tanto más ingenuos —el Ojo de Mordor aún no desataba su furia sobre la mayoría de los estados de la República, la migración no estaba criminalizada, no se sabía todavía de extinciones masivas en la floresta y no se hablaba de huachicol—. Y sobre todo, a nadie le importaba demasiado qué hacía o dejaba de hacer el prójimo. Los bares nunca cerraban y la cerveza se vendía las 24 horas en cualquier esquina; con un poco de indagación entre las amistades, no resultaba difícil hacerse con la sustancia que uno quisiera, a buen precio y calidad aceptable.

El entonces Distrito Federal era un sitio relativamente barato, el mezcal aún no se había puesto de moda, los taxis se materializaban como vochitos verde limón y aun cuando no se tratara de una urbe precisamente segura, si uno sabía cuidarse de la extorsión policiaca y estaba dispuesto a entregar sus pertenencias ante un posible atraco, la ciudad más o menos se dejaba transitar. O al menos así sucedía si eras hombre; no ignoro que para mis amigas podría haber sido muy distinto. Lo que quiero decir es que tal vez la cocaína no fuera exactamente pura, pero al menos no existía el fentanilo y la marihuana era manejable —nada como la crónica de estos tiempos—. Estábamos en «La Ciudad de la Esperanza», y nadie se preocupaba por lo que tuviera que hacer al día siguiente. Corrían nuestros *años maravillosos* y no lo sabíamos.

Pero no son todos esos amaneceres que recibí con las pupilas desorbitadas, meciendo las mandíbulas y masticándome las neuronas en alguna *rave* del extrarradio capitalino, los que me vienen a la mente ahora, ni los innumerables periplos por carretera que podían emprenderse en busca de la flora, la funga e incluso la fauna capaz de abrir los abismos resplandecientes de la mente de par en par. Más bien, pienso en otro aspecto de la similitud farmacológica entre sustancias, mencionado por Alejandra Ortiz Medrano en el capítulo de *Historias de ciencia psicodélica* dedicado al DMT, y que me hizo recordar mi propia aportación en *Cabeza Ajena* (2017), novela de ficción científica que explora los estados alterados de conciencia basándose precisamente en las vivencias mencionadas. Se trata de las similitudes que se registran entre las experiencias cercanas a la muerte y la fenomenología característica del consumo de DMT. Es decir, las experiencias extracorporales, los túneles de luz, las entidades cristalinas y la sensación de hacer contacto con una realidad más real que la física, entre otras. Estas similitudes han llevado a postular la posible existencia de alguna triptamina endógena, que se secreta para ayudar al cuerpo a pasar por el trance de la finitud. Una posibilidad que desde luego no podremos resolver aquí, pero que a mí me abrió la brecha para entrelazar ambos campos en la saga de la novela, que seguía los pasos de una serie de politoxicómanos ilustrados que van tras la pista de la sustancia psicoactiva más potente que existe, contenida en el veneno de una nauyaca.

La novela, aunque por supuesto incluye pasajes inventados, hace sobre todo guiños a la no ficción e incorpora diversas capas estructurales y capítulos divididos por sustancias. La primera capa proviene de la divulgación científica: son los apuntes farmacológicos de uno de los personajes involucrados, que aportan datos duros y específicos sobre cada sustancia, su origen, forma de consumo, dosis y efectos. Una segunda capa es testimonial: una recopilación de nueve experiencias cercanas a la muerte narradas en la voz de las personas que las compartieron conmigo. Y la tercera capa es narrativa, afín a la crónica, al diario de viaje y al relato adulterado; es la que va haciendo avanzar el eje dramático por medio de pasajes centrados en una sustancia en concreto. Si el resultado es bueno o no, ya no lo sé. En todo caso, eso es algo que invariablemente queda al juicio del lector. Sin embargo, existía una cuarta capa estructural en el borrador, una serie de entradas que finalmente decidí dejar fuera de la versión final; quizás por pudor, pues se trataba de pequeñas descripciones poéticas de algunas de las sustancias de las que se ocupa este libro.

Epílogo

¿Hacia la despolitización de la psicodelia?
Una visión crítica del renacimiento psicodélico desde España

Juan B. Carlos Usó

Desde hace algunos años se viene hablando sin desmayo del «renacimiento psicodélico», una expresión acuñada en 2010 por el periodista estadounidense Steven Kotler (2010) para describir el renovado interés por los estados de consciencia expandida que se produjo durante los primeros años de la actual centuria y para, de paso, abordar la reevaluación del papel de los psicodélicos en la sociedad y en particular en el terreno de la psiquiatría.

Sin embargo, el hecho de que formulara dicha expresión en una revista de entretenimiento para personas adultas, como *Playboy*, que muchos no dudarían en calificar de frívola, ha determinado que su paternidad haya quedado vinculada a Ben Sessa, investigador y psiquiatra británico con amplia experiencia como psicoterapeuta en el empleo de 3,4-metilendioximetanfetamina (MDMA), psilocibina y cannabis, y autor de un libro que se publicó con el mismo título dos años más tarde (2012). Desde entonces, el tan comentado renacimiento psicodélico anda en boca de propios y extraños, sin que nadie nos haya aclarado cuándo murió la psicodelia para tener que renacer después.

Naturalmente, la psicodelia nunca murió. Basta repasar la genealogía de multitud de personas que, desde que se iniciaron en ella durante los años sesenta y principios de los setenta del siglo pasado, nunca han dejado de recorrer ese mundo interior no cartografiado, cuyas puertas se abren gracias a la magia de sustancias como la dietilamida del ácido lisérgico (LSD-25), la mescalina, la psilocibina o la ketamina. Otra cosa bien distinta es que, desde la segunda mitad de los años setenta y hasta finales de la década de los noventa, los medios de comunicación de masas decidieran poner el foco de atención —por motivos que ahora mismo no viene al caso exponer— sobre el consumo de otras drogas que nada tienen de psicodélicas, como la heroína y la cocaína. Por tanto, ese supuesto «renacimiento psicodélico» solo podemos entenderlo como un deseo de marcar distancias con respecto al efervescente movimiento psicodélico que se generó durante la década de los sesenta y la primera mitad de los setenta, imprimiendo carácter a la llamada «contracultura».

Llegados a este punto, surgen algunas cuestiones inevitables: ¿quién o quiénes están interesados en marcar esas diferencias entre la psicodelia 2.0 o tal vez 5.0 del siglo XXI y la vieja psiquedelia que preconizaron personajes como Timothy Leary y Ken Kesey? Y sobre todo, ¿por qué? Es decir, *cui bono* o *cui prodest*, si preferimos recurrir a la locución latina que se pregunta quién se beneficia.

☙

Obviando cualquier veleidad revisionista y, por consiguiente, aquellos aspectos o elementos formales que estaban sometidos a una fuerte banalización por imperativos de la mercadotecnia, a finales de la pasada centuria no pocos psiconautas andábamos preguntándonos si en efecto estábamos asistiendo a un resurgimiento de la cultura psicodélica o si, por el contrario, todo quedaría reducido a una de esas fiebres románticas, más o menos recurrentes, que suelen estremecer al *establishment* y que terminan por confirmar la cantidad y resistencia de los anticuerpos con que cuenta la sociedad occidental para superar estas crisis de marcado signo irracional que suelen aflorar con carácter cíclico.

Inevitablemente, la cuestión suscitó comparaciones entre la explosión psicodélica registrada durante la segunda mitad de los años sesenta y principios de los setenta y aquella especie de reverdecimiento actualizado de los viejos ideales expansivos que, al menos en España y después del purgatorio –más mediático que real– de los ochenta, empezó a ser fácilmente perceptible desde los años noventa.

Quizá la idea imperante en aquellos momentos era que la cultura psicodélica surgida hacia mediados de los sesenta había revestido un carácter más genuino y que el clima de reviviscencia psicodélica al que estábamos asistiendo en los noventa solo constituía, en palabras de la periodista María Escribano, «una recuperación paródica basada en un simple y calculado turno rotatorio» (1993: 60) dentro de ese proceso de autointerrogación seguido por la cultura occidental durante todo el siglo XX.

A finales de ese siglo tan convulso, el escritor francés Roger Garaudy, parafraseando a su compatriota, el también escritor André Malraux, sentenció: «el siglo XXI será espiritual, o no será» (Bono 1998). Por ese mismo motivo, alguien también podría haber dicho que el siglo XXI sería psicodélico, o no sería.

☙

Ahora llevamos ya recorrido un cuarto de este siglo XXI y todavía no sabemos si será espiritual o no, pero de lo que nadie tiene ya la menor duda es que está siendo tan psicodélico que alguien tan versado en esta materia como el psicólogo y farmacólogo José Carlos Bouso ha llegado a cuestionarse si acaso no nos dirigimos hacia una «sociedad psiquedelizada» (Bouso: 2017).

En 2018 era Marc Aixalà, ingeniero en telecomunicaciones, licenciado en Psicología, máster en Psicoterapia integradora y Terapia breve estratégica y formado en el uso terapéutico de la MDMA para el trastorno de estrés postraumático y de la psilocibina para la depresión resistente, quien advertía seriamente acerca de un posible riesgo que entraña la formación de futuros acompañantes o guías psicodélicos, expertos en el cuidado a psiconautas: la creación de una aristocracia espiritual, una especie de clero psicodélico o casta sacerdotal psicodélica, conformada por chamanes, médicos y otros supervisores cualificados (Aixalà 2018).

Tres años más tarde, Antón Gómez-Escolar, máster en Psicofarmacología y drogas de abuso, consultor científico y asesor especializado en psicodélicos, nootrópicos y otras sustancias psicoactivas, hacía balance de la situación en un artículo muy esclarecedor:

> *Celebrities* haciendo retiros de ayahuasca, microdosis de LSD para mejorar la productividad en las *startups* de Silicon Valley, MDMA para curar traumas a un paso de ser legal, ketamina administrada en carísimas clínicas de salud mental, personas que hablan de las maravillas de las setas mágicas para curar depresiones o dejar el tabaco, universidades de prestigio creando centros de investigación psiquedélica, empresas «psiquedélicas» cotizando en Wall Street y recibiendo miles de millones de dólares de inversión, estados de EEUU descriminalizando o incluso legalizando psiquedélicos, libros bestseller, *podcasts* con millones de oyentes, series de Netflix y muchos artículos en todo tipo de medios. (Gómez-Escolar 2021: en línea)

A esas alturas, el interés despertado por el «renacimiento psicodélico» era tal que, al año siguiente, la bibliografía española sobre el tema se vio incrementada al menos con cuatro títulos poco menos que imprescindibles (Aixalà: 2022, Gómez-Escolar: 2022, Caso: 2022, Oña: 2022) –tres de ellos englobados dentro de una colección titulada «Guías del psiconauta»– y el propio renacimiento psicodélico fue el tema tratado en una mesa redonda celebrada en el Ateneo de Madrid, uno de los foros de debate más longevos y prestigiosos del país[1]. Mientras tanto, la periodista, escritora y gestora cultural

---

[1] «El renacimiento psicodélico. Intervienen: Antón Gómez-Escolar, José Carlos Bouso, Francisco Azorín e Irene Caso. Presenta: Inés de Alvear. Modera: Coro Saldaña». *Ateneo de Madrid*, 3 de junio de 2022: <https://www.ateneodemadrid.com/evento/el-renacimiento-psicodelico/>.

Silvia Grijalba elevaba también su voz crítica al respecto, preguntándose «si realmente tiene sentido que algo contracultural, dedicado al autoconocimiento, termine cotizando en bolsa y formando parte de la sociedad de consumo» (Grijalba 2022: en línea). Por su parte, el periodista especializado Miguel Castejón examinaba en un artículo muy esclarecedor las grandes promesas y las altas expectativas médicas vinculadas a este fenómeno; pero, junto al entusiasmo científico y empresarial en torno al potencial de estas sustancias, capaces entre otras cosas de propiciar «un cambio de consciencia global», que nos permitiera «recapacitar sobre la destrucción del planeta y el modo en que vivimos», también destacaba «la aparición de grupos de ideología autoritaria y fascista que también usan los psicodélicos» (Castejón 2022: en línea). Y el editor y veterano psiconauta Fernando Pardo, que siempre pensó y manifestó públicamente que «la psiquiatría convencional debería transformarse en una psiquiatría psiquedélica» con «otras características más respetuosas con las personas», se mostró bastante escéptico en un artículo póstumo con el tan traído «renacimiento psicodélico» (Pardo 2022). Además, los dos autores y la autora de las citadas «Guías del psiconauta» (Antón Gómez-Escolar, Genís Oña e Irene Caso) fueron entrevistados a fondo en la revista *Cáñamo* por el propio director de la veterana publicación cannábica (Moreno 2022).

Posteriormente, el doctor en Antropología social Josep Maria Fericgla (2023) ha advertido acerca del «desaforado mercantilismo» que conlleva este supuesto renacimiento psicodélico, que está sentando las bases, por una parte, para nutrir las ya rebosantes arcas de las corporaciones farmacéuticas, y por otra para que el estamento científico-terapéutico llegue a ostentar el monopolio del uso de los llamados «enteógenos».

De todo esto, y de mucho más, trata en profundidad el esclarecedor ensayo crítico *Luces y sombras del renacimiento psicodélico*, de Albert Casasayas, quien aborda con lucidez los distintos aspectos –incluidos los claroscuros que perfilan el nuevo impulso que ha tomado la psicodelia en estos últimos tiempos– que comprende este complejo fenómeno: la naturaleza farmacológica de las sustancias, la intención y el contexto de la experiencia psicodélica, la dosificación, el marco cultural, la integración, los efectos, los tópicos contrarios a la experiencia psicodélica, las distintas corrientes del pensamiento psicodélico, el denominado capitalismo psicodélico, la espiritualidad enteogénica, los abusos, el enfoque lúdico o recreativo, la reducción de daños, etcétera. Nos hallamos, por lo tanto, ante uno de los textos más completos que se hayan escrito en castellano acerca del redescubrimiento de la psicodelia en el que –queramos o no– nos hallamos inmersos.

A principios de 2024, el suplemento *El País Semanal* publicaba un extenso reportaje firmado por Iker Seisdedos, corresponsal del diario *El País* en Washington, quien desmenuzaba para sus lectores el fenómeno del renacimiento psicodélico en los Estados Unidos (Seisdedos 2024). El último medio hasta la fecha en reflejar este curioso viraje que implica la superación del estigma y la rehabilitación de la psicodelia gracias a la medicina ha sido el diario *El País*, a través de un artículo de Jessica Mouzo (2024) en el que se reconoce el «potencial terapéutico en psiquiatría» de la psilocibina.

☙

Desde hace apenas unos meses, Australia se ha convertido en el primer país del mundo en autorizar el empleo de drogas psicodélicas en casos puntuales con fines médicos: la psilocibina para tratar la depresión y la MDMA o éxtasis para el tratamiento del estrés postraumático (véase Nun 2023, Centella 2023 y Arrojo 2023). Como no podía ser de otro modo, muchos terapeutas –también españoles– han celebrado la buena nueva, reconociendo que los estudios publicados hasta la fecha son muy prometedores y augurando un futuro halagüeño al empleo terapéutico de estas sustancias.

Sin embargo, gracias a un artículo publicado en el diario *El País* hemos tenido noticia de una serie de psiquiatras españoles que, en vez de contemplar la decisión del gobierno australiano como un avance, la perciben como un riesgo, es decir, como una posibilidad de retroceso, y demandan cautela, mucha cautela (Mouzo 2023). Llama la atención que algunos de los psiquiatras que se han pronunciado en este sentido sean miembros precisamente de la Sociedad Española de Medicina Psicodélica (SEMPsi). Pero todavía llama más poderosamente la atención que quienes se han convertido en los creadores de la nueva opinión sobre el tema sean recién llegados, con nula o escasa experiencia directa, que en el mejor de los casos se limitan a haber participado en algún estudio sufragado por la industria farmacéutica y que, en muchos casos, no solo no han probado estas drogas, ni probablemente tengan intención de hacerlo, sino que «se vanaglorian de no conocer personalmente los efectos subjetivos de las sustancias y prácticamente las utilizan como los antiguos fármacos de la psiquiatría tradicional» (Pardo 2022: en línea). De ahí que, finalmente, su opinión –fruto del desconocimiento del contexto australiano– resulte bastante rancia, timorata y completamente arbitraria.

Desde luego, la cosa no se entiende con facilidad. Por una parte, existe la convicción de que nuestra sociedad se halla inmersa en una profunda crisis de salud mental, que los medicamentos convencionales son insuficientes para revertir o reconducir la situación y que las drogas psicodélicas pueden ayudar a combatir esa crisis. Por eso el gobierno australiano ha tomado la decisión de permitir en casos puntuales la administración de MDMA para tratar el estrés postraumático y la aplicación de psilocibina para abordar la depresión. En realidad, sería equiparable al uso compasivo que tendríamos en España. Si los tratamientos convencionales no dan el resultado deseado o esperado, no parece descabellado probar con tratamientos alternativos que están funcionando en las fases de ensayo clínico. Es algo que se hace con todos los medicamentos. Pero cuando esto ocurre con los psicodélicos, nuestros expertos en salud mental, en vez de apoyar la decisión de Australia e incluso reclamarla para nuestro país, se rasgan las vestiduras y manifiestan la opinión de que la decisión australiana supone un peligro y una temeridad… Y piden, claro, más ensayos clínicos. Ojalá estos nuevos líderes de opinión miraran con la misma lupa y contemplaran las mismas precauciones con relación a la medicación que suelen prescribir a diario (antipsicóticos, antidepresivos, benzodiacepinas, estabilizadores de humor, antiespasmódicos, etcétera) y se mostraran tan críticos con sus prácticas pseudocientíficas.

En realidad, no se necesitan más estudios ni más ensayos clínicos. Como dice el psicólogo clínico, doctor en Farmacología y director científico del International Center for Ethnobotanical Education, Research and Service (ICEERS), José Carlos Bouso: «los ensayos clínicos no son la solución a la respuesta de si los psiquedélicos funcionan en la clínica» (Bouso 2023: en línea). De hecho, los ensayos clínicos entorpecen el avance científico, no lo aceleran. Lo que acelera el avance terapéutico en estos casos es la práctica clínica, sin el sometimiento a protocolos tan rígidos como los actuales. Es más, precisamente la rigidez de estos protocolos es la que impide conocer cómo estos medicamentos se pueden comportar en el mundo real[2].

Desde luego, Australia no ha sido el primer país en tomar esta decisión. La vía del uso compasivo ya se está utilizando en Suiza desde hace muchos años y países como Estados Unidos, Israel o Canadá también han empezado a ensayarla. El caso de Australia es similar: se necesita autorización de un comité de ética para utilizar MDMA y psilocibina en pacientes desahuciados. Pero entran en escena los psiquiatras españoles y en vez de contemplar estos ejemplos como una oportunidad para aprender de la experiencia en el mundo real cómo funcionan estas sustancias, al margen de ensayos clínicos, lo ven como un peligro. «Nuestros psiquiatras, de nuevo, parece que ven el mundo al revés», sentencia José Carlos Bouso (2023: en línea). Y como muestra nos ofrece un botón. En la mente de estos creado-

---

[2] Un interesante acercamiento a los efectos de los psicodélicos en una situación traumática puede encontrarse en Odenheimer & Boxerman & Koplewitz 2024.

res de opinión, que pretenden ser más científicos que nadie, nada es suficiente, siempre hay que tener precaución y no precipitarse, aunque no tengan ningún escrúpulo en recetar fármacos que se han desarrollado de forma poco menos que infame. Pero en fin, así se escribe la historia.

Llegados a este punto, por supuesto, no está de más preguntarse por la responsabilidad en este sentido de los medios de comunicación de masas convencionales, siempre tan proclives a lanzar las campanas al vuelo ante el menor indicio de noticia sensacionalista, así como a alimentar toda suerte de pánicos morales en la difusión y desarrollo de este tipo de opiniones tan poco alentadoras. Afortunadamente, no todos los *mass media* se han dejado llevar por la histeria antipsicodélica, una histeria que, por lo demás, no nos coge de nuevas (Usó 2021). Por lo menos, el diario *El Mundo* se ha molestado en entrevistar a psiquiatras australianos para sondear su opinión (Cal 2023). A fin de cuentas, ellos son los principales protagonistas de esta historia.

☙

España –ya lo hemos apuntado– es uno de los países con mayores tasas de depresión y ansiedad. En este sentido, no es de extrañar que el Estado español tenga también el dudoso honor de encabezar la clasificación internacional de consumo de psicofármacos, en concreto, de antidepresivos y benzodiacepinas (Domínguez 2022).

Como no podía ser de otro modo, hay quien pone en duda esta pandemia de trastornos mentales. Sin embargo, también hay investigadores, como Rafael Moliner, que han convertido esta presumible crisis de salud mental en el eje central de sus estudios desde el comienzo de su carrera. En particular, este bioquímico tuvo que emigrar a Finlandia para poder comprobar los efectos antidepresivos de las drogas psicodélicas. No fue un camino fácil, pues su tutor de máster, Eero Castrén, director del Centro de Neurociencias de la Universidad de Helsinki, le comunicó que no quería tener nada que ver con los alucinógenos. Finalmente, tras varios estudios publicados en los Estados Unidos, Castrén cedió y Moliner pudo implicarse en los primeros experimentos. Su dedicación y entusiasmo se vieron recompensados cuando, en colaboración con otros investigadores e investigadoras, consiguió probar que los efectos positivos de los psicodélicos son mil veces más eficaces que la fluoxetina, uno de los antidepresivos más utilizados en la práctica clínica (Aa.Vv. 2021).

Recientemente, Rafael Moliner ha formado parte de un equipo de investigación que ha podido demostrar que las alucinaciones provocadas por estas sustancias se pueden separar del efecto propiamente antidepresivo (Aa.Vv. 2023). Este hallazgo ha supuesto un hálito de esperanza para este bioquímico con vocación de neurocientífico, consciente como es del estigma que pesa sobre las drogas psicodélicas en entornos académicos. De hecho, Moliner ha llegado a afirmar que «en un escenario bastante optimista, de cinco a diez años podremos ver el uso terapéutico de los psicodélicos en humanos» (García Santos 2023: en línea).

Ahora bien, lo que más sorprende en el discurso de este experto en psicodélicos es que no se declara favorable a la legalización, la despenalización o la descriminalización de estas sustancias, sino que aboga por la «despolitización» de las mismas. Y decimos que sorprende cuando, en realidad, se trata de un discurso frecuente entre muchos científicos, sobre todo en aquellos que desarrollan su carrera en el laboratorio. Se creen impolutos y al margen de la política, como si la ciencia fuera ajena a ella y como si su interés por separar los efectos alucinógenos de los terapéuticos no estuviera atravesado por intereses políticos. Es más, nos atrevemos a asegurar que, si los psicodélicos estuvieran despolitizados, lo que se estudiaría a fondo, en vez de tratar de suprimirlo, sería precisamente ese poder alucinatorio: es justo ahí, en ese efecto tan extraordinario, donde reside la singularidad de sustancias como la dietilamida del ácido lisérgico, la mescalina y la psilocibina. Bajo los efectos de esas sustancias hay quien entra en un estado de perfecta comunión con el universo, totalmente opuesto a la moral identitaria, en el que suele comprenderse que «la convivencia es superior a la competitividad y que estamos sometidos a presiones absurdas e innecesarias» (Pardo 2022: en línea), lo cual no es solo realmente terapéutico, sino también auténticamente revolucionario.

Por lo demás, parece increíble, por lo pueril del caso, que haya científicos que crean que, si se despolitiza el asunto, podrán estudiar tranquilamente cómo una molécula activa un receptor sin producir alucinaciones y así curar la depresión. Eso sí, manteniendo la política de que el 95% del presupuesto en investigación se lo lleve la biomedicina. En este sentido, no estaría de más proponer, en efecto, la despolitización del asunto y asignar recursos en función de resultados. Veríamos en tal circunstancia cuántos científicos de laboratorio se apuntaban a la política de despolitización, valga la redundancia.

☙

En poco más de una década, la expresión más o menos inocente lanzada a la palestra por Steven Kotler ha derivado en la medicalización de los psicodélicos, ya completamente alejados de cualquier veleidad contracultural, con muchos psiquiatras, obviamente, intentando controlar y monopolizar el proceso y con científicos de laboratorio abogando por su despolitización.

No pretendemos ahondar más en la cuestión y, desde luego, el hecho de que recientemente un panel de expertos de la Food and Drug Administration (FDA) estadounidense haya votado en contra del uso terapéutico de la MDMA (Seisdedos 2024) ha supuesto un varapalo para ciertas aspiraciones, pero desde las ciencias sociales advertimos que el denominado renacimiento psicodélico no solo augura un negocio fabuloso para la industria farmacéutica, sino que se basa y a su vez fomenta un discurso surgido de un privilegio disciplinar fuertemente corporativo. Dicho esto, nos atrevemos a vaticinar que, si durante los años sesenta de la pasada centuria los alucinógenos escaparon del laboratorio y de las consultas psiquiátricas, ahora, con el renacimiento psicodélico, aunque regresen a ese punto de partida, difícilmente abandonarán el mercado ilegal con toda la problemática asociada que conlleva.

Castellón de la Plana, 8 de septiembre de 2024

Bibliografía

AA.Vv. (2021): «Antidepressant drugs act by directly binding to TRKB neurotrophin receptors» En *Cell*, volume 184, issue 5, 1.299-1.313, march 04: <https://www.cell.com/cell/fulltext/S0092-8674(21)00077-5#%20>.

— (2023): «Psychedelics promote plasticity by directly binding to BDNF receptor TrkB». En *Nature Neuroscience*, 26, 1.032-1.041: <https://www.nature.com/articles/s41593-023-01316-5>.

Aixalà, Marc (2018): «Claroscuros de la psiquedelia». En *Ulises. Revista de viajes interiores* 20: 20-27.

— (2022): *Integración psiquedélica. Lógicas no ordinarias y retos de la psicoterapia en estados expandidos de consciencia*. Sitges: Eleftheria.

Arrojo, Paula (2023): «La terapia con drogas psicodélicas para trastornos de salud mental podría autorizarse en España en los próximos años, según expertos. Australia ha regulado el uso de sustancias como el MDMA o la psilocibina, presente en los hongos alucinógenos, para el tratamiento del estrés postraumático y la depresión, respectivamente». En *Newtral*, 9 de julio: <https://www.newtral.es/terapia-drogas-psicodelicas/20230709/>.

Bono, Ferran (1998): «El filósofo Roger Garaudy afirma en Valencia que "el siglo XXI será espiritual o no será"». En *El País*, 4 de diciembre: <https://elpais.com/diario/1998/12/04/cvalenciana/912802700_850215.html>.

Bouso, José Carlos (2017): «¿Hacia una sociedad psiquedelizada?». En *Ulises. Revista de viajes interiores* 19: 36-47.

— (2023): «Bitácora científica. 14 de julio de 2023». En *Universo Ulises*, 14 de julio: <https://ulises.online/noticias/14-de-julio-de-2023/>.

Cal, Lucas de la (2023): «De drogas recreativas a esperanza para resolver la crisis de salud mental: éxtasis para curar los traumas y alucinógenos para tratar la depresión. Australia se convierte en el primer país del mundo en recetar drogas recreativas como el MDMA y la psilocibina para combatir la pandemia de enfermedades mentales». En *El Mundo*, 12 de julio: <https://www.elmundo.es/ciencia-y-salud/salud/2023/07/12/64ad780e21efa0083a8b45e7.htm>.

Caso, Irene de (2022): *Psicodélicos y salud mental*. Madrid: Argonowta Digital.

Castejón, Miguel (2022): «La trastienda del renacimiento psicodélico». En *Cáñamo. La revista de la cultura del cannabis* 297: <https://canamo.net/cultura/reportaje/la-trastienda-del-renacimiento-psicodelico>.

Centella, Marta (2023): «La psilocibina: una sustancia que nos puede ayudar a "resetear" y tratar la depresión persistente. Australia se ha convertido en el primer país del mundo en usar sustancias psicodélicas para tratar alteraciones en la salud mental de las personas». En *Cadena Ser*, 9 de julio: <https://cadenaser.com/nacional/2023/07/09/la-psilocibina-una-sustancia-que-nos-puede-ayudar-a-resetear-y-tratar-la-depresion-persistente-cadena-ser/>.

Domínguez, Marcos (2022): «España ya es el segundo país de Europa con más trastornos mentales: uno de cada cinco los sufre». En *El Español*, 30 de septiembre: <https://www.elespanol.com/ciencia/salud/20220930/espana-segundo-pais-europa-trastornos-mentales-sufre/706929744_0.html>.

Escribano, María (1993): «Cambio, moda y psicodelia». En *Letra Internacional* 29: 57-60.

Fericgla, Josep Maria (2023): «La contemplación y el renacimiento psicodélico». En *Fundació Josep Mª Fericgla*, 30 de marzo: <https://josepmfericgla.org/blog/2023/03/30/contemplacion-y-renacimiento-psicodelico/>.

García Santos, Pablo (2023): «Rafael Moliner, experto en psicodélicos: "En 10 años podremos ver su uso terapéutico en humanos"». En *El Español*, 12 de junio: <https://www.elespanol.com/ciencia/salud/20230612/rafael-moliner-experto-psicodelicos-podremos-terapeutico-humanos/770173319_0.html>.

Gómez-Escolar, Antón (2021): «El renacimiento psicodélico: ¿qué es, de dónde viene y hacia dónde va?». En *Energy Control*, 1 de junio: <https://energycontrol.org/el-renacimiento-psicodelico-que-es-de-donde-viene-y-a-donde-ira/>.

— (2022): *Guía esencial del renacimiento psicodélico*. Madrid: Argonowta Digital.

GRIJALBA, Silvia (2022): «El viaje virtuoso hacia el capitalismo psicodélico». En *Público*, 8 de agosto: <https://blogs.publico.es/otrasmiradas/62702/el-viaje-virtuoso-hacia-el-capitalismo-psicodelico/>.

KOETLER, Steven (2010): «The New Psychedelic Renaissance». En *Playboy*, abril: 50-52, 114-119.

MORENO, Fidel (2022): «Psicodelia a tres bandas. Una entrevista a Irene de Caso, Antón Gómez-Escolar y Genís Oña». En *Cáñamo (La revista de la cultura del cannabis)* 299, noviembre: 48-57: <https://canamo.net/cultura/entrevistas/psicodelia-tres-bandas>

MOUZO, Jéssica (2023): «El "renacimiento psicodélico": la ciencia reaviva el potencial terapéutico de las drogas psicoactivas. Australia se convierte en el primer país que permite recetar MDMA para estrés postraumático y psilocibina, presente en hongos alucinógenos, para depresión. Los expertos admiten que los estudios son "prometedores", pero piden cautela». En *El País*, 8 de julio: <https://elpais.com/salud-y-bienestar/2023-07-08/el-renacimiento-psicodelico-la-ciencia-reaviva-el-potencial-terapeutico-de-las-drogas-psicoactivas.html>.

— (2024): «El cerebro, en pleno viaje psicodélico». En *El País*, 31 de julio: 29.

NUN, Gary (2023): «Australia se convierte en el primer país del mundo en usar sustancias psicodélicas para tratar la depresión y el estrés postraumático». En *BBC News Mundo*, 1 de julio: <https://www.bbc.com/mundo/articles/cw0pz4x9oero>.

ODENHEIMER, Natan & BOXERMAN, Aaron & KOPLEWITZ, Gal (2024): «What a terror attack in Israel might reveal about psychedelics and trauma». En *The New York Times*, 11 de abril: <https://www.nytimes.com/2024/04/11/world/middleeast/israel-nova-festival-psychedelics.html>.

OÑA, Genís (2022): *Tu cerebro con psicodélicos*. Madrid: Argonowta Digital.

PARDO, Fernando (2022): «¿Renacimiento psiquedélico?». En *Cáñamo. La revista de la cultura del cannabis* 297: <https://canamo.net/noticias/opinion/renacimiento-psiquedelico>.

SEISDEDOS, Iker (2024): «Un panel de expertos de la agencia del medicamento de Estados Unidos vota en contra del uso terapéutico del MDMA». En *El País*, 5 de junio: <https://elpais.com/ciencia/2024-06-04/un-panel-

de-expertos-de-la-agencia-del-medicamento-de-estados-unidos-vota-en-contra-del-uso-terapeutico-del-mdma.html>.

Sessa, Ben (2012): *The Psychedelic Renaissance. Reevaluating the role of psychedelic drugs in 21st century psychiatry and society.* London: Muswell Hill Press.

Usó, Juan Carlos (2021): *Spanish trip. Cien años de psiquedelia en España (1921-2021).* Tortosa: Ulises Ediciones Expansivas.

De los autores

Iván Eusebio Aguirre Darancou es profesor asistente en la Universidad de California, Riverside. Sus estudios se enfocan en la producción cultural y fílmica de México durante los siglos xx y xxi, con interés especial en la contracultura, la sexualidad radical y la formulación de subjetividades nacionales alternativas. Su libro *Consuming citizens: countercultural bodies of 20th century Mexico* (2025) explora prácticas de consumo como formas de resistencia y reformación subjetiva de cara al nacionalismo y el capitalismo mexicanos. Escribe sobre literatura, cine y otras expresiones culturales desde los estudios *queer/cuir* y la crítica de las corporalidades.

Andrés Cota Hiriart es zoólogo, escritor y comunicador de la ciencia. Es autor de *Fieras Familiares* (2022), *El ajolote* (2024), *Faunologías* (2024), *Cabeza Ajena* (2017) y del libro infantil *Madam Cuc, la dueña del paraíso* (2023), así como de la obra de teatro *La revuelta de los bichos olvidados* (2024). Actualmente conduce el podcast *Masaje Cerebral*, es profesor de literatura en la Escuela Superior de Cine, imparte charlas y conferencias y conduce el programa de Revista de la Universidad en TV UNAM.

Iván Díez de la Pava es docente e investigador en el área de las Humanidades Ambientales. Actualmente es asistente de investigación y cursa un doctorado en la Universidad de Georgetown. Colabora como profesor visitante en la Universidad de Deusto. Su investigación se centra en la representación del medioambiente en la literatura y el cine contemporáneo latinoamericano, con énfasis en los Andes y el Amazonas. Iván combina enfoques como los estudios indígenas y los estudios del antropoceno para estudiar las interacciones entre humanos y no humanos, la materia y los paisajes naturales.

Pedro Favaron Peyón es investigador académico, poeta, escritor, artista audiovisual y comunicador social peruano-argentino. En la actualidad se desempeña como docente investigador a tiempo completo en el Departamento de Humanidades de la Pontificia Universidad Católica del Perú. En el 2012 completó el doctorado en Literatura de la Universidad de Montréal, Canadá. Se ha especializado en el estudio de la literatura oral de las naciones amazónicas, así como en diferentes aspectos del pensamiento y de las prácticas espirituales de los pueblos indígenas andinos y norteamericanos. Ha desarrollado una filosofía ecológica a partir de la sabiduría ancestral y de las ceremonias medicinales, con una fuerte impronta en el trabajo etnográfico, el análisis lingüístico y el arte verbal oral y escrito.

BÁRBARA XAVIER FRANÇA es profesora en el Departamento de Lenguas y Culturas Modernas del Virginia Military Institute. Se doctoró en Tulane University con una tesis sobre la relación entre drogas y narrativa en la literatura latinoamericana del siglo XXI. Sus intereses de investigación abarcan la representación de las experiencias psicoactivas en la producción cultural, el rol de la alteración sensorial en las ficciones contemporáneas y las relaciones entre farmacología y colonialidad en el debate latinoamericano.

JOSÉ EMILIANO GARIBALDI TOLEDO se doctoró en la UNAM con la tesis *Las otras voces: heteronomía y experiencia ética en* Los mundos reales *de Abelardo Castillo*. Su tesis de maestría, también en la UNAM, estuvo dedicada a la cuentística de Juan Carlos Onetti, un autor del que, como de Abelardo Castillo, se ha ocupado en artículos y colaboraciones académicas. Es profesor de teoría, literatura y hermenéutica en el programa de licenciatura de la Universidad Autónoma de Zacatecas.

ANA LUENGO es profesora de literatura española y latinoamericana en San Francisco State University desde 2015. Antes enseñó en la University of Washington y en la Universidad de Bremen. Se doctoró en la Universidad de Hamburgo con su libro *La encrucijada de la memoria. La memoria colectiva de la Guerra Civil Española en la novela contemporánea* (2004, segunda edición en 2012). Ha publicado numerosos artículos sobre memoria, movimientos sociales, anticolonialismo y literatura policial desde una perspectiva transhispánica, y coeditado cuatro volúmenes colectivos, entre ellos *La reinvención de Latinoamérica. Enfoques interdisciplinarios desde las dos orillas* (2012). Es autora de *Arqueología del esencialismo español. Leyes, genealogías y herencias* (2023), de la novela *Mi bien esquivo* (2023) y del poemario *Inconclusa sinestesia* (2024).

LAUREN MEHFOUD se doctoró en la University of Virginia, donde actualmente se desempeña como investigadora posdoctoral. Su campo de especialización es la literatura y la cultura latinoamericanas, con énfasis particular en el cine, la política sobre drogas y el medioambiente. Actualmente trabaja en un proyecto de libro, *Prohibition fictions. Imagining drugs and racial difference in Latin America*, que examina la intersección entre los discursos antidrogas y las ideologías de raza y nación en México y Colombia.

DANIELLA PRIETO es estudiante del doctorado en literaturas hispanas y del *minor* del departamento de estudios de feminismo, género y sexualidad de la Universidad de Cornell. Recibió un máster en filosofía de la Universidad Católica de Lovaina, Bélgica, donde realizó su tesis sobre la violencia contra la mujer en conflictos contemporáneos, y el grado en filosofía de la Universidad Javeriana, Colombia. Actualmente desarrolla su proyecto doctoral sobre la representación de las violencias contra la mujer en la literatura y el cine latinoamericano de mujeres. Sus intereses académicos incluyen literatura latinoamericana moderna y contemporánea, teoría feminista, teoría crítica y pensamiento contemporáneo, estudios de la violencia, estudios de la frontera y *weird fiction*.

ALBERTO RIBAS-CASASAYAS es doctor en literatura comparada por Harvard University y Associate Professor de español y estudios latinoamericanos en Santa Clara University. Ha publicado numerosos trabajos académicos sobre lo espectral y sobre finanzas y deuda en literatura y cine de Latinoamérica y España. Coeditó el volumen colectivo *Espectros. Ghostly hauntings and the talking dead in transhispanic narratives* (2016) y el número especial *Spectral Mexico* en *iMex. Interdisciplinary Mexico* (2019). Es devoto de la psiconáutica y autor del ensayo *Luces y sombras del renacimiento psicodélico* (2023), de libre acceso en Ulises Ediciones.

SERGI RIVERO-NAVARRO obtuvo en 2015 su doctorado en Romance Languages and Literatures, con una especialización secundaria en Estudios Fílmicos, en Harvard University. Entre 1996 y 2006 ejerció como periodista técnico y dirigió revistas de informática, videojuegos y gadgets tecnológicos. Actualmente es profesor asociado de español y portugués en el departamento de World Languages and Cultures de la Universidad de North Carolina, Wilmington. Trabaja literatura, cultura y cine desde una perspectiva transatlántica y contemporánea, y las iluminaciones profanas, los fenómenos extáticos y el chamanismo son algunos de sus últimos temas de investigación.

Alfonso Romaniello es doctor en Antropología Social por el Centro de Investigaciones y Estudios Superiores en Antropología Social (CIESAS) de Guadalajara, México. Actualmente es profesor auxiliar en los cursos de Antropología de la Religión y Antropología de la Cultura en el ITESO. Su trayectoria académica abarca el estudio de las relaciones interétnicas y el pluralismo médico, incluyendo investigaciones sobre el uso ceremonial del cactus San Pedro entre curanderos tradicionales de los Andes peruanos. Su investigación doctoral, *Quimeras ceremoniales: antropología histórica de las relaciones entre wixaritari y mestizos en torno al peyote*, examina las interacciones culturales y el consumo ritual del peyote en México desde una perspectiva histórica y etnográfica. Participa en investigaciones que analizan la resignificación de prácticas ceremoniales y su impacto en comunidades tanto indígenas como mestizas.

Juan Carlos Usó es doctor en Sociología por la Universidad Nacional de Educación a Distancia. Es autor de *Drogas y cultura de masas (España 1855-1995)* (1996), *Spanish trip. La aventura psiquedélica en España* (2001), *Píldoras de realidad* (2012), *¿Nos matan con heroína? Sobre la intoxicación farmacológica como arma de Estado* (2015), *Drogas, neutralidad y presión mediática* (2019) y *El sol salió anoche y me cantó. El experimento de Viernes Santo* (2023).

Raimundo Viejo Viñas se licenció en Historia y se doctoró en Ciencias Políticas. Parte de su posgrado lo cursó en Berlín, donde escribió la tesis *La II Unificación de Alemania: discurso y acción*. Entre sus publicaciones destacan *Principis de la ciutat* (2010), *Les raons dels indignats* (2011) o *La Dansa de Medusa* (2012). Es autor de numerosas contribuciones sobre movimientos sociales y teoría política, ha colaborado en diversos medios y ha traducido, entre otros, *La democracia en América* de Tocqueville. De 2015 a 2019 fue concejal en Barcelona y diputado en Madrid. Retomó entonces su actividad profesional con una idea en la cabeza: la hipótesis lisérgica.

Agradecimientos

Este libro comenzó a gestarse, aunque todavía no lo supiéramos, durante un paseo por un parque californiano en que mirábamos los árboles. Fuimos poniendo el sustrato a medida que explorábamos y conversábamos más sobre psicoactivos, literatura, viajes compartidos e iluminaciones varias. Pronto nos dimos cuenta de que nos parecía necesario proponer una aproximación crítica psicodélica a la cultura en territorios de habla hispana, así que comenzamos a buscar a más colegas con interés en la psiconáutica, o en narrativas psicoactivas, que quisieran embarcarse en este viaje académico. Después de esta germinación el proyecto continuó cultivándose y creciendo gracias a conversaciones con muchas otras personas que hemos ido encontrando en nuestro transitar por diferentes espacios y tiempos, también antes y durante la maduración de este volumen.

Queremos agradecer, en primer lugar, la generosidad de la tribu Ulises, en particular a Xavier Vidal por toda su energía y a Juan Carlos Usó, quien nos ha regalado el epílogo con el que cerramos el libro. Ambos nos han acompañado desde el principio en nuestras exploraciones por esa orilla. La tribu Ulises nos abrió los brazos con entusiasmo, lanzó la primera publicación de Alberto sobre el tema, *Luces y sombras del renacimiento psicodélico*, y preparó una presentación de la misma que nunca olvidaremos. Gracias también al apoyo de Iker Puente y la presencia de la comunidad psiconáutica de Barcelona. De esta, recordamos con especial aprecio a Ana María Briongos (1946-2024), singular escritora de viajes a quien tuvimos la suerte de reencontrar de nuevo en California antes de su última travesía.

Las becas del Dean's y el University Research Office de Santa Clara University y del College of Liberal and Creative Arts de San

Francisco State University nos permitieron participar en congresos internacionales donde hemos ido abriendo espacios de discusión académica sobre los psicodélicos en la producción cultural de las últimas décadas. Así hemos conocido a muchas de las personas que participan de este volumen, a quienes nos unen intereses comunes, la curiosidad y algunas experiencias. Quienes no aparecen en el índice, pero con quienes hemos compartido seminarios y charlas fascinantes sobre el tema son George Shea IV, Oliver Davis, Lana Cook, Daniel J. Sander, Benjamin Haber, Mara Uriol Gárate, George Erving y Aroldo Nery Mora en el ACLA de Montréal, en el IILI de Atenas y en el LASA de Bogotá. Algunas de estas personas, y ellas lo saben, son ya parte de nuestro clan. Gracias a todas.

En nuestra vida californiana hemos encontrado un grupo de gente fascinante para hacer senderismo y hablar durante horas sobre lo divino y lo humano, sobre plantas y el cosmos. La banda de Hikerodose nos ha hecho sentir que tenemos una comunidad en esta orilla y las montañas de Oakland se han vuelto nuestro hogar y refugio. En especial, gracias a Seth Warner por todo su trabajo, buen humor y dinamismo en la creación de esta extraordinaria comunidad micófila y a Carlos Almanza por tantas conversaciones y exploraciones.

Una persona que nos ha acompañado de forma especial en esta travesía, que a veces tiene más de odisea, es Cecilia Abadie. Ella nos abrió muchas puertas con sabiduría y calidez, entre ellas las de su casa cerca del mar para cenas que se prolongan entre platos y conversaciones y el rasgueo de la guitarra de su inseparable compañero Cliff.

Alberto: agradezco la compañía en aventuras psiconáuticas, primero en Arizona y después en California, de Benjamin Forest, comediante, coleccionista de personajes interesantes y otras singulares ocupaciones. Mis antiguos compañeros de fatigas de escuela graduada en Harvard, Antonio Córdoba, Santiago Morales y Juan Pablo Lupi, «los Inquilinos del Olvido», han testimoniado y apoyado mis ires y venires, físicos y espirituales, por distintos rincones del continente americano, desde hace muchos años. Gracias a Cheyla Samuelson por haberme presentado a Andrés Cota Hiriart, contribuyente especial a estas páginas. Gracias a los administradores del grupo en línea de la Sociedad Psicodélica de Barcelona y en especial a Ricardo y Antti por sus atinadas contribuciones. Recientemente he tenido acceso a la sabiduría compartida por Benjamín Gelcich, Eugenio Figueroa, Isbelio Godoy, Verónica Lema y otros miembros y allegados de la Fundación Lobeliana, de quienes espero continuar aprendiendo.

Ana: cuando era niña, la primera persona que me habló de estos viajes interiores fue mi hermana Chabela, durante uno de esos trayectos interminables en tren a Cáceres. De adolescente me rodeé de gente que, como yo, buscaba experimentar con la conciencia, y leí lo poco que caía en mis manos sobre el tema, mientras oía rock psicodélico y soñaba –ingenuamente– con haber nacido dos décadas atrás. Durante los siguientes años, mi interés por el tema se quedó aletargado. Sin embargo, gracias a conversaciones con mi compañero y a la lectura de su libro *Luces y sombras del renacimiento psicodélico*, sentí el impulso necesario para volver a abrir algunas puertas. Mientras tanto, mi hija Milena, por su curiosidad y sensibilidad, se ha vuelto una interlocutora esencial para mí. Además, ella siempre es mi mejor inspiración para pensar más allá. Desde su origen hacia el futuro, mis hijes me hacen transitar la vida hacia otras formas de conocimiento. En mis seminarios graduados, algunes estudiantes me han aportado lecturas y motivado ideas que aquí he seguido desarrollando: a Hache Cruz, Dominic Rubio, Chloe Balzer y Lizzy Morgan, gracias por tanto. Ustedes iluminan mi trabajo.

Por último, queremos darles las gracias a nuestras madres, Rosa e Isabel, que nos dieron esta vida en la que hemos emprendido nuestros variopintos viajes.

Catálogo Almenara

Aguilar, Paula & Basile, Teresa (eds.) (2015): *Bolaño en sus cuentos*. Leiden: Almenara.

Aguilera, Carlos A. (2016): *La Patria Albina. Exilio, escritura y conversación en Lorenzo García Vega*. Leiden: Almenara.

Alfonso, María Isabel (2025): *Antagonías de una exclusión. Ediciones El puente y los vacíos del canon literario cubano*. Leiden: Almenara.

Amar Sánchez, Ana María (2017): *Juegos de seducción y traición. Literatura y cultura de masas*. Leiden: Almenara.

Arroyo, Jossianna (2020): *Travestismos culturales. Literatura y etnografía en Cuba y el Brasil*. Leiden: Almenara.

Barrón Rosas, León Felipe & Pacheco Chávez, Víctor Hugo (eds.) (2017): *Confluencias barrocas. Los pliegues de la modernidad en América Latina*. Leiden: Almenara.

Blanco, María Elena (2016): *Devoraciones. Ensayos de periodo especial*. Leiden: Almenara.

Brioso, Jorge (2024): *La destrucción por el soneto. Sobre la poética de Néstor Díaz de Villegas*. Leiden: Almenara.

Burneo Salazar, Cristina (2017): *Acrobacia del cuerpo bilingüe. La poesía de Alfredo Gangotena*. Leiden: Almenara.

Bustamante, Fernanda & Guerrero, Eva & Rodríguez, Néstor E. (eds.) (2021): *Escribir otra isla. La República Dominicana en su literatura*. Leiden: Almenara.

Caballero Vázquez, Miguel & Rodríguez Carranza, Luz & Soto van der Plas, Christina (eds.) (2014): *Imágenes y realismos en América Latina*. Leiden: Almenara.

Calomarde, Nancy (2015): *El diálogo oblicuo: Orígenes y Sur, fragmentos de una escena de lectura latinoamericana, 1944-1956*. Leiden: Almenara.

Camacho, Jorge (2019): *La angustia de Eros. Sexualidad y violencia en la literatura cubana*. Leiden: Almenara.

Campuzano, Luisa (2016): *Las muchachas de La Habana no tienen temor de dios. Escritoras cubanas (siglos XVIII-XXI)*. Leiden: Almenara.

Casal, Julián del (2017): *Epistolario. Edición y notas de Leonardo Sarría*. Leiden: Almenara.

Castro, Juan Cristóbal (2020): *El sacrificio de la página. José Antonio Ramos Sucre y el arkhé republicano*. Leiden: Almenara.

Cuesta, Mabel & Sklodowska, Elzbieta (eds.) (2019): *Lecturas atentas. Una visita desde la ficción y la crítica a las narradoras cubanas contemporáneas*. Leiden: Almenara.

Churampi Ramírez, Adriana (2014): *Heraldos del Pachakuti. La Pentalogía de Manuel Scorza*. Leiden: Almenara.

Deymonnaz, Santiago (2015): *Lacan en el cuarto contiguo. Usos de la teoría en la literatura argentina de los años setenta*. Leiden: Almenara.

Díaz Infante, Duanel (2014): *Días de fuego, años de humo. Ensayos sobre la Revolución cubana*. Leiden: Almenara.

Echemendía, Ambrosio (2019): *Poesía completa. Edición, estudio introductorio y apéndices documentales de Amauri Gutiérrez Coto*. Leiden: Almenara.

Fielbaum, Alejandro (2017): *Los bordes de la letra. Ensayos sobre teoría literaria latinoamericana en clave cosmopolita*. Leiden: Almenara.

Garbatzky, Irina (2025): *El archivo del Este. Desplazamientos en los imaginarios de la literatura cubana contemporánea*. Leiden: Almenara.

García Vega, Lorenzo (2018): *Rabo de anti-nube. Diarios 2002-2009. Edición y prólogo de Carlos A. Aguilera*. Leiden: Almenara.

Garrandés, Alberto (2015): *El concierto de las fábulas. Discursos, historia e imaginación en la narrativa cubana de los años sesenta*. Leiden: Almenara.

Giller, Diego & Ouviña, Hernán (eds.) (2018): *Reinventar a los clásicos. Las aventuras de René Zavaleta Mercado en los marxismos latinoamericanos*. Leiden: Almenara.

Greiner, Clemens & Hernández, Henry Eric (eds.) (2019): *Pan fresco. Textos críticos en torno al arte cubano*. Leiden: Almenara.

González Echevarría, Roberto (2017): *La ruta de Severo Sarduy*. Leiden: Almenara.

Gotera, Johan (2016): *Deslindes del barroco. Erosión y archivo en Octavio Armand y Severo Sarduy*. Leiden: Almenara.

Gutierrez Coto, Amauri (2024): *Canon, historia y archivo. Volumen I. La segunda promoción de escritores afrodescendientes en el siglo XIX cubano*. Leiden: Almenara.

Hernández, Henry Eric (2017): *Mártir, líder y pachanga. El cine de peregrinaje político hacia la Revolución cubana*. Leiden: Almenara.

Inzaurralde, Gabriel (2016): *La escritura y la furia. Ensayos sobre la imaginación latinoamericana*. Leiden: Almenara.

Kraus, Anna (2018): *sin título. operaciones de lo visual en 2666 de Roberto Bolaño*. Leiden: Almenara.

Loss, Jacqueline (2019): *Soñar en ruso. El imaginario cubano-soviético*. Leiden: Almenara.

Lupi, Juan Pablo & Salgado, César A. (eds.) (2019): *La futuridad del naufragio. Orígenes, estelas y derivas*. Leiden: Almenara.

Machado, Mailyn (2016): *Fuera de revoluciones. Dos décadas de arte en Cuba*. Leiden: Almenara.

— (2018): *El circuito del arte cubano. Open Studio I*. Leiden: Almenara.

— (2018): *Los años del participacionismo. Open Studio II*. Leiden: Almenara.

— (2018): *La institución emergente. Entrevistas. Open Studio III*. Leiden: Almenara.

Mateo del Pino, Ángeles & Pascual, Nieves (eds.) (2022): *Material de derribo. Cuerpo y abyección en América Latina*. Leiden: Almenara.

Montero, Oscar J. (2019): *Erotismo y representación en Julián del Casal*. Leiden: Almenara.

— (2022): *Azares de lo cubano. Lecturas al margen de la nación*. Leiden: Almenara.

Morejón Arnaiz, Idalia (2017): *Política y polémica en América Latina. Las revistas Casa de las Américas y Mundo Nuevo*. Leiden: Almenara.

Muñoz, Gerardo (ed.) (2022): *Giorgio Agamben. Arqueología de la política*. Leiden: Almenara.

Pérez-Hernández, Reinier (2014): *Indisciplinas críticas. La estrategia poscrítica en Margarita Mateo Palmer y Julio Ramos*. Leiden: Almenara.

Pérez Cano, Tania (2016): *Imposibilidad del* beatus ille. *Representaciones de la crisis ecológica en España y América Latina*. Leiden: Almenara.

Pérez Cino, Waldo (2014): *El tiempo contraído. Canon, discurso y circunstancia de la narrativa cubana (1959-2000)*. Leiden: Almenara.

Popovic Karic, Pol (2020): *Confluencias del contraste y la ironía en la narrativa y el teatro hispánicos*. Leiden: Almenara.

Puñales Alpízar, Damaris (2020): *La maldita circunstancia. Ensayos sobre literatura cubana*. Leiden: Almenara.

Quintero Herencia, Juan Carlos (2016): *La hoja de mar (:) Efecto archipiélago I*. Leiden: Almenara.

— (2021): *La máquina de la salsa. Tránsitos del sabor* [edición ampliada y revisada]. Leiden: Almenara.

Quintero Herencia, Juan Carlos (ed.) (2024): *Desistencia y polémica en el Caribe. Imagen, crítica, política*. Leiden: Almenara.

Ramos, Julio & Robbins, Dylon (eds.) (2019): *Guillén Landrián o los límites del cine documental*. Leiden: Almenara.

Rivera, Fernando (2025): *El cuerpo anudado. Objetificación y uso político de los cuerpos en los Andes*. Gainesville: Almenara.

Robyn, Ingrid (2020): *Márgenes del reverso. José Lezama Lima en la encrucijada vanguardista*. Leiden: Almenara.

Rojas, Rafael (2018): *Viajes del saber. Ensayos sobre lectura y traducción en Cuba*. Leiden: Almenara.

Selimov, Alexander (2018): *Derroteros de la memoria*. Pelayo y Egilona *en el teatro ilustrado y romántico*. Leiden: Almenara.

Timmer, Nanne (ed.) (2016): *Ciudad y escritura. Imaginario de la ciudad latinoamericana a las puertas del siglo XXI*. Leiden: Almenara.

— (2018): *Cuerpos ilegales. Sujeto, poder y escritura en América Latina*. Leiden: Almenara.

Tolentino, Adriana & Tomé, Patricia (eds.) (2017): *La gran pantalla dominicana. Miradas críticas al cine actual*. Leiden: Almenara.

— (2023): *La gran pantalla dominicana. Volumen II. La ebullición creativa en el cine nacional (2010-2022)*. Leiden: Almenara.

Vizcarra, Héctor Fernando (2015): *El enigma del texto ausente. Policial y metaficción en Latinoamérica*. Leiden: Almenara.

www.ingramcontent.com/pod-product-compliance
Lightning Source LLC
Chambersburg PA
CBHW021930290426
44108CB00012B/787